本书列入

2017年国家社会科学基金重大委托项目

"十三五"国家重点图书出版规划项目

中华传统文化百部经典

尚书

钱宗武 解读

国家
图书
馆出
版社

图书在版编目（CIP）数据

尚书／钱宗武解读 . — 北京：国家图书馆出版社，
2017.9（2025.10 重印）
（中华传统文化百部经典 ／ 袁行霈主编）
ISBN 978-7-5013-6243-1

Ⅰ．①尚… Ⅱ．①钱… Ⅲ．①中国历史－商周时
代 Ⅳ．① K221.04

中国版本图书馆 CIP 数据核字 (2017) 第 227847 号

国家图书馆出版社官方微信

书　　名	尚　书
著　　者	钱宗武 解读
责任编辑	耿素丽
重印编辑	张　也
特约编辑	任文京
封面设计	敬人设计工作室

出版发行	国家图书馆出版社（北京市西城区文津街 7 号　100034）
	010-66114536　63802249　nlcpress@nlc.cn（邮购）
网　　址	http://www.nlcpress.com
印　　装	北京科信印刷有限公司
版次印次	2017 年 9 月第 1 版　2025 年 10 月第 3 次印刷

开　　本	710×1000　1/16
印　　张	34.25
字　　数	430 千字
书　　号	ISBN 978-7-5013-6243-1
定　　价	90.00 元（精装）

本册审订

陈祖武　　姜广辉

中华传统文化百部经典
编纂办公室

张　洁　　牛淑娟　　马　超　　袁　媛

编纂缘起

文化是民族的血脉，是人民的精神家园。党的十八大以来，围绕传承发展中华优秀传统文化，习近平总书记发表了一系列重要讲话，深刻揭示出中华优秀传统文化的地位和作用，梳理概括了中华优秀传统文化的历史源流、思想精神和鲜明特质，集中阐明了我们党对待传统文化的立场态度，这是中华民族继往开来、实现伟大复兴的重要文化方略。2017 年初，中共中央办公厅、国务院办公厅印发《关于实施中华优秀传统文化传承发展工程的意见》，从国家战略层面对中华优秀传统文化传承发展工作作出部署。

我国古代留下浩如烟海的典籍，其中的精华是培育民族精神和时代精神的文化基础。激活经典，熔古铸今，是增强文化自觉和文化自信的重要途径。多年来，学术界潜心研究，钩沉发覆、辨伪存真、提炼精华，做了许多有益工作。编纂《中华传统文化百部经典》（简称《百部经典》），就是在汲取已有成果基础上，力求编出一套兼具思想性、学术性和大众性的读本，使之成为广泛认同、传之久远的范本。《百部经典》所选图书上起先秦，下至辛亥革命，包括哲学、文学、历史、艺术、科技等领域的重要典籍。萃取其精华，加以解读，旨在搭建传统典籍与大众之间的桥梁，激活中华优秀传统文化，用优秀传统文化滋养当代中国人的精神世界，提振当代中国人的文化自信。

这套书采取导读、原典、注释、点评相结合的编纂体例，寻求优秀传统文化与社会主义核心价值观之间的深度契合点；以当代眼光审视和解读古代典籍，启发读者从中汲取古人的智慧和历史的经验，借以育人、资政，更好地为今人所取、为今人所用；力求深入浅出、明白晓畅地介绍古代经典，让优秀传统文化贴近现实生活，融入课堂教育，走进人们心中，最大限度地发挥以文化人的作用。

《百部经典》的编纂是一项重大文化工程。在中宣部等部门的指导和大力支持下，国家图书馆做了大量组织工作，得到学术界的积极响应和参与。由专家组成的编纂委员会，职责是作出总体规划，选定书目，制订体例，掌握进度；并延请德高望重的大家耆宿担当顾问，聘请对各书有深入研究的学者承担注释和解读，邀请相关领域的知名专家负责审订。先后约有 500 位专家参与工作。在此，向他们表示由衷的谢意。

书中疏漏不当之处，诚请读者批评指正。

2017 年 9 月 21 日

凡 例

一、《中华传统文化百部经典》的选书范围，上起先秦，下迄辛亥革命。选择在哲学、文学、历史、艺术、科技等各个领域具有重大思想价值、社会价值、历史价值和学术价值的一百部经典著作。

二、对于入选典籍，视具体情况确定节选或全录，并慎重选择底本。

三、对每部典籍，均设"导读""注释""点评"三个栏目加以诠释。导读居一书之首，主要介绍作者生平、成书过程、主要内容、历史地位、时代价值等，行文力求准确平实。注释部分解释字词、注明难字读音，串讲句子大意，务求简明扼要。点评包括篇末评和旁批两种形式。篇末评撮述原典要旨，标以"点评"，旁批萃取思想精华，印于书页一侧，力求要言不烦，雅俗共赏。

四、原文中的古今字、假借字一般不做改动，唯对异体字根据现行标准做适当转换。

五、每书附入相关善本书影，以期展现典籍的历史形态。

國子祭酒上護軍曲阜縣開國子臣孔穎達等奉

勅撰

尚書序〔疏〕

正義曰道本沖寂非有名言旣形以道

生物由名舉則凡諸經史因物立名物

有本形形從事著聖賢關教事顯於言言惬羣心

而示法旣書有法因號曰書後人見其久遠自

書者形言相生者也書者舒也書緯璿璣鈐云

於上世尚書者上也言此上代以來之書故曰尚書

且言者意之聲書者言之記是故存言以聲意立

書以記言故易曰書不盡言言者意是言者意

之筌蹏書言相生者也書者如也則書者寫其意如其言

者如也則書者寫其意如其言又爲著言字得

劉熙釋名云書者庶也以記庶物又爲著言字得

尚書正義序終

附釋音尚書註疏卷第一

國子祭酒上護軍曲阜縣開國子臣孔
顯達　等奉
勑撰

尚書序

釋文　此孔氏所述尚書起之時代并

疏　正義曰

释音尚书注疏二十卷　（汉）孔安国传　（唐）孔颖达疏　（唐）陆德明释文
元刻明修本　国家图书馆藏

目　录

导　读

　　《尚书》为政书之祖，史书之源。最早叫作《书》，春秋战国时期常与《诗》并称《诗》《书》。《诗》为文学读本，《书》为政治历史读本。第一个给《尚书》作传注的汉代学者孔安国解释书名的意思就是"上古之书"。《释名·释典艺》也说："《尚书》，尚，上也，以尧为上始而书其时事也。"《尚书》又称《书经》。先秦典籍中多称为《书》，西汉开始称《尚书》，宋代开始称《书经》(见清代王鸣盛《蛾术编》卷一)。

一、《尚书》的文献性质、作者、编辑体例、篇目内容、文章体式及其先秦定本

　　《尚书》的文献性质是政史资料的汇编。《尚书》的多数篇目是上古君王的文告和君臣的谈话记录，内容都和政史相关。《荀子·劝学篇》指出："《书》者，政事之纪也。"《史记·太史公自序》也说："《书》记先

王之事，故长于政。"

《尚书》的作者是史官。黑格尔在《历史哲学》一书中曾经赞叹"中国历史作家的层出不穷，实为任何民族所不及"。我国有悠久的史官制度，甲骨文中有专管贞卜的史官，金文中史官的名称就更多了。文献记载我国古代设立专门记录君王言行的史官，《礼记·玉藻》记载古代君王"动则左史书之，言则右史书之"。《汉书·艺文志》说："君举必书"，"事为《春秋》，言为《尚书》"。史官记录君王的言行，汇编成册，就成了《春秋》和《尚书》。

《尚书》的编辑体例以时为序，根据朝代编辑篇目内容。传世《尚书》文本一共有 58 篇，分为四个部分，依次称为《虞书》《夏书》《商书》和《周书》。《虞书》5 篇，第一篇《尧典》实际上记载唐尧的事迹，可以称为《唐书》。《夏书》4 篇，《商书》17 篇，《周书》32 篇。

《尚书》各部分的篇目、名称和次第如下：

《虞书》

1.《尧典》，2.《舜典》，3.《大禹谟》，4.《皋陶（yáo）谟》，5.《益稷》。

《夏书》

6.《禹贡》，7.《甘誓》，8.《五子之歌》，9.《胤征》。

《商书》

10.《汤誓》，11.《仲虺（huǐ）之诰》，12.《汤诰》，13.《伊训》，14.《太甲上》，15.《太甲中》，16.《太甲下》，17.《咸有一德》，18.《盘庚上》，19.《盘庚中》，20.《盘庚下》，21.《说命上》，22.《说命中》，23.《说命下》，24.《高宗肜（róng）日》，25.《西伯戡黎》，26.《微子》。

《周书》

27.《泰誓上》，28.《泰誓中》，29.《泰誓下》，30.《牧誓》，31.《武成》，32.《洪范》，33.《旅獒》，34.《金縢》，35.《大诰》，36.《微子之

命》，37.《康诰》，38.《酒诰》，39.《梓材》，40.《召诰》，41.《洛诰》，42.《多士》，43.《无逸》，44.《君奭（shì）》，45.《蔡仲之命》，46.《多方》，47.《立政》，48.《周官》，49.《君陈》，50.《顾命》，51.《康王之诰》，52.《毕命》，53.《君牙》，54.《冏命》，55.《吕刑》，56.《文侯之命》，57.《费（bì）誓》，58.《秦誓》。

《尚书》篇名有的取自重大的历史事件，如《高宗肜日》《西伯戡黎》；有的取自人名，如《益稷》《太甲》《盘庚》《微子》《君牙》；有的取自物名，如《金縢》《梓材》；有的取自篇目论述的中心内容，如《禹贡》《洪范》《无逸》《立政》。不少篇目名称还包括了称为典、谟、训、诰、誓、命的文体类别，如《尧典》《大禹谟》《伊训》《康诰》《甘誓》《说命》。

汉代孔安国的《尚书序》把《尚书》篇目分为"典、谟、训、诰、誓、命"六种体式，这是《尚书》学史上的最早分类。但一般认为《尚书序》是伪作，因而实际上提出"六体"的时间应在东晋初年。

魏晋作为文学的自觉时代已经开始"辨章识体"，唐代孔颖达根据文体功能给《尚书》归类，他说："《盘庚》亦诰也。""《金縢》自为一体，祝亦诰辞也。《梓材》，《酒诰》分出，亦诰辞也。"《尚书正义》的《尧典正义》把《尚书》分为"典、谟、贡、歌、誓、诰、训、命、征、范"十种体式。朱剑芒先生《经学提要》以为孔颖达分"歌（《五子之歌》）""范（《洪范》）""贡（《禹贡》）""征（《胤征》）"一篇一体，"最为无谓"。孔颖达认为四体"非王言"，应另体别之，也有道理。明代徐师曾《文体明辨序说》提出"因文立体"的文体分类方法。郭英德先生《论中国古代的文体学传统》对"因文立体"做出现代诠释："因其文体功能或文体特征的相似性而合并归类，并为之命名。"

我们详细分析《尚书》的文本内容，根据文体特征的相似性原则粗线条归并，《尚书》可以分为四类：典、诰、誓、命。

1.典，《说文·几部》引庄都说"大册也"。《逸周书·谥法解》："典，常也。"篆书"典"的字形结构象简册端放在几案上，可见隶属"典"这类体式的文章不是一般的政史文章，是记载上古重要典章制度的文章。诸如：《尧典》记录了上古的禅让制度；《禹贡》记录了夏禹时的行政区域划分制度和赋税制度；《立政》《周官》记录了周代的官员制度；《吕刑》记录了周代的刑法制度。

2. 诰，包括"六体"的"谟""训"。三字皆从"言"。"谟"为君臣谋言，"训"为臣谏君言，"诰"为君令臣命。《说文·言部》："诰，告也。"蔡邕《独断》："诰，教也。"实际上，"诰""谟""训"皆是"告也""教也"，有君王的教令告诫，有君臣之间、大臣之间、君王与臣民之间的劝诫诰训，还有君臣的祈神祷告。诰体是《尚书》的主要体式。如《皋陶谟》《盘庚》《太甲》《大诰》《洛诰》《多士》《多方》都属于"诰"的范畴，与教化有关，隶属思想文化范畴，篇目最多。

3. 誓，《说文·言部》："约束也。""誓"在《尚书》中是君王或诸侯的誓众词。共9篇，其中8篇为战争誓词，即《夏书》的《甘誓》《胤征》，《商书》的《汤誓》，《周书》的《泰誓》（上、中、下）《牧誓》和《费誓》。另一篇为秦穆公的悔过誓词，即《周书》的最后一篇《秦誓》。

4. 命，《说文·口部》："使也。从口，从令。"君王任命官员或赏赐诸侯的册命。《尚书》的这一种体式皆在《周书》部分，有《微子之命》《蔡仲之命》《君陈》《毕命》《君牙》《冏命》《文侯之命》。

《尚书》在流传过程中，后代学者曾进行过整理，断简残篇和次要篇目经过删改或者重新编纂。《汉书·艺文志》称孔子整理过《尚书》，应该可信。孔子作为私学之祖，他的教科书应该是自编的。《论语·述而》说："子所雅言，《诗》《书》，执礼，皆雅言也。"意思是说孔子平时说曲阜话，但是讲习《诗》《书》和执行礼仪的时候就说雅言。可知孔子用的教科书有《尚书》。先秦的知识分子都阅读过《尚书》。《庄子·天下》说："其在《诗》《书》《礼》《乐》者，邹鲁之士、缙绅先生，多能明之。"先秦的典籍也经常引述《尚书》,陈梦家《尚书通论·先秦引书篇》统计《论语》《孟子》《左传》《国语》《墨子》《礼记》《荀子》《韩非子》《吕氏春秋》9 种书引用《尚书》就有 168 条。先秦引《书》提到具体篇名的有 40 多篇,其中有 30 多篇不见于传世《尚书》文本,可见《尚书》在先秦就已成书,先秦《尚书》的篇目肯定超过 58 篇。先秦《尚书》的本子究竟有多少篇目,根据现有的材料尚难考定。

《尚书》传世文本的定型或成于秦。《尚书》全书几乎皆记帝王或王室之事,唯独最后一篇《秦誓》记载异姓诸侯王秦穆公的事迹。秦穆公成就了秦国的霸业,奠定了秦国强大的基础。秦人追述祖先,使之与尧、舜、禹、文、武、周公并立,借古代圣君贤王,建立神圣的政统。这是符合历史逻辑的推断。东汉熹平石经《尚书》残石,《尧典》是第一篇,《秦誓》是最后一篇。中国目录学传世最早的著述是《汉书·艺文志》,记载《尚书》古文经有 46 卷,57 篇。《书序》称本为 58 篇,颜师古注引郑玄的《叙赞》说"后又亡其一篇",所以是 57 篇。可知,东汉所传《尚书》的篇目数量和起讫,与今传本大致相同。

先秦还没有发明造纸术和印刷术,书写的材料多为竹片。这种竹片称为"简"或"策"。因为《尚书》是重要的典籍,书写《尚书》的简策长短规定标准为 2 尺 4 寸。郑玄《论语序》记载:"《易》《诗》《书》《礼》《乐》《春秋》策皆二尺四寸。"每策多的 25 个字,少的有 22 个字。一篇几千字的文章,需要写上几十策,写固然不容易,收藏更难。简策的材质是竹子,虫蛀水渍,极易朽毁。春秋战国时期,战争频繁,《尚书》流传十分困难,兼之《尚书》还曾经遭受人为的破坏。段玉裁在《古文尚书撰异·序》中概述《尚书》从先秦至北宋流传状况曾指出:"《尚书》之离厄最甚。秦之火,一也;汉博士之抑古文,二也;马、郑不注古文逸篇,三也;魏晋之有伪古文,四也;唐《正义》不用马、郑用伪孔,五也;天宝之改字,六也;宋开宝之改《释文》,七也。"《尚书》历经"七厄"，或遭毁，或失传，或改写，或改字，面目已非。有些人为劫难更是大规模的毁灭性的。《史记·秦始皇本纪》就记载秦始皇三十四年（前213）丞相李斯奏请"非秦记皆烧之；非博士官所职，天下敢有藏《诗》、《书》、百家语者，悉诣守、尉杂烧之；有敢偶语《诗》《书》者，弃市；以古非今者，族"。秦王朝的焚书坑儒，把民间所存的《书》策几乎都烧了。秦王朝从商周王朝那儿接管的所有文献典籍，包括大量的《书》策，后来又被项羽一把火烧了。《史记·萧相国世家》记载萧何抢出来的仅仅是律令和户籍地图。经过秦火和秦末战火，《尚书》几乎失传。

二、汉代的今古文《尚书》和今古文《尚书》学派

《尚书》是流传历史最为复杂的传世典籍。不仅有今古文之争，亦有真伪之辨；不仅有官方勒石，亦有私家传抄；不仅有多家并行之世，亦有传播中断之时，失而复得，得而复失，扑朔迷离。

今文《尚书》和古文《尚书》是西汉的两个主要传本。

今文本《尚书》由伏胜传授。伏胜，史籍上多称为伏生，"生"是古代对有学问人的尊称。《史记·儒林列传》说伏生曾经担任过秦王朝的博士官，他手头有一部《尚书》。秦末楚汉相争期间，兵荒马乱，伏生将《尚书》藏在自家墙壁里外出避难。一直到了汉惠帝刘盈取消禁书令，伏生才搜寻藏书，发现墙壁里的《书》策许多已经朽烂，完完整整的只剩下28篇。篇目次第如下：

《虞书》

1.《尧典》，2.《皋陶谟》。

《夏书》

3.《禹贡》，4.《甘誓》。

《商书》

5.《汤誓》，6.《盘庚》，7.《高宗肜日》，8.《西伯戡黎》，9.《微子》。

《周书》

10.《牧誓》，11.《洪范》，12.《金縢》，13.《大诰》，14.《康诰》，15.《酒诰》，16.《梓材》，17.《召诰》，18.《洛诰》，19.《多士》，20.《无逸》，21.《君奭》，22.《多方》，23.《立政》，24.《顾命》，25.《费誓》，26.《吕刑》，27.《文侯之命》，28.《秦誓》。

伏生是山东济南人，他就用这 28 篇在齐、鲁间讲授。伏生讲授的《尚书》文本已经根据汉代的常用文字隶书改写过了，所以这个隶书写定本叫作今文《尚书》。今文《尚书》的意思就是"用现今通用文字书写的《尚书》"。又因为这个隶书写定本是伏生传授的，也称为"伏生本"。

汉文帝刘恒是一个明德重文的皇帝，《史记·儒林列传》记载他发现朝廷皇家藏书里没有《尚书》，听说民间仅有一个叫作伏生的人能够讲授《尚书》，已经 90 多岁了，不能应召入朝。汉文帝就命令著名学者晁错到伏生家里去，向伏生学习《尚书》。晁错转抄伏生 28 篇带回朝廷，收入皇家书库。后来，朝廷又从民间求得一篇《泰誓》，也编入"伏生本"。孔颖达在《泰誓·小序》的疏中指出："汉初惟有二十八篇，无《泰誓》矣。"在《大序》中说明：《泰誓》非伏生所传。而言 29 篇者，以司马迁在武帝之世见《泰誓》出而得行，入于伏生所传内，故为史总之，并云伏生所出，不复曲别分析。"所以《史记·儒林列传》和《汉书·儒林传》《汉书·艺文志》都说伏生本有 29 篇。这 29 篇今文《尚书》是汉代的官方定本。《尚书》学史上，"伏生本"有伏生亲自传授的 28 篇，也有伏生后学传授的 29 篇；有汉初伏生私人定本 28 篇，也有后代朝廷官方定本 29 篇。历代文献言及伏生所传今文《尚书》或为 28 篇，或为 29 篇，都是"不复曲别分析"。今文《尚书》还有 34 篇之说。这是因为汉代传授今文《尚书》"伏生本"的欧阳高这一学派析分《泰誓》《盘庚》各为三篇，析分《顾命》为《顾命》和《康王之诰》。29 篇再加上析分多出的 5 篇就是 34 篇。

古文本《尚书》由孔安国传授。《汉书·艺文志》记载，汉武帝末年，分封在孔子家乡的鲁恭王刘余喜欢建造宫室，看中了孔子的宅基。在拆毁孔子故居的墙壁时，发现墙壁中藏有"古文《尚书》及《礼记》《论语》《孝经》，凡数十篇，皆古字也"，大概是孔子后代为使其免于秦火偷偷收藏的。该本《尚书》用先秦古文字书写，计 45 篇。孔子的十一世孙孔安国得到了这部《尚书》。孔安国学过今文《尚书》，又懂得古文字。他用伏生的本子对照一读，发现 45 篇中有 29 篇和伏生本基本相同，另外，还多出了 16 篇。篇目如下：

1.《舜典》，2.《汩作》，3.《九共》（九篇），4.《大禹谟》，5.《弃稷》（《益稷》），6.《五子之歌》，7.《胤征》，8.《汤诰》，9.《咸有一德》，10.《典宝》，11.《伊训》，12.《肆命》，13.《原命》，14.《武成》，15.《旅獒》，16.《冏命》。

《尚书》学史上称这多出的 16 篇为"逸书"或者"逸篇"，意思是"原本失传又发现的书篇"。后来，孔安国担任了朝廷的经学博士，就把这16 篇"逸书"连同与伏生本基本相同的 29 篇全部献给朝廷，也收入皇室书库。这 45 篇《尚书》是用先秦古文字写的，叫作古文《尚书》；又因为这个本子发现于孔子家的墙壁，也叫作"孔壁本"，或"壁中本"。

孔安国深信这个本子就是上古传下来的《尚书》版本。这个本子的字形头大尾小像蝌蚪的形状，"时人无能知者"，孔安国"以所闻伏生之书，考论文义，定其可知者为隶古定"，摹写的方法是根据蝌蚪文的结构依葫芦画瓢。孔颖达说："言隶古者，正谓就古文体而从隶定之，存古为可慕，以隶为可识，故曰隶古，以虽隶而犹古。"孔安国用隶书精心摹写的是与伏生本基本相同的 29 篇，并做了一些新的解释，竭力推广，广为流传。孔安国的这个隶书摹写本称为"隶古定本"。

至于 16 篇"逸书"，孔安国既没有用隶书摹写，也没有解释，一直作为皇家藏书，束之高阁，后来在汉末魏晋的战乱中丧失了。

今文《尚书》和古文《尚书》除篇数多少和字体的差异外，并无多大区别。西汉传授伏生今文《尚书》的主要是欧阳高、夏侯胜和夏侯建三家。《汉书·艺文志》记载汉成帝河平三年，"刘向以中古文（就是皇家书库收藏的古文《尚书》）校欧阳、大小夏侯三家经文，《酒诰》脱简一，《召诰》脱简二。率简二十五字者，脱亦二十五字；简二十二字者，脱亦二十二字；文字异者七百有余，脱字数十"。古人口耳相传，老师讲授，学生笔录，今文《尚书》流传100多年，刘向与中古文相校，仅仅有700多字不相同，脱了3简，大约也只失掉六七十个字。可见两个版本的差异并不算大。当然，今文《尚书》和古文《尚书》毕竟是两个不同的版本，来源也不同。学习今文《尚书》的学者自然相信今文《尚书》，也就研究和讲授今文《尚书》，被称为今文《尚书》学家；学习古文《尚书》的学者自然相信古文《尚书》，也就研究和讲授古文《尚书》，被称为古文《尚书》学家。他们对经文的理解有差别，研究的方法也不同，其门徒又注重师承家法，逐渐形成《尚书》的今文学派和古文学派。今文《尚书》学派注重阐述微言大义，解说繁琐空疏，并且抱残守缺，死守家法师法。古文《尚书》学派则注重文字训诂，考订典章制度，较受学习者的欢迎。其实诠释重心的差异，反映的是治《书》理念的差异。今文《尚书》学派治《书》是为了如何用《书》，古文《尚书》学派治《书》是为了怎样读《书》。

今文《尚书》传授早，不少传授者又当了官，在政治上有势力，因而今文《尚书》长期立于学官，作为国家规定的研究和讲习科目。终汉一代，今文《尚书》一直是官方规定的标准读本。研究《尚书》可以得到功名，有些博士弟子就贿赂兰台的官吏篡改《尚书》，以便在考试中击败对手；兼之《尚书》各学派之间的争议有些也源于文字。为统一标准，东汉末年，朝廷把立于学官的今文学派各经刻在石碑上作为范本，昭示天下，这就是有名的"汉石经"。《尚书》石经采用欧阳高的本子，校以夏侯胜、夏侯建的本子，不同的字附刻在《尚书》全经之后。王国维考证同时刻石的还有《易》《诗》《礼》《春秋》《论语》和《春秋公羊传》。石经是汉灵帝熹平四年开工刻石的，或称"熹平石经"，因仅仅用隶书一种字体书写，又叫作"一体石经"。

西汉古文学家人数较少，古文《尚书》一直没有能够立于学官。汉哀帝刘欣时，刘歆整理皇室典籍，认真阅读和研究了各种古文经，建议哀帝把古文《尚书》等古文各经也立于学官，设置博士。他的主张遭到了今文学家们的竭力反对。刘歆写了中国学术史上著名的《移书让太常博士》，责备朝廷里的五经博士为了自己的利禄前途排挤古文经学。但直至哀帝死后，王莽掌权，由于王莽和刘歆年轻时同事，"俱为黄门郎"，又是好朋友，古文经才得以全部立于学官。王莽垮台后，东汉王朝很快取消了古文经学，《尚书》一经仅仅保留欧阳高和大小夏侯三家今文《尚书》学。但是，古文《尚书》学家的研究理念和讲授方法已经深入人心，又经过杜林、贾逵等著名学者的相继努力，终于确定了古文《尚书》学在学术界的优势。到了魏文帝曹丕时，古文《尚书》又重新成为官学。魏正始年间，被刻为石经，即"魏石经"，或称"正始石经"。同时刻石的还有《春秋》和《左传》。石经是用先秦古文字、秦小篆和隶书三种字体书写的，又称为"三体石经"。

《尚书》今、古文之争延续到东汉末年的马融和郑玄，基本实现了融合。马融和郑玄都精通今文《尚书》和古文《尚书》，虽然他们都为古文《尚书》作了注解，但是工作底本可能都是孔安国的"隶古定本"，注解的篇目是与伏生本基本相同的 29 篇，实际上是仅仅注解了今文《尚书》，兼之采取了一些今文经说，大家都能接受。马融和郑玄当时又具有很高的学术地位和广泛的学术影响，他们的注解流行以后，今古文《尚书》各家各派的注本也就渐渐消失了。

汉代还有几部有名的《尚书》传本，诸如河间献王本、杜林漆书本、刘陶本、西汉末年东莱人张霸百两篇本。对后世影响较大的是百两篇本。汉代谶纬盛行，《尚书纬》有《尚书中侯》《尚书璇玑钤》等书，编造孔子删《书》之说，称《尚书》原有3240篇，孔子删为120篇，102篇是《尚书》，另外18篇为《尚书中侯》。《汉书·儒林传》记载：张霸"分析合二十九篇以为数十，又采《左氏传》《书叙》为作首尾，凡百二篇。篇或数简，文意浅陋。成帝时求其古文者，霸以能为《百两》征，以中书校之，非是"。虽然百两篇当时就被认定为伪书，然而，"时太中大夫平当、侍御史周敞劝上存之"，朝廷不仅没治张霸的罪，还把百两篇立于学官，直到张霸父亲的弟子樊并在陈留起事谋反，朝廷才取消这门官学。但是，百两篇《尚书》经由公私传授，已有影响，后来流传《尚书》有百篇之说以及百篇书名书序都或与百两篇有关。

三、东晋孔传古文《尚书》与历代《尚书》辨伪

西晋永嘉五年，发生了"永嘉之乱"，官方藏书遭到严重破坏，今文《尚书》的各种版本全部丧失，"逸书"16篇也全部丧失。东晋元帝时，豫章内史梅赜（zé）向朝廷献出一部据说是汉代孔安国传授的古文《尚书》，分为46卷，计58篇。除《舜典》一篇外，每篇都有孔安国的"传"，书前还有一篇孔安国的《尚书序》。汉代传下来的百篇书序，也根据时间先后分插在各篇篇首或篇末。这个本子一般称为孔传古文《尚书》。

汉代孔安国的古文《尚书》"壁中本"与今文《尚书》"伏生本"原有29篇内容基本相同。马融曾怀疑过其中的《泰誓》，孔传古文《尚书》删除两汉时传习的《泰誓》，另换了3篇《泰誓》。孔传古文《尚书》还从《虞书》的《尧典》中分出下半部分为《舜典》，后人为了求得与《尧典》的体例一致，在《舜典》前陆续加了28个字，即："曰若稽古，帝

舜曰重华，协于帝。浚哲文明，温恭允塞，玄德升闻，乃命以位。"从《皋陶谟》中分出下半为《益稷》，把《商书》的《盘庚》分为3篇，从《周书》的《顾命》中分出《康王之诰》。实际上孔传古文《尚书》有33篇内容基本同于汉初伏生传授的今文《尚书》28篇，还增多了25篇。增多的25篇，后来叫作"晚书"。"晚书"包括《泰誓》上中下三篇。

孔传古文《尚书》出现不久就立于学官，从东晋到隋、唐，大多数学者坚信这就是孔壁本古文《尚书》和汉代孔安国作的"传"。陈朝学者陆德明以之为底本作《经典释文》中的《尚书释文》，隋朝学者刘炫和刘焯（zhuō）为之作"疏"（注释）。唐初孔颖达等著名学者选择孔传古文《尚书》为标准注本，根据刘炫、刘焯的旧疏，编写《尚书正义》，作为官方定本公开颁行。唐玄宗天宝三载（744），李隆基诏令学者卫包用楷书改写孔传古文《尚书》。由于"汉石经"和"魏石经"先后在战乱中毁坏了，唐文宗李昂开成二年（837），又刻了一次石经，这个石经叫作"开成石经"。"开成石经"的各经全部用楷书写刻，《尚书》采用卫包的楷书改写本。晚唐雕版印刷逐渐成熟，五代开始刻印群经，就完全根据"开成石经"。因此，唐代卫包用楷书改写的孔传古文《尚书》，就成为《尚书》的最后定本。

宋代学术思想活跃，南宋初年有一位学者叫作吴棫（yù），首先怀疑孔传古文《尚书》中的"晚书"。他在《书稗（bài）传》一书中指出25篇"晚书"文从字顺，而33篇却文辞古奥，二者文体不一，"晚书"不可靠。朱熹赞成吴棫的说法。《朱子语类》卷七十八记载朱熹曾言："孔壁所出《尚书》，如《禹谟》《五子之歌》《胤征》《泰誓》《武成》《冏命》《微子之命》《蔡仲之命》《君牙》等篇皆平易，伏生所传皆难读。如何伏生偏记难底（的），至于易记底（的）全记不得。"到了明代，梅鷟（zhuó）著《尚书考异》，分析"孔传"和"晚书"的内容，从汉人记载的关于古文《尚书》的传授情况，"晚书"的篇数、文体和来源等方面，指出它是伪作。梅鷟分析和比较的研究方法，取得了空前的学术成就，开辟了有清一代《尚书》辨伪工作的崭新道路。清代的阎若璩（qú）潜心研究二十多年，写了《尚书古文疏证》，论定孔传古文《尚书》是伪作。证据有 128 条（今本缺 29 条，实存 99 条）。每一条都引经据史，列举十分翔实的资料，证明"孔传"和"晚书"的作伪。例如卷一第一条"言两汉书载古文篇数与今异"，根据郑玄注《书序》列举的 16 篇"逸书"篇名，证明"晚书"中只有《大禹谟》《五子之歌》《胤征》《汤诰》《伊训》《咸有一德》《武成》《旅獒》《冏命》9 个篇名符合"逸书"篇名，《舜典》是从《尧典》中分出的，《益稷》是从《皋陶谟》中分出的，缺了"逸书"16 篇中的《汩作》《九共》《典宝》《肆命》《原命》5 个篇名，多出《仲虺（huǐ）之诰》《太甲》《说命》《微子之命》《周官》《君陈》《毕命》《君牙》8 个篇名。作伪者如果知道"逸书"16 篇的篇名，为什么不照着葫芦画瓢，如法炮制？显然，"晚书"25 篇是作伪者搜寻先秦文献典籍的《尚书》引文，再根据百篇《书序》的篇名拼凑起来的。《尚书古文疏证》一问世，孔传古文《尚书》作为伪书就基本定案了。当然，学术界也有不同意见，与阎若璩同时代有一位著名学者叫毛奇龄，著《古文尚书冤词》抨击阎书，有些质疑也言之有据。据钱穆先生考据，阎若璩所见毛书删掉了不少内容。《中国近三百年学术史》："潜邱见《冤词》，见其说有据，乃还灭己说，今《疏证》八卷有缺文并缺其条目，而犹留其条数者，殆即是也。"但是，当时和后代的多数著名学者多支持阎氏的结论，补充阎氏的论据，进一步证明孔传古文《尚书》58 篇中只有 33 篇是比较可信的孔壁古文，这 33 篇内容基本同于汉初伏生所传的 28 篇。此外，"晚书"25 篇全是伪作，所谓孔安国写的《尚书序》和传也是伪作。因此，学术界一般又称东晋梅赜献的孔传古文《尚书》为"伪孔传本"。"伪孔传本"的作者究竟是谁，至今仍然是《尚书》学史上的一个谜。

自宋至清旷日持久的《尚书》辨伪工作，开辟了《尚书》研究的新领域，取得了巨大的成就，同时，客观上也起到了贬黜"晚书"、独尊今文的作用。清代和近现代的学者多注重研究孔传古文《尚书》中与"伏生本"相似的篇目。这些篇目通常被称为"今文《尚书》28 篇"。训诂学家们也仅仅注释这今文《尚书》28 篇。然而，辨伪是《书》学研究的重要内容，争论此起彼伏，绵绵不绝。从"五四"时期古史辨派的疑古之风，到现代有些学者提倡走出疑古时代，再到当下围绕《清华大学藏战国竹简（壹）》篇目真伪的争辩，辨伪从未止息。

孔传古文《尚书》是《尚书》唯一的传世文本。所谓伪书，有些学者认为主要伪在版本，不是孔安国所献的壁中本。至于内容或为辑佚，或为后代史官的追述，或为史实实录。大约《周书》部分多为史实实录，《商书》部分多为后代史官根据史实的整理，《虞书》《夏书》部分多为后人的辑佚，或者根据历史传说的重新编撰。

梁启超、郭沫若、陈梦家、顾颉刚、屈万里、蒋善国、周秉钧、刘起釪等学者都研究过《尚书》各篇的著作年代，结论虽然互有差别，但是多证明《尚书》记载的历史事实越是古老，编成的年代越晚，史实与著作时代成反比。我们要以历史唯物主义的观点和实事求是的科学态度阅读《尚书》，运用《尚书》的历史资料。

不少学者认为《书序》和"晚书"也有较高的史料价值，孔传更是理解《尚书》不可或缺的参考材料。

《书序》的作用相当于今天文章的题解。今存百篇《书序》实际上只有 81 个篇目，67 条序文。可以肯定大部分是汉代以前的作品。《汉书·艺文志》称："《易》曰：'河出图，洛出书，圣人则之。'故《书》之所起远矣，至孔子纂焉，上断于尧，下讫于秦，凡百篇，而为之序，言其作意。"这是《书序》最早的正式记载。《汉书·儒林传》也记载张霸献 102 篇《尚书》，其中就有一篇是《书序》。《汉书·艺文志》认为《书序》是孔子所作的，证据还不充分。《史记》大量引用《书序》，熹平石经残石也有《书序》。这些都足以证明在汉武帝以前《书序》就已问世了，它是很珍贵的历史材料。

"晚书"虽然不是真正的孔壁古文，但有些学者认为不妨看作是古文《尚书》的西晋辑佚本。郭璞的《尔雅注》最早明确称引孔传。《尔雅·释鸟》："鸟鼠同穴，其鸟为鵌（tú），其鼠为鼵（tū）。"郭注："孔氏《尚书》传云共为雄雌。"《尔雅·释畜》："狗四尺为獒。"郭注："《尚书》孔氏传曰犬高四尺曰獒。"郭璞卒于东晋明帝太宁二年（324），梅赜献《书》是在元帝初年（317—318），当时郭璞还在世，郭璞《尔雅注》取材的"孔传本"和梅赜献的"孔传本"有可能是一个本子。"永嘉之乱"前，《尚书》的各种传本并行于世，既有汉代立于学官的今文《尚书》本，又有魏时立于学官的古文《尚书》本。《经典释文·叙录》说："永嘉丧乱，众家之书并灭亡。"《尔雅注》是"永嘉之乱"前成书的，孔传成书的时间应当更早。另据王国维《汉时古文诸经有转写本说》考定古文《尚书》河间献王本和杜林的漆书本在汉代流传，西晋时至少仍有转写本。"晚书"的编纂者不会不参考这几个古文《尚书》本子。

我们应特别注意《汉书·艺文志》有"《周书》七十一篇"，班固注称是"周史记"，颜师古注引刘向说是"周时诰誓号令也"。《汉书·萧何曹参传》中颜师古更进一步注明"《周书》者，本与《尚书》同类"。西晋初年，在汲郡发现了《汲冢周书》和《汲冢周志》，是记载周代历史的真实资料。"晚书"的编纂者在编纂孔传古文《尚书》的《周书》部分时不会不重视、利用这些极为珍贵的史料。

"晚书"还有一个重要来源是先秦经史诸子的《尚书》引文，现在已经考知出处的约有120条。阎若璩的《尚书古文疏证》、惠栋的《古文尚书考》以及程延祚的《晚书订疑》等论著，罗列周备，例证翔实，这里就不多说了。

"晚书"或主要是《尚书》的辑佚，它补充并丰富了《尚书》的内容，具有较高的史料价值。同时，"晚书"对于研究儒学有特殊意义。朱熹曾说："书中可疑诸篇，若一齐不信，恐倒了六经。"王应麟《困学纪闻》称："《仲虺之诰》，言仁之始也；《汤诰》，言性之始也；《太甲》，言诚之始也；《说命》，言学之始也。"而《大禹谟》则是巍巍宋代理学的根基。

孔传自被认定为伪作以后，注家多弃而不取。清代经学大师焦循在《尚书补疏·序》中把孔传与郑玄的注进行比较，列举七事证明孔传优于"郑注"。焦循认为孔传可与魏晋间何晏、杜预、郭璞、范宁等著名学者的传注相提并论，比汉儒的《尚书》传注精审，是阅读《尚书》的重要训诂材料。

四、《尚书》的语言特点

《尚书》历来号称难读，韩愈曾有"佶屈聱牙"之说，为疏通经文，历代学者纷纷为之作注，然歧解异说，莫衷一是。阅读《尚书》必须大致了解文本的语言状况。

《尚书》所反映的语言类型时期属于上古汉语的后期。这个时期语言的特征是新旧语言形式的急速交替。就语法而言，《尚书》既有见于甲骨文金文而不见于先秦两汉文献的语法现象和语法形式，又有见于先秦两汉文献而不见于甲骨文金文的语法现象和语法形式。当然，也有既不见于甲骨文金文也不见于先秦两汉文献的语法现象和语法形式。

《尚书》有古文有今文。我们曾经对今文《尚书》进行过系统的语言研究，也有学者对古文《尚书》的语言进行过系统研究。二者比较，存在差异。然而就其语言特点而言，大同小异。二者相同的语言特点大约有八个方面：

首先，《尚书》中有大量的通假字，而且后代用例很少。

《尚书》几乎篇篇都有通假字，甚至一篇有几十个。开篇《尧典》记叙尧的事迹凡 440 字，历代传注以为是通假字的有 26 个。一般古代文献的通假字与本字是一对一的关系，即一个通假字仅有一个本字，或一个本字只有一个通假字。而《尚书》则有相当数量的通假现象，《尚书》的本字与通假字、本义与假借义之间的联系不是单一的，是多样的，主要表现在六个方面。其一，一个本字，有几个通假字。其二，一个通假字可以作几个本字的通假字。其三，本字和通假字双向通假。其四，只用通假字通假义，不用本字本义。其五，既有本字本义，又用通假字通假义。其六，同一字既有本义又有通假义。多样性就是不规则性，不规则性是通假现象的早期形态特征。

其次，《尚书》抽象实词比例较大，各类虚词已成系统。

《尚书》是"政事之纪"，主要内容是君王的诰诫誓命以及君臣的谈话记录，表示具体名物的词汇少，而表示抽象概念的词汇多。有的表示政治、刑法、礼教，有的表示伦理纲常、品质道德、哲理物性，有的则表示喜怒哀乐的心理活动。语言中抽象词汇越丰富，语言的表达能力越强。《尚书》的多数抽象实词都是词义引申虚化的结果。

与实词虚化同步的是虚词系统已基本形成。这不仅仅表现在虚词的大类齐全，还表现在大类包含的小类也趋于完备。《尚书》的副词可以分为九个小类：情态副词、关联副词、时间副词、表数副词、程度副词、范围副词、否定副词、语气副词、表敬副词。连词也可以分为九个小类：并列连词、承接连词、假设连词、递进连词、因果连词、目的连词、让步连词、转折连词和修饰连词。介词已形成较为成熟的系统，可以用来标志名动组合所表达的时间、处所、对象、工具、方法、原因等丰富复杂的语义关系。当然较之后代的虚词系统，《尚书》虚词也有不完善的地方。诸如：句末语气助词比较贫乏，文言常见的疑问语气助词"邪（耶）""与（欤）"尚未发现，"乎""焉"仅见于今文《尚书》，"乎"1 见，"焉"4 见。

第三，虽以单音词为主，但复音词也有一定数量。

单音词过渡为复音词是汉语发展的主要趋势。《尚书》虽以单音词为主，但复音词也有一定数量，特别是附音词和重言词。附音词不仅有名词，也有动词和形容词。重言词不仅有形容词，也有名词和动词。附音词的主要形式是前附音节"有"和词干的合构。一般认为"有+词干"式附音词，仅能作名词。今文《尚书》的"有+词干"有56例是名词，但也有4例作动词，《盘庚中》《牧誓》各1例，《康诰》有2例。有2例作形容词，分别见于《大诰》和《酒诰》。《尚书》多数"有+词干"式附音词在动态语流中显得和谐，这种情况在多以四言为句的《诗经》中表现得尤为突出。调整音节、和谐语调应是汉语词汇复音化的动因之一。文言重言词多作形容词，今文《尚书》重言词有43见，形容词27见，名词4见，动词12见。重言词的词类分布既反映了文言重言词形容词多的共性特点，也反映了今文《尚书》重言词的个性特点，动词性重言词占有一定的比例。

第四，自称代词并非单复数同形，而是用不同形态的同义词来表达。

《尚书》的自称代词共有6个："我""予""朕""卬"（古文《尚书》作"𠨐"）"台""吾"，《尚书》"我""予""朕"在格位和单复数表示方面，存在着互补关系。"朕"主要用于领格，表示单数。"我"和"予"主要用于主格，"我"用于主格多表复数，"予"用于主格几乎皆表单数。"我""予"在同位语中，"我"多表复数，"予"几乎皆表单数。另外三个低频词"卬""台""吾"，则与"我""予""朕"存在着语音上的联系，"卬"是"我"的地方变体，"卬""我"上古同为疑纽。"台"是"予"的地方变体，"台""予"上古同为影纽。"朕"自为一组。"吾"是后人改窜，古本作"鱼"，或即"予"。吾、予、鱼，上古皆为模部字。予，影纽。吾、鱼，疑纽。影、疑喉牙邻纽，例得相通。

第五，没有句末语气助词"也"，叹词丰富。

今古文《尚书》都没有句末语气助词"也"，句末语气助词主要是表示祈使感叹的"哉"。

古文《尚书》有 11 个叹词，今文《尚书》有 10 个叹词。《尚书》的叹词不仅数量多，表达也十分丰富。或表示呼唤应答，或表示长吁短叹，或喜怒或哀乐，充满了强烈的抒情色彩，惟妙惟肖地表达了人物各种各样的复杂感情。

古文《尚书》没有表示疑问的句末语气助词，今文《尚书》仅有一个"其"字，仅有《商书·微子》一个语例。《尚书》的疑问语气主要运用语气副词和疑问代词来表示，语气副词有"岂""其""乃"等，疑问代词有"何""曷""害""如台""奈何"等。句末疑问语气助词是表达各种疑问语气的重要语法手段，有些语法作用是语气副词和疑问代词不可替代的。因而，《尚书》的这种语言现象比较特殊。

第六，宾语前置句处于常见形式和非常见形式的共现期。

否定句的宾语前置。前置的必备条件有两个，一是必须有表示否定的词，二是前置宾语必须为代词。其句法形式为：否定词＋代词宾语＋动词谓语。例如《周书·大诰》的"不卬自恤"。疑问句的宾语前置。今文《尚书》疑问句前置的疑问代词宾语只有"何"，其固定的语法形式为：疑问代词宾语"何"＋动词谓语。例如《虞书·皋陶谟》的"予何言"。古文《尚书》疑问句前置的疑问代词宾语有"何""曷""畴"，各仅 1 见。叙述句的宾语前置。粗分有两种句法形式：1.惟＋名词宾语＋之＋动词谓语／主语＋惟＋名词宾语＋动词谓语，例如《虞书·舜典》"惟刑之恤哉"。2.惟＋名词宾语＋是＋动词谓语／主语＋惟＋名词宾语＋是＋动词谓语，例如《虞书·益稷》"惟慢游是好"。介宾结构的代词宾语前置。主要有三种句法形式，即：是＋介词"以"／自＋介词"以"／曷＋介词"以"。

《尚书》异于文献语言宾语前置的不常见形式。主要有三种结构形式：1.否定句的否定词置于前置宾语之后，其句法形式为：主语＋代词宾语＋否定词＋动词谓语。例如《周书·大诰》的"尔时罔敢易法"。2. 叙述句的双宾语句，间接宾语置于动词之前，直接宾语仍置于动词谓语之后，其句法形式为：是＋之＋动词谓语＋名词宾语。例见《周书·洪范》："汝则从，龟从，筮从，卿士从，庶民从，是之谓大同。"3. 叙述句宾语和动词谓语间不用结构助词的宾语前置。这种句式，今文《尚书》有21见，主要有三种句法形式：1. 代词宾语＋动词谓语，例如《商书·盘庚中》的"予岂汝威"。2. 名词宾语＋动词谓语，例如《周书·大诰》的"天明畏"。3. 惟＋名词宾语＋动词谓语，例如《周书·大诰》的"宁王惟卜用"。

第七，被动句处于汉语语意被动句向形式被动句的发展过渡阶段。

《尚书》的被动句的类型特点是语意被动句多于形式被动句。以今文《尚书》为例，被动句凡62例，语意被动句46例，形式被动句16例，两者之间的比约为4：1。在形式被动句的16个例句中，《周书》部分就有15例，《商书》部分仅《盘庚中》一例，《虞书》《夏书》部分竟没有一例形式被动句，只有语意被动句。形式被动句在《虞书》《夏书》《商书》《周书》之间的比例是0：0：1：15。较之甲骨文，《尚书》已出现形式被动句；较之先秦两汉文献，《尚书》形式被动句的语法标志特殊。《尚书》仅有文献语言中常见的表示被动的语法标志"于"和不常见的"在"，也就是说仅有常见的形式被动句中的"于"字句和不常见的"在"字句。先秦两汉文献中表示被动的常见语法标志"见""被""为""所"等字《尚书》里都有，却没有一例用于被动句作为表示被动的语法标志。今古文《尚书》中的"在"表被动，既不见于甲骨文和金文，也不见于后世历代文献。这些事实说明《尚书》正处于从意念被动向形态被动式的发展过渡阶段。

第八，《尚书》时期是意合复句向形式复句演变的过渡阶段。

《尚书》的形式复句可以表示并列、承接、递进、假设、条件、转折、因果、目的等各种语义关系，基本形成了后世典籍形式复句各种类型的轮廓，但仍不全面。譬如，没有表选择关系的形式复句，因果形式复句中仅有因果式而没有果因式复句等，这些都体现了《尚书》时期意合复句向形式复句的过渡。《尚书》时期也是单联形式复句向双联形式复句过渡的阶段。关联词语的出现是复句进一步完善表现形式的方法，它主要是表示复句中各分句之间的逻辑联系和语义关系。形式复句的发展与关联词语的发展互为动因。

《尚书》中不仅有丰富的单重复句，亦有不少具有多层结构层次的多重复句。多重复句结构形式的特点是以二重复句为主，二重复句又以二重并列复句为主。《尚书》的二重复句不仅数量多，而且语义类型完备。后世文献语言中表示并列、承接、递进、假设、条件、转折、因果、目的等关系的二重复句，在《尚书》中都有语例。

《尚书》也有紧缩复句。紧缩复句是复句的紧缩形式，即以单句的形式表达复句的内容和逻辑关系。《尚书》处于由意合复句向形式复句演变的重要时期，形式复句和意合复句的发展，为紧缩复句的形成提供了必要的外部条件。《尚书》紧缩复句既有形式紧缩复句也有语意紧缩复句也正好证明了这一点。《尚书》紧缩复句产生的内因是《尚书》多帝王训诰、君臣对话。在言语交际中，需要一种紧凑含蓄、简要明快的口语来传递更多的语言信息，紧缩复句正适应了这一语言交际目的。兼之《尚书》语言简古，短句多，省略多，复句又多，言语者在特定的场景中言语、神色、肢体动作等非语言手段的辅助表情达意，一般复句亦极易紧缩为紧缩复句。

五、《尚书》的当代价值

刘知幾《史通》云："夫《尚书》者，七经之冠冕，百氏之襟袖，凡学者必精此书，次览群籍。"此论多为历代学者共识。《书》释天道政理，兴废存亡；引导修齐治平，立德立言立功；实为治政之宏规，稽古之先务，修身之典则。故汉唐以来，上自庙堂，下至闾里，人莫不习。

当下，在大力弘扬优秀传统文化的历史时代，《书》学研究越来越受到重视，《尚书》的现代诠释显现出巨大的张力。在第十二届全国人大一次会议闭幕会上，国家主席习近平发表讲话引用《尚书·周官》的"功崇惟志，业广惟勤"，勉励全国人民为实现中国梦而努力奋斗。同日，李克强总理在中外记者见面会上的九字箴言"行大道，民为本，利天下"成为热门话题，其中的"民为本"，语出《尚书·五子之歌》："民惟邦本，本固邦宁。"作为经典中的经典，《尚书》总结的治政经验、历史规律和思想观念，具有时代超越性和真理延续性，经典的当代价值亦将日益彰显。要而言之，有如下述：

第一，汲取古老的东方政治智慧，探求中国特色的治政理念。

《尚书》为"政书"之祖。《明实录》记载明太祖朱元璋"命儒臣书《洪范》揭于御座之右，朝夕观览"。历朝历代的政治领袖们都十分重视阅读和研究《尚书》。

梳理比对世界上最古老文明形态的诸种文化因子，可以破解四大文明古国为什么仅仅华夏文明一枝独秀，生生不息。远古的黄河流域孕育的文化形态具有独一无二的区别性特征，这就是具有最为悠久独特、最具生命力的文献传统。这一传统最早的文献性质是政书，也就是《书大序》"即谓上世帝王遗书也"。据说，"古者伏羲氏之王天下也，始画八卦，造书契，以代结绳之政，由是文籍生焉。"自此，伏羲、神农和黄帝有"三坟"，"言大道也"；少昊、颛顼、高辛、唐、虞有"五典"，"言常道也"。历代皆有传世政典。周初著名政治家周公旦在《多士》中就指出"惟殷先人，有册有典"。《书》学文献总结上古坟典的政治智慧，用圣君贤相的嘉谟善政确立了"先王政治"，建立了传统中国较为系统的国家治理模式，进而在后世形成绵延不绝的"政统秩序"。用以德范位的道德诉求直接规约着君王的思想言行和士民的家国情怀，塑造民族的精神世界，进而形成历久弥坚的"道统观点"。《尚书》中的圣贤形象成为民族的"人格理想"，确立了民族的价值标准。《尚书》这一切具有鲜明民族特色的从政、理政和治政的理念、策略和方法，是最适应中国文化特点、区域特征以及民众心理的共同基因，具有最强大的凝聚力和执行力。

《尚书》的文献传统及阐释传统，反映了中国文化的特征。这种特征以文献坚守历史，以阐释适应时代，民族文化中最优秀的因子得以保存，历史发展环环相扣，文化传承绵绵不绝，原典成为文化标识，诠释成为时代象征，原典与诠释的融合成为民族和谐、文化认同和与时俱进的最大动力。因此，从哲学高度看，《尚书》中呈现的虽然是王朝时代的大经大法，但其超越时代的"道"却是任何时代治国理政的金科玉律。马克思主义的历史唯物论肯定历史发展的螺旋性。螺旋性就有相似性。研究《尚书》，我们可以从相似性中找出历史发展的正确动因，探索具有中国特色的发展路径和治政理念。

第二，揭示华夏文明的始创论述，延续传统文化的学术正脉。

传统文化是什么？其内核是什么？有学者认为传统文化就是儒学，有学者认为传统文化是"六经"、"六艺"、书法、曲艺、武术、民俗等等无所不包，观点因立论角度不同而言人人殊。其实，在传统文化或大或小的范围里，一部分是起决定性作用的文化（思想观念等），一部分是在其影响下产生的现象（民风、民俗等），决定性的东西是传统文化的内核与主流。那么传统文化中的决定性的东西是什么呢？毋庸置疑，是民族思想文化的传承体系，其物质形态是最早的经典及其诠释。这是传统文化的内核和主流，也是传统学术的"正脉"，这不是一个价值判断，而是一个事实判断。

《尚书》是中国最早的经典。段玉裁《古文尚书撰异·序》认为"经惟《尚书》最尊"。《尚书》于传统文化诸元素之始创性论述最为广泛丰富，是华夏文明一些重要思想、理论、概念、观点的渊薮。诸如，《尚书》开篇的《尧典》首节就提出"修齐治平"的政治哲学思想："克明俊德，以亲九族；九族既睦，平章百姓；百姓昭明，协和万邦。"《舜典》提出中国最早的文学理论术语"诗言志"，揭示诗的本质特征。朱自清先生《诗言志辨序》认为这是中国历代诗论的"开山的纲领"，对后来的文学理论有深远的影响。《大禹谟》"人心惟危，道心惟微，惟精惟一，允执厥中"所谓的虞廷"十六字诀"，是构建宋明理学庞大学术体系的理论基础。历代对《尚书》一些特定篇目和类型的系统研究不仅形成了新的学术体系，例如《禹贡》学、《洪范》学，还形成一些新的文化观念和学术见解。《洪范》"五行"对于民族宇宙观和认识论之建构，"九畴"对于国家法权制度的建立；《禹贡》行政区域界划标准的设计对中国历史地理学、自然地理学和经济地理学之影响，"九州"的假想设定对国家认同以及"大一统"观念的确立；《吕刑》对中国法律思想之建设；典、谟、训、诰、誓、命等对中国文体学之形成。科举时代，《尚书》作为考试的重要内容，在民族教育、人才选拔与社会主流意识构建等方面发挥着举足轻重的作用。《尚书》之于中国文化诸元素的构成贡献巨大，是中华民族的历史记忆和文化基因。《尚书》学是大道之学。历代对《尚书》的语言诠释、政治诠释、历史诠释、心理诠释以及由此形成的诸学理论，与当代学术体制中的政治、经济、哲学、历史、法律、天文、地理、文学、艺术等领域研究密切相关。历代对《尚书》文本连续不断的多角度诠释，既保持了《尚书》基本理念和价值观的相对稳定，又进行了适当的推陈出新。《尚书》悠久的思想智慧总是直接介入生气勃勃的时代思想建构，这些思想在今天同样可以成为民族精神的重要内核。研究《尚书》及《尚书》学文献就是追本溯源，继往开来，延续传统文化的学术正脉。

第三，揭示世道人心的传统内涵，展现《书》学教育的当代价值。

经典著作承载着古人的生存智慧，蕴含着中华民族最基本的价值诉求，通过历代的教育锻铸着一个民族的基本品格。对每一个生命个体、每一个民族、每一个国家来说，最持久、最深层的力量就是全社会共同认可的核心价值观。经学经典集中反映了中国传统的价值观念，一直是"政治、社会、人生教育的基本教材"。圣人有言："不学《诗》，无以言。""不学《礼》，无以立。"《礼记·经解》说："入其国其教可知也！其为人也，温柔敦厚，《诗》教也；疏通知远，《书》教也；广博易良，《乐》教也；洁静精微，《易》教也；恭俭庄敬，《礼》教也；属词比事，《春秋》教也。"《墨子·天志》论《诗》《书》："书于竹帛，镂之金石，琢之槃盂，传遗后世子孙。曰将何以为？将以识夫爱人利人，顺天之意，得天之赏者也。"《墨子》的作者认为《诗》《书》并不在讲述后世之所谓史，而是传承顺天爱人之理，承担着道德教化的功能。

《书》教疏通知远，重视德教。"皇天无亲，惟德是辅，民心无常，惟惠之怀"，"好生之德，洽于民心"。治政强调"正德、利用、厚生"的"三正"原则，正身之德，利民之用，厚民之生，富民安国。修身主张"勤""俭""谦""和"，"克勤于邦，克俭于家"；"满招损，谦受益"；"神人以和"。我们已经有一段时间缺失《书》教《礼》教了，特别是缺失青少年的传统道德教育，从而可能致使整个社会缺失道德修养、道德底线、道德标准和道德约束。

当道德重建成为一个民族不得不面对的问题时，当我们需要重建当代社会核心价值体系时，《尚书》的道德哲学和伦理价值无疑是我们必须汲取的文化营养。道德重建呼唤《书》学的回归，《书》学的回归首先是《书》教的回归。经之为经的意义即在于教人立身行事。经典无疑是传统中国个体修身的蓝本，是中华民族价值体系建立的基础。《尚书》中的"民本"思想、"修身"思想、"德治"思想、"和谐"

思想，都包含着丰富而深刻的内容，都可以转化为现代的价值理念，而成为社会主义核心价值体系的重要内容。习近平同志说："中华文明绵延数千年，有其独特的价值体系。中华优秀传统文化已经成为中华民族的基因，植根在中国人内心，潜移默化影响着中国人的思想方式和行为方式。今天，我们提倡和弘扬社会主义核心价值观，必须从中汲取丰富营养，否则就不会有生命力和影响力。"道德文化层面的《尚书》学研究和教育可以为匡正人心、凝聚正能量提供强有力的思想保障。

第四，展示中华经典再生的正能量，研究文化国际传播的新策略。

《尚书》具有传承性特征。文献的传承性特征往往被解释为"影响"。"影响"体现了所有文献内在合法性要求，文献只有产生影响才能产生再生的正能量。《尚书》政史资料汇编的文献性质具有巨大的再生能量。《尚书》在古代汉字文化圈各国都有传布，古代朝鲜半岛学人用汉语著述的《尚书》学文献数量可观，影响涉及政治、哲学、思想、法律、教育、文化等广泛的领域。

历史印迹是文化对话的前语境。全面整理和深入研究域外《尚书》学汉籍，梳理汉文化在异域文化中的存在形态与演变脉络，发掘出双方文化的共性因子与异质元素，将静态的古老文本诠释与动态的当代学术研究进行融合延伸，既保持历史所赋予的特定亲和力，又融合时代所赋予的鲜活生命力，这样的文化对话可以非常容易地形成共同感兴趣的话题，激活对话对方的历史记忆，提升对话己方的文化自信。通过国际学术交流，共同整理和研究域外《尚书》学文献，寻找新时代传统文化传播的新形式，这是汉文化高品质国际传播应该采取的最为正确有效的策略。

历史的发展进程证明，中国传统文化有着极强的增殖能力和调节能力。中国历史上的每一次文化变革和价值转换，都与经典的重构与诠释的重建紧密相关。面对由来已久的反传统思潮和学术理论的西化倾向，我们需要在历史与现实、传统与传承中重建民族的话语体系和价值体系，《尚书》作为政史文献最早的典籍，可为弘扬气象恢宏的华夏传统文化提供不可缺失的文献依据与思想基础。广泛深入展开《尚书》及《尚书》学研究，是深刻体认源远流长传统文化的根本，也是提炼中国文化特征"古为今用"的基本条件。

六、《尚书》的主要传世注本和本书的编写体例

　　《尚书》流传最广的两个注本，一是孔颖达的《尚书正义》，一是蔡沈的《书集传》。前者是汉唐《尚书》研究的代表作，后者是宋学《尚书》研究的代表作，二者皆长期立于官学，历代版本较多。现在我们见得最多的《尚书正义》是《十三经注疏》本。《十三经注疏》本最常见的是 1980 年中华书局影印、民国世界书局缩印的阮元刻本。这个本子影印时曾与清代江西书局重修阮元本及点石斋石印本核对，正讹补脱，附于书末。虽然此为"以应急需"之本，后也屡见新的点校本或整理本，然学术界仍以中华书局这个影印本为善本。《书集传》现存最早的本子是《朱文公订正门人蔡九峰书集传》，书前有蔡沈的儿子蔡杭的《进书集传表》、淳祐丁未八月二十六日在延和殿蔡杭与宋理宗的问答《延和殿答圣语》、吏部侍郎赵汝腾《书集传》的审读意见《后省看详》、朱熹《书传问答》、蔡沈的《书集传序》和《孔安国序》。书末附有蔡沈弟子黄自然的跋、朱熹孙子朱鉴的跋以及吕遇龙的刻书说明。《书集传》通行的传世本是清代的武英殿本和《四库全书》文渊阁本。文渊阁本是抄本，多俗字，多缺笔字，多手写异体字，没有标点。武英殿本是刻本，字迹规整，有句读，1936 年曾经世界书局影印，影响较大。2010 年，凤凰出版社以武英殿本为工作底本，出版《书集传》

第一个标点整理本。1984 年，岳麓书社出版的《尚书易解》是今文《尚书》最好的整理点校本，也是影响最大的《尚书》读本。本书以中华书局影印《尚书正义》为工作底本，参之以《尚书易解》和凤凰版《书集传》断句分节。

《尚书》有今文《尚书》有古文《尚书》，今文《尚书》历史文献价值高，古文《尚书》思想文化价值高，二者不可偏废。本书内容既包括今文《尚书》，也包括古文《尚书》，但不包括古文《尚书》的《大序》和《小序》。主要原因是缩减篇幅，以求尽量合于丛书字数要求，再则也不影响经文内容的完整性。

各篇的编写体例根据丛书要求分为四个部分，一是经文，二是注释，三是点评，四是旁注。

《尚书》作为最早的原典之一，古词僻义，触目皆是，疏通字词，注释的总量当多于别的典籍。为了便于阅读，经文以小段为单位，注释以句为单位。一段一个注释群，一句一个注码。一句数注，各注连写。注释参考了近百种古今主要传注，注重出土材料中《尚书》文献或类《尚书》文献的研究成果，去粗取精，择善而从；或有未明，间下己见，言必有据；或不能决，诸说并存，以资参考。注释方式不旁征博引，详考细辨，仅对生词僻语，简释语源和语境义；复杂的语法现象，简释结构关系；典章制度和历史事件，简释出处。生僻字和多音字加注汉语拼音，古今字和通假字一律不作改动；上古人名中的繁体字统一转换成简体字，异体字则改为正字。为尽量减少出注数量，相同的生僻词语，每篇仅注释首见例。

点评是本书最为着力之处，重在说明各篇的文化价值，引导阅读，把握精髓。圣人有言："人能弘道，非道弘人。"《尚书》文本自不能言，需要人理解阐释，实现《书》学与现代文化的相融共通。研读《尚书》就要把注意力放在义理的发现上，以求"圣人之心"。经典的价值不仅在于传承文本，更重在经世致用。只有阐释和弘扬经典的现代意义，经典才有历久弥新的永恒生命力。

《尚书》具有复杂的流传历史和特殊的文本状态，为了帮助读者阅读理解，点评还适当说明今文古文，例如，指明《大禹谟》，"古文《尚书》有，今文《尚书》无"；说明重要的校勘成果，例如，今文《尚书》无《舜典》篇题，古文《尚书》析分《尧典》"慎徽五典"以下为《舜典》；说明相关篇章之间的内容联系，例如，指出《大禹谟》与《皋陶谟》《益稷》可为一组，记载的都是舜与禹、益、皋陶讨论政务的内容。《书序》说："皋陶矢厥谟，禹成厥功，帝舜申之。作《大禹》《皋陶谟》《益稷》。"阅读和研究可以三者结合分析参考。

旁注是篇末点评的补充。举凡重要字句、版本异文、特殊用法、文学成就、史料价值等，随文评注，以期画龙点睛，提高读者兴趣，加强阅读效果。

我们的时代是一个伟大的时代。我们面临前所未有的发展机遇，我们也面临前所未有的巨大挑战。我们的民族饱经忧患，却又能一次又一次浴火重生。中华文明是古代文明中唯一没有中断的文明。历史是螺旋式发展的，迎接当今的各种挑战，我们也需要从祖先那里寻求我们这个民族不老的生命奥秘和丰富的生存智慧。《尚书》疏通知远，垂世立教，恢宏至道，是华夏文明最早的政典史籍。我们就先从读《书》开始吧！

尚书

虞书

尧典

曰若稽古[1]，帝尧曰放勋[2]，钦明文思安安[3]，允恭克让[4]，光被四表[5]，格于上下[6]。克明俊德[7]，以亲九族[8]；九族既睦，平章百姓[9]；百姓昭明，协和万邦，黎民於变时雍[10]。

"克明俊德"至"协和万邦"诸句，与《大学》论证儒家政治哲学思想的逻辑完全相同。

[注释]

[1]曰若：金文常见，或作"雩若""粤若""越若"，句首语气词，无义。稽古：查考往事。稽，考察。　[2]帝：史家之称，三皇五帝是史家构拟的上古帝王世系。原始社会没有国家，也没

有皇、帝和王，此处"帝"实为部落联盟首领。尧：号放勋，相传是我国原始社会后期的著名部落首领，属陶唐氏，所以又称唐尧。本书一切专名仍沿用经文。 [3]钦：恭敬节俭。郑玄说："敬事节用谓之钦。"明：明察。郑玄说："照临四方谓之明。"安安：温柔宽容的样子。《尚书考灵曜》作"晏晏"，郑玄注："宽容覆载谓之晏。"《尔雅·释训》："晏晏，温和也。" [4]允：确实，的确。克：能。让：谦让。 [5]被：遍及。四表：四方，四海之外。 [6]格：通"各"。各，甲骨文义作"来""至"。上下：指天地。 [7]俊：杰出，才智超过一般的人。《说文》："俊，才千人也。" [8]亲：使动用法，义为"使……亲近和睦"。九族：高祖、曾祖、祖、父、自己、子、孙、曾孙、玄孙九代。泛指至亲。 [9]平：实为"采"之形讹，义为分别、辨别。《说文》："采，辨别也。象兽指爪分别也。读若'辨'。"详见惠栋《九经古义》。章：彰明。百姓：指百官。孔疏："百姓谓百官族姓。" [10]黎：众。於：代，递。《尔雅·释诂》："於，代也。"时：善。雍：和睦。

第一段，概述尧的品德和功绩。

在神话传说中，羲和或为驾驭日车的神，或为太阳的母亲。《离骚》："吾令羲和弭节兮。"洪兴祖补注："日乘车驾以六龙，羲和御之。"《山海经·大荒南经》："羲和者，帝俊之妻，生十日。"后来神话传说历史化，羲和成为制定历法的官。

乃命羲、和[1]，钦若昊天[2]，历象日月星辰[3]，敬授人时[4]。分命羲仲，宅嵎夷[5]，曰旸谷[6]。寅宾出日[7]，平秩东作[8]。日中[9]，星鸟[10]，以殷仲春[11]。厥民析[12]，鸟兽孳尾[13]。申命羲叔，宅南交[14]。平秩南讹[15]，敬致[16]。日永[17]，星火[18]，以正仲夏。厥民因[19]，鸟兽希革[20]。分命和仲，宅西，曰昧谷。寅饯纳日[21]，平秩西成[22]。宵中[23]，星虚[24]，以殷仲秋。厥民夷[25]，鸟兽毛毨[26]。申命和叔，宅朔方，曰幽都[27]。平在朔易[28]。日短，星昴[29]，以正仲冬。厥民隩[30]，鸟兽氄毛[31]。帝曰："咨[32]！汝羲暨和。期三百有六旬有六日[33]，以闰月定四时[34]，成岁。允厘百工[35]，庶绩咸熙[36]。"

[注释]

[1]乃：关联副词，于是。羲、和：尧时制定历法的官。马融曰："羲氏掌天官，和氏掌地官。" [2]若：顺从。昊：广大。 [3]历：推算。象：取法。《楚辞》王逸注："象，法也。" [4]人：本作"民"，唐天宝三载卫包避唐太宗李世民名讳改"民"为"人"。见段玉裁《古文尚书撰异》。 [5]嵎夷：地名，在东海之滨。 [6]旸（yáng）谷：相传为太阳升起的地方。《说文》："旸，日出也。" [7]寅：敬。宾：傧，导。 [8]平秩：辨别测定。 [9]日中：昼夜等长，指春分日。 [10]星鸟：指南方朱雀七宿。因呈鸟形，故称"星鸟"。 [11]殷：正，确定。仲：每季度中间的一个月。 [12]厥：其。析：分散。 [13]孳尾：生育繁衍。孔传："乳化曰孳，交接曰尾。" [14]交：交趾，地名。《墨子·节用》《韩非子·十过》都说："尧治天下，南抚交趾。" [15]讹：运行。《诗经·小雅·无羊》："或寝或讹。"毛传："讹，动也。" [16]致：回归。 [17]日永：夏至日白天最长。永，长。 [18]星火：大火星。东方青龙七宿之一，夏至日黄昏出现在南方。 [19]因：就，指就高地居住。《吕氏春秋·仲夏纪》《礼记·月令》都说："仲夏之月……可以居高明。" [20]希革：稀

毛。希，通"稀"。革，通"翮"。《玉篇》："翮，羽也。"郑玄说："夏时鸟兽毛疏皮见。" [21]饯：用酒食送行。《尚书易解》："饯，送也。"纳日：入日，落日。《尚书大传》作"入日"。 [22]西成：太阳西落的时候。《皋陶谟》郑玄注："成，终也。" [23]宵中：夜昼等长，指秋分日。 [24]星虚：星名。北方玄武七宿之一。 [25]夷：平，指到平地居住。 [26]毨（xiǎn）：羽毛更生。 [27]幽都：幽州。今河北北部及辽宁一带。 [28]在：察。见《尔雅·释诂》。朔：北方。易：改易。这里指运行。 [29]星昴：星名，西方白虎七宿之一。 [30]隩（yù）：通"奥"，室。这句话是说：民避寒而入室内。 [31]氄（rǒng）：细毛。 [32]咨：《玉篇·口部》："咨，咨嗟也。"表感叹。 [33]期（jī）：一周年。有：连词，通"又"，用于整数与余数之间。 [34]闰月：月亮绕地球运行一周，需时二十九天多。一年十二月，大月三十天，小月二十九天，共计三百五十四天，比一年的实际天数少十一天多。因此必须安排闰月。 [35]允：用。《经传释词》："家大人曰：允，犹用也。《书·尧典》曰'允厘百工'，言用厘百工也。"厘：治理。百工：百官。 [36]庶绩咸熙：许多事情都兴办起来。庶，众。咸，范围副词，都。熙，兴。庶绩，受事主语。

第二段，记叙尧分命羲氏、和氏制定历法节令。

帝曰："畴咨若时登庸[1]？"

放齐曰[2]："胤子朱启明[3]。"

帝曰："吁[4]！嚚讼可乎[5]？"

帝曰："畴咨若予采[6]？"

驩兜曰："都[7]！共工方鸠僝功[8]。"

帝曰："吁！静言庸违[9]，象恭滔天[10]。"

帝曰："咨！四岳[11]，汤汤洪水方割[12]，荡荡怀山襄陵[13]，浩浩滔天[14]。下民其咨[15]，有能俾乂[16]？"

佥曰："於[17]！鲧哉[18]。"

帝曰："吁！咈哉[19]，方命圮族[20]。"

岳曰："异哉[21]！试可乃已[22]。"

帝曰："往，钦哉！"

九载，绩用弗成。

"汤汤洪水方割，荡荡怀山襄陵，浩浩滔天。"这三句衍化出成语"浩浩汤汤"和"浩浩荡荡"。起初用"浩浩汤汤"，后惯用"浩浩荡荡"。

［注释］

[1]畴：疑问代词，谁。咨：句中语气助词，无义。若：善，治理好。时：四时。登庸：提升，任用。《尔雅·释诂》："登，升也。"马融说："羲和为卿官，尧之末年皆以老死，庶绩多阙，故求贤顺四时之职，欲用以代羲和。"　[2]放齐：与下文驩兜、共工皆为尧臣，皆列于四凶。　[3]胤：后嗣。朱：丹朱，尧的儿子。启明：开明。　[4]吁：叹词，惊叹中又带有否定的语气。　[5]嚚（yín）：不说忠信的话。《左传》僖公二十四年："口不道忠信之言为嚚。"讼：争，好争辩。　[6]采：事。《皋陶谟》"载采采"，《史记·夏本纪》作"始事事"。　[7]都：叹词，《书集传》："都，叹美之辞也。"　[8]共工方鸠僝（zhuàn）功：共工防救水灾，已具功绩。方，通"防"。鸠，通"救"。《说文》引作"救"。僝，马融说："具也。"　[9]静言：巧言。《汉书·翟方进传》："静言令色，外巧内嫉。"庸：时间副词，经常。《尔雅·释诂》："庸，常也。"

违：邪僻。　[10]象恭：貌似恭敬。滔天：弥漫接天，形容气性高傲。滔，漫。　[11]四岳：官名，主持四岳的祭祀，为诸侯之长。　[12]汤（shāng）汤：水大的样子。方：遍，范围副词。孙星衍说："'方'与'旁'通。《说文》云：'旁，溥也。'"割：通"害"。孔传："割，害也。"　[13]荡荡：叠音词，水广大的样子。怀：包围。襄：上，涨上，漫上。　[14]浩浩：叠音词，水势远大的样子。滔天：巨浪接天，形容水势汹涌澎湃。　[15]其：语气副词，表肯定语气，可译为应当、必定。　[16]有能俾乂：意即有能使洪水得到治理的人吗？俾，使。乂，治理。也有学者认为《尚书》无"者"字结构，"能俾乂"相当于"能俾乂者"。　[17]於：叹词，《助字辨略》："又音'乌'，叹美辞也。《书·尧典》：'佥曰：於！鲧哉！'疏云：'於，即呜字，叹之辞也。'"　[18]鲧：尧的大臣，禹的父亲。哉：语气词，表示商度语气。《舜典》"佥曰：垂哉"及"佥曰：益哉"之"哉"同。　[19]咈（fú）：违背。哉：语气词，这里表示陈述语气。　[20]方命：郑玄说："方，放。谓放弃教命。"圮（pǐ）：毁坏。《尔雅·释诂》："圮，毁也。"族：族类。　[21]异：举。哉：语气词，这里表示祈使语气。　[22]试可乃已：江声说："试、已，皆用也。言用之可乃用尔。"又，此句《史记·五帝本纪》作"试不可用而已"。钱大昕说："古人语急，以'不可'为'可'。"可备参考。

　　第三段，记叙尧选拔官吏的情况。

　　帝曰："咨！四岳。朕在位七十载，汝能庸命[1]，巽朕位[2]？"

　　岳曰："否德忝帝位[3]。"

　　曰："明明扬侧陋[4]。"

师锡帝曰^[5]："有鳏在下^[6]，曰虞舜。"

帝曰："俞^[7]！予闻，如何？"

岳曰："瞽子^[8]，父顽，母嚚，象傲，克谐。以孝烝烝^[9]，乂不格奸。"

帝曰："我其试哉！女于时^[10]，观厥刑于二女^[11]。"厘降二女于妫汭^[12]，嫔于虞^[13]。

帝曰："钦哉！"

这是政治婚姻的最早记载。

上述两段是文献典籍中最早的会议记录。

[**注释**]

[1]庸：用。　[2]巽：通"践"，《史记·夏本纪》作"践"。《礼记·中庸》"践其位"，郑玄注："践，犹升也。"　[3]否（pǐ）：鄙陋。《史记·五帝本纪》作"鄙"。忝：辱，谓配不上。　[4]明明：前"明"字，动词，明察；后"明"字，名词，贤明的人。扬：推举。侧陋：疏远隐匿，指地位卑微的人。　[5]师：众人。锡：赐，这里指献言。《尚书易解》："古者下对上亦称锡，犹今言贡献。"　[6]鳏：疾苦的人。《尔雅·释诂》："鳏，病也。""病"有"苦"义，《左传》襄公二十四年："范宣子为政，诸侯之币重，郑人病之。"　[7]俞：叹词，表示应答。《尧典》中的叹词"俞"皆用于对话。李学勤指出，传世文献中，"俞"作为叹词，见于《尧典》《舜典》《皋陶谟》《益稷》及伪古文《大禹谟》，先秦别的古籍少有此用法；而甲骨卜辞中也有"俞"作为叹词的用例，可证《尧典》来源很古。　[8]瞽：盲人。指舜的父亲乐官瞽瞍。瞽，《史记·五帝本纪》引作"盲"；瞽子，引作"盲者子"。　[9]以：介词，因为。烝烝：叠音词，厚美。《诗经·鲁颂·泮水》："烝烝皇皇，不吴不扬。"毛传："烝烝，厚也。"《诗经·大雅·文王有声》："文

王烝哉。"《韩诗》谓："烝，美也。"　[10]女：嫁女。时：通"是"，代词，此处意谓"这个人"。　[11]厥：其。刑：法，这里指法则。《诗经·大雅·思齐》："刑于寡妻。"毛传："刑，法也。"二女：尧的女儿娥皇、女英。　[12]厘：命令。妫（guī）：水名。汭（ruì）：水湾。　[13]嫔：妇，这里指嫁于虞舜为妇。

第四段，记述四岳推荐舜、尧考察舜的情况。

[**点评**]

典是《尚书》的重要体式。《说文》解释"典"的字形象册在几上，故云："大册也。""五帝之书也。"《尧典》是记述唐尧美德和功绩的政史资料，确切的成书年代目前尚不可考。开篇"曰若稽古"，说明不是实录，是后人考述古事。

《尧典》是中国上古史的奠基篇。中国古代的帝王世系由《史记》的《五帝本纪》建构。《五帝本纪》的史料来源就是《尧典》《舜典》全文，再辅以战国末的《五帝德》和《帝系姓》的相关材料。

《尧典》也是中国政书的最早篇章。《尧典》反映了政统古老的禅让制度。最高权力如何交接，是最重要的政治制度。文献记载古代中国曾出现过"父死子继、兄终弟及"的血统交接制、禅让制和世袭制。相比较而言，禅让制具有民主性质，继任者需要经过推荐和考察，选择的条件也不是仅仅根据贵贱和社会关系。尧老了，谁继任？尧打算让位于四岳而不是儿子丹朱；四岳谦让，一致推举舜。舜当时还是一个平民，家庭成员皆非善类，其父不依德义，母亲不言忠信，弟弟傲慢无礼，舜都能与他们和谐相处。四岳认为舜有孝行美德,一定能够治理好天下。尧很慎重,就把两个女儿娥皇、女英嫁给舜,观察舜的私德内美,后来又让舜管理各种事务,观察舜的才智能力,确信舜德才兼备,才把权力交给舜。禅让制不仅见于《尧典》,还见于先秦的儒家墨家文献。出土文献也有记载,诸如,郭店楚简的《唐虞之道》和《穷达以时》,上博简的《容成氏》和《子羔》。这些记载展现了《礼记·礼运》"天下为公""选贤举能"的大道之治,成为人们孜孜向往的美政。作为一种政治制度,在几千年的世袭帝制时代,有些王朝不仅开国要举行隆重的禅让仪式,如商汤三让,秦汉迄清甚或数十次出现过禅让,如汉献帝刘协禅让,当然多数禅让都是被迫的。也有不少史料记载唐虞禅让不是史实,《竹书纪年》记载:"舜囚尧于平阳,取之帝位。"《韩非子·说难》认为唐虞夏商周的政权交接充满血雨腥风:"舜逼尧,禹逼舜,汤放桀,武王伐纣,此四王者,人臣弑其君也。"这些记载完全颠覆了正统儒学的史学观。但研究证明,尧时不是"家天下",部族联盟首领不得专权擅行。此外,后世少数民族如鲜卑、契丹、女真、蒙古都曾实行过首领出于公推的制度。因此,远古的禅让应有史实基础,只是未必如文献记载得那样美好。

《尧典》还反映了原始社会的军事民主制。原始社会的后期,随着社会的发展,小的氏族发展成大的部落,部落之间的联系形成更大的部落联盟,部落联盟的最高权力机构是部落联盟会议。部落联盟的任何重大决策都必须召开部落联盟会议决定,部落联盟首领不能独断专行。美国著名学者摩尔根称这一部落联盟机构为"军事民主制"。《尧典》记载了一次部落联盟会议，会议的主持者是部落联盟领袖尧，出席会议的是各个部落联盟的首领四岳十二牧。会议的议题是选拔各方面管事的人才。首先选拔治理历法的人。放齐推荐尧的儿子丹朱，尧以为丹朱说话虚妄，喜欢争辩，予以否定。然后选拔治理政事的人。驩兜推荐共工，尧以为共工花言巧语，阳奉阴违，予以否定。最后选拔治理洪水的人。众人推荐鲧，尧认为鲧不服从命令，危害族人，也予以否定。但是四岳十二牧坚持建议任用。部落联盟领袖和四岳十二牧之间关系融洽，完全平等，会议充满民主气氛。放齐、驩兜推荐丹朱、共工，尧可以据理否定；四岳推荐鲧治理洪水，尧虽然不同意，但仍然必须依从四岳十二牧的决定。

《尧典》具有不可或缺的文化学价值。人类从畜牧社会走进农耕社会，迫切需要根据季节耕种收获，便留心观察天象物候。《尧典》则是人类"观象时代"观象记时的最早文献记录。《尧典》关于尧"乃命羲、和，钦若昊天，历象日月星辰，敬授人时"的记载，已为现代科学研究所证实。气象学家竺可桢在《中国古代在天文学上的伟大贡献》(《科学通报》1951年第3期)一文中论定《尧典》的"三百有六旬有六日"就是阳历年，"以闰月定四时，成岁"则是阴阳历合用，比同时代的其他文明古国的历法更为先进。观象记时还反映了我国古代天人同构的宇宙认知模式。认识天文制定历法的目的在于指导人类生产生活。同时，人们在掌握宇宙秩序及其运动规律的过程中，会触类旁通，对应人间社会秩序及其运动规律。《论语·泰伯》："唯天为大，唯尧则之。"后世"天人合一"学说与"历象授时"有着密切的因果联系。

《尧典》还是中国传统文化一些重要思想、观点的源头。儒家"修、齐、治、平"内圣外王政治哲学思想的系统论述见于《大学》："古之欲明明德于天下者，先治其国；欲治其国者，先齐其家；欲齐其家者，先修其身。""身修而后家齐，家齐而后国治，国治而后天下平。"《尧典》第一节赞颂尧的品德："克明俊德，以亲九族；九族既睦，平章百姓；百姓昭明，协和万邦。黎民於变时雍。""明俊德"就是"修身"，"亲九族"就是"齐家"，"平章百姓"就是"治国"，"协和万邦"就是"平天下"。修身，才能齐家；齐家，才能治国；治国，才能平天下。"克明俊德"，才能"以亲九族"；"九族既睦"，才能"平章百姓"；"百姓昭明"，才能"协和万邦，黎民於变时雍"。《尧典》与《大学》论证逻辑的惊人相似之处证明《尧典》是《大学》的理论源头。

西汉伏生所传今文《尚书》中的《尧典》，包括下篇《舜典》的内容。本书则依孔传古文《尚书》分为两篇。

舜　典

篇首这28字，清代段玉裁考定为南朝齐人姚方兴添加。

曰若稽古，帝舜曰重华[1]，协于帝。浚哲文明[2]，温恭允塞[3]，玄德升闻[4]，乃命以位。慎徽五典[5]，五典克从。纳于百揆[6]，百揆时叙[7]。宾于四门[8]，四门穆穆[9]。纳于大麓[10]，烈风雷雨弗迷。

[注释]

[1]舜：姚姓，名重华，相传是我国原始社会后期的著名部落首领，属有虞氏，所以又称虞舜。　[2]浚：深邃。哲：智慧。明：明察。孔疏："照临四方曰明。"　[3]温：温和。恭：谦逊。塞：充满。　[4]玄：潜行，潜修。孔疏："舜在畎亩之间，潜行道德，显彰于外，升闻天朝。"　[5]慎：谨慎地。徽：美，善，这里是动词，完善。五典：同下文"五品"。指五种伦常关系，即父义、母慈、兄友、弟恭、子孝五种常教。孔疏："此'五典'与下文'五品''五

教'，其事一也。"　[6]纳：选入。百揆：揆度庶事之官，总揽政务。蔡传："犹周家之冢宰。"　[7]时叙：承顺。《经义述闻》："时叙，犹承叙也。承叙者，承顺也。"　[8]宾：通"傧"，用如动词，迎接宾客。　[9]穆穆：容仪谨敬的样子。《尔雅·释训》："穆穆，敬也。"郭璞注："皆仪容谨敬。"　[10]大麓：官名，主管山林。《说文》："麓，一曰守山林吏也。"

第一段，记叙舜的美德以及唐尧让位虞舜。

　　帝曰："格[1]，汝舜！询事考言[2]，乃言厎可绩[3]，三载。汝陟帝位[4]。"舜让于德，弗嗣。

［注释］

[1]格：来。　[2]询：谋划。　[3]厎（zhǐ）：一定。　[4]陟（zhì）：升，登上。

　　正月上日[1]，受终于文祖[2]。在璇玑玉衡[3]，以齐七政[4]。肆类于上帝[5]，禋于六宗[6]，望于山川[7]，遍于群神。辑五瑞[8]。既月乃日[9]，觐四岳群牧[10]，班瑞于群后[11]。

肆：遂，于是。或作"遂"。1962年冬在河南偃师出土的熹平石经《尚书》残石有"以齐七政遂"五字。

［注释］

[1]上日：善日，吉日。据王引之说。　[2]受终：指接受尧的禅让。孔传："终，谓尧终帝位之事。"文祖：尧太祖的宗庙。祖，《说文》："始庙也。"　[3]在：察。璇玑玉衡：北斗七星。《史记·天官书》："北斗为玉衡。"玉衡是杓，璇玑是魁。　[4]齐：排列。

七政：七项政事，即祭祀、班瑞、东巡、南巡、西巡、北巡、归格艺祖。见《尚书易解》。　[5]类：通"禷"，祭天之礼。《说文》："以事类祭天神。"这里指祭告继承帝位的事。上帝：天神。甲骨卜辞中"帝"常指上帝。据卜辞记载来看，上帝主宰气象（雨、雷、雹、风、雾、云等），支配年成，左右城邑安危，能够降祸福。　[6]禋（yīn）于六宗：可能就是以禋礼祭祀六位先祖。禋，祭名。《说文》："禋，洁祀也。"六宗，马融说："天地四时也。"又，"宗"在商代可指安置祖先神主之处，甲骨文中有用例。据考古学研究，宗是具有遮阳蔽雨顶盖的祭坛，如殷代妇好墓上筑有"母辛宗"。金文中有"嶭史屖乍（作）宝壶，用禋祀于兹宗室"句，可以作为参照。　[7]望：祭山川之名。　[8]辑：敛聚，收集。五瑞：诸侯作为符信的五种玉。《周礼·春官·大宗伯》和《典瑞》都有记载：公执桓圭，侯执信圭，伯执躬圭，子执谷璧，男执蒲璧。　[9]既月乃日："日"与"月"均用作动词，谓既择月又择日。　[10]觐：朝见。牧：官长。　[11]班：通"颁"，分发。后：君长。

特：本义指没有被阉割的公牛，此处"特"引申表示数量结构"一牛"。"特"后来进一步演变为特殊基数词，用法同"一"。《国语·晋语》："子为我具特羊之飨。"韦昭注："特，一也。""特羊"即"一羊"。

岁二月，东巡守，至于岱宗[1]，柴[2]。望秩于山川[3]，肆觐东后[4]。协时月正日[5]，同律度量衡[6]。修五礼、五玉、三帛、二生、一死贽[7]。如五器[8]，卒乃复。五月南巡守，至于南岳，如岱礼。八月西巡守，至于西岳，如初。十有一月朔巡守，至于北岳，如西礼。归，格于艺祖，用特。

[注释]

[1] 岱宗：东岳泰山。 [2] 柴：通"祡"，祭天名。马融说："祭时积柴，加牲其上而燔之。"《说文》："祡，烧柴焚燎以祭天神。" [3] 秩：次序。 [4] 东后：东方的诸侯君长。 [5] 协：协调。时：四时。正：确定。 [6] 同：统一。律：古乐十二律，阴律六，阳律六。度：丈尺。量：斗斛。衡：斤两。 [7] 五礼：公侯伯子男五等朝聘之礼。五玉：即上文"五瑞"。手持称瑞，陈列称玉。三帛：三种不同色的丝织品，用来垫玉。郑玄说："三帛，所以荐玉也。受瑞玉者以帛荐之。"二生：活羊羔和雁，卿大夫所执。一死：一只死野鸡，士所执。 [8] 如：通"而"，连词，表示承接关系。五器：即上文"五瑞"。

五载一巡守，群后四朝。敷奏以言[1]，明试以功，车服以庸。

[注释]

[1] 敷奏以言：以下三句结构似同，似乎可以视为并列关系，然而细析文意存在时间先后的顺承关系，是顺承复句。（诸侯）普遍地报告自己的工作，然后（尧）考察他们的政绩，赏赐车马衣物作为酬劳。前两句"以"为介词，用、根据。后一句"以"是目的连词，来。庸，《尔雅·释诂》："庸，劳也。"这里指酬劳、慰劳。《尚书易解》："车服以庸，赐车服以酬其劳也。"

肇十有二州[1]，封十有二山[2]，浚川。

[**注释**]

[1]肇：正，定。见《国语·齐语》韦昭注。这里指划定州界。　[2]封：界域，封疆。郭沫若《甲骨文字研究》以为"封"之初文象土上植树，"古之畿封实以树为之也。此习于今犹存。然其事之起，乃远在太古。太古之民多利用自然林木以为族与族间之畛域，西方学者所称为境界林者是也。"

象以典刑[1]，流宥五刑[2]，鞭作官刑，扑作教刑[3]，金作赎刑[4]。眚灾肆赦[5]，怙终贼刑[6]。钦哉，钦哉，惟刑之恤哉[7]！

中国法治史上第一次出现的系列刑名。

[**注释**]

[1]象以典刑：刻画常用的刑罚。《尚书正读》说："盖刻画墨、劓、剕、宫、大辟之刑于器物，使民知所惩戒，如九鼎象物之比。"　[2]流：流放。宥：宽宥。　[3]扑：槚楚，古代教官打学生的木棍。　[4]赎刑：（用钱财等）减轻或抵消处罚的刑律。　[5]眚（shěng）：过错。肆：遂，于是。　[6]怙：依仗。贼：通"则"。　[7]惟刑之恤：宾语前置，即"惟恤刑"。恤，通"溢"。《尔雅·释诂》："溢，慎也。"惟，范围副词，只是。

"流""放""窜""殛"互文避复，在相同的句法位置上用不同的词表示相同相似的意义，都是"流放""驱逐"的意思。中国传世文献中第一次记载对政治犯实行流放的处罚。

流共工于幽州[1]，放驩兜于崇山，窜三苗于三危，殛鲧于羽山，四罪而天下咸服[2]。

[**注释**]

[1]流共工于幽州：以下四句结构相同。幽州，地名，今河

北北部至辽宁一带。崇山，地名，今吉林敦化东北。三苗，古国名。三危，地名。历来注释三危之地各异。一说即今甘肃敦煌东南三危山；一说指今西藏中部、东部及四川西部地区；一说在今云南境内；一说在今甘肃、青海直至黄河发源处之巴颜喀拉山一带。羽山，地名，一指今山东蓬莱东南，一指今山东郯城东北。　[2]罪：动词，判罪，处罚。而：连词，表承接关系。

第二段，叙述舜即位后祭祀、巡守、划分州界、制定刑法、流放四凶。

二十有八载，帝乃殂落[1]。百姓如丧考妣，三载，四海遏密八音[2]。月正元日[3]，舜格于文祖，询于四岳，辟四门，明四目，达四聪。

[注释]

[1]殂落：去世。　[2]遏：停止。密：静止。《尔雅·释诂》："密，静也。"八音：金、石、丝、竹、匏、土、革、木八种乐器，这里泛指一切音乐。　[3]月正元日：正月元日。曾运乾《尚书正读》："月正，正月也。或言正月，或言月正；或言上日，或言元日，皆史变文耳。"

"咨，十有二牧[1]！"曰，"食哉惟时[2]！柔远能迩，惇德允元[3]，而难任人[4]，蛮夷率服[5]。"

[注释]

[1]牧：州的行政长官。　[2]哉：句中语气助词，无

义。　[3]惇：厚，这里为动词，亲厚。德：这里指有德之士。允：信，信任。元：善，这里指善良的人。　[4]难（nàn）：拒绝。任人：佞人，指奸邪的人。　[5]率：范围副词，都。殷武丁时期的卜辞里已较常见。

　　舜曰：“咨，四岳！有能奋庸熙帝之载[1]，使宅百揆亮采[2]，惠畴[3]？”

　　佥曰：“伯禹作司空[4]。”

　　帝曰：“俞，咨！禹，汝平水土，惟时懋哉[5]！”禹拜稽首[6]，让于稷、契暨皋陶。

　　帝曰：“俞，汝往哉！”

　　帝曰：“弃，黎民阻饥[7]，汝后稷[8]，播时百谷[9]。”

　　帝曰：“契，百姓不亲，五品不逊[10]。汝作司徒[11]，敬敷五教[12]，在宽。”

　　帝曰：“皋陶，蛮夷猾夏[13]，寇贼奸宄[14]。汝作士[15]，五刑有服[16]，五服三就[17]。五流有宅[18]，五宅三居[19]。惟明克允[20]！”

　　[注释]

　　[1]奋：奋力，奋发。庸：功，用功，努力。熙：广，光大。载：事。见孔传。　[2]宅：居。亮：辅导。采：事。　[3]惠：语气助

词。畴：谁。　[4]司空：三公之一，掌管土地。　[5]时：通"是"，代词，指百揆之职。懋：勉，勉力。　[6]稽首：叩头。孔传："稽首，首至地。"孔疏："《周礼·春官·大祝》：'辨九拜，一曰稽首。'稽首为敬之极，故为'首至地'。稽首是拜内之别名，禹拜乃稽首，故云'拜稽首'也。"　[7]黎：众。阻：困厄。　[8]后：主，这里是动词，主持。　[9]时：通"蒔"，耕种。　[10]五品：同上文"五典"，指五种人伦关系。郑玄说："五品，父、母、兄、弟、子也。"逊：和顺。　[11]司徒：三公之一，主管民政。西周金文有见，作"司土"。　[12]敷：布，施行。五教：即指上文"五典""五品"。　[13]猾：扰乱。夏：指中原。　[14]寇：抢劫。贼：杀人。奸宄：犯法作乱，在外部作乱叫作奸，在内部作乱叫作宄。宄，一作"轨"。　[15]士：狱官之长。　[16]服：用。　[17]就：处所。　[18]五流：五种流放。宅：处所。　[19]三居：郑玄认为指远近不同的三种地方。　[20]明：明察。允：信服。

帝曰："畴若予工[1]？"

佥曰："垂哉[2]！"

帝曰："俞，咨！垂，汝共工[3]。"垂拜稽首，让于殳斨暨伯与[4]。

帝曰："俞，往哉！汝谐[5]。"

帝曰："畴若予上下草木鸟兽[6]？"

佥曰："益哉[7]！"

帝曰："俞，咨！益，汝作朕虞[8]。"益拜稽首，让于朱虎、熊罴[9]。

帝曰："俞，往哉！汝谐。"

[注释]

[1]若：善。工：这里指官名。马融认为是"主百工之官"。 [2]垂：人名。哉：语气词，表商度语气。 [3]共工：这里指官名，治理百工之事。孔传："共谓供其职事。"孔疏："共工，官称。" [4]殳斨、伯与：皆为人名。 [5]谐：偕，一同。 [6]上下：上指山，下指泽。 [7]益：人名，即伯益，详《益稷》。 [8]虞：掌管山林的官。 [9]朱虎、熊罴：皆为人名。

帝曰："咨！四岳，有能典朕三礼[1]？"

佥曰："伯夷[2]！"

帝曰："俞，咨！伯，汝作秩宗[3]。夙夜惟寅[4]，直哉惟清。"伯拜稽首，让于夔、龙[5]。

帝曰："俞，往，钦哉！"

帝曰："夔！命汝典乐，教胄子[6]，直而温[7]，宽而栗[8]，刚而无虐，简而无傲。诗言志，歌永言[9]，声依永，律和声。八音克谐，无相夺伦，神人以和[10]。"

夔曰："於[11]！予击石拊石[12]，百兽率舞[13]。"

帝曰："龙，朕堲谗说殄行[14]，震惊朕师。

诗言志，歌永言，声依永，律和声：第一次说明诗、歌、声、律之间的关系，提出"谐""和"的概念。

命汝作纳言^[15]，夙夜出纳朕命^[16]，惟允！”

[注释]

[1]典：主持。三礼：天事、地事、人事之礼。　[2]伯夷：人名。　[3]秩宗：官名，掌管次序尊卑的礼仪。　[4]寅：恭敬。　[5]夔、龙：皆为人名。　[6]胄子：未成年的人。　[7]直而温：以下四句的“而”均为连词，表并列关系。　[8]栗：战栗。这里指谨慎。　[9]永：通“咏”。　[10]以：连词，表因果关系。　[11]於（wū）：叹词。孔疏：“夔答舜曰：呜呼！我击其石磬，拊其石磬，诸音莫不和谐，百兽相率而舞，乐之所感如此，是人神既已和矣。”孔颖达认为“於”即“呜呼”，是表示赞美的叹词。　[12]拊：轻轻叩击。石：石磬。　[13]率：连词，表因果关系。《经传释词》：“‘予击石拊石，百兽率舞。’率，用也。‘百兽用舞’，犹上文言‘神人以和’耳。”王引之认为“率”与上文“神人以和”的“以”用法相同，都可以训为“用”，也就是“因此”。　[14]圣：厌恶。殄：贪残。　[15]纳言：官名。郑玄说：“如今尚书，管王之喉舌也。”[16]出纳朕命：这是一个特殊并列句。“出纳”并非偏义复合词，分析上下语境和与前后词语的组配，传达朕命首先要接受朕命。出纳朕命，即纳出朕命，亦即接受朕命，传达朕命。这是运用“共用”的修辞手法。

帝曰：“咨！汝二十有二人，钦哉！惟时亮天功^[1]。”

三载考绩，三考，黜陟幽明^[2]，庶绩咸熙。分北三苗^[3]。

[注释]

[1]时：善，善于。亮：领导。天功：大事。　[2]黜：罢免。陟：提升。幽：昏庸。明：贤明。"黜陟幽明"即"黜幽陟明"，运用了"并提分承"的修辞方法。　[3]北：别。

第三段，记叙舜选用、教育百官的情况。

舜生三十征^[1]，庸三十^[2]，在位五十载，陟方乃死^[3]。

[注释]

[1]舜生三十征：意谓"舜三十岁时被征召"。这是用主动句的句子形式表示被动语义，"舜"是受事主语。"三十"后蒙后省略"载"。征，征召。《史记·五帝本纪》："舜年二十以孝闻，年三十尧举之。"可见舜是"被征"。　[2]庸：用。三十：今文作"二十"，当从。"三十"后亦蒙后省略"载"。　[3]陟方：巡狩。

第四段，赞扬舜勤劳国事，鞠躬尽瘁。

[点评]

《舜典》记叙舜的功绩，与《尧典》一样也以"典"名篇，是《尚书》的重要篇章，具有重要的文化学价值。

在传世文献中，《舜典》记载了多个中国文化史上的"第一次"。

《舜典》"修五礼"第一次出现"礼"，叙述虞舜制定公侯伯子男五等朝聘礼节，然后又记叙舜巡狩南岳祭礼"如岱礼"，选拔"典朕三礼"主持天事、地事、人事之礼的伯夷。《左传》昭公二十五年："夫礼，天之经也，地之义也，民之行也。"礼是中国古代社会的典章制度和道德规范。礼作为典章制度是社会政治制度的体现，是维护上层建筑以及与之相适应的人与人交往中的礼节仪式。礼作为道德规范是人与人之间一切行为的标准和要求。圣人认为："不学礼，无以立。"先秦文献的记载，几乎皆涉礼、礼制及其精神。古代的礼及其礼制是古代中国创造、中国智慧和中国精神的集中代表。我们应该深刻反思为什么当下出现不少道德滑坡的现象，或许与缺失制度性的礼教有关系。《舜典》的现实意义就在于唤醒我们应该对历史和传统保持高度的敬畏之心。

《舜典》在中国法治史上第一次记载系列刑名，诸如官刑、教刑、赎刑。"象以典刑，流宥五刑，鞭作官刑，扑作教刑，金作赎刑"。第一次记载对政治犯实行流放处罚的史实，"流共工于幽州，放驩兜于崇山，窜三苗于三危，殛鲧于羽山"。第一次提出尚德慎罚的法律思想，"眚灾肆赦，怙终贼刑。钦哉，钦哉，惟刑之恤哉"。虽然刑法是阶级社会的产物，《舜典》记载的刑罚及其刑法思想肯定是进入阶级社会才会出现，却是研究中国法治史不可或缺的珍贵史料。

《舜典》第一次记叙虞舜施行礼治和法治的施政实践，是荀子"礼法并施"治国思想的前源。秦汉以降，无论朝代如何更迭，"礼法并施"的治理模式始终处于一种超稳定的状态，成为历朝历代的治国方略。礼治的核心是维护宗法等级制度，用血缘关系维系君王统治，用族权建设支撑政权运行。礼是社会遵循的规则，是权力运作的依据。"礼法并施"植根于中国社会特定的政治土壤，体现了高度的政治智慧，促使中国第一次社会大变革以后，古老的儒家思想和新兴的法家思想实现了悄无声息的真正融合，促进了变革时期社会的平稳过渡和正常发展。

《舜典》第一次提出中国著名的文学理论术语"诗言志"，朱自清先生《诗言志辨序》认为这是中国历代诗论"开山的纲领"。《舜典》第一次记载先秦诗、乐、舞合一的文学艺术理论和文学艺术形态。舜说："诗言志，歌永言，声依永，律和声。"《诗大序》说："诗者，志之所之也，在心为志，发言为诗。情动于中而形于言，言之不足故嗟叹之，嗟叹之不足故永歌之，永歌之不足，不知手之舞之足之蹈之也。"舜任命夔担任乐官，却谈到诗，可见上古诗、乐合一。夔回答舜说："於！予击石拊石，百兽率舞。"即人们扮演百兽伴随乐音翩翩起舞，又可见上古乐、舞合一。有议有叙，文采斐然。

《舜典》第一次反映了"万物有灵"的原始信仰，第一次记载先民"信鬼神、重淫祀"的社会现象。"万物有灵"也是人类孩提时代普遍存在的哲学思维。舜继承尧帝位后，"类于上帝，禋于六宗，望于山川，遍于群神"。上帝之祭、山川之祭均在甲骨文中有记载；六宗，马融以为是"天地四时"，然而结合考古发现似当指先祖神位的存放之所（详见经文中"禋于六宗"注），先祖祭祀亦屡见于甲骨文。舜即帝位祭天地、祭祖先、祭山川、祭群神，可谓无所不祭，应该符合历史事实。

《舜典》第一次提及统一音律和度量衡"同律度量

衡"。统一音律度量衡的记载还见于《世本·帝系》载少昊"同度量，调律吕"。统一度量衡的记载更多。诸如，《左传》昭公十七年载少昊"五雉为五工正，利器用，正度量，夷民者也"；《越绝书》载禹"循守会稽，审铨衡，平斗斛"；《吴越春秋》载禹"调权衡平斗斛，造林示民，以为法度"。由此看来，可能早在舜、禹时代之前，华夏先民就已经初步认识到统一度量衡的意义。到战国时期这种意义已被各国充分认识，迄今为止，我国已经出土了很多战国时代的度量衡标准器，其中以秦国商鞅方升最为著名。统一度量衡是商鞅变法的重要举措。《史记·商君列传》载商鞅"平斗桶、权衡、丈尺"，《战国策·秦策》也称"夫商君为孝公平权衡，正度量"。统一度量衡为促进区域经济发展、保证国家赋税提供了有力保障。除了经济意义，度量衡的统一还衍生出政治意义。《论语·尧曰》："谨权量，审法度，修废官，四方之政行焉。"《管子·明法解》："明主者一度量、立仪表而坚守之，故令下而民从。"计量工具的统一象征着国家实力，象征着诚信和公平。公元前 221 年，秦始皇统一中国后即统一文字、货币和度量衡，当时的秦相李斯指出："平斗斛、度量、文章，布之天下，以树秦之名。"可谓一针见血。

今文《尚书》无《舜典》篇题，也没有篇首"曰若稽古，帝舜曰重华，协于帝。浚哲文明，温恭允塞，玄德升闻，乃命以位"这 28 字。孔传古文《尚书》割分《尧典》"慎徽五典"以下为《舜典》。段玉裁《古文尚书撰异》分析来龙去脉，指出："东晋豫章内史梅赜始得孔安国《尚书》并传，奏之，时缺《舜典》经传。齐建武中吴兴姚方兴伪称于大航头得《舜典》经传，奏上。其传则采马、王注造之，其经比马、王所注多'曰若稽古帝舜，曰重华，协于帝'十二字。""或十二字下更有'浚哲文明，温恭允塞，玄德升闻，乃命以位'十六字，共二十八字，既未施行，方兴以罪致戮。隋开皇初，始购得之，冠于妄分《舜典》之首，盛行至今。"

大禹谟[1]

曰若稽古。大禹曰：“文命敷于四海[2]，祗承于帝[3]。”曰：“后克艰厥后[4]，臣克艰厥臣，政乃义[5]。黎民敏德[6]。”

帝曰：“俞！允若兹，嘉言罔攸伏[7]，野无遗贤[8]，万邦咸宁。稽于众，舍己从人，不虐无告[9]，不废困穷[10]，惟帝时克。”

益曰：“都，帝德广运[11]，乃圣乃神[12]，乃武乃文[13]。皇天眷命[14]，奄有四海[15]，为天下君。”

禹曰：“惠迪吉[16]，从逆凶，惟影响[17]。”

益曰：“吁！戒哉！儆戒无虞[18]，罔失法度。

罔游于逸[19]，罔淫于乐[20]。任贤勿贰，去邪勿疑。疑谋勿成[21]，百志惟熙[22]。罔违道以干百姓之誉[23]，罔咈百姓以从己之欲[24]。无怠无荒，四夷来王。"

禹曰："於！帝念哉！德惟善政，政在养民。水、火、金、木、土、谷惟修[25]，正德、利用、厚生惟和[26]，九功惟叙[27]，九叙惟歌。戒之用休[28]，董之用威[29]，劝之以九歌[30]，俾勿坏[31]。"

帝曰："俞！地平天成[32]，六府三事允治[33]，万世永赖[34]，时乃功[35]。"

[注释]

[1]禹：姒姓，鲧的儿子，相传是夏后氏部落的首领，史称夏禹。又称"大禹"。孔传："称大，大其功。"意指大禹治水居功甚伟，故称"大"。又称"戎禹"，"戎"与"大"同义。谟，《说文》："议谋也。"　[2]文命：文德、教化。一说"文命"为大禹名，见《史记·夏本纪》。敷：流布。　[3]祗（zhī）：恭敬。　[4]后：君主。艰：认为……艰难，意动用法。下句"臣克艰厥臣"之"艰"用法同。　[5]乂（yì）：治理。　[6]敏：勉力。德：修德。名词用作动词。　[7]嘉言：善言。伏：隐伏。　[8]野：民间。　[9]无告：无可告语的人，指鳏寡孤独。　[10]困穷：困苦贫穷的人。　[11]广运：广远。　[12]乃：语气助词，无义。下

句"乃武乃文"之"乃"用法同。圣：圣明。神：神妙。　[13]武：能定祸乱。文：善治天下，经天纬地。　[14]眷：顾念。命：命令。　[15]奄：尽。　[16]惠：顺。迪：道理。孔传："迪，道也。"[17]惟影响：意思是说吉凶与善恶的关系就同影子与形体、回声与声音的关系一样。影响，孔传："吉凶之报，若影之随形，响之应声。"[18]儆（jǐng）：警惕、戒备。虞：忧患。无虞，没有忧患。　[19]逸：放纵。孔疏："逸谓纵体。"[20]淫：过分。　[21]成：完成，实现。　[22]熙：广，宽广。　[23]干：求。　[24]咈（fú）：乖戾，违反。　[25]修：治理。　[26]正德：使人们的道德行为正当。德指父慈、子孝、兄友、弟恭、夫义、妇听。利用：为民众兴利除弊，财物殷阜，利民之用。厚生：轻徭薄赋，不夺农时，使民众丰衣足食。　[27]九功：上文的"水、火、金、木、土、谷"称为"六府"，"正德、利用、厚生"称为"三事"。六府三事总称"九功"。叙：次序，引申为安排。　[28]休：美道。　[29]董：督察。　[30]九歌：颂扬九功的歌。《左传》文公七年引《夏书》曰："九功之德，皆可歌也，谓之九歌。"　[31]俾勿坏：使九功不致败坏。　[32]平：水土得到治理。天成：蔡传："万物得以成遂也。"[33]六府：指"水、火、金、木、土、谷"，这是民众生活必需的物质。府是收藏财物的地方，因此，"水、火、金、木、土、谷"称为"六府"。三事：指"正德、利用、厚生"，这是治理民众的三件政事。[34]赖：利。　[35]时：通"是"，这。代词。乃：你的。

第一段，记叙舜与禹、益讨论政务。

帝曰："格，汝禹！朕宅帝位三十有三载，耄期倦于勤[1]。汝惟不怠，总朕师[2]。"

皋陶（gāo yáo）：也称"咎繇"，偃姓。相传为舜的大臣，掌管刑狱诉讼，是法官的鼻祖。

禹曰："朕德罔克[3]，民不依。皋陶迈种德[4]，德乃降[5]，黎民怀之[6]。帝念哉！念兹在兹[7]，释兹在兹[8]，名言兹在兹，允出兹在兹[9]，惟帝念功。"

帝曰："皋陶，惟兹臣庶，罔或干予正[10]。汝作士[11]，明于五刑，以弼五教[12]。期于予治[13]，刑期于无刑[14]，民协于中[15]，时乃功，懋哉[16]。"

皋陶曰："帝德罔愆[17]，临下以简[18]，御众以宽；罚弗及嗣，赏延于世。宥过无大[19]，刑故无小[20]；罪疑惟轻[21]，功疑惟重；与其杀不辜[22]，宁失不经[23]；好生之德[24]，洽于民心[25]，兹用不犯于有司[26]。"

帝曰："俾予从欲以治[27]，四方风动[28]，惟乃之休[29]。"

[注释]

[1]耄（mào）：年老。八十、九十岁称耄。期：年老。一百岁称期颐。倦：困倦。勤：辛劳。　[2]总：总领，统帅。　[3]罔克：不能。　[4]迈：勇往力行。种：分布，施行。　[5]德乃降：德下及于民，意思是德被民众所接受。乃，就。降，下。　[6]怀：归附。孔传："怀，归也。"[7]兹：这。上一个"兹"，指德。下一

个"兹"，指皋陶这个人。　[8]释：通"怿"，愉悦，这里指悦服。《尔雅·释诂》："怿、释，服也。"　[9]出：发出，推行。　[10]或：有人。干：干犯，冒犯。正：通"政"。　[11]士：官名，士师之官。　[12]弼：辅佐。五教：五品之教。五品指君臣、父子、夫妇、长幼、朋友。　[13]期于予治：意思是说你帮助我治理政事。期于予治，就是"汝其于予治"。《孟子·万章上》："汝其于予治。"赵岐注："汝故助我治事。"　[14]刑期于无刑：蔡传："其始虽不免于用刑，而实所以期至于无刑之地。"意思是初起用刑，是期望以后不必用刑。　[15]协：《尔雅·释诂》："协，服也。"服从。中：中正之道。　[16]懋（mào）：劝勉，鼓励。　[17]愆（qiān）：过失。　[18]临：从上往下看。这里是面对的意思。简：简易，不烦琐。　[19]宥（yòu）：宽容，饶恕。过：过失。这里指误犯的过失。无大：不论有多大。　[20]故：明知故犯的过失。　[21]罪疑惟轻：蔡传："罪已定矣，而于法之中有疑其可重可轻者，则从轻以罚之。"意思是定罪之后，还有可以重判也可以轻判的疑问，就从轻量刑。　[22]不辜：即"不辜者"。辜，孔传："罪也。"[23]失：失误。不经：不守正道之罪。　[24]好（hào）生：爱惜生灵，不从事杀戮。　[25]洽：和谐，沾洽。　[26]有司：官吏。古代设官，各官各司专职，因此称为有司。　[27]俾（bǐ）：使。从欲以治：如愿地治理。指人们不犯法，有司不用刑，用德治理国家。　[28]风动：像风一样地鼓动，风吹草伏，比喻各方回应。　[29]乃：你的。休：美德。

第二段，记叙舜与禹、皋陶讨论禅位的事。

帝曰："来，禹！降水儆予[1]，成允成功[2]，惟汝贤。克勤于邦[3]，克俭于家，不自满假[4]，惟汝贤。汝惟不矜[5]，天下莫与汝争能[6]；汝惟不伐[7]，天下莫与汝争功。予懋乃德[8]，嘉乃丕绩[9]，天之历数在汝躬[10]，汝终陟元后[11]。人心惟危，道心惟微[12]，惟精惟一[13]，允执厥中[14]。无稽之言勿听[15]，弗询之谋勿庸[16]。可爱非君[17]？可畏非民？众非元后，何戴[18]？后非众，罔与守邦[19]？钦哉！慎乃有位[20]，敬修其可愿[21]，四海困穷，天禄永终[22]。惟口出好兴戎[23]，朕言不再[24]。"

禹曰："枚卜功臣[25]，惟吉之从[26]。"

帝曰："禹！官占惟先蔽志[27]，昆命于元龟[28]。朕志先定[29]，询谋佥同[30]，鬼神其依，龟筮协从[31]，卜不习吉[32]。"禹拜稽首固辞。

帝曰："毋！惟汝谐[33]。"

正月朔旦[34]，受命于神宗[35]，率百官若帝之初[36]。

"中"是一个重要的哲学命题和执政理念。

[注释]

[1]降水：大水。一作"洚水"。蔡传："洚水，洪水也。古文作'降'。孟子曰：'水逆行谓之洚水。'盖山崩水洚，下流淤塞，故其逝者辄复反流而泛滥决溢，洚洞无涯也。"儆（jǐng）：

警告。　[2]成允：蔡传："允，信也。禹奏言而能践其言。"意思是禹说话守信用，说到做到。成功：完成治水的事业。　[3]克勤于邦：指为治水的事业竭尽全力。下句"克俭于家"意思是说"在家生活节俭"。指饮食低劣，居住简陋。　[4]假：虚假，夸大。　[5]矜（jīn）：夸耀。　[6]莫：无指代词，没有谁。　[7]伐：夸耀。　[8]懋（mào）：通"楙"。盛大、褒美。　[9]嘉：赞美。丕：大。绩：功绩。　[10]历数：历运之数。帝王相继相承的次序，好像岁时节气的先后。躬：自身。　[11]陟（zhì）：登上。元：大。后：君王。　[12]道心：指合于道义的思想。微：隐蔽，不显露。　[13]精：精心，专诚。一：专一，一心一意。　[14]允：的确。执：实行。厥：其。　[15]稽：考证，验证。　[16]弗询之谋：不询问众人的谋略。庸：用。　[17]可爱非君：以下两句意谓民众所爱戴的人不是君主吗？君主所畏惧的人不是民众吗？　[18]何戴：拥戴谁？这是一个疑问句的宾语前置句。　[19]罔与：犹"罔以"，无以。　[20]慎乃有位：谨慎你的职守。　[21]可愿：所希望的事，指道德之美。　[22]天禄：上天所赐的福禄。永：长久，永久。终：终止。　[23]出好：说出善言。孔疏："出好谓爱人而出好言。"兴戎：引起战争。孔疏："兴戎谓疾人而动甲兵"。　[24]朕言不再：我的话不说第二次。　[25]枚卜：古代用占卜的办法选官，对被选的人逐一占卜，吉者入选。枚，逐个。　[26]惟吉之从：即"惟从吉"，只依从吉者。　[27]官占：占卜官的方法。蔽：断。　[28]昆：后。　[29]朕志：指舜帝要将帝位让给禹的志向。　[30]询谋：询问众人的计谋。佥（qiān）：都。　[31]龟筮（shì）：龟指龟甲，筮是蓍草，都是古代用来占卜吉凶的东西。龟著象，筮衍数，用龟甲经火灼后显示裂纹图像预测吉凶叫卜，用蓍草奇偶多少预测吉凶叫筮。　[32]习：重复。《说文》："习，数飞也。"指鸟多次飞翔，多次飞翔有重复、反复的意思。　[33]谐：指适合元后之位。　[34]朔：阴历的每月初一。　[35]神宗：文祖（尧帝）的宗庙，称神宗是表示尊敬。　[36]率百官若帝之初：如同当初舜帝受禅即位一样。

第三段，舜禅位给禹，告诫禹执中敬民。

帝曰："咨，禹！惟时有苗弗率[1]，汝徂征[2]。"

禹乃会群后，誓于师曰；"济济有众[3]，咸听朕命。蠢兹有苗[4]，昏迷不恭，侮慢自贤[5]，反道败德，君子在野，小人在位，民弃不保[6]，天降之咎[7]，肆予以尔众士[8]，奉辞伐罪[9]。尔尚一乃心力[10]，其克有勋[11]。"

三旬苗民逆命[12]。益赞于禹曰[13]："惟德动天，无远弗届[14]。满招损，谦受益，时乃天道[15]。帝初于历山[16]，往于田，日号泣于旻天[17]，于父母[18]，负罪引慝[19]。祗载见瞽叟[20]，夔夔斋栗[21]，瞽亦允若[22]。至诚感神[23]，矧兹有苗[24]。"

禹拜昌言曰[25]："俞！"班师振旅[26]。帝乃诞敷文德[27]，舞干羽于两阶[28]，七旬有苗格[29]。

［注释］

[1]有苗：我国古代的一个部族，又称三苗。有，名词词头，用在国名、部族名的前面，没有意义。率：遵循。　[2]徂（cú）：往。　[3]济（jǐ）济：众多的样子。　[4]蠢：骚动。兹：这个。　[5]侮慢：轻慢、怠慢。自贤：自以为贤，妄自尊大。　[6]弃：被弃。保：安。　[7]咎（jiù）：灾祸。　[8]肆：故，因此。　[9]辞：言辞。指上文舜帝所谓"惟时有苗弗率，汝徂征"。　[10]尚：庶几，表示期望。一：统一，整齐划一。　[11]其：庶几。克：能够。　[12]三旬：指禹率领群后征讨三苗，兵临苗地后的三十天。逆命：违背、抵触舜帝的命令。　[13]益：人名，辅佐禹的功臣。赞：辅佐。古代助祭的人叫赞佐，因此，赞有辅佐义。　[14]届：至，到。　[15]时：通"是"，代词。天道：意谓自然规律。　[16]帝初于历山：指舜帝当初在历山耕种的时候。历山，地名，历来附会为舜耕作的遗迹有八处之多，实地不可考。　[17]日：日日，每天。号（háo）：大声喊叫。旻（mín）天：天空。　[18]于父母：舜对于他的父母。《史记·五帝本纪》："舜父瞽叟盲，而舜母死，瞽叟更娶妻而生象，象傲。瞽叟爱后妻子，常欲杀舜，舜避逃；及有小过，则受罪。"又说："舜父瞽叟顽，母嚚，弟象傲，皆欲杀舜。舜顺适不失子道，兄弟孝慈。"　[19]负罪：自负其罪，自己承担罪名。引：取得，招来。慝（tè）：邪恶。　[20]祗（zhī）：恭敬。载：事，侍奉。　[21]夔（kuí）夔：敬惧的样子。斋栗：庄敬战栗。　[22]若：顺，指和顺，不发怒。　[23]诚（xián）：至和，至诚。孔传："诚，和。"蔡传："诚感物曰诚。"　[24]矧（shěn）：况且。　[25]昌：美。　[26]振旅：整顿士众。　[27]诞：大、广。敷：布、施。文德：文明德治。　[28]干：楯，盾牌。羽：用羽毛做的舞具，就是翳。　[29]格：至，这里是指来归顺。

第四段，记叙禹伐苗，以德归化三苗。

［点评］

《大禹谟》是古文《尚书》最重要的篇章，是宋明理学庞大学术体系的理论基础。朱熹怀疑古文《尚书》，但是高度肯定古文《尚书》中有些篇章的重要思想史和学术史价值。《朱子语类》卷第七十九《尚书二》载叶贺孙所录："书中可疑诸篇，若一齐不信，恐倒了六经。"这是朱熹的名言。

人们提及《大禹谟》，立即就会想起《大禹谟》记载虞舜禅让帝位给夏禹时的谆谆告诫："人心惟危，道心惟微，惟精惟一，允执厥中。"这就是著名的"虞廷十六字诀"，也是世所称道的"十六字心传"。"虞廷十六字诀"从逻辑上分析具有因果关系，前因后果，最后四个字"允执厥中"最为重要。根据《论语·尧曰》的记载，"允执厥中"又是唐尧让位虞舜时的秘密心传。尧曰："咨！尔舜！天之历数在尔躬，允执其中。四海困穷，天禄永终。"《尚书》中的"厥"，《史记》引文多改作"其"，"允执厥中"即"允执其中"。中国古代哲学认为"中"代表有形空间位置的中央，也指无形世间的中和、中正、适中。执政能执中则能于有形和无形之间不偏不倚，洞察微危，驾驭六极。

"虞廷十六字诀"经过宋代学者的阐释，形成"三圣传心"说，朱熹融合《中庸》的中和思想，并与"天理""人欲"相结合，进一步将此学说发扬光大。朱熹《中庸章句序》说："盖自上古圣神继天立极，而道统之传有自来矣。其见于经，则'允执厥中'者，尧之所以授舜也；'人心惟危，道心惟微，惟精惟一，允执厥中'者，舜之所以授禹也。"朱熹又在《答陈同甫》中说："夫人自有生而梏于形体之私，则固不能无人心矣。然而必有得于天地之正，则又不能无道心矣。日用之间，二者并行，迭为胜负，而一身之是非得失、天下之治乱安危，莫不系焉。是以欲其择之精而不使人心得以杂乎道心，欲其守之一而不使天理得以流于人欲，则凡其所行，无一事之不得其中，而于天下国家无所处而不当。"朱熹认为"允执厥中"是尧传授给舜的训教，而舜又加以敷衍，形成"十六字心传"，传授给大禹。他认为，人心包含着欲望，道心则是天理，主张人要克制人心、人欲，遵守道心、天理。"虞廷十六字诀"对中国思想史产生了巨大而深远的影响。

　　《大禹谟》是远古圣君贤臣的议政实录，充满丰富的政治智慧。《大禹谟》要求政治领袖必须珍爱生命，关心民众疾苦："不虐无告，不废困穷。""罔违道以干百姓之誉，罔咈百姓以从己之欲。""好生之德，洽于民心。"《大禹谟》要求政治领袖必须以民为本，厚生养民："正德、利用、厚生惟和。""德惟善政，政在养民。"《大禹谟》要求政治领袖必须任贤去邪，广开言路："任贤勿贰，去邪勿疑。""无稽之言勿听，弗询之谋勿庸。""稽于众，舍己从人。"《大禹谟》要求政治领袖必须克勤克俭，齐家治国："克勤于邦，克俭于家。""慎乃有位，敬修其可愿，四海困穷，天禄永终。"《大禹谟》要求政治领袖必须谦虚谨慎，不矜不夸："汝惟不矜，天下莫与汝争能；汝惟不伐，天下莫与汝争功。"这些构成中国历代政治家始终遵守的治政方法和执政经验。

　　《大禹谟》注重法治，提倡慎罚慎刑，有些观点至今仍是法治实践中必须遵循的原则。诸如，以事实为依据，以法律为准绳，"儆戒无虞，罔失法度"。宽厚治民，刑罚不株连子孙，"御众以宽"，"罚弗及嗣"。过失犯罪从轻，故意犯罪从重，"宥过无大，刑故无小"。刑罚的目的是为了最终取消刑罚，"刑期于无刑"。有些观点则是现代刑法的立法基础。例如，疑罪从轻，"罪疑惟轻"。1996 年修改的《刑事诉讼法》第 162 条则确立了"疑罪从无"的原则。

　　《大禹谟》在汉语史上也具有重要的语料价值，现代汉语中一些常用的成语、格言出自于《大禹谟》的嘉谋善言。有些一字不易，诸如，"满招损，谦受益"，"舍己从人"，"好生之德"。有些经过移位或截取，诸如克勤克俭，源于"克勤于邦，克俭于家"；利用厚生，源于"正德利用厚生惟和"；明刑弼教，源于"明于五刑，以弼五教"。有些经过改换添加。诸如无稽之谈，源于"无稽之言勿听"；人才济济、济济一堂，源于"济济有众，咸听朕命"。这些成语、格言言简意奥，然而历久弥新，口口相传，是研究汉语成语、格言构形的重要资料。

　　《大禹谟》还是研究上古史不可多得的古佚史料。因其特殊的文献性质和珍贵的佚史内容，可以锻炼读者和研究者的史才史识。诸如，虞夏权力交接是禅让还是政变；禹征三苗以德归化还是共谋夺权；宋儒怀疑古文《尚书》，为什么又特别重视《大禹谟》；应该以什么样的史学观研究古文《尚书》。

　　《大禹谟》与《皋陶谟》《益稷》从内容方面分析是

一组，记载的都是舜与禹、益、皋陶讨论政务的会议。《书序》说："皋陶矢厥谟，禹成厥功，帝舜申之。作《大禹》《皋陶谟》《益稷》。"阅读和研究可以三者结合分析参考。

本篇今文无，古文有。

皋陶谟

曰若稽古。皋陶曰[1]："允迪厥德[2]，谟明弼谐[3]。"禹曰："俞[4]，如何？"

"慎身修永"既是一个成语，也是一个重要的修身命题。

皋陶曰："都[5]！慎厥身，修思永[6]。惇叙九族[7]，庶明励翼，迩可远，在兹。"

禹拜昌言曰："俞！"

皋陶曰："都！在知人[8]，在安民。"

禹曰："吁[9]！咸若时[10]，惟帝其难之[11]。知人则哲[12]，能官人[13]。安民则惠，黎民怀之。能哲而惠[14]，何忧乎驩兜[15]？何迁乎有苗[16]？何畏乎巧言令色孔壬[17]？"

［注释］

[1] 皋陶：后世奉为圣贤。东汉王充《论衡·讲瑞》说："夫凤皇，鸟之圣者也；骐骥，兽之圣者也；五帝、三王、皋陶、孔子，人之圣也。"　[2] 允：情态副词，诚信地、确实地。迪：履行，践行。《尔雅·释诂》："迪，道也。"借声为"蹈"。　[3] 谟明：决策英明。弼谐：辅臣和谐。弼，辅助，这里指辅佐君主的大臣。谐，和谐。　[4] 俞：叹词，表肯定，含轻微叹美义。可译为"好啊"。　[5] 都：表示赞叹语气的叹词。　[6] 思：句中语气助词，"厥""思"互文，无义。《尚书核诂》："《汉书·元帝本纪》永光四年诏曰：慎身修永。"修思永，《史记·五帝本纪》引作"修思长"。　[7] 惇叙九族：意谓使九族敦厚顺从。惇，厚。叙，顺从。　[8] 人：指官吏。下文"民"指平民，"人"与"民"对举。　[9] 吁：叹词，表示轻微惊叹的语气。　[10] 咸：范围副词，都。时：是，这样。　[11] 惟：句首语气助词。　[12] 哲：明智。　[13] 官：任用。　[14] 而：连词，表并列关系。　[15] 何：语气副词，加强反诘语气，可译为"怎么"。以下两句"何迁乎有苗""何畏乎巧言令色孔壬"中的"何"用法同。　[16] 迁：迁徙，流放。　[17] 孔：程度副词，很。《尔雅·释言》："孔，甚也。"壬：佞，巧言善媚。《尔雅·释诂》："壬，佞也。"《说文》："佞，巧谄高材也。"

第一段，禹和皋陶议政，皋陶提出"慎身""知人""安民"的德政主张。

皋陶曰："都！亦行有九德^[1]。亦言，其人有德，乃言曰，载采采^[2]。"

禹曰："何？"

　　皋陶曰："宽而栗[3]，柔而立[4]，愿而恭[5]，乱而敬[6]，扰而毅[7]，直而温，简而廉[8]，刚而塞[9]，强而义[10]。彰厥有常吉哉[11]！

［注释］

[1]亦：通"迹"，检验。《墨子·尚贤中》："圣人听其言，迹其行。"《楚辞·惜诵》："言与行其可迹兮。"这是"迹行""迹言"连文的例证。详《尚书易解》。 [2]载：通"哉"，句首语气助词，一说"哉"训为"始"。《史记·夏本纪》"载采采"作"始事事"。采采：从事其事，即"将要试用他"之意。采，事。 [3]栗：坚强。《礼记·聘义》："缜密以栗。"郑注："坚貌。"孔疏："栗，谓坚刚。" [4]柔：柔顺。立：卓立，有定见。 [5]愿：老实，厚道。恭：严肃，庄重。 [6]乱：治。《尔雅·释诂》："乱，治也。"这里指治理的才能。敬：敬谨。 [7]扰：和顺。孔传："扰，顺也。"毅：刚毅。 [8]简：孔疏："简者，宽大率略之名。"《尔雅·释诂》："简，大也。"这里指志向远大，不拘小节。廉：廉隅，指人性格、行为不苟。 [9]刚而塞：性刚正而内充实。刚，刚正。塞，充实。 [10]强：坚强。而：上文及此处的九个"而"字均为连词，表并列关系。义：宜，合宜。 [11]常吉：祥善，指九德，即九德之人。常，祥。

中国政治思想史上第一次提出官德的"九德"说。

　　"日宣三德[1]，夙夜浚明有家[2]；日严祗敬六德[3]，亮采有邦[4]。翕受敷施[5]，九德咸事[6]，俊乂在官[7]。百僚师师[8]，百工惟时[9]，抚于五辰[10]，庶绩其凝[11]。

［注释］

[1] 宣：显示，表现。　[2] 浚：恭敬。明：勉力，努力。有家：附音词，"有"为词头；家，为卿大夫的封地。　[3] 严：通"俨"，矜持、庄重的样子。　[4] 亮：辅助。采：事务。　[5] 翕：聚合。《尚书释义》："翕，合。翕受，合受九德也。"敷：范围副词，《尚书核诂》："敷，《诗传》：'遍也。'《史记》作'普'，'普'亦'遍'也。"施：用。　[6] 事：从事，任职。　[7] 俊乂：马融说："才德过千人为俊，百人为乂。"[8] 师师：互相效法。　[9] 百工：百官。惟：思。时：善。　[10] 五辰：北辰。北辰有五星，因称五辰。北辰居天之中，所以借喻国君。详见《尚书易解》。又，金景芳、吕绍纲《〈尚书·虞夏书〉新解》认为"五辰"是"三辰"之误。"五辰"在先秦文献中只此一见，"三辰"则常见。诸如，《左传》桓公二年："三辰旂旗，昭其明也。"杜预注："三辰，日月星也。"《国语·鲁语上》："帝喾能序三辰以固民。"韦昭注："三辰，日月星。"《尧典》"历象日月星辰……允厘百工，庶绩咸熙"与《皋陶谟》"百工惟时，抚于五辰，庶绩其凝"文意相仿，可以参考。　[11] 其：语气副词，表示肯定语气，可译为"应当""必定"。凝：成功。

第二段，皋陶阐述"九德"的道德准则。

"无教逸欲[1]，有邦兢兢业业[2]，一日二日万几[3]。无旷庶官[4]，天工[5]，人其代之[6]。天叙有典[7]，敕我五典五惇哉[8]！天秩有礼[9]，自我五礼有庸哉[10]！同寅协恭和衷哉[11]！天命有德，五服五章哉[12]！天讨有罪，五刑五用哉[13]！

政事懋哉懋哉！

[注释]

[1]教：《释名·释言语》："效也。下所法效也。"逸欲：安逸贪欲。　[2]兢兢业业："兢兢"与"业业"均为叠音词，二者都是形容戒惧谨慎的样子。孔传："兢兢，戒慎。业业，危惧。"《尔雅·释训》云："兢兢，戒也。""业业，危也。"　[3]一日二日：马融说："犹日日也。"万几：变化万端。《尚书今古文注疏》："言有国者毋教以佚游，当戒其危，日日事有万端也。"　[4]旷：空，空设。庶官：众官。　[5]天工：《汉书·律历志》作"天功"，谓天命的事。　[6]其：命令副词，这里表示肯定语气，可译为"必定"。　[7]叙：秩序，引申为规定。典：常法。有典：附音词，"有"是词头。　[8]敕：告诫。《说文·支部》："敕，诫也。"惇：敦厚。　[9]秩：秩序，引申为规定。　[10]自：用，遵循。五礼：郑玄说："五礼：天子也，诸侯也，卿大夫也，士也，庶民也。"庸：经常。　[11]寅：恭敬。协：情态副词，协同一致。衷：善。　[12]五服：天子、诸侯、卿、大夫、士五等礼服。章：显扬。　[13]五刑：指墨、劓、剕、宫、大辟五种刑罚。用：施行。

"天聪明[1]，自我民聪明；天明畏[2]，自我民明威。达于上下[3]，敬哉有土[4]！"

皋陶曰："朕言惠可厎行[5]？"

禹曰："俞！乃言厎可绩[6]。"

皋陶曰："予未有知，思曰赞赞襄哉[7]！"

［注释］

[1] 聪：听，指听取意见。明：视，指观察问题。《孟子·万章》引《泰誓》："天视，自我民视；天听，自我民听。"是其义也。　[2] 明：表彰。畏：惩治。蔡传："明者显其善，畏者威其恶。"　[3] 达：通。上下：上天和下民。　[4] 哉：句中语气助词。有土：有土地的君王。　[5] 朕：《尔雅·释诂》："我也。"《古汉语纲要》引蔡邕《独断》："朕，我也。古者尊卑共之，贵贱不嫌则可同号之义也。秦始皇二十六年，制定'朕'为天子自称，后世因而不改。"此处为尊卑共享的自称代词，皋陶就自称"朕"。惠：句中语气助词。厎：致，达到。　[6] 绩：成功。　[7] 思：句首语气助词。《词诠》："语首助词，无义。"《尚书核诂》："思，亦通作'惟'。"曰：句中语气助词。一作"日"。蔡传："'思曰'之'曰'当作'日'。""惟日思赞助于帝。"赞赞：郑玄注："赞，明也。"《尚书易解》："赞赞，重言之者，肖其语气也。"襄：辅佐。

第三段，强调要重视道德伦常关系，遵守尊卑等级制度。

［点评］

皋陶，古书又写作"咎繇"，在儒家礼赞的古贤系统里地位崇高。晚唐著名诗人皮日休作《咎繇碑》曾称皋陶："德齐于舜、禹，道超乎稷、启。"《皋陶谟》的"谟"，就是"谋"。《皋陶谟》记叙禹和皋陶讨论政务，主要内容是皋陶的一些政治主张，是我国最早最完整的谈话记录。

《皋陶谟》是《尚书》明治道的专篇。《尚书大传·略说下》引孔子《书》教"七观说"："'六誓'可以观义，'五诰'可以观仁，《甫刑》可以观诫，《洪范》可以观度，《禹贡》可以观事，《皋陶》可以观治，《尧典》可以观美。"皋陶的治道就是"慎身""知人""安民"的六字政纲。"慎厥身，修思永"，是治道之本；"知人则哲，能官人"，是治道之要；"安民则惠，黎民怀之"，是治道之归。皋陶"慎身""知人""安民"的政纲后来成为儒家一贯的政治主张。《礼记·大学》："自天子以至于庶人，壹是皆以修身为本。"《论语·学而》："不患人之不己知，患不知人也。"《国语》则称君王当"安民以为乐"。

《皋陶谟》提出官德的"九德"，既是任人的重要标准，也是修身的具体内容，同时也是"知人""安民"所需的基本素质。"九德"是本篇的关键。孔传概括《大禹谟》《皋陶谟》篇旨说："大禹谋九功，皋陶谋九德。"九德即"宽而栗，柔而立，愿而恭，乱而敬，扰而毅，直而温，简而廉，刚而塞，强而义"，与《舜典》"直而温，宽而栗，刚而无虐，简而无傲"相通，每种德性都体现着儒家的中和思想。蔡沈《书集传》说："正言而反应者，所以明其德之不偏。"皋陶还提出以三德要求卿大夫，以六德要求诸侯，以九德要求天子。为政惟德，"德，国家下基也"。以德知人任人，以德治国安民。

《皋陶谟》的"德"成为传统文化一个始创性的重要政治概念。道家讲德，老子就有《德经》。儒家讲德，《论语·为政》："子曰：为政以德，譬如北辰，居其所而众星共之。"墨子也讲德，特重知人任人德才兼备。"德为才之帅，才为德之资。德器深厚，所就必大；德器浅薄，虽成亦小"。虽然"德"的内涵和外延不尽相同，但始终是一个重要的伦理范畴，在现代社会中仍然是一个高频词，是我们选拔评价干部的首要标准。

《皋陶谟》阐释的治道，还有五伦、五礼、五服和五刑。皋陶将五伦（五典）列为首位，礼、服次之，而刑在最后，这与儒家观点亦相一致。皋陶虽是法官，但具有鲜明的儒家道德色彩。在儒家观念中，德为主，刑为辅，刑法只是德与礼的辅助手段，孔子说："道之以政，齐之以刑，民免而无耻；道之以德，齐之以礼，有耻且格。"认为德与礼的力量远胜于刑法。《皋陶谟》应该经过儒家的整理编辑。

儒家整理编辑《皋陶谟》是为了完善儒家的理论体系。学术界一般认为《皋陶谟》是《尧典》的姊妹篇，《尧典》主要反映儒家的政治哲学思想和向往的社会制度，《皋陶谟》则主要反映儒家的治道和伦理思想。《皋陶谟》记叙皋陶和禹的事，《尧典》记叙尧和舜的事。从古史资料的角度分析，《皋陶谟》与《尧典》二者具有互补关系。

孔传本的《皋陶谟》把"帝曰来禹"以下分为《益稷》篇，西汉伏生所传今文《尚书》中的《皋陶谟》包括下篇《益稷》的内容。本书则依孔传古文《尚书》分为两篇。

益　稷

帝曰："来，禹！汝亦昌言[1]。"

禹拜曰："都！帝，予何言？予思日孜孜[2]。"

皋陶曰："吁！如何？"

禹曰："洪水滔天，浩浩怀山襄陵[3]，下民昏垫[4]。予乘四载[5]，随山刊木[6]，暨益奏庶鲜食[7]。予决九川距四海[8]，浚畎浍距川[9]。暨稷播，奏庶艰食鲜食[10]。懋迁有无[11]，化居[12]。烝民乃粒[13]，万邦作乂[14]。"

皋陶曰："俞！师汝昌言[15]。"

[注释]

[1]昌言：美言、善言，文献又或作"谠言"。《孟子·公孙丑

上》："禹闻善言则拜。"赵岐注："《尚书》曰：禹拜谠言。"　[2]思：
《尚书核诂》："亦与'惟'同。谓与（当作'予'）无所言，予惟
日孜孜而已。"孜孜：叠音词，意谓勤敏，努力不懈。成语"孜孜
不倦"即出此。　[3]浩浩：叠音词，水势远大的样子。怀：包围。
襄：漫上。　[4]昏垫：沉没陷落。郑玄说："昏，没也。垫，陷也。
禹言洪水之时，民有没陷之害。"　[5]四载：四种交通工具，舟车
等等。　[6]随：行走。刊：砍斫。刊木，用刀斧砍伐树木作为路
标。　[7]暨：和、同，介词，表示参与同一动作的人物。奏：进，
这里指供给。庶：庶众。鲜：新杀的鸟兽。　[8]决：疏通。九川：
九州之川。距：至、到，用作使动，意思是"使……到""使……
流到（流入）"。　[9]浚畎（quǎn）浍（kuài）距川：使（畎浍）
流入川。浚，深挖疏通。畎浍，田间的水沟。　[10]艰：本作"根"，
马融说："根生之食，谓百谷。"[11]懋迁有无：调有余补不足。懋，
通"贸"，贸迁，即贸易。　[12]化居：《史记·夏本纪》作"徙
居"，迁移居积的货物。　[13]烝民乃粒：被动句，"烝民"是受
事主语。粒，王引之读为"立"，义为定，安定。《史记·夏本纪》
作"定"。　[14]作：开始。王引之说："作之言'乍'，乍者，始也。
'作'与'乃'相对成文。"乂：治理。"万邦作乂"是被动句，"万邦"
为受事主语。　[15]师：江声认为当作"斯"，代词。《史记·夏本
纪》引作"此"。孙星衍说："众民乃定，万国始治，故皋陶称之为
此真汝之美言也。"

　　禹曰："都！帝。慎乃在位[1]。"

　　帝曰："俞！"

　　禹曰："安汝止[2]，惟几惟康[3]。其弼直[4]，
惟动丕应[5]。徯志以昭受上帝[6]，天其申命用

休[7]。"

帝曰:"吁!臣哉邻哉!邻哉臣哉[8]!"

禹曰:"俞!"

[注释]

[1]在位:在位的大臣。 [2]安汝止:使你的心安静。止,孔疏、蔡传都认为是"心之所止"。 [3]惟:思,考虑。几:危险。康:安康。 [4]弼:辅佐。直:正直。 [5]惟动丕应:意谓只要你行动,天下就会大力回应。丕,程度副词,可译为"大大地"。 [6]俟(xī):等待。志:德,指有德的人。以:目的连词。昭:明白。 [7]其:关联副词,就、才。申:重复。休:美。 [8]邻:即下文"四邻",亲近的大臣。

忽:通"淈",《史记·夏本纪》作"滑"。王引之《经义述闻》:"《周语》:'淈夫二川之神。'《淮南·精神》篇:'趣舍滑心。'韦昭、高诱注并曰:'滑,乱也。'在治滑,谓察治乱也。《乐记》曰:'治世之音安以乐,其政和;乱世之音怨以怒,其政乖。'"

帝曰:"臣作朕股肱耳目[1]。予欲左右有民[2],汝翼[3]。予欲宣力四方[4],汝为。予欲观古人之象[5],日、月、星辰、山、龙、华虫[6],作会[7];宗彝[8]、藻[9]、火、粉米[10]、黼[11]、黻[12]、絺绣[13],以五采彰施于五色[14],作服[15],汝明。予欲闻六律五声八音[16],在治忽[17],以出纳五言[18],汝听。予违,汝弼,汝无面从,退有后言[19]。钦四邻[20]!庶顽谗说[21],若不在时[22],侯以明之[23],挞以记之[24],书用识哉[25],欲并生哉[26]！工以纳言[27]，时而飏之[28]，格则承之庸之[29]，否则威之[30]。"

[注释]

[1]股：大腿。肱：胳膊。股肱，喻指辅弼之臣。　[2]有民：附音词，即"民"。"有"为词头。　[3]翼：辅佐。　[4]宣：用。　[5]观：示，显示。象：衣服上的图纹。　[6]华虫：郑玄以为是五色之虫，孔颖达以为是雉。　[7]会：马、郑本作"绘"。绘，画。　[8]宗彝：宗庙彝器。上面刻有虎形，因此这里用以指虎。　[9]藻：水草。　[10]粉米：白米。　[11]黼（fǔ）：黑白相间像斧形的花纹。《周礼・冬官考工记・画缋》："白与黑谓之黼。"《尔雅・释器》："斧谓之黼。"　[12]黻（fú）：黑青相间亚形花纹。《周礼・冬官考工记・画缋》："黑与青谓之黻。"《尔雅・释言》郭注："黻文如两'己'相背。"　[13]绨（chī）：郑玄说："绨读为黹。黹，紩也。"紩，缝。绨绣，缝以为绣。　[14]五采：五种颜料。彰：明显。于：为，作为。《经传释词》："于，犹'为'也。"　[15]作服：做成五个等级的礼服。　[16]六律：古代有十二乐律，阴六为吕，阳六为律。五声：宫、商、角、徵、羽。八音：八种乐器，指金、石、丝、竹、匏、土、革、木。　[17]在：考察。　[18]出纳：取舍。五言：东西南北中五方的言论。　[19]后言：背后议论。　[20]四邻：郑玄曰："左辅、右弼、前疑、后丞。"都是天子所亲近的臣子。　[21]顽：愚蠢。谗：《庄子・渔父》："好言人之恶谓之谗。"　[22]在：察。时：代词，通"是"，指肱股耳目。　[23]侯以明之：侯，箭靶，这里指用箭射靶。明，勉。古代不贤的人不能参加射侯，所以射侯之礼可以勉励人。　[24]挞：扑打。记：警戒。孙诒让读为"詚"。《说文》："詚，诚也。"　[25]用：目的

连词，与"以"互文。识（zhì）：记。　[26]生：上进。《说文》："生，进也。"　[27]工：官。纳：采纳。　[28]时：善。飏：宣扬。　[29]格：正，正确。承：进。庸：用。　[30]威：惩罚。

禹曰："俞哉[1]！帝，光天之下[2]，至于海隅苍生[3]，万邦黎献[4]，共惟帝臣[5]，惟帝时举[6]。敷纳以言，明庶以功[7]，车服以庸[8]。谁敢不让，敢不敬应[9]？帝不时敷[10]，同，日奏，罔功。

"无若丹朱傲，惟慢游是好[11]，傲虐是作。罔昼夜頟頟[12]，罔水行舟[13]。朋淫于家[14]，用殄厥世[15]。予创若时[16]，娶于涂山[17]，辛壬癸甲[18]。启呱呱而泣[19]，予弗子[20]，惟荒度土功[21]。弼成五服[22]，至于五千。州十有二师[23]，外薄四海[24]，咸建五长[25]，各迪有功[26]，苗顽弗即功[27]，帝其念哉！"

[注释]

[1]哉：语气词，表示一种情不自禁脱口而出的赞美语气。　[2]光：广。熹平石经《尚书》残石有"俞哉帝横天之下至"八字，可知今文《尚书》"光"一作"横"。　[3]隅：边隅。苍生：民众。　[4]黎：众。献：贤。　[5]惟：是。孔传："万国众贤，共为帝臣。"《玉篇》："惟，为也。"　[6]时：善，这里为情态副词，善于。　[7]明：情态副词，可译为"清楚地""明白地"。庶：章太炎

辛壬癸甲：《益稷》第一次曲折地反映了上古的干支历法。甲骨文中多有干支纪日，也有纪年纪月纪时，文献中多用干支历法，也偶见用天干纪日或用地支纪日。《史记·夏本纪》引此为："予辛壬娶涂山，癸甲生启。"司马贞《史记索隐》："今此云：'辛壬娶涂山，癸甲生启。'盖今文《尚书》脱漏，太史公取以为言，亦不稽其本意。岂有辛壬娶妻，经二日生子，不经之甚。"辛壬癸甲都是"十干"中的数字，《益稷》记载的是天干纪日法。《礼记·檀弓下》有"子卯不乐"，子卯是"十二地支"中的数字，《檀弓》记载的是地支纪日法。

读为度，考察。　[8]以：目的连词。庸：劳，功劳。　[9]敬：表敬副词。应：应承。　[10]时：善。敷：分别。　[11]惟慢游是好：宾语前置句，即"惟好慢游"。下句"傲虐是作"也是宾语前置句，承前句"惟慢游是好"，"惟"省略。虐，通"谑"，戏谑。《尚书易解》："惟为傲谑也。"　[12]罔：无论。頟（é）頟：蔡传："不休息之状"。一作"鄂鄂"。皮锡瑞《今文尚书考证》："今文作'鄂鄂'。《潜夫论·断讼》篇云：'昼夜鄂鄂，慢游是好。'"熹平石经《尚书》残石有"鄂罔水舟行风淫于家"九字，可以证明确实有今文本作"鄂鄂"。"鄂鄂"也可指坚持己见，直言争辩。如《大戴礼记·曾子立事》："是故君子出言以鄂鄂，行身以战战。"《史记·赵世家》："诸大夫朝，徒闻唯唯，不闻周舍之鄂鄂。是以忧也。"这里则指坚持作乐，没完没了。《潜夫论》也用此义。　[13]罔水行舟：洪水已平，仍然乘舟遨游。　[14]朋：群。一说"朋"读为"凤"，放纵之谓（《尚书核诂》）。　[15]用：因此，因果连词。殄：灭绝。世：父子相继。　[16]创：伤。时：是，代词。　[17]涂山：国名。相传为夏禹娶涂山氏及会诸侯处。具体地点说法不一：一指今安徽蚌埠西淮河南岸，又名当涂山，与荆山隔淮相对；一指今浙江绍兴西北；一指今重庆东，俗名真武山；或以浙江绍兴西北为是。　[18]辛壬癸甲：从辛日到甲日，共四天。孔传："辛日娶妻，至于甲日，复往治水，不以私害公。"　[19]启：禹的儿子。《帝系》说："禹娶涂山氏之子，谓之女娲，是生启。"呱呱：叠音情态副词，用以描摹小儿哭泣的声音。而：连词，表修饰关系。　[20]子：爱护。《礼记·中庸》："子庶民也。"郑玄注："子，犹爱也。"　[21]惟：范围副词，表示动作行为范围的唯一性。荒：忙碌。"荒"通"芒"，"芒"又通"忙"，孙星衍说。度：考虑。土功：治理水土的事。　[22]弼：重新。《尔雅·释诂》："弼，重也。"成：确定。《国语·吴语》："夫一人善射，百夫决拾，胜未可成也。"韦昭注："成，定也。”五服：指甸服、侯服、绥服、要服、荒服。　[23]有：通"又"，专用于整数与余数之间。师：二千五百人。　[24]薄：靠近。　[25]咸：都。五长：五国之长。《礼记·王制》："五国以为属，属有长。"　[26]迪：引导。有功：附音词，工作，事情。有，词头。《尚书易解》："有功，谓工作。"　[27]苗：三苗，古部族名。顽：顽凶。即功：接受工作。

帝曰："迪朕德[1]，时乃功[2]，惟叙[3]。皋陶方祇厥叙，方施象刑[4]，惟明[5]。"

[注释]

[1]迪：开导，教导。　[2]时：依时。　[3]惟：宜，应当。叙：顺从。　[4]象刑：在器物上刻画刑罚的图像，以示警戒。参《舜典》"象以典刑"。　[5]惟：宜，应当。明：成。"惟明"是被动句，施动者承前"皋陶"省略，受动者亦承前省略，当为"三苗的事"。

第一段，记录舜和禹、皋陶讨论政事。

夔曰[1]："戛击鸣球[2]、搏拊[3]、琴、瑟，以咏。"祖考来格[4]，虞宾在位[5]，群后德让[6]。下管鼗鼓[7]，合止柷敔[8]，笙镛以间[9]。鸟兽跄跄[10]，《箫韶》九成[11]，凤皇来仪[12]。

夔曰："於[13]！予击石拊石[14]，百兽率舞，庶尹允谐[15]。"

［注释］

[1] 夔（kuí）：人名，舜的乐官。　[2] 戛（jiá）：敲击。鸣球：玉磬。　[3] 搏拊："搏""拊"上古分属帮母、滂母，邻纽相通。双声联绵词，指一种外面用皮革制作、里面装满糠的打击乐器。郑玄说："搏拊以韦为之，装之以糠，所以节乐。"又名"拊搏""拊革""拊膊""搏膊"等。　[4] 祖考：祖考之神。格：至，降临。　[5] 虞宾：虞舜的宾客，指前代的后裔来做舜的宾客。　[6] 群后：众诸侯之君。德：《说文》："升也。"升堂。让：揖让。宾主相间时的一种礼仪。　[7] 下：堂下。郑玄说："已上皆宗庙堂上之乐所感也。'下管'以下言舜庙堂下之乐，故言下也。"管：管乐。鼗（táo）：一种小鼓。　[8] 合止：合乐和止乐。柷（zhù）：一种打击乐器，乐曲开始时，先敲击柷。敔（yǔ）：一种打击乐器，乐曲结束时敲击敔。　[9] 笙：一种管乐器。镛：大钟。　[10] 跄跄：叠音动词，跳动，指扮演飞禽走兽的人跄跄而舞。　[11]《箫韶》：舜时的乐曲名。九成：郑玄说："成，犹终也。每曲一终，必变更奏。若乐九变，人鬼可得而礼。"意思是演奏乐曲，每曲一终，要变更九次才结束。　[12] 凤皇来仪：扮演凤凰的舞队出来跳舞。仪，与"来"义近同。《方言》："仪、洛，来也。陈、颍水之间曰仪，自关而东，周郑之郊，齐鲁之间或谓之洛，或谓之怀。"王念孙手校《〈方言〉疏证》于天头墨批："《尚书》曰：'凤凰来仪。'仪亦来也。……古人自有复语耳，解者皆失之。"（见华学诚《扬雄〈方言〉校释汇证》）　[13] 於（wū）：叹词，表示赞美的语气。　[14] 拊：轻轻地敲击。石：石磬。　[15] 尹：正，官长。允：句中语气助词。谐：通"偕"，偕同。

第二段，记录了庙堂乐舞的盛况。

帝庸作歌[1]。曰：“敕天之命[2]，惟时惟几[3]。”乃歌曰：“股肱喜哉！元首起哉！百工熙哉[4]！”

皋陶拜手稽首飏言曰[5]：“念哉！率作兴事，慎乃宪[6]，钦哉！屡省乃成[7]，钦哉！”乃赓载歌曰[8]：“元首明哉！股肱良哉！庶事康哉！”又歌曰：“元首丛脞哉[9]！股肱惰哉！万事堕哉[10]！”

帝拜曰：“俞，往钦哉[11]！”

[注释]

[1]庸：因，因此。　[2]敕：劳，勤劳。《尔雅·释诂》：“敕，劳也。”　[3]时：通“是”，代词。几：将近，接近。见《尚书易解》。　[4]工：通“功”，事情。熙：兴盛。　[5]拜手：古代一种跪拜礼，双膝下跪，两手拱合齐心，俯首到手。稽首：古代的最敬跪拜礼，双膝下跪，叩头到地。飏：《史记·夏本纪》作“扬”，继续。　[6]乃：你的。宪：法度。　[7]省（xǐng）：省察。　[8]赓：情态副词，继续。《尚书今古文注疏》：“赓者，《释诂》云：‘续也。’《说文》以为‘续’古文。”按：“赓”在西周金文里多写作“更”“𧶛”“𢼸”。　[9]丛脞：细碎，烦琐。　[10]堕：败坏，荒废。　[11]往：自今以后。钦：敬，引申为谨慎。

第三段，记录舜和皋陶吟诗唱和，互相勉励。

[点评]

益，又称伯益、柏翳，舜时东夷部族首领，掌管山林，

《舜典》篇有载。相传益佐禹治水有功。据《史记·秦本纪》，益即秦之先祖大费。"（大费）佐舜调驯鸟兽，鸟兽多驯服，是为柏翳。舜赐姓嬴氏"。稷，也称后稷，舜时担任农官，《舜典》篇有载。稷是周之先祖，相传他出生后被遗弃，故又名弃。其事见《诗经·大雅·生民》与《史记·周本纪》。

本篇主要记载舜与禹的对话，篇名却叫作"益稷"，对此，孔传解释说："禹称其人，因以名篇。"这是指本篇中大禹所说的话中有"暨益奏庶鲜食""暨稷播，奏庶艰食鲜食"，提及益、稷。孔颖达进一步解释说："禹称其二人，二人佐禹有功，因以此二人名篇。既美大禹，亦所以彰此二人之功也。禹先言'暨益'，故'益'在'稷'上。"

本篇今文《尚书》合于《皋陶谟》。"帝曰：来，禹！汝亦昌言"，实与上篇文末贯通无碍，可接上篇连读。然本书仍依孔传古文《尚书》单列为一篇。

《皋陶谟》《益稷》和《尧典》《舜典》可能取材于同一原始材料，遣词造句、表情达意有惊人的相似之处。例如：《益稷》"敷纳以言，明庶以功，车服以庸"和《舜典》"敷奏以言，明试以功，车服以庸"仅两字之差。《皋陶谟》《益稷》是《尧典》《舜典》的重要补充。有些或许就是同一件事，一前一后。例如，上古中国曾经经历过一段大洪水时期。《尧典》篇中尧就为洪水肆虐而忧虑："汤汤洪水方割，荡荡怀山襄陵，浩浩滔天，下民其咨，有能俾乂？"这场洪水从尧时一直持续到禹时，《诗经·商颂·长发》有记载："洪水芒芒，禹敷下土方。"《益稷》记载更为具体。《孟子》《庄子》《吕氏春秋》等先秦文献也均有记载。研究表明，在距今五千至四千年间，我国气候处于温暖湿润期，降雨较多，洪水也较多，文献记载大致可信。中国古代文学中一些重要的文学母题皆有史实基础，诸如，洪水后人类再生神话、始祖创世传说、鲧禹治水故事。2002 年，北京保利公司从境外购回一件珍贵的青铜器燹（xiǎn）公盨，铭文开头的话就是："天令禹尃土，隓山濬川，廼差象埶征。"这与《禹贡》和《禹贡序》文字相似。《禹贡》："禹敷土，随山刊木，奠高山大川。"《禹贡序》："禹别九州，随山浚川，任土作贡。"李学勤先生释读"廼差象埶征"为"乃差地设征"，指出"差地"是区别不同的土地，"设征"是规定各自的贡赋，与《书序》"任土作贡"的说法一致。有学者认为燹公盨是商代晚期的青铜器，也有学者认为是西周早期的青铜器，无论是商晚期，还是西周早期，都接近于夏。近古者存真，地下考古发现与传世文献得到互证：一直未得到考古资料证实的禹、禹治水与夏王朝应该是可信的史实。

　　《益稷》开篇陈述禹的治水功绩，尤其强调民生的重要性。禹治水前，"下民昏垫"；治水之后，"烝民乃粒"。治水对于"安民"具有重大意义。大禹治水的方式，主要是采用疏导法。此前，禹的父亲鲧治水没有成功，原因是"鲧陻洪水"，即采用堵塞的方法。禹采用疏导的方法，获得了成功。"予决九川距四海，浚畎浍距川"，大禹疏通九州河流，疏通田间水沟，使它们彼此沟通，今天治水仍然主要采取这种方法。历代政治家还推此及彼，提倡治国必须采取疏导的方法，广开言路。《国语·周语上》："防民之口，甚于防川。川壅而溃，伤人必多，民亦如之。是故为川者，决之使导；为民者，宣之使言。"

《益稷》记叙祭祀乐舞，写得声情并茂，如临其境。夔说："敲起玉磬，打起搏拊，弹起琴瑟，唱起歌来吧。"先祖、先父的灵魂降临了，舜帝的宾客就位了，各个诸侯国君登上了庙堂互相揖让。庙堂下吹起管乐，打着小鼓，合乐敲着柷，止乐敲着敔，笙和大钟交替演奏，扮演飞禽走兽的舞队踏着节奏跳舞，韶乐演奏了九次以后，扮演凤凰的舞队出来表演了。夔说："唉！我有轻有重地敲击着石磬，扮演百兽的舞队跳起舞来，各位也和着乐曲一起跳起来吧！"《益稷》记叙祭祀乐舞与《诗经·商颂·那》记叙祭祀乐舞相似。《那》中的乐器完全同于《益稷》的乐器。《益稷》的"鼗鼓"同于《那》"置我鞉鼓"中的"鞉鼓"，《益稷》中的"球"同于《那》中的"磬"，孔颖达解释"戛击鸣球"的"球"为"玉磬"，《益稷》中"管"同于《那》"嘒嘒管声"之"管"，《益稷》中"镛"亦即《那》"庸鼓有斁"中之"庸"。《益稷》与《那》祭祀乐舞的功能也相同。《毛诗序》认为："颂者，美盛德之形容，以其成功告于神明者也。"《诗经》里的《颂》诗总是用乐舞的形式来表现圣王的"成功"，从而告于神明的。《益稷》亦如是。

《益稷》还描写了人们扮演百兽跳舞的盛况，这表明上古确实存在扮演动物跳舞的现象。《吕氏春秋·仲夏纪·古乐》："昔葛天氏之乐，三人操牛尾，投足而歌八阕。"有学者认为，扮演动物起舞具有巫术性质，目的是娱神媚神，希望求得神灵的庇佑。《益稷》的相关记载，生动地反映了先民的图腾崇拜和远古绚丽多彩的社会生活。

夏　书

禹　贡

禹敷土 [1]，随山刊木 [2]，奠高山大川 [3]。

[注释]

[1] 敷：分别。马融说："分也。"敷土，分别九州的土地。　[2] 刊木：砍削树木作为标志。《史记·夏本纪》录《禹贡》作"行山表木"。《说文》："栞，槎识也。"引《夏书》"随山栞木"。段玉裁说："云'槎识也'者，槎，衺斫也。衺斫木使其白，多以为道路高下表识，如'孙子斫树白书'之类，故云槎识。"　[3] 奠高山大川：以高山大川确定界域。奠，确定。

冀州 [1]：既载壶口 [2]，治梁及岐 [3]。既修太原[4]，至于岳阳[5]。覃怀底绩[6]，至于衡漳[7]。厥土惟白壤[8]，厥赋惟上上[9]，错[10]，厥田惟中中[11]。恒、卫既从[12]，大陆既作[13]。岛夷皮服[14]，夹右碣石入于河[15]。

《禹贡》把九州的赋税和土质均分为上、中、下三个大的等级，每个大的等级内部又分为上、中、下三个小等级，一共九个小等级。"上上"是第一等，即上等中的上等。

一说"岛夷"当作"鸟夷"，与下文"淮夷"都是以鸟为图腾的民族。《史记》《汉书》《说苑》《大戴礼记》均作"鸟夷"。1968年，河南偃师出土的熹平石经《尚书》残石有"黑恒卫既从大陆既作鸟夷皮"，也作"鸟夷"。

[注释]

[1]冀州：《尔雅》："两河间曰冀州。"相当于今山西、河北两省全境，河南黄河以北和山东西北部，辽宁西南部一带。尧时的政治中心。　[2]载：事，这里作动词，施工。壶口：山名。王鸣盛说："壶口山上连孟门，下控龙门，当路束流，为河之扼要处，故禹首辟之。"　[3]梁：山名，在今陕西韩城西北。岐：通"歧"，山的支脉。日本人所写《史记》残卷作"歧"。　[4]太原：今山西太原一带。　[5]岳阳：《水经·汾水》注："《禹贡》所谓岳阳，即霍太山。"霍太山即太岳山，今山西霍山以南、黄河以北，汾水经其东。阳：山的南面。　[6]覃怀：地名，在今河南武陟一带。底：致，获得。绩：功绩。　[7]衡漳：衡，通"横"。孔传："漳水横流入河。"故云横漳。漳水在覃怀之北。　[8]厥：其，指冀州。惟：为。壤：柔土。颜师古说。　[9]赋：赋税。　[10]错：错杂，夹杂。　[11]中中：即中等中的中等，第五等。　[12]恒：滱水，即今唐河。卫：滹沱河。从：顺着河道。　[13]大陆：泽名，在今河北巨鹿西北。作：治理。"大陆既作"是被动句，"大陆"为受事主语。下文此类被动句较多，如"九河既道""淮、沂其乂""云土梦作乂"。　[14]岛夷：住在海岛上的东方民族。　[15]夹：接近。碣石：山名，在今河北昌黎西北。

济、河惟兖州^[1]：九河既道^[2]，雷夏既泽^[3]，灉、沮会同^[4]。桑土既蚕^[5]，是降丘宅土^[6]。厥土黑坟^[7]，厥草惟繇^[8]，厥木惟条^[9]。厥田惟中下，厥赋贞^[10]，作十有三载乃同^[11]。厥贡漆丝^[12]，厥篚织文^[13]。浮于济、漯^[14]，达于河。

[注释]

[1]济：水名。源出河南济源西王屋山，汉代在今河南武陟流入黄河，又向南溢出，流向山东，与黄河平行入海。《经传释词》引《文选·甘泉赋》李善注曰："惟，是也。"兖州：古九州之一，大致在今河北南部、河南东北部、山东西部。　[2]九河：黄河流到兖州，分为九条河。郑玄说："九河之名：徒骇、太史、马颊、覆釜、胡苏、简、洁、钩盘、鬲津。"道：通"导"，疏导。　[3]雷夏：泽名，在今山东菏泽东北。　[4]灉：黄河支流，已湮灭。沮：灉河支流，已湮灭。会同：汇合注入雷夏泽。　[5]桑土：地名。郑玄说："其地尤宜蚕桑，因以名之。"蚕：养蚕。　[6]是：连词，于是。降：下。宅：居。"是降丘宅土"，《史记·夏本纪》引作"于是民得下丘居土"。　[7]坟：马融说："有膏肥也。"[8]繇（yáo）：茂盛。　[9]条：长，修长。　[10]贞：孔疏："贞即下下，为第九也。"金履祥《尚书表注》："'贞'字本'下下'字。古篆凡重字者，或于上字下添'＝'。兖州赋下下，篆从下＝，或误作'正'，通为'贞'。"　[11]乃同：才与其他八州相同。郑玄云："十三载乃有赋与八州同，言功难也。"　[12]厥贡漆丝：意谓这里的贡物是漆和丝。厥贡，《广雅·释诂》："贡，税也。"孔疏："贡者，从下献上之称。谓以所出之谷，市其土地所生异物，献其所有，谓

之厥贡。"[13]厥篚织文:篚,竹器。孔传:"织文锦绮之属,盛之筐篚而贡焉。"[14]漯(tà):《经典释文》:"漯,天荅反。"水名,自今河南浚县西南分黄河东北流,至今山东朝城又向东北流,至高宛入海。

海、岱惟青州[1]:嵎夷既略[2],潍、淄其道[3]。厥土白坟,海滨广斥[4]。厥田惟上下,厥赋中上。厥贡盐绨[5],海物惟错。岱畎丝、枲、铅、松、怪石[6]。莱夷作牧[7]。厥篚檿丝[8]。浮于汶[9],达于济。

[注释]

[1]海:指今渤海。岱:泰山。青州:古九州之一,今山东半岛。 [2]嵎夷:地名。略:治。 [3]潍、淄:二水名。潍,今山东东部潍河。淄,今山东淄河。道:通"导",疏通。 [4]斥:碱卤地。郑玄说:"斥谓地碱卤。"《史记·夏本纪》作"潟",《周礼·地官·草人》注:"潟,卤也。"《说文》:"卤,碱地。东方谓之斥,西方谓之卤。" [5]绨:细葛布。 [6]畎:山谷。枲(xǐ):不结籽的大麻。铅:锡。 [7]莱夷作牧:孔传:"莱夷,地名,可以放牧。"胡渭说:"今莱州、登州二府皆《禹贡》莱夷之地。"作:通"乍",开始。参《益稷》"万邦作乂"。《经义述闻》:"言莱夷水退始放牧也。" [8]檿(yǎn):山桑,柞树。 [9]汶:水名。即今山东西部大汶河。

海、岱及淮惟徐州[1]:淮、沂其乂[2],蒙、

羽其艺 [3]，大野既猪 [4]，东原底平 [5]。厥土赤埴坟 [6]，草木渐包 [7]。厥田惟上中，厥赋中中。厥贡惟土五色 [8]，羽畎夏翟 [9]，峄阳孤桐 [10]，泗滨浮磬 [11]，淮夷玭珠暨鱼 [12]。厥篚玄纤缟 [13]。浮于淮、泗，达于河 [14]。

厥篚玄纤缟：这是一个特殊的语序结构："中心语＋定语＋中心语"。

［注释］

[1]海：指黄海。淮：淮河。徐州：古九州之一，今江苏、安徽北部及山东南部。　[2]沂：沂水，即今山东东南部沂河。乂：治理。　[3]蒙：山名，在今山东蒙阴西南。羽：羽山，在今山东境内。艺：种植。　[4]大野：巨野泽，在今山东巨野北。猪：通"潴"，水集聚。　[5]东原：今山东东平、汶上、宁阳一带，在汶水、济水之间。厎：致，得到。平：治理。　[6]埴：土。见孔传。　[7]渐包：滋长而丛生。又写作"渐苞"。孙炎说："物丛生曰苞。"　[8]土五色：即五色土。孔传："王者封五色土为社，建诸侯则各割其方色土与之，使立社。"　[9]羽：羽山。畎：山谷。夏：大。翟（dí）：山雉，羽毛可作装饰品。　[10]峄：峄山，一名邹山，在今山东邹县东南。阳：山的南面。孤桐：特生的桐木。郑玄注《周礼·春官·大司乐》："孤竹，竹特生者。"　[11]泗：水名，源出今山东泗水东蒙山南麓，下流入淮河。浮磬：一种可以作磬的石头。孔疏："石在水旁，水中见石，似若水中浮然，此石可以为磬，故谓之浮磬。"　[12]玭珠：蚌所产之珠。　[13]厥篚玄纤缟：意谓筐子装着细的黑缯和细的白缯。玄：黑缯。纤：细。缟：白缯，绢。　[14]达于河：意谓到达与济水相通的菏泽。河，金履祥说："达于河，古文《尚书》作'达于菏'。《说文》引《书》亦作'菏'。

今俗本误作河耳。菏泽水与济水相通……徐州浮淮入泗，自泗达荷也。"

淮、海惟扬州：彭蠡既猪[1]，阳鸟攸居[2]。三江既入[3]，震泽厎定[4]。筱荡既敷[5]，厥草惟夭[6]，厥木惟乔[7]。厥土惟涂泥[8]。厥田惟下下，厥赋下上，上错。厥贡惟金三品[9]，瑶、琨、筱、荡、齿、革、羽、毛惟木[10]。岛夷卉服[11]。厥篚织贝[12]，厥包桔柚，锡贡[13]。沿于江、海，达于淮、泗。

品：物量词，种，类。

惟：并列连词，与。《经传释词》："'惟'犹'与'也，及也。"黄侃笺识："'与'之借。"

[注释]

[1]彭蠡：旧说即今江西鄱阳湖。谭其骧、张修桂认为古彭蠡泽与今鄱阳湖有承续关系，但不等同，其位置"无疑在大江之北，其具体范围当包有今宿松、望江间的长江河段及其以北的龙感湖、大官湖和泊湖等湖沼地区。" [2]阳鸟：曾运乾说："鸟当读为岛，《说文》所谓'海中往往有山，可依止，曰岛'是也。""阳岛，即扬州附海岸各岛。大者则台湾、海南是也。云阳岛者，南方阳位也。" [3]三江：岷江、汉水与彭蠡。郑玄说："三江，左合汉为北江，会彭蠡为南江，岷江居其中则为中江。"入：入海。 [4]震泽：江苏太湖。厎定：获得安定。 [5]筱（xiǎo）：小竹。荡（dàng）：大竹。 [6]夭：茂盛。 [7]乔：高大。 [8]涂泥：潮湿的泥土。 [9]金三品：王肃说："金、银、铜也。" [10]瑶：美玉。琨：美石。齿：象牙。革：犀皮。羽：鸟羽。 [11]岛夷：

沿海各岛的人。卉服：草服，蓑衣草笠之属。　[12]织贝：贝锦。《书集传》："织贝，锦名，织为贝文，《诗》曰'贝锦'是也。"　[13]锡贡：进献。黄式三说："锡亦贡也。"

荆及衡阳惟荆州[1]：江、汉朝宗于海[2]，九江孔殷[3]，沱、潜既道[4]，云土梦作乂[5]。厥土惟涂泥，厥田惟下中，厥赋上下。厥贡羽、毛、齿、革惟金三品[6]，杶、榦、栝、柏[7]，砺、砥、砮、丹惟菌簬、楛[8]，三邦底贡厥名[9]。包匦菁茅[10]，厥篚玄纁玑组[11]，九江纳锡大龟[12]。浮于江、沱、潜、汉，逾于洛[13]，至于南河[14]。

云土梦作乂：这是一个特殊的语序结构："定语＋中心语＋定语"。

[注释]

[1]荆：山名。此山或以为即今沮、漳水发源处荆山。衡：山名，在今湖南衡山县西。　[2]朝宗：诸侯朝见天子，春天朝见叫朝，夏天朝见叫宗。这里比喻长江、汉水归向大海。　[3]九江：一说在今湖北武穴、黄梅一带，或分自长江，或源出山溪；一说指今江西赣江及其八大支流；一说指今湖南洞庭湖所汇湘、沅等九水。学术界多采取第一说。孔：大。殷：定。见《尚书核诂》。　[4]沱：沱水，自今湖北枝江东，分长江东流至江口镇还入长江。潜：潜水，一指今陕西城固县南，汉江南岸一小支流；一指今四川渠江及合川以下嘉陵江河段，郑玄以为即今嘉陵江；一说指今湖北潜江的芦洑河。　[5]云土梦：苏轼《东坡书传》以"云土梦"即"云梦之土"。"土"是中心词，"云、梦"泽名，为"土"

之定语，分别置于中心词的前后。云、梦，在今湖北汉江以北应城、天门一带。作：通"乍"，开始。《经义述闻》："'作'与'既'相对成文。言云梦之土始乂也。"乂：治理。　[6]惟：与。　[7]杶（chūn）：椿树。榦：柘木，可做弓。栝（guā）：桧树。　[8]砺：粗磨刀石。砥：细磨刀石。砮：石制的箭镞。丹：丹砂。箘簬：孔传："美竹。"楛：木名，可做箭杆。　[9]三邦：孔传以为是靠近湖泽的三个诸侯国。名：名产。　[10]包：包裹。匦（guǐ）：箱匣，用作动词，装。菁茅：《管子·轻重篇》："江淮之间，一茅三脊，名曰菁茅。"　[11]玄：赤黑色。纁：黄赤色。玄纁，指彩色丝绸。玑：不圆的珠。组：丝带。玑组，珍珠串。　[12]纳：入。锡：赐，贡献。《尚书易解》："锡，赐也，古代下之予上亦可谓赐。"　[13]逾：越。指离船上岸陆行。　[14]南河：颜师古说："在冀州南。"指河南巩义一带的黄河。

荆、河惟豫州：伊、洛、瀍、涧既入于河[1]，荥波既猪[2]。导菏泽[3]，被孟猪[4]。厥土惟壤，下土坟垆[5]。厥田惟中上，厥赋错上中。厥贡漆、枲、絺、纻[6]，厥篚纤、纩[7]，锡贡磬错[8]。浮于洛，达于河。

[注释]

[1]伊：水名，即今河南洛水支流伊水。洛：水名，又名北洛水，即今陕西洛河。瀍（chán）：水名，源出今河南洛阳西北，东南流经洛阳东入洛水。涧：水名，上游即今洛阳西洛水支流涧河的一段。　[2]荥波：泽名，在今河南郑州西北古荥镇北。　[3]导：

疏通。菏泽：在今山东定陶东北。　　[4]被：通"陂"，修筑堤防。见《尚书易解》。孟猪：泽名，又名孟诸泽，在今河南商丘东北、虞城西北。　　[5]垆：黑刚土。　　[6]纻：苎麻。　　[7]纩：细绵。　　[8]磬错：治玉磬的石头。《诗经·小雅·鹤鸣》："他山之石，可以为错。"毛传："错，石也，可以琢玉。"

　　华阳、黑水惟梁州[1]：岷、嶓既艺[2]，沱、潜既道。蔡、蒙旅平[3]，和夷厎绩[4]。厥土青黎[5]，厥田惟下上，厥赋下中、三错[6]。厥贡璆、铁、银、镂、砮、磬、熊、罴、狐、狸[7]。织皮、西倾因桓是来[8]。浮于潜，逾于沔[9]，入于渭，乱于河[10]。

[**注释**]

[1]华：华山，一名太华山，号称西岳，在今陕西华阴南。黑水：众说不一，有指今澜沧江、金沙江、怒江等说法，陈澧认为是怒江。　　[2]岷：岷山，在今四川松潘北。嶓：嶓冢山，在今陕西宁强西北。艺：治。　　[3]蔡：峨眉山，见胡渭《禹贡锥指》。蒙：山名，在今四川雅安北。旅：道路。《经义述闻》："九川不言旅而九山独言旅……余谓：旅者，道也。《尔雅》：'路、旅，途也。'郭璞曰：'途'即道也。""'蔡蒙旅平'者，言二山之道已平治也。'荆岐既旅'者，亦言二山已成道也。'九山栞旅'者，栞，除也。言九州名山皆已栞除成道也。"　　[4]和：水名，胡渭认为是洈水，即今大渡河。　　[5]青：黑。黎：疏散。段玉裁说："黎之言离也。"　　[6]厥赋下中、三错：赋税是第八等，还夹杂着第七等和第九等。三错，孔传："杂出第七第九三等。"　　[7]璆（qiú）：同

"球"，美玉。铁：柔软的金属。蔡传："柔铁也。"镂：可刻镂的坚硬的金属。蔡传："刚铁可以刻镂者也。"　[8]织皮：西戎之国。西倾：山名，又称西强山，在今青海东部、甘肃西南部。因：介词，介引动作行为经由的处所。桓：桓水，即今甘肃、四川境内白龙江。　[9]沔：即今汉江及其北源陕西留坝西沮水。　[10]乱：横渡。《尔雅·释水》："正绝流曰乱。"孔疏："水以流为顺，横渡则绝其流，故为乱。"

　　黑水、西河惟雍州[1]：弱水既西[2]，泾属渭汭[3]，漆沮既从[4]，沣水攸同[5]。荆、岐既旅[6]，终南、惇物，至于鸟鼠[7]。原隰底绩[8]，至于猪野[9]。三危既宅[10]，三苗丕叙[11]。厥土惟黄壤，厥田惟上上，厥赋中下。厥贡惟球、琳、琅玕[12]。浮于积石[13]，至于龙门、西河[14]，会于渭汭。织皮昆仑、析支、渠搜[15]，西戎即叙[16]。

[注释]

[1]西河：指今山西、陕西二省之间黄河河段。　[2]弱水：上游为今甘肃山丹河，下游即山丹河与甘州河合流后的黑河。　[3]泾：大河名，源出甘肃平凉西，东南流至陕西高陵入渭水。属：入。渭：大河名，出甘肃渭源，东流至陕西华阴入黄河。渭汭：泾水流入渭水处。　[4]漆沮：一说漆沮为一水，即今陕西洛河；一说即今同川、铜川耀州区、富平境石川河。似以后者为是。　[5]沣水：一作丰水，即今陕西西安渭水支流沣河，下游历

代略有变迁。同：会合。　　[6]荆：荆山，又称为北条荆山，在今陕西大荔朝邑南，但其地今无山。岐：岐山，一名天柱山、凤凰山，在今陕西岐山东北。旅：道路。这里是动词，开辟道路。参"蔡蒙旅平"注释。　　[7]终南：终南山，又名秦山、南山，即今秦岭山脉。惇物：太白山。鸟鼠：山名，一名青雀山，在今甘肃渭源西。　　[8]原隰：指邠地，今之邠县和旬邑。　　[9]猪野：泽名，在今甘肃民勤东北。　　[10]三危：山名。马融说："三危，西裔也。"历来注说各异，一说即今甘肃敦煌东南三危；一说指今西藏中部、东部及四川西部地区；一说在今云南境内；一说在今甘肃、青海直至黄河发源处之巴颜喀拉山一带。　　[11]叙：顺。　　[12]球：美玉。琳：美石。琅玕：似珠之玉。　　[13]积石：山名，今青海东南部积石山。　　[14]龙门：在今山西河津西北黄河两岸。　　[15]析支：山名，在今青海海南藏族自治州境黄河河段，西宁西南。文献中也写作"赐支""鲜支"。渠搜：山名。　　[16]西戎：古代我国西北部民族的总称。即：就。

第一段，记录大禹治理九州的功绩。

导岍及岐，至于荆山[1]，逾于河。壶口、雷首至于太岳[2]。厎柱、析城至于王屋[3]。太行、恒山至于碣石[4]，入于海。

西倾、朱圉、鸟鼠至于太华[5]。熊耳、外方、桐柏至于陪尾[6]。

导嶓冢至于荆山[7]。内方至于大别[8]。岷山之阳至于衡山[9]，过九江至于敷浅原[10]。

［注释］

[1] 导：通"道"，开通道路。岍：山名，即吴山，在今陕西陇县西南。岐：岐山，一名天柱山、凤凰山，在今陕西岐山东北。荆：荆山，在今陕西大荔朝邑南。九导《禹贡》仅言其二，余凡省略七"导"。孔疏："'岍'与'嶓冢'言'导'，'西倾'不言'导'者，史文有详略，以可知，故省文也。" [2] 壶口：山名。雷首：山名，在今山西西南部中条山脉西南端。太岳：霍太山。 [3] 厎（zhǐ）柱：即三门山，在今河南三门峡市陕州区东北黄河中，20 世纪 50 年代整治黄河时炸毁。析城：山名，一名析津山，在今山西阳城西南。王屋：山名，在今山西阳城与河南济源之间。 [4] 太行：山名，在今山西、河北两省间。恒山：山名，在今河北曲阳县西北，与山西接壤处，古称北岳。碣石：山名，在今河北昌黎西北仙台山。 [5] 朱圉：山名，在今甘肃甘谷西南。太华：即华山，古称西岳，在今陕西华阴南。 [6] 熊耳：山名，在今河南卢氏南。外方：即嵩山，古称中岳。桐柏：山名，在今河南桐柏。陪尾：山名，在今湖北安陆北。 [7] 嶓冢：山名，在今陕西宁强西北。 [8] 内方：山名，即湖北天门西南章山。一说即今湖北武昌大洪山。大别：即大别山。 [9] 岷山：一作汶山，在今四川松潘北，岷江发源地。衡山：在今湖南衡山县西，古称南岳。 [10] 九江：在今湖北武穴、黄梅一带，或分自长江，或源出山溪。一说即洞庭湖。敷浅原：《禹贡锥指》认为即今庐山以南平原。近人注释《禹贡》，认为即今安徽大别山脉尾间的平原。

导弱水至于合黎[1]，余波入于流沙[2]。

导黑水至于三危，入于南海。

导河，积石，至于龙门；南至于华阴[3]；东至于厎柱；又东至于孟津[4]；东过洛汭，至于大伾[5]；北过降水[6]，至于大陆；又北，播为九河[7]，同为逆河[8]，入于海。

嶓冢导漾[9]，东流为汉；又东，为沧浪之水[10]；过三澨[11]，至于大别，南入于江。东，汇泽为彭蠡；东为北江[12]，入于海。

岷山导江，东别为沱[13]；又东至于澧；过九江，至于东陵[14]；东迤北[15]，会于汇[16]；东为中江[17]，入于海。

导沇水[18]，东流为济，入于河，溢为荥[19]；东出于陶丘北[20]，又东至于菏；又东北，会于汶；又北东，入于海。

导淮自桐柏，东会于泗、沂[21]，东入于海。

导渭自鸟鼠同穴[22]，东会于沣，又东会于泾；又东过漆沮，入于河。

导洛自熊耳，东北，会于涧、瀍；又东，会于伊；又东北，入于河。

[注释]

[1]导：疏导。合黎：山名，在今甘肃张掖及下辖山丹、高台、酒泉之北。　[2]余波：下游。流沙：《史记集解》载郑玄

引《地理志》："流沙居延西北，名居延泽。"即今内蒙古额济纳旗嘎顺淖尔，蒙古语意谓"苦海"，又称西居延海。 [3]华阴：华山的北面。 [4]孟津：一名盟津，今河南孟津东北、孟州西南。 [5]大伾：山名，在今河南浚县东南。 [6]降水：指漳、泽合流的漳水，在今河北曲周肥乡间进入黄河。 [7]播：分布。九河：指兖州之九河。 [8]同为逆河：九河下游又合而名为逆河。同，合。 [9]漾：汉水上游。 [10]沧浪：汉水之下游。 [11]三澨（shì）：郑玄说："水名，在江夏竟陵界。"竟陵，今之天门。 [12]北江：即汉水。 [13]沱：长江的支流。 [14]东陵：旧注以为是汉代卢江郡金兰县西北的东陵乡。蔡传谓在今岳阳。 [15]迆（yǐ）：斜着延伸。《说文》："迆，衺行也。从辵，也声。《夏书》曰：东迆北会于汇。" [16]汇：曾运乾说："汇为淮之假借字，两大水相合曰会。江、淮势均力敌，故云会。古江、淮本通。" [17]中江：指岷江。 [18]沇：水名。济水的上游。 [19]溢：水动荡奔突而出。荥：荥泽。 [20]陶丘：在今山东定陶。 [21]东会于泗、沂：沂水流入泗水，泗水流入淮河。淮河在今江苏阜宁东入海。 [22]鸟鼠同穴：山名，即鸟鼠山。

第二段，概述大禹治理山水的功绩。

"四隩"即"九隩"。《禹贡》"四隩"和"四海""四方""四夷"之"四"，与名词组合皆表虚数。

九州攸同：四隩既宅[1]，九山刊旅[2]，九川涤源[3]，九泽既陂[4]，四海会同[5]。六府孔修[6]，庶土交正[7]，厎慎财赋[8]，咸则三壤成赋[9]。中邦锡土、姓[10]，祗台德先[11]，不距朕行[12]。

［注释］

[1] 四隩：《国语·周语》：“宅居九隩。”注云：“隩，内也。九州之内，皆可宅居也。”隩：可以定居的地方。宅：居住。　[2] 九山：上文所举的九条山脉。刊：削除。旅：道路。　[3] 九川：上文所举的九条河流。涤源：疏通水源。　[4] 九泽：上文所举的九个湖泽。陂：修筑堤防。　[5] 四海：《尔雅·释地》：“九夷八狄七戎六蛮，谓之四海。”会同：会同京师，指进贡的道路畅通了。　[6] 六府：水火金木土谷。孔：很。修：治理。　[7] 交：孔传：“俱也。”正：标准，这里指符合标准。　[8] 厎：定，规定。　[9] 则：准则。三壤：上中下三等土壤。成：定。　[10] 中邦：中央之国，指天子之邦。锡：赐。《尚书易解》：“中邦锡土姓，谓封建大小诸侯。”　[11] 祇：敬。台（yí）：以。从于省吾说。　[12] 不距朕行：郑玄说：“不距违我天子政教所行。”

　　五百里甸服[1]。百里赋纳总[2]，二百里纳铚[3]，三百里纳秸服[4]，四百里粟，五百里米。

　　五百里侯服[5]。百里采[6]，二百里男邦[7]，三百里诸侯[8]。

　　五百里绥服[9]。三百里揆文教[10]，二百里奋武卫[11]。

　　五百里要服[12]。三百里夷[13]，二百里蔡[14]。

　　五百里荒服[15]。三百里蛮[16]，二百里流[17]。

　　东渐于海[18]，西被于流沙[19]，朔南暨声教讫于四海[20]。

禹锡玄圭：即
"锡禹玄圭"。《史
记·五帝本纪》引
作："于是帝锡禹
玄圭。"这是一个
特殊的语序结构：
（主语）＋间接宾
语＋动词谓语＋
直接宾语。

禹锡玄圭[21]，告厥成功。

[注释]

[1]甸服：古代在天子领地外围，每五百里为一服役地带，按远近分为甸服、侯服、绥服、要服、荒服。胡渭说："五千里内皆供王事，故通谓之服，而甸服则主为天子治田出谷者也。" [2]纳：交纳。总：指禾的总体。 [3]铚：原指收割庄稼用的镰刀，引申为收割的禾穗。孔疏："铚谓禾穗也。禾穗用铚以刈，故以铚表禾穗。" [4]秸服：带秆的谷。从陈奂说。 [5]侯服：江声说："侯之言候，候顺逆，兼司候王命。"指服事天子。 [6]采：事，指替天子服差役。 [7]男邦：男，通"任"。男邦，担任国家的差事。《史记·夏本纪》作"任国"。 [8]诸侯：指侦察放哨。孔传："同为王者斥候。"孔疏："斥候，谓检行险阻，伺候盗贼。" [9]绥服：孔传："安服王者之政教。"指替天子做安抚的事。 [10]揆文教：孔传说："揆，度也。度王者文教而行之。" [11]奋武卫：奋扬武威保卫王者。 [12]要服：接受王者约束而服事之。要，约束。蔡传："谓之要者，取要约之义，特羁縻之而已。" [13]夷：平，谓相约和平相处。 [14]蔡：法，谓相约遵守王法。 [15]荒服：替天子守边远之区。荒，远。见《尔雅·释诂》。 [16]蛮：郑玄说："蛮者，听从其俗，羁縻其人耳，故云蛮。蛮之言缗也。"意思是维持隶属关系。 [17]流：郑玄说："流谓夷狄流移，或贡或不。"意思是贡否不定。 [18]渐：入。 [19]被：及，到。 [20]朔南暨声教讫于四海：谓北方南方和声教皆达于夷狄之区。见《尚书易解》。 [21]锡：赐。玄圭：天青色的瑞玉。

第三段，总叙大禹定九州治天下的功绩。

[点评]

禹贡，即禹时的赋税制度。传统的说法多以"贡"训为"功"，《史记·五帝本纪》："唯禹之功为大，披九山，通九泽，决九河，定九州，各以其职来贡，不失厥宜。"《史记·匈奴列传》也说："尧虽贤，兴事业不成，得禹而九州宁。"铜器铭文里也有禹治水土定九州的记载。《广雅·释言》："贡，功也。"禹贡，就是禹的功绩。《太平御览》引《尚书璇玑钤》郑玄释"贡"为"治九州之功"，认为《禹贡》是记载禹治理九州的功绩。

《禹贡》的"九州"是一种假设的上古行政区域划分，其范围大致相当于今天东至黄海东海，西至青海，北至内蒙古，南至两广，包括山东、江苏、浙江、江西、安徽、湖南、湖北、河北、河南、山西、陕西、宁夏、甘肃、四川和贵州部分或全部地区。"九州"在《咸有一德》作"九有"，《诗经·商颂》的《玄鸟》和《长发》篇中分别名为"九有"和"九围"，毛传皆解释为"九州"。"州"之构形、命名或与上古洪水神话有关。《说文·川部》："州，水中可居曰州。周绕其旁，从重川。昔尧遭洪水，民居水中高土，故曰九州。《诗》曰：在河之州。""州"为水中高地。现"九州"主要泛指普天下、全中国。

人类各大文明都有洪水传说，洪水曾是远古人类的灾害，禹是华夏民族战胜洪水的英雄。历史学家范文澜先生曾说："《诗·大雅》说丰水东流（《文王有声》篇）、梁山巨大（《韩奕》篇），都是禹治水的功绩。《尚书·吕刑》篇说禹平水土。""孔子说禹'尽力乎沟洫'（《论语·泰伯》），大概禹在原始灌溉工程上尽了力，大有益于农业，因之为后世所歌颂并夸大为治洪水的神人。"大禹治水三过家门而不入，公而忘私，不屈不挠，一往无前，已熔铸成华夏民族顽强的意志品质和伟大的精神力量。

《禹贡》的重点在第一部分，以大禹治水开篇，按照高山大川划分全国为冀、兖、青、徐、扬、荆、豫、梁、雍九州，再按照九州的次序分别叙述各州的山川分布、水土治理、土壤质量、贡赋等级、物产交通。现代科学研究证实了《禹贡》记载的少数内容是当时山川物产的传说，多数内容经过了作者实际调查勘测，有事实根据。《禹贡》的内容涵盖自然地理学、经济地理学、政治地理学、历史地理学、区域地理学等地理学重要分支，具有重要的学术价值和研究价值。

《禹贡》的自然地理学价值首先在于确定自然区域划分的标准和原则。《禹贡》利用高山大川等天然地界实体作为各州界线，视各地地形地貌不同，分为三种情形：（1）山地丘陵地区的边界由山脉确定，例如荆州由荆山和衡山定边界。（2）高原与平原地区的边界由河流确定，例如雍州由西河和黑水定边界。（3）地形构成复杂地区由山、河、海混合确定边界，例如青州由渤海和泰山定边界。各区内部，从区域环境上讲都具有广泛的一致性，区际之间又都具有明显的差异性，是当今自然地理学综合自然区划原则的滥觞。

《禹贡》的自然地理学价值还表现在它对当时全国的土壤进行了系统类型划分和等级划分，并且根据土壤肥力制定不同的贡赋标准。《禹贡》把当时的土壤划分为壤、坟、埴、涂泥、青黎等名称。这些在现代土壤学中都可以找到与之相对应的土壤类型，如黄壤是指淡栗钙土，白壤是指盐碱土等。生活在两千多年前的作者，对当时的土壤划分的系统完善程度和对各种类型土壤性质认识的科学程度，令人惊叹。

《禹贡》的经济地理学价值首先体现在九州土田贡赋的制定。《禹贡》中九州的划分，从划分的方法、内容上看当属自然区划，但从划分的目的和作用上分析，它实质上又是一种经济划分，因为《禹贡》本身实际上是一个贡法，依据各地的环境特征确定贡赋的品类和等级。在一定程度上体现了自然、经济结合的统一地理学的朦胧思想，对现代的经济区划工作有重要启示作用。

《禹贡》经济地理学价值体现的另一个方面就是提出"五服说"。古代在天子领地外围，每五百里为一个服役地带，共有五个服役地带，称为"五服"。"五服"按距离远近分别称为甸服、侯服、绥服、要服和荒服。"甸服"以下"百里赋纳总，二百里纳铚，三百里纳秸服，四百里粟，五百里米"。19世纪初叶，德国农业经济学家冯·杜能提出圈层结构理论，认为城市在区域经济发展中起主导作用，城市对区域经济的促进作用与空间距离成反比。他主张区域经济的发展应以城市为中心，以圈层状的空间分布为特点逐步向外发展。反观《禹贡》中的"五服"，其实正是一种圈层结构，"五服"五百里等距和甸服以下以百里等距的结构模式，实际上是具有区位思想萌芽的、以都城为中心向外辐射的农业圈层结构设计。这是世界经济学和地理学发展史上的重要事实，也是我们祖先对全人类科学文化发展的杰出贡献。

《禹贡》政治地理学价值主要体现于九州的假想划分，对中国"大一统"观念的形成、行政区域的演化都具有巨大影响。

《禹贡》是我国最早最有价值的地理学著作，是研究我国上古时期地理环境的主要文献。从《禹贡》对古代地理环境全面、详细的记叙中，可以获得很多有关历史地理方面的信息，对研究古今河湖的变迁、气候的演变、人口的分布、社会发展阶段的划分、经济中心的转移以及整个地理环境的变化等方面，都具有十分重要的意义。

《禹贡》是《尚书》最重要的篇章之一，是史书地理志志体的开篇，《汉书·地理志》和《水经注》等地理学专著都以《禹贡》作为研究的主要依据。汉魏以降，研究《禹贡》的学者日益增多，著述日丰，《禹贡》成为专学，并且形成汉学、宋学等不同学术派别和研究风格。历代《禹贡》学著作中，以清朝学者胡渭的《禹贡锥指》最为完善闳博。随着科学技术的发展，不仅历史学家和地理学家研究《禹贡》，土壤、水利、农业等方面的学者也对《禹贡》进行深入探讨，古老的历史文献显示出无与伦比的珍贵学术价值。

《禹贡》的写作年代，是《尚书》学研究的热点问题，历来众说纷纭，争议很大。学术界一般认同《禹贡》成于战国说。

甘　誓

大战于甘[1]，乃召六卿[2]。王曰："嗟[3]！六事之人，予誓告汝[4]：有扈氏威侮五行[5]，怠弃三正[6]，天用剿绝其命[7]，今予惟恭行天之罚[8]。

[注释]

[1] 甘：地名，有扈氏国都的南郊，故城在今陕西西安鄠邑区。　[2] 六卿：本指六军的主将。郑玄曰："六卿者，六军之将。《周礼》六军皆命卿，则三代同矣。"本篇泛指六军将士。下文"六事之人"同。　[3] 嗟：叹词，表示呼告。"嗟"实际上是记录呼唤声的文字符号。孔颖达说："嗟，重其事，故嗟叹而呼之。"　[4] 誓：古代告诫将士的言辞。马融："军旅曰誓，会同曰诰。"　[5] 威侮五行：《经义述闻》："'威'乃'威'之讹，'威'者'蔑'之借。蔑，轻也。蔑侮五行，言轻慢五行也。"所谓轻慢

有扈（hù）氏：国名。《史记集解》《史记索隐》均引《地理志》："扶风鄠县是扈国。"《史记正义》引《地理志》："鄠县，古扈国，有户亭。"扈、鄠、户，古今字。《汉书·地理志》《水经注》等认为其地在今陕西西安鄠邑区西北，王国维认为是春秋甘昭公所封之邑。

五行，夏曾佑说："即言有扈氏不遵守洪范之道。" [6]怠：懈怠。三正：指正德、利用、厚生三大政事。见《尚书易解》。 [7]用：因果连词，因此。剿：绝。 [8]恭行：恭，《墨子·明鬼》《史记·夏本纪》都作"共"。共行，奉行。

第一段，记叙夏启兴师讨伐有扈氏的缘由。

"左不攻于左[1]，汝不恭命；右不攻于右[2]，汝不恭命；御非其马之正[3]，汝不恭命。用命，赏于祖[4]；弗用命，戮于社[5]，予则孥戮汝[6]。"

"孥戮汝"即"直接宾语＋动词谓语＋直接宾语"式，是"动词谓语＋直接宾语＋直接宾语"的变式。语用目的是为了凸显前置宾语。

[注释]

[1]左：车左。孔传："左方主射。"攻：善。见《尔雅·释诂》。 [2]右：车右。孔传："右，勇力之士，执戈矛以退敌。" [3]御：驾车的人。非：违背。蔡传："古者车战之法，甲士三人。一居左，以主射；一居右，以主击；御者居中，以主马之驰驱也。" [4]赏于祖：据孔传，天子亲征时必载着祖庙的神主一道行军。赏赐有功者必须在神主前进行，表示不敢专权。 [5]戮于社：天子亲征，又载着社主。不听命的，就在社主前处罚，也是表示自己不敢专权。 [6]孥：孔传："子也。""孥戮汝"即"戮孥""戮汝"，"戮"与前面的"孥"与后面的"汝"分别构成动宾关系。

第二段，记叙夏启严明赏罚纪律。

[点评]

《史记·夏本纪》记载，大禹巡行东方，死于会稽，益即帝位。三年后，益让位给禹的儿子启。启很贤明，受到诸侯的拥护，于是继承帝位，史称夏后帝启。有扈氏不服。《淮南子·齐俗训》高诱注说："有扈，夏启之庶兄也。"夏启举兵讨伐，在甘地大战。战前，夏启誓师告诫将士，史官记录其言，写成《甘誓》。这是《尚书》中第一篇反映上古战争的历史文献。

《甘誓》虽然篇幅短小，却是研究中国社会发展史和中国政治制度史不可或缺的重要史料。夏启"即天子之位"，有扈氏举兵造反的原因是"自尧舜受禅相承，启独见继父，以此不服"。甘之战体现了"公天下"向"家天下"转变时两派势力之间的尖锐斗争。这场战争最终以启的胜利、有扈氏的失败告终，反映了原始氏族部落基本瓦解，王位世袭制的初步确立。甘之战成为中国社会发展史上的一个重要节点。夏启废除禅让制度，确立王位世袭制度，古老的氏族公社为国家所代替，"公天下"为"家天下"所代替，夏启开启了中国历史上从奴隶社会到封建社会长达近四千年的王位世袭制。

《甘誓》篇末，夏启规定了严格的军纪赏罚。其中，"孥戮汝"的惩罚尤为严厉，不仅要砍"汝"之首，还要砍汝子之首，要你断子绝孙。有学者认为"古者罚弗及嗣，孥戮之刑非三代之所宜有也"。《书集传》："盖罚弗及嗣者，常刑也；'予则孥戮汝'者，非常刑也。""盘庚迁都，尚有'劓殄灭之，无遗育'之语，则启之誓师，岂为过哉？"尽管战时法令不能与平时的法令等量齐观，但如此严苛的惩罚终归透露出国家机器渐趋成熟、奴隶制度渐趋完善的信息。

　　《甘誓》对于研究中国古代思想史也有重要价值。阴阳五行学说是中国历代统治阶级统治人们的思想工具，然而，"五行"的词源义是指自然界的五种基本物质。在传世典籍中，"五行"一词最早见于本篇，而对"五行"最早的具体说解则见于《洪范》篇。《甘誓》和《洪范》中的"五行"都指金木水火土。金木水火土各有特性。金属可以任意改变形状，木性可以弯曲也可以伸直，水向下润湿，火向上燃烧，土壤可以种植和收获百谷。金木水火土相生相克。战国时期的学者据以提出"五德终始"说，西汉学者又进一步将其理论化和体系化，创立以类比为特征的阴阳五行神学体系。详见《洪范》篇点评。

　　"五行"思想有助于我们进一步了解这次战争的性质。文中启列举了有扈氏的两条罪状，一是"威侮五行"，二是"怠弃三正"。"威侮"即"轻慢"，也就是说有扈氏的罪状首先就是轻视五行，亦即轻视运用物质力量的发展为民众造福，阻挡社会制度的发展变化。启的战争动员符合生产发展和社会进步的要求，因而得到支持，并取得胜利。

　　此外，也有文献记载说攻伐有扈氏的不是启。《墨子·明鬼》引本篇称《禹誓》，认为是夏禹伐有扈氏；《庄子·人间世》也说"禹攻有扈"。《吕氏春秋·先己》则说"夏后相与有扈氏战于甘泽而不胜"。虽然诸说纷纭，但《甘誓》中夏征伐有扈氏的史料应该是真实的。

五子之歌

太康尸位^[1]，以逸豫灭厥德^[2]，黎民咸贰^[3]，乃盘游无度^[4]，畋于有洛之表^[5]，十旬弗反^[6]。有穷后羿因民弗忍^[7]，距于河^[8]，厥弟五人御其母以从^[9]，徯于洛之汭^[10]。五子咸怨，述大禹之戒以作歌。

[注释]

[1]太康：夏启的儿子，沉湎游乐田猎，不顾民众的疾苦，被羿（yì）驱逐，不能回国。尸位：古代享用祭祀的主位，此指居位尊贵却无所作为。蔡传："谓居其位而不为其事。" [2]逸：安逸。又作"佚"。豫：乐。 [3]贰：有二心。 [4]盘：享乐。游：游逸。度：法度，节制。 [5]畋（tián）：打措。表：指洛水的南面。 [6]反："返"的古字。返回。 [7]有穷：国名。有，名词词头，无义。后：《尔雅·释诂》："君也。"羿：有穷国君的名字。

帝喾的射官名叫羿，后来，善于射箭的人都称为羿，有穷的国君也善射，因此把他也叫作羿。弗忍：不堪忍受。　[8]距：通"拒"，抵御。河：黄河。　[9]御：侍奉。　[10]徯（xī）：等待。汭（ruì）：水的转弯处。洛之汭，即"洛汭"，古地名。指洛水入古黄河处，在今河南巩县。

第一段，叙述五子作歌的缘由。

其一曰："皇祖有训[1]，民可近，不可下[2]，民惟邦本，本固邦宁。予视天下愚夫愚妇一能胜予[3]，一人三失，怨岂在明[4]，不见是图[5]。予临兆民[6]，懔乎若朽索之驭六马[7]，为人上者，奈何不敬？"

不见是图：治政当防微杜渐。孔疏："大过皆由小事而起，言小事不防，易致大过，故于不见细微之时，当于是豫图谋之，使人不怨也。"

［注释］

[1]皇：《说文》："皇，大也。"皇祖指夏的开国君主夏禹。　[2]下：低下，以为卑贱。这里是意动用法。　[3]一：都，整个地。　[4]明：指明显的时候。　[5]不见是图：这是一个叙述句的宾语前置句，即"图不见"，指图谋细微不见的民怨。　[6]兆：孔传："十万曰亿，十亿曰兆，言多。"　[7]懔（lǐn）：内心恐惧。

第二段，说明治民当怀敬畏之心。

其二曰："训有之：内作色荒[1]，外作禽荒[2]。甘酒嗜音[3]，峻宇彤墙[4]。有一于此，未或不亡^[5]！"

［注释］

[1] 内：与下文"外"皆为方位名词作状语，在内，在外。作：为。色：女色。荒：迷乱。　[2] 禽：鸟兽。这里指畋猎。　[3] 甘：美味。这里指饮美酒不知节制。嗜：爱好，不知满足。　[4] 彤：彩饰。　[5] 未或：没有什么人。或，无指代词。

第三段，说明纵情声色犬马、贪图享乐安逸的危害。

其三曰："惟彼陶唐^[1]，有此冀方^[2]。今失厥道，乱其纪纲，乃厎灭亡^[3]。"

［注释］

[1] 陶唐：尧帝。蔡传："尧初为唐侯，后为天子，都陶，故曰陶唐。"　[2] 冀方：冀州地方。尧建都平阳，舜建都蒲阪，禹建都安邑，都在古冀州。这里举尧包括舜、禹，举冀州包括全国。　[3] 厎（zhǐ）：致。

第四段，埋怨太康失道亡国。

其四曰："明明我祖^[1]，万邦之君。有典有则，贻厥子孙^[2]。关石和钧^[3]，王府则有^[4]。荒坠厥绪^[5]，覆宗绝祀！"

［注释］

[1] 明明：明而又明，十分英明、圣明。　[2] 贻：留。孔传："遗也。"　[3] 关石和钧：孔疏："关者，通也。名'石'而可通者，惟衡量之器耳。"《汉书·律历志》云：'二十四铢为两，十六两为斤，三十斤为钧，四钧为石。'"蔡传："钧与石，五权之最重者也。关通，以见彼此通同，无折阅之意；和平，以见人情两平，无乖争之意。……至于钧石之设，所以一天下之轻重而立民信者。"综合孔、蔡二家意见，"关石和钧"与《舜典》篇"同律度量衡"意义大致接近，有利于平抑物价，促进贸易公平。　[4] 有：富足。　[5] 荒：荒废。坠：失落。绪：前人留下的事业。

第五段，怨恨太康抛弃典章法度而灭宗祀。

其五曰："呜呼曷归[1]？予怀之悲。万姓仇予[2]，予将畴依？郁陶乎予心[3]，颜厚有忸怩[4]。弗慎厥德，虽悔可追？"

［注释］

[1] 曷归：即"归曷"，归向何方，疑问句的宾语前置句。曷，何，疑问代词。下文"畴依"句法结构相同，即"依畴"。　[2] 仇：孔传："怨也。"　[3] 郁陶：忧愁。孔疏："郁陶，精神愤结积聚之意，故为哀思也。"　[4] 颜厚：面带羞愧。孔疏："羞愧之情见于面貌，似如面皮厚然，故以颜厚为色愧。"忸怩：内心惭愧。孔疏："忸怩，羞不能言，心惭之状。"

第六段，埋怨太康不慎修德终失帝位。

[点评]

《史记·夏本纪》记载："夏后帝启崩，子帝太康立。"太康是个昏君，耽于游乐，荒废政务，民生凋敝。太康外出狩猎数月不归，有穷国君后羿发动政变，据黄河天险阻挡太康返都，史称"太康失国"。太康失国后，太康的弟弟在洛水的北岸等待太康，作了五首怨歌，直陈失国之由，论述为政之本，为历代政治家所重。

第一首歌的首句是："皇祖有训，民可近，不可下，民惟邦本，本固邦宁。"这句话不仅是这首歌辞的中心，也是全篇的本旨。老百姓可以亲近，但不可以轻视；老百姓是国家的根本，根本牢固了国家才能安宁。这一正确的政治逻辑，不仅是三代圣君的训诰，也体现了我国早期的民本思想。歌辞随后警示统治者治民必须恭敬谨慎，战战兢兢，就像用腐朽的绳索驾驭六匹奔马那样，比喻多么生动形象，促人警醒。"民惟邦本，本固邦宁"是我国古代长期政治实践总结出来的理论精华，"敬民"则是历代政治家执政的基本理念。

第二首歌警告统治者要克制个人欲望，第三、第四首歌强调纲常法度的重要性，第五首歌又回归到人心问题上，"万姓仇予，予将畴依"，指出不行德政，荒废民生，就会众叛亲离。《五子之歌》具有很强的现实警示意义。

第四首歌的"关石和钧"，据孔传、蔡传，其意义与《舜典》"同律度量衡"接近（参本篇注释）。《国语·周语下》也引《夏书》"关石和钧，王府则有"，可证此说起源甚早。

《五子之歌》属于"晚书"，学者多怀疑其内容的真实性。就"五子"而言，有学者以为是五个人，有学者认为就是一个人。《国语·楚语》："尧有丹朱，舜有商均，启有五观。"韦昭注："五观，启子，大康昆弟也。观，雒汭之地。《书序》曰：'大康失国，昆弟五人须于雒汭。'传曰：'夏有观扈。'"清代学者段玉裁认为，"五子之歌"即"五子之观"，意思是：五子去往观，观是地名。五子其人封于观地，所以又称五观（一作"武观"）。此外，汲郡古文："放王季子武观于西河。"段氏据此指出五子就是五观（武观），仅仅是一个人。《墨子·非乐》引有《武观》章句，内容与本文大相径庭，段氏认为那是真古文《五子之歌》。今按：上古"歌"为见母歌部字，"观"为见母元部字，二字双声，歌、元对转，例得通用。段玉裁论述精当，郭沫若也予以赞同。

尽管如此，本篇对于上古史的研究仍具有一定意义。

《五子之歌》的文学价值和语言学价值也比较高。五首歌都押韵，都与上古韵部吻合。其中，第一首用韵不易察觉。"宁""敬"上古音属耕韵，"明"属阳韵，耕、阳旁转，这两个韵部的字可以通押；"下""予""图""马"均为鱼韵，鱼、阳对转，这两个韵部的字也可以通押。由此可知，以上各字在上古都相互押韵。第二、三首歌押阳韵；第四首歌中途换韵，先押文韵，后押之韵；第五首歌押微韵，这几首用韵都比较明显。五首歌三字偶句，四字偶句，句式参差；对比排比，反诘感叹，语气错综；一唱三叹，跌宕起伏，发人深省。

本篇今文无，古文有。

胤　征

惟仲康肇位四海[1]，胤侯命掌六师[2]。羲和废厥职[3]，酒荒于厥邑[4]，胤后承王命徂征。

[**注释**]

[1] 仲康：太康的弟弟。《史记·夏本纪》："太康崩，弟中康立，是为帝中康。"中康就是仲康。肇（zhào）：开始。位：临事，视事。《广雅》："位，莅也。" [2] 胤（yìn）：国名。侯：《尔雅·释诂》："侯，君也。"六师：六军。大司马掌管六军。 [3] 羲和废厥职：意谓羲氏与和氏过分好酒贪杯，玩忽职守，淆乱天时节令。羲和，即《尧典》的羲氏与和氏。自尧至夏，羲氏、和氏世世代代为掌管天地四时的官。 [4] 邑：封地。

第一段，说明胤侯征伐羲和的原因。

告于众曰："嗟予有众，圣有谟训[1]，明征定木铎是一个重要的文化符号，具有深厚的文化意蕴。

保[2]，先王克谨天戒[3]，臣人克有常宪[4]，百官修辅[5]，厥后惟明明。每岁孟春，遒人以木铎徇于路[6]，官师相规[7]，工执艺事以谏[8]，其或不恭，邦有常刑。

[注释]

[1]谟：谋略。训：教训。　[2]征：蔡传："验。"保：孔传："安也。""定保"指定国安邦。　[3]天戒：老天的告诫，如日食之类，古人认为是天降灾祸的征兆。　[4]常宪：常规法典。　[5]修：修职，忠于职守，搞好本职工作。辅：辅君，辅佐君主。　[6]遒（qiú）人：官名，主管宣令。孔疏："遒人，不知其意。盖训遒为聚，聚人而令之，故以为名也。"木铎：一种铃子，铃身是金属的，铃舌是木质的。古时宣布政教法令，沿途摇铃，以引起人们注意。徇（xùn）：通"巡"，巡行。　[7]官师：众官，各位官员。规：规劝。　[8]工执艺事以谏：意谓如果命令各种工匠制做出的东西是淫巧、奢侈的，工匠应当加以规劝。工，指百工，即各种工匠艺人。用技艺法规进谏，如同《礼记·月令》所说"毋或作为淫巧，以荡上心"。

"惟时羲和颠覆厥德，沈乱于酒，畔官离次[1]，俶扰天纪[2]，遐弃厥司[3]，乃季秋月朔[4]，辰弗集于房[5]，瞽奏鼓[6]，啬夫驰[7]，庶人走，羲和尸厥官罔闻知[8]，昏迷于天象，以干先王之诛[9]，政典曰：'先时者杀无赦[10]，不及时者杀无赦[11]，'

[注释]

[1]畔：通"叛"，违背。次：职位。　[2]俶(chù)：《尔雅·释诂》："始也。"天纪：就是《洪范》篇中"一曰岁，二曰月，三曰日，四曰星辰，五曰历数"的"五纪"。　[3]遐(xiá)：远。司：司掌的职务。　[4]季秋：秋季的最后一个月，就是农历九月。朔：农历每月初一。　[5]辰：旧指太阳与月亮相会。《左传》昭公七年："公曰：'多语寡人辰而莫同。何谓辰？'对曰'日月之会是谓辰，故以配日。'"房：房宿，指太阳与月亮相会的地方。　[6]瞽(gǔ)：本指盲人，这里指乐官。按《周礼》，盲人没有视力，但识别声音的能力很强，因此用盲人担任乐官。　[7]啬夫：掌管布帛的小官。　[8]尸：主管，主持。　[9]干：犯。先王之诛：先王制定的应当诛杀的律典条例。　[10]先时：在时令节气之前，比时令节气早。　[11]不及时：没有赶上时令节气，即指比时令节气晚。

第二段，胤侯宣布羲和的罪行。

　　"今予以尔有众，奉将天罚[1]。尔众士同力王室[2]，尚弼予钦承天子威命[3]。火炎昆冈[4]，玉石俱焚。天吏逸德[5]，烈于猛火。歼厥渠魁[6]，胁从罔治，旧染污俗，咸与惟新[7]。呜呼！威克厥爱[8]，允济[9]；爱克厥威，允罔功。其尔众士，懋戒哉[10]！"

[注释]

[1]将：行。见孔传。　[2]同力：同心协力。　[3]尚：庶几。表示祈求或命令的副词。　[4]昆冈：昆山，古代著名的产玉的地

方。《尔雅·释山》:"山脊,冈。" [5]逸:过,错误。 [6]歼:全部杀死。孔疏:"歼,尽也。《释诂》文。舍人曰:'歼,众之尽也。'众皆死尽为歼也。"渠:孔传:"渠,大。"魁:首领。孔传:"帅也。" [7]与:许可。 [8]克:胜过。爱:爱心,指对亲爱者有罪而不杀的私惠。 [9]济:成功。 [10]懋(mào):勉力。戒:谨慎。

第三段,胤侯宣布对敌政策,勉励将士同心尽力,奉行天子的命令。

[点评]

"胤征羲和"据《竹书纪年》记载,在仲康五年的秋天,很可能是"后羿射日"神话的历史版本。

后羿射日的神话见于《淮南子·本经训》:"逮至尧之时,十日并出,焦禾稼,杀草木,而民无所食。猰貐、凿齿、九婴、大风、封豨、修蛇皆为民害。尧乃使羿诛凿齿于畴华之野,杀九婴于凶水之上,缴大风于青丘之泽,上射十日而下杀猰貐,断修蛇于洞庭,禽封豨于桑林。万民皆喜。置尧以为天子。"事实上,根据后世文献征引,在今已失传的古本《山海经》(大致成书于战国时代)中,已经记载了后羿射日的神话;屈原《天问》也说:"羿焉彃日?乌焉解羽?"

《五子之歌》的"点评"已经指出后羿在太康时已经夺取了夏的政权,仲康时仍然控制着帝位。上古"羿"为质部字,"胤"为真部字,阳入对转,存在通假的可能。胤侯讨伐羲和,而羲和在神话中或者是驾驭日车的神,或者是太阳之母,总之是太阳的象征,所以"胤征羲和"与"后羿射日"很有可能是同一事件的历史版本与神话版本。所谓"十日并出"，与《史记·夏本纪》《书序》所谓"羲和湎淫，废时乱日"如出一辙。古人依靠太阳测定时日，可参看《尧典》篇点评，而《史记·夏本纪》《书序》"废时乱日"说的正是历法混乱。羲和在神话中是太阳的象征，在历史传说中则是掌管历法的官，这在本篇中再次得到印证。至于《淮南子》等记载后羿射日在唐尧时，胤侯则在夏仲康时；后羿或为篡权夺位的奸佞，或为兴利除害的英雄。上古历史存在于口耳之间，可以启发我们深入思考神话、传说和历史的关联性，寻找华夏文明的发展线索。

本篇还记叙"遒人以木铎徇于路"。木铎首先是宣扬教令的工具。《周礼·天官·小宰》"徇以木铎"注："古者将有新令，必奋木铎以警众，使明听也。""文事奋木铎，武事奋金铎。"木铎可引申为宣扬教令的人。《尚书正义》："（遒人）以执木铎徇于路，是宣令之事，故言宣令之官。"《论语·八佾》仪封人称："天下之无道也久矣，天将以夫子为木铎。"将孔子比喻为警醒世人的木铎，使"木铎"具有了更加深厚的文化内涵。

木铎除了上情下达的功能外，还是官方采诗活动中必不可少的工具，因而也具有下情上达的功能。《汉书·食货志》："孟春之月，群居者将散，行人振木铎徇于路，以采诗，献之大师，比其音律，以闻于天子。故曰：王者不窥牖户而知天下。"《说文解字》"迡（jì）"字下说："古之遒人以木铎记诗言。"《左传》襄公十四年师旷引《夏书》："遒人以木铎徇于路。官师相规。工执艺事以谏。"杜预注说："木铎徇于路，采歌谣之言也。"今按《胤征》"遒人以木铎徇于路"后紧接以"官师相规，工执艺事以谏"，则此处遒人也可能是征集言论的官员。

本篇今文无，古文有。

商　书

汤　誓

王曰："格，尔众庶！悉听朕言。非台小子敢行称乱[1]，有夏多罪[2]，天命殛之[3]。今尔有众，汝曰：'我后不恤我众，舍我穑事而割正夏[4]？'予惟闻汝众言，夏氏有罪，予畏上帝，不敢不正。今汝其曰[5]：'夏罪其如台[6]？'夏王率遏众力[7]，率割夏邑[8]。有众率怠弗协[9]，曰：'时日曷丧？予及汝皆亡。'夏德若兹，今朕必往。

惟：转折连词，虽然。《词诠》："推拓连词，与'虽'字用同。"

［注释］

[1]台（yí）：我。小子：天子及诸侯的谦称，甲骨文已见。称乱：发动叛乱。孔传："称，举也。举乱，以诸侯伐天子。" [2]有夏：附音词，即夏国。下文"有众"也是附音词，即众人。 [3]殄：诛杀。 [4]穑事：农事。割：通"害"，"害"又通"曷"，为什么。正：通"征"，征伐。 [5]其：语气副词，表示推测语气。《经传释词》："其，犹'殆'也。"可译为"大概""可能"。 [6]其：语气副词，表示反诘语气。《词诠》："其，反诘副词，岂也。'其''岂'音近，古文二字互通。"可译为"究竟"。如台（yí）：如何。 [7]夏王：指夏桀，姒姓，名履癸，禹的第十四代孙，夏代最后一个君主。率：语气助词，无义。《经传释词》："家大人曰：率，语助也。《文选·江赋》注引《韩诗章句》：'聿，辞也。''聿'与'率'声近而义同。《书·汤誓》曰：'夏王率遏众力，率割夏邑。有众率怠弗协。'……以上诸'率'字，皆语助耳。"遏：通"竭"，尽。 [8]割：侵夺、残害。 [9]协：服从，顺从。《尔雅·释诂》："协，服也。"邢昺疏："协者，和合而服也。"

第一段，说明兴师伐桀的缘由。

"尔尚辅予一人[1]，致天之罚[2]，予其大赉汝[3]！尔无不信，朕不食言[4]。尔不从誓言，予则孥戮汝[5]，罔有攸赦[6]。"

［注释］

[1]尚：语气副词，表祈使语气。可译为"要""希望"之类。 [2]致：通"至"。《礼记·乐记》注："至，行也。" [3]其：将。赉（lài）：赏赐。 [4]食言：伪言，说假话。《尔雅·释诂》：

"食，伪也。"　[5] 予则孥戮汝：句式同《甘誓》"予则孥戮汝"，见《甘誓》注释。　　[6] 攸：句中语气助词，《词诠》："语中助词，无义。"

第二段，宣布赏罚措施。

[**点评**]

　　汤名履，又称天乙，商王朝的开国君王。商的始祖是契，契是舜的司徒，掌教化。汤为契的十四代孙。从契到汤，商已经发展成为黄河下游一个强大的奴隶制诸侯国。夏桀荒淫暴虐，天下分崩离析，诸侯互相侵伐，商汤趁机消灭了夏的许多属国。在消灭夏最后一个诸侯国昆吾以后，《汤誓序》记载："伊尹相汤伐桀，升自陑，遂与桀战于鸣条之野。"最终打败夏桀，夺得帝位，将祖先的封地商作为新王国的名号。

　　《汤誓》是汤出师伐桀前的誓师词。汤伐桀以前，商的军民不愿征战。汤于是在都城亳晓喻民众兴师伐桀的道理。

　　汤是桀的诸侯，汤伐桀是犯上作乱。汤也知道自己有原罪，如何摆脱原罪，如何说服军民同仇敌忾，汤展示了一个杰出政治家非凡的政治策略和高超的演说技巧。他首先做出谦卑的姿态，申明"非台小子敢行称乱"。然后再三强调伐夏乃代行天意：一说"天命殛之"，灭夏不是自己的打算；二说"予畏上帝"，自己不得不遵循上帝的命令；三说"致天之罚"，讲明罚桀的是天，他只是中介。天命难违，决心已定，义无返顾。最后信誓旦旦，威逼利诱。这样先退后进，先抑后扬，环环紧扣，步步深入，是为解除民众疑虑。汤成功地让人们相信伐桀是上天的意旨，是具有合法性的正义战争，人们应该追随商汤，同仇敌忾。

《汤誓》三次提及天命，对天命表现出极大的敬畏。强调天命就是强调神治，以神治政是商王朝政统秩序的特色。中国古代哲学把天当作神，当作一种超自然的力量，能主宰自然变化、社会运行和生命个体的命运。天命观也成为中国影响深远的一种思想观念。"天"的概念夏就有了，《甘誓》即讲"天"，说"天用剿绝其命，今予惟恭行天之罚"。"天命"盛行于殷商，甲骨卜辞、彝器铭文屡见不鲜。《尚书》的《周书》里面周也经常对殷商遗民讲"天命"。起初天命观是论证改朝换代合法性的思想武器，后来在儒家那里"命"成为一个思想论述的重要命题。《论语·为政》："五十而知天命。"《论语·颜渊》："死生有命，富贵在天。"《论语·尧曰》："不知命，无以为君子也。"《孟子·万章上》："莫之为而为者，天也；莫之致而至者，命也。"《汤誓》为理清"天命观"发展演变提供了重要的研究线索。

《汤誓》反映了夏末商初尖锐的阶级矛盾和阶级斗争，篇中引用民众咒骂夏桀的话"时日曷丧？予及汝皆亡"，真实反映了夏国民众痛恨暴君暴政的心情。《孟子·梁惠王上》引《汤誓》："时日害丧？予及女偕亡。"可见孟子见到的《尚书》即有《汤誓》篇。《汤誓》是研究夏商史的重要史料。

《汤誓》对于楚国史和商周民族关系史的研究也具有参考价值。楚的开国之君是熊绎，周成王时受封于楚。

有学者认为熊绎的祖先就是昆吾氏。此外，甲骨文和《诗经》里都记载了商曾经大规模伐楚，《左传》和《国语》里又记载春秋中期以后楚常南侵，甚至问鼎中原。楚和中原大国的恩恩怨怨构成了先秦史的重要内容。

　　《汤誓》是军事文学的典则，篇幅短小，却内容丰富，全文 166 字就将战争的起始由末交代得清清楚楚，时间、地点、主誓者、兴师原因、战场纪律、赏罚戒勉，逐次展现，结构完整，秩序井然。语言既简洁凝练，又生动传神；句式或整或散，富有鲜明的节奏感；排比的恰当运用，加强了誓言的气势，具有不可移易的说服力。

仲虺之诰

成汤放桀于南巢[1]，惟有惭德。曰："予恐来世以台为口实。"

仲虺乃作诰[2]，曰："呜呼！惟天生民有欲，无主乃乱。惟天生聪明时乂[3]，有夏昏德，民坠涂炭[4]。天乃锡王勇智[5]，表正万邦[6]，缵禹旧服[7]。兹率厥典[8]，奉若天命[9]。

诰：蔡传："此但告汤而亦谓之诰者，唐孔氏谓仲虺亦必对众而言。盖非特释汤之惭，而且以晓其臣民众庶也。"

[注释]

[1]成汤：汤由于用武力讨伐夏桀获得成功，因此叫作成汤。汤是名字，成是谥号。放：驱逐。南巢：地名。 [2]诰：告。《史记·殷本纪》："汤乃践天子位，平定海内。汤归至于泰卷陶，中䎱（仲虺）作诰。" [3]时：通"是"，代词。乂（yì）：治理。 [4]坠：掉落，陷入。涂炭：烂泥和炭火，比喻灾难困苦。 [5]锡：通"赐"。 [6]表正：作为仪表、法式。 [7]缵

（zuǎn）：继承、继续。服：使用，实行。　[8]率：遵循。典：法则、制度。　[9]奉：奉顺，依从。

第一段，说明仲虺作诰的背景，叙述成汤伐桀的合理性。

"夏王有罪，矫诬上天[1]，以布命于下[2]。帝用不臧[3]，式商受命[4]，用爽厥师[5]。简贤附势[6]，实繁有徒[7]。肇我邦于有夏[8]，若苗之有莠[9]，若粟之有秕[10]。小大战战[11]，罔不惧于非辜[12]。矧予之德[13]，言足听闻[14]。

[注释]

[1]矫：欺诈。诬：欺骗，言语不真实。　[2]布：宣告。　[3]用：因为，由于。臧（zāng）：善，好。　[4]式：用。　[5]爽：丧失。《墨子·非命上》引作丧。爽、丧音同。师：众庶。　[6]简：简慢。附势：依附有势力的人。　[7]繁：繁多。徒：同一类的人。　[8]肇（zhào）：开始。　[9]莠（yǒu）：一种有害于农作物生长的杂草。[10]秕（bǐ）：谷粒不饱满。　[11]战战：害怕得发抖。　[12]非辜：无罪，没有罪。　[13]矧：况且。　[14]足：能够。

"惟王不迩声色[1]，不殖货利[2]。德懋懋官[3]，功懋懋赏。用人惟己，改过不吝。克宽克仁，彰信兆民。乃葛伯仇饷[4]，初征自葛，东征西夷怨，南征北狄怨，曰：'奚独后予[5]？'攸徂之民[6]，室家相庆，曰：'徯予后^[7]，后来其苏^[8]。'民之戴商^[9]，厥惟旧哉^[10]！

［注释］

[1]迩（ěr）：近。　[2]殖：经商。经商的目的是营利，这里是聚敛的意思。　[3]德懋（mào）懋官：努力行德的人就要用官勉励他。孔疏："于德能勉力行之者，王则劝勉之以官。"懋，勉力，勉励。下句"功懋懋赏"同，即"努力做事的人就要用奖赏勉励他"。孔疏："于功能勉力为之者，王则劝勉之以赏。"　[4]葛伯仇饷（xiǎng）：即葛伯仇视给在田间劳动的人送饭。葛，国名，嬴姓，故城在今河南宁陵北。伯，伯爵。饷，给在田间劳动的人送饭。　[5]奚：何。后：指征讨在后。予：我们。　[6]攸徂（cú）：指汤征伐所到的地方。攸，所。结构助词，放在动词前面，组成名词性词组。徂，往。　[7]徯（xī）：等待。　[8]苏：死而复生。　[9]戴：爱戴，拥护。　[10]旧：久。

第二段，说明夏汤势不两立，颂扬汤的美德。

"佑贤辅德^[1]，显忠遂良^[2]，兼弱攻昧^[3]，取乱侮亡^[4]，推亡固存^[5]，邦乃其昌。德日新，万邦惟怀；志自满，九族乃离。王懋昭大德，建中于民^[6]，以义制事，以礼制心，垂裕后昆^[7]。予闻曰：'能自得师者王^[8]，谓人莫己若者亡。好问则裕，自用则小^[9]。'呜呼！慎厥终，惟其始。殖有礼^[10]，覆昏暴^[11]。钦崇天道^[12]，永保天命。"

[注释]

[1]佑:帮助。"贤""德"与下文"忠""良""弱""昧""乱""亡"用法相同,皆用如名词性结构"贤者""德者",即"贤能的人""仁德的人",下略同。 [2]显:传扬。遂:进用。 [3]兼:兼并。昧:愚昧,昏乱。 [4]取乱侮亡:意谓夺取纵欲无度者的政权,侵侮荒怠政务者的国家。乱,动乱,不太平。侮,轻慢,怠慢。或说"侮"有"欺侮""侵犯"义。《诗经·大雅·绵》:"予曰有御侮。"御侮就是抵御侵犯的武臣。"亡"可通"荒"。《周书·微子》:"天毒降灾,荒殷邦。"《史记·宋微子世家》作"天笃下灾,亡殷国"。又,《韩非子·八说》:"人主肆意陈欲曰乱。"《逸周书·谥法解》:"好乐怠政曰荒。"则"乱""荒"均可指纵欲享乐、荒怠政务。结合下文所述,这里当是强调君主的自身修养,不可怠惰自满。人主贤、德、忠、良则能维系邦国,弱、昧、乱、亡(荒)则导致灭亡。 [5]推亡固存:意谓推求灭亡之道,以巩固自己的生存。蔡传:"推亡者,兼攻取侮也;固存者,佑辅显遂也。推彼之所以亡,固我之所以存,邦国乃其昌矣。" [6]中:中道,不偏不倚、无过无不及的中庸之道。 [7]垂:流传。后昆:后裔,子孙。 [8]王(wàng):名词用如动词,称王,统治天下。 [9]自用:自以为是。小:渺小。 [10]殖:树立。《国语·周语下》:"上得民心,以殖义方。" [11]覆:覆没,灭亡。 [12]钦:敬畏。崇:尊奉。

第三段,仲虺告勉成汤为君之道。

[点评]

仲虺是成汤的左相。尧舜禹都是用禅让继承帝位,成汤却用武力取得帝位,感到惭愧。仲虺安慰他,故作此诰。

　　仲虺先指明夏桀失德，成汤伐桀是天命所归，民心所向，不必惭愧。然后说明成汤美德令人信服，人民拥戴，当敬畏天道，日新其德。

　　在儒家经典的传承系统中，《仲虺之诰》是重要的篇目。《孟子》一书曾三次引《书》论及汤征葛伯，分别见于《梁惠王下》《滕文公下》和《尽心下》。其中，《滕文公下》的引述最为详细："汤居亳，与葛为邻，葛伯放而不祀。汤使人问之曰：'何为不祀？'曰：'无以供牺牲也。'汤使遗之牛羊。葛伯食之，又不以祀。汤又使人问之曰：'何为不祀？'曰：'无以供粢盛也。'汤使亳众往为之耕，老弱馈食。葛伯率其民，要其有酒食黍稻者夺之，不授者杀之。有童子以黍肉饷，杀而夺之。《书》曰：'葛伯仇饷。'此之谓也。为其杀是童子而征之，四海之内皆曰：'非富天下也，为匹夫匹妇复雠也。''汤始征，自葛载'，十一征而无敌于天下。东面而征，西夷怨；南面而征，北狄怨，曰：'奚为后我？'民之望之，若大旱之望雨也。归市者弗止，芸者不变，诛其君，吊其民，如时雨降。民大悦。《书》曰：'徯我后，后来其无罚。'"

　　"汤征葛伯"的记载亦见于先秦史籍。《逸周书·史记解》："昔者有洛氏宫室无常，池圃广大，工功日进，以后更前，民不得休。农失其时，饥馑无食，成商伐之，有洛以亡。"今本《竹书纪年》则载夏癸（桀）"二十一年，商师征有洛，克之"，"有洛"可能就是"葛"。上古音"葛"属月部字，"洛"属铎部字，月与铎旁转，可以通假。此外，今本《竹书纪年》记载汤第一个征伐的对象是"有洛"，同于《孟子》"汤始征，自葛载"。《仲虺之诰》是研究《尚书》传播史的重要资料。

　　葛伯耽于享乐，暴虐残忍，乃至发生"葛伯仇饷"的事件，所以汤征葛是"为匹夫匹妇复雠（仇）"。成汤的军队是仁义之师，各地民众无不翘首以盼，唯恐不来。这是千百年来的正统观点，仁义之师、吊民伐罪一直是人们对于成汤共同的历史印象。但是，晚清的龚自珍提出质疑。龚氏作《葛伯仇饷解》，开篇即质疑："葛虽贫，葛伯一国之君，安得有杀人夺酒肉事？"接着提出了惊世骇俗的观点："王者之取天下，虽曰天与之，要必有阴谋焉。"龚自珍认为"亳众"是汤派往葛的内应，"老弱馈食"则是间谍。葛伯的所作所为仅仅是清除汤派来的内应和间谍。文章末尾说："夫葛何罪？罪在近。后世之阴谋有远交而近攻者，亦祖汤而已。"认为汤先灭葛只是因为亳与葛距离近，即《孟子》所说"汤居亳，与葛为邻"。

　　历史事实究竟如何，主观分析与客观真实可能不同，但这并不是关键的问题。孟子对仁义道德的呼唤，对民贵君轻的阐发，具有超越时空的永恒价值，对于历代统治者都有着强烈的镜鉴作用。龚自珍身处清末，目睹国势羸弱，思想凋敝，他一方面强调经世致用，要求思想要具有现实意义，另一方面又强调思想解放，要求敢于质疑，善于思考，具有重要的认识论价值。

　　《易经·革卦》的象辞将成汤伐桀、武王伐纣概括为"汤武革命"，是儒家津津乐道的社会变革。然而，"成汤放桀于南巢"为什么"惟有惭德"？这反映了儒家政治论述的矛盾性。尧舜禹禅让这是儒家礼赞的天下为公,而成汤伐桀、武王伐纣皆为以暴易暴,弑君夺位;伯夷、叔齐是孔子称许的仁人贤士,而伯夷、叔齐闻武王伐纣,阻道力谏:"父死不葬,爱及干戈,可谓孝乎?以臣弑君,可谓仁乎?"以至誓不食周粟,饿死首阳山中。孔子认为"汤武革命,顺乎天而应乎人。"孟子称许武王伐纣是"闻诛一夫纣矣,未闻弑君也"。然而,终难弥合正义性与合法性的矛盾。汉景帝朝的一次廷争也可以看出儒家评价这一历史事件的尴尬。

《史记·儒林列传》:"清河王太傅辕固生者,齐人也。以治《诗》,孝景时为博士。与黄生争论景帝前。黄生曰:'汤、武非受命,乃弑也。'辕固生曰:'不然。夫桀、纣虐乱,天下之心皆归汤、武,汤、武与天下之心而诛桀、纣,桀、纣之民不为之使而归汤、武,汤、武不得已而立,非受命为何?'黄生曰:'冠虽敝,必加于首;履虽新,必关于足。何者?上下之分也。今桀、纣虽失道,然君上也;汤、武虽圣,臣下也。夫主有失行,臣下不能正言匡过以尊天子,反因过而诛之,代立践南面,非弑而何也?'辕固生曰:'必若所云,是高帝代秦即天子之位,非邪?'于是景帝曰:'食肉不食马肝,不为不知味;言学者无言汤、武受命,不为愚。'遂罢。是后学者莫敢明受命放杀者。"

显然,廷争最后辕固生有点理屈词穷,强词夺理。汉景帝的结论成了后世对这一历史性事件评述的定式:只言其正义性,不论其合法性。可知,"汤武革命"的研究空间还应该拓展。

《仲虺之诰》的语言精炼优美,以四字句为主,骈散

结合，多用错综、对偶、比喻、引用等修辞手法，显示
出较高的写作技巧。

　　本篇今文无，古文有。

140

汤　诰

　　王归自克夏[1]，至于亳[2]，诞告万方[3]。王曰："嗟！尔万方有众[4]，明听予一人诰[5]。惟皇上帝[6]，降衷于下民[7]。若有恒性[8]，克绥厥猷惟后[9]。夏王灭德作威，以敷虐于尔万方百姓[10]。尔万方百姓，罹其凶害[11]，弗忍荼毒[12]，并告无辜于上下神祇。天道福善祸淫[13]，降灾于夏，以彰厥罪[14]。

天道福善祸淫：这句话反映出天命观与人德观的合一。

[注释]

[1]克：战胜，攻破。　[2]亳（bó）：汤的国都。故址在今河南商丘北。　[3]诞：大，见孔传。　[4]有：词头，无义。　[5]予一人：古代天子自称。　[6]皇：大。见《尔雅·释诂》。　[7]衷：善，福。孔传："衷，善也。"[8]若：顺从。恒性：常性，通

性。　[9]绥：安稳。猷：道，法则。《诗经·小雅·巧言》："秩秩大猷，圣人莫之。"郑玄说："猷，道也。大道，治国之礼法。"后：君王。　[10]敷：布行。虐：暴政。　[11]罹(lí)：遭遇。　[12]荼(tú)毒：残害。《诗经·大雅·桑柔》："民之贪乱，宁为荼毒。"孔颖达说："荼，苦叶；毒者，螫(shì)虫。荼毒皆恶物。"　[13]福善：降福给好人。祸淫：降祸给邪恶的人。淫，邪恶。《商君书·外内》："淫道必塞。"　[14]彰：显示。

　　第一段，指出福善祸淫是上天的基本法则，夏多行暴政，因此遭到上天的惩戒。

　　"肆台小子[1]，将天命明威[2]，不敢赦[3]。敢用玄牡[4]，敢昭告于上天神后[5]，请罪有夏[6]。聿求元圣[7]，与之戮力[8]，以与尔有众请命[9]。上天孚佑下民[10]，罪人黜伏[11]，天命弗僭[12]，贲若草木[13]，兆民允殖[14]。俾予一人辑宁尔邦家[15]，兹朕未知获戾于上下[16]，栗栗危惧[17]，若将陨于深渊[18]。

　　[注释]
　　[1]肆：蔡传："肆，故也。"台(yí)：我。　[2]将：奉行。《诗经·大雅·烝民》："肃肃王命，仲山甫将之。"郑玄说："仲山甫则能奉行之。"明威：表明天的威严。　[3]赦：免除桀的罪行。　[4]玄牡：黑色的公牛。《礼记·檀弓》："夏后氏尚黑，大事敛用昏，戎事乘骊，牲用玄。殷人尚白，大事敛用日中，戎

事乘翰，牲用白。"这里汤用玄牡，是商刚建国，仍用夏的礼制。　[5]后：后土。古代指地神或土神。　[6]罪：降罪。　[7]聿（yù）：遂，于是。元圣：大圣贤，指伊尹。　[8]戮（lù）：通"勠"，并力，勉力。　[9]请命：请求保全生命。　[10]孚：保，安。《说文解字注》："古文以孚为保也。"佑：护佑。　[11]黜伏：废黜窜逃。孔传："桀知其罪，退伏远屏。"　[12]僭（jiàn）：差错。　[13]贲（bì）：文饰。孔传："贲，饰也。"《广雅·释诂》："贲，美也。"　[14]允：以此。《经传释词》："允，犹以也。"殖：孳生。　[15]俾（bǐ）：使。辑：和睦。《诗经·大雅·板》："辞之辑矣，民之洽矣。"毛传："辑，和洽。"　[16]兹：此。指伐桀这件事。戾（lì）：罪。　[17]栗栗：畏惧的样子。　[18]陨（yǔn）：坠落。

第二段，汤指出伐桀是人心所向，给民众带来新生；但同时也心存畏惧，不知是否获罪于天地。

"凡我造邦[1]，无从匪彝[2]，无即慆淫[3]，各守尔典[4]，以承天休[5]。尔有善，朕弗敢蔽；罪当朕躬，弗敢自赦，惟简在上帝之心[6]。其尔万方有罪[7]，在予一人；予一人有罪，无以尔万方[8]。呜呼！尚克时忱[9]，乃亦有终[10]。"

[注释]

[1]造邦：建立的诸侯国。意谓夏朝已经灭亡，商朝已经建立，原来的诸侯国同商建立了新的关系，所以也是商朝所建立的了。　[2]无：通"毋"。匪：通"非"。彝（yí）：常道，法度。《诗经·大雅·烝民》"民之秉彝"，毛传："彝，常。"郑玄说："民所执

持有常道。"[3] 即：就，靠近。慆（tāo）淫：享乐过度。　[4] 典：常法，法则。　[5] 天休：天赐的吉祥。休，美善。　[6] 简：简阅，考察。　[7] 其：如果。　[8] 以：连及。《经传释词》："以，犹'及'也。"　[9] 尚：庶几，表示希望的副词。时：通"是"，代词。忱：诚信。　[10] 终：指好的结局。

第三段，告诫各侯国要遵守常法，并表明自己的诚意，希望获得圆满结局。

［点评］

汤率领诸侯军在安邑西北的鸣条战胜了桀，并乘胜消灭三朡。汤回到都城亳邑，各路诸侯都来朝见。汤告诫诸侯，阐明伐桀的重大意义；勉励诸侯各守常法，以承天休。

商人迷信鬼神，巫风很盛，天与德真正的结合要到殷周之际。汤指明"天道福善祸淫"，强调"惟简在上帝之心"，商朝初期就产生这样的观念可能是后人的追记。尽管如此，这两句话十分精警，具有很强的现实意义。尤其是"天道福善祸淫"，用极其洗练的语句告诉人们行善必然会得到福佑，作恶必然会招致灾祸。"天"后紧接以"道"字，更加突出了这种善恶报应的必然性。

《汤诰》指出，"若有恒性，克绥厥猷惟后"。蔡沈《书集传》对此解释说："成汤原性以明人之善。""若有恒性"强调君主应当顺从臣民的常性施行政教。周代是礼乐文明的鼎盛期，礼乐是周代政教的主要载体。而礼正是缘情而作，《礼记·坊记》说"礼者，因人之情而为之节文"；郭店楚简《语丛二》说"礼生于情"，这既显示出我国传统政教对人性的关怀，也显示出我国古代高超的政治智慧与行政艺术。同时，"若有恒性"不仅仅是治国良方，也是教育的明智策略。孔子"因材施教"的教育理念与"若有恒性"的施政主张在本质上是一致的，二者都是强调根据人的性格特征实行教化，从而提升人们的修养。

《汤诰》属于"晚书"。《史记·殷本纪》也记载了汤伐桀还亳后作《汤诰》，所引三段诰词与此篇完全不同：

> 既绌夏命，还亳，作《汤诰》："维三月，王自至於东郊。告诸侯群后：'毋不有功於民，勤力乃事。予乃大罚殛女，毋予怨。'曰：'古禹、皋陶久劳于外，其有功乎民，民乃有安。东为江，北为济，西为河，南为淮，四渎已修，万民乃有居。后稷降播，农殖百谷。三公咸有功于民，故后有立。昔蚩尤与其大夫作乱百姓，帝乃弗予，有状。先王言不可不勉。'曰：'不道，毋之在国，女毋我怨。'"以令诸侯。

《史记》所载诰词紧紧围绕一个"民"字，首先告诫诸侯要勤事利民，然后概述大禹、皋陶、后稷治事安民的功绩，要求诸侯决不能像蚩尤那样扰民作乱，最后警告诸侯如果不治民事就要受到惩罚，甚或剥夺君侯的爵位。本篇则主要说明伐桀的道理。清代不少学者认为传本《汤诰》是伪古文，《史记》引文是真古文。黄宗羲就曾指出后人"误袭周制以为《汤诰》"，"可见《夏书》本文不同孔书、左氏而非伪也，则不能不致疑于古文矣"。当然，还可以进一步提供佐证。从编辑角度分析，《汤诰》

应与《汤誓》和《仲虺之诰》在内容上有所区别；从逻辑事理分析，伐桀之前当应说明伐桀之由，登基之后当应申明治国之道。兼之，司马迁曾问古文《尚书》于孔安国，司马迁所见所引《汤诰》，当更近孔安国的古文《尚书》。

《国语》和《墨子》引《汤誓》多与《汤诰》相似。《国语·周语上》引《汤誓》"余一人有罪，无以万夫；万夫有罪，在余一人"，不见于《汤誓》，却与《汤诰》"其尔万方有罪，在予一人；予一人有罪，无以尔万方"相似。《墨子·尚贤中》引《汤誓》"聿求元圣，与之戮力同心，以治天下"，不见于《汤誓》，却与《汤诰》中的句子"聿求元圣，与之戮力，以与尔有众请命"相似。这些为辨析《尚书》真伪以及研究《汤诰》的文献价值提供了重要史料。

帝制时代君王的"罪己诏"或许也是一种诰体。《说文·言部》："诏，告也。""罪己诏"亦即"罪己诰"。《汤诰》则是"罪己诏"的滥觞。例如，后代"罪己诏"常用的格式化习语"余一人有罪，无及万夫"，类似《汤诰》的"予一人有罪，无以尔万方"。

本篇今文无，古文有。

伊　训

惟元祀十有二月乙丑^[1]，伊尹祠于先王^[2]。奉嗣王祗见厥祖^[3]，侯甸群后咸在^[4]，百官总己以听冢宰^[5]。伊尹乃明言烈祖之成德^[6]，以训于王。

[**注释**]

[1] 元祀：即太甲元年。祀，年。孔传："祀，年也。夏曰岁，商曰祀，周曰年，唐虞曰载。"有：又，用在整数与零数之间。　[2] 伊尹：商的开国功臣。伊姓，名挚，因其母居伊水之上，故以伊为氏。"尹"是"右相"的意思。祠：祭祀。先王：汤。《尚书正义》："汤之父祖不追为王，所言先王，惟有汤耳。"　[3] 嗣王：王位继承人，指太甲，商的第四代帝王。祗（zhī）：恭敬。　[4] 侯甸：侯服和甸服。相传古代天子所住京都以外的地方按远近分为九等，叫九服。方千里称王畿，其外方五百里叫侯服，又其外方五百里叫甸服。　[5] 总己：统领自己的官员。冢宰：周代官名，

为六卿之首，又叫大宰。　　[6]烈祖：建立了功业的祖先。烈，事业，功绩。

第一段，说明伊尹作训的背景。

曰："呜呼！古有夏先后方懋厥德[1]，罔有天灾。山川鬼神，亦莫不宁，暨鸟兽鱼鳖咸若[2]。于其子孙弗率[3]，皇天降灾[4]，假手于我有命[5]，造攻自鸣条[6]，朕哉自亳[7]。惟我商王，布昭圣武[8]，代虐以宽，兆民允怀[9]。今王嗣厥德，罔不在初，立爱惟亲[10]，立敬惟长[11]，始于家邦[12]，终于四海。

[注释]

[1]有：词头，无义。先后：指夏禹。《尔雅·释诂》："后，君也。"懋：努力。　　[2]暨（jì）：与，同。若：这样。　　[3]率：循，遵守。　　[4]皇天：对天的尊称。皇，大。　　[5]有命：有天命的人，指汤。　　[6]造：开始。　　[7]哉：开始。朕哉自亳，孔传："由我始修德于亳。"　[8]圣武：武德。　　[9]兆民：广大民众。兆，百万或者万亿。允：确实。　　[10]立爱惟亲：树立爱从亲者开始。下句句式同。　　[11]长（zhǎng）：年长者。　　[12]家：卿大夫的封地。邦：国，诸侯的封地。

"呜呼！先王肇修人纪[1]，从谏弗咈[2]，先民时若[3]。居上克明，为下克忠，与人不求备[4]，

检身若不及 [5]，以至于有万邦 [6]，兹惟艰哉！

［注释］

[1] 肇（zhào）：努力。《尔雅·释言》："肇，敏也。"人纪：做人的纲纪。 [2] 咈（fú）：乖戾，违背。 [3] 先民时若：顺从前辈贤人的话。时，通"是"，帮助宾语前置的结构助词。若，顺从。 [4] 与：结交。 [5] 检：约束。 [6] 有万邦：等于说做天子。

第二段，说明桀亡汤兴的原因。

"敷求哲人 [1]，俾辅于尔后嗣，制官刑，儆于有位 [2]。曰：'敢有恒舞于宫，酣歌于室 [3]，时谓巫风 [4]。敢有殉于货色 [5]，恒于游畋，时谓淫风 [6]。敢有侮圣言，逆忠直，远耆德 [7]，比顽童 [8]，时谓乱风 [9]。惟兹三风十愆 [10]，卿士有一于身，家必丧；邦君有一于身，国必亡。臣下不匡，其刑墨 [11]，具训于蒙士 [12]。'

"三风十愆"危害极大，具有现实警示意义。

［注释］

[1] 敷：广泛。哲人：聪明而有才能的人。 [2] 儆（jǐng）：警告，告诫。 [3] 酣：尽情喝酒取乐。 [4] 时：通"是"，这。巫风：巫觋（xí）的风俗。男女巫师装神弄鬼替人祈祷时总是伴随有歌舞。 [5] 殉：贪求。货：财物。色：女色。 [6] 淫：邪恶。 [7] 耆（qí）德：老年有德的人。 [8] 比：亲昵。顽童：愚昧无知的人。《国语·郑语》："而近顽童穷固。"韦昭注："顽童，童昏固陋也。""童"

本义是未成年的孩童，引申为蒙昧、无知。《说文》作"僮"，解释为"未冠也"。段玉裁注："引伸为僮蒙。"　[9]乱：荒乱悖理。　[10]三风：指巫风、淫风、乱风。十愆(qiān)：指舞、歌、货、色、游、畋、侮、逆、远、比。愆，过错。　[11]墨：墨刑。在脸上刺字后涂上墨。又叫"黥(qíng)"。　[12]具：全部。蒙士：下士。孔疏："蒙谓蒙稚，卑小之称，故蒙士例谓下士也。"

第三段，伊尹引述成汤的话，指出"三风十愆"的严重危害。

"呜呼！嗣王祗厥身[1]，念哉！圣谟洋洋[2]，嘉言孔彰[3]。惟上帝不常[4]，作善降之百祥，作不善降之百殃。尔惟德罔小[5]，万邦惟庆；尔惟不德罔大，坠厥宗[6]。"

[注释]

[1]祗(zhī)：敬，警戒。　[2]洋洋：美善。　[3]言：指圣人的训导。孔：很。　[4]不常：意思是降福降灾没有常规。　[5]德：修善积德。　[6]宗：宗庙。天子、诸侯祭祀祖先的处所，代国家。

第四段，告诫太甲警惕"三风十愆"，注意行善积德。

[点评]

《伊训》虽为"晚书"，却是中国文化史上的重要文献之一。

在中国教育史上，孔子是私学之祖，《伊训》中的伊尹则是官学之祖，是中国文献记载中的第一个帝王之师。伊尹又是中国历史上第一位贤相，第一个注重教化的政治家。《孟子·万章下》引用伊尹的话"天之生斯民也，使先知觉后知，使先觉觉后觉。予，天民之先觉者也。予将以此道觉此民也。"伊尹认为个人乐尧舜之道，不如帮助成汤成为尧舜之君，使天下民众都享受尧舜之道。孟子称赞伊尹这是"其自任以天下之重也"。"以天下为己任"的成语典故亦源于此。

伊尹也是中国历史上的第一位贤辅，历代评价贤相皆以伊尹为标准。成都武侯祠有联赞诸葛孔明云："文章与伊训说命相表里，经济自清心寡欲中得来。"联语为清人陈矩集宋代苏轼、朱熹的原句所成。联语的上联是说诸葛亮的前后《出师表》可以和《尚书》的《伊训》《说命》互为表里，诸葛亮成为贤相的精神力量来自伊尹。

古代文献也有记载伊尹是中国历史上的第一个奸相。《竹书纪年》："仲壬崩，伊尹放太甲于桐，乃自立也。伊尹即位，放太甲七年。太甲潜出自桐杀伊尹，乃立其子伊陟、伊奋，命复其父之田宅而中分之。"根据《竹书纪年》，商初由于连丧三王，政局不稳，曾经发生乱臣贼子的血腥篡权，但是商代的卜辞中屡见致祭伊尹的记载，其地位之尊介于殷先王与先公之间，而且还有大乙（成汤）、伊尹并祀的卜辞。春秋时的叔夷钟铭文也赞扬伊尹辅佐商汤取得天下。《竹书纪年》的记载或不合史实。宋代苏轼曾作专文《伊尹论》，认为伊尹是符合儒家道德规范的贤者，不以自己的得失而进退，不以自己的荣辱而喜忧，穷达利害都不能动摇其对道义的追求：

孔子叙《书》至于舜、禹、皋陶相让之际，盖未尝不太息也。夫以朝廷之尊，而行匹夫之让，孔子安取哉？取其不汲汲于富贵，有以大服天下之心焉耳。

夫太甲之废，天下未尝有是，而伊尹始行之，天下不以为惊；以臣放君，天下不以为僭；既放而复立，太甲不以为专。何则？其素所不屑者，足以取信于天下也。彼其视天下眇然不足以动其心，而岂忍以废放其君求利也哉？

伊尹是儒家正统史观塑造的"公天下"的仁德楷模。伊尹指出"立爱惟亲，立敬惟长，始于家邦，终于四海"，与儒家仁爱仁政思想一致。蔡沈《书集传》："谨始之道，孝悌而已。""亲吾亲以及人之亲，长吾长以及人之长，始于家，达于国，终而措之天下矣。孔子曰：立爱自亲始，教民睦也。立敬自长始，教民顺也。"蔡传这番论述全本自儒家经典。所谓"谨始之道，孝悌而已"，《论语·学而》："其为人也孝弟，而好犯上者，鲜矣；不好犯上，而好作乱者，未之有也。君子务本，本立而道生。孝弟也者，其为人之本与？"所谓"亲吾亲以及人之亲，长吾长以及人之长"，是仿照《孟子·梁惠王上》"老吾老以及人之老，幼吾幼以及人之幼"，是说明树立仁爱当由己及人、由近及远。所谓"始于家，达于国，终而措之天下矣"，即《礼记·大学》"家齐而后国治，国治而后天下平"。"立爱自亲始，教民睦也。立敬自长始，教民顺也"，语出《礼记·祭义》，郑玄注："亲、长，父、兄也。"

文献还记载伊尹具有高超的政治谋略，是中国军事史上第一个成功运用离间计的政治家。《竹书纪年》记载：桀"命扁伐山民，山民送女于桀，二人，曰琬、曰琰。后爱二人"，"而弃其元妃于洛，曰妹嬉（喜）氏，以与伊尹交，遂以亡夏"。《吕氏春秋》亦有类似记载。《孙子兵法·用间篇》充分肯定了"用间"的军事价值："能以上智为间者，必成大功，此兵之要，三军之所恃而动也。"现代战争中谍战也是最重要的战争形式之一。

伊尹还是中国烹饪史上第一个烹饪理论家，伊尹论述菜品调料、五味三材、九沸九变等直至当今仍具有烹饪理论价值。伊尹还善于以烹饪说政事。《吕氏春秋·本味》记载伊尹与汤谈论怎样调和五味，以"至味"说汤，以烹饪说明治政需要任用贤才；只有任用贤才方能推行仁义之道，方可得天下；得天下者才能享用人间所有美味佳肴。"天子不可强为，必先知道。道者，止彼在己，己成而天子成。天子成则至味具。故审近所以知远也，成己所以成人也；圣人之道要矣，岂越越多业哉！"《老子》"治大国若烹小鲜"之喻或与伊尹之论有关联。

《伊训》是中国政治制度史上第一篇体制内反腐的重要文告，伊尹列举商初严重的腐败现象，指出丧家亡国的严重危害，提出具体的惩戒措施，具有重要的政治学价值。

伊尹告诫太甲吸取夏桀灭亡的教训，发扬汤的美德，亲自制定官刑，告诫太甲和群臣杜绝"三风十愆"。"三风"指"巫风""淫风"和"乱风"三类不良风气。"十愆"则是隶属于"三风"的十种具体罪名，即：（1）常在宫廷里跳舞（"恒舞于宫"）；（2）在房室内酗酒欢歌（"酣歌于室");(3)收受贿赂;(4)贪恋女色("殉于货色");(5)经常外出游玩;(6)经常外出打猎("恒于游畋");(7)背离先王遗训,违抗天子诏谕("侮圣言");(8)拒不接受忠言直谏("逆忠直");(9)疏远年高有德之士("远耆德");(10)亲近顽愚之人("比顽童")。伊尹随后指出:"惟兹三风十愆,卿士有一于身,家必丧;邦君有一于身,国必亡。"伊尹还规定臣下对主上有规劝的责任,如果臣下不规劝主上,要受到墨刑(在脸上刺字)处罚。太甲作为商王,尚且因昏庸而被伊尹流放,对于诸侯、卿士,给予亡国丧家的处罚,实在不足为奇。

《史记·殷本纪》认为太甲是汤的嫡长孙,在汤与太甲之间还有两位商王:"汤崩,太子太丁未立而卒,于是乃立太丁之弟外丙,是为帝外丙。帝外丙即位三年,崩,立外丙之弟中壬,是为帝中壬。帝中壬即位四年,崩,伊尹乃立太丁之子太甲。太甲,成汤嫡长孙也,是为帝太甲。帝太甲元年,伊尹作《伊训》,作《肆命》,作《祖后》。"然而,孔传认为太甲是直接从汤那里接受帝位:"太甲,太丁子,汤孙也。太丁未立而卒,及汤没而太甲立,称元年。"孔疏说:"此序(指《伊训序》)以'太甲元年'继'汤没'之下,明是太丁未立而卒,太甲以孙继祖,故汤没而太甲代立,即以其年称为元年也。"考察目前已经发现的甲骨文资料,当以孔传说为妥。陈梦家《殷虚卜辞综述》说:"《书序》以及解释《书序》的孔疏说太甲直继汤后,证之卜辞,最为符合。……卜辞祭序先太甲后外丙。"此外,《殷本纪》提到的中壬在甲骨文中尚未发现记载。陈梦家还引《孟子·万章上》"伊尹相汤以王于天下，汤崩，大丁未立。外丙二年，仲壬四年，大甲颠覆汤之典刑，伊尹放之于桐"，《史记》的记载或采自《孟子》等先秦文献。

本篇今文无，古文有。

太甲上

　　惟嗣王不惠于阿衡[1]，伊尹作书曰："先王顾諟天之明命[2]，以承上下神祇[3]。社稷宗庙，罔不祇肃。天监厥德，用集大命[4]，抚绥万方[5]。惟尹躬克左右厥辟宅师[6]，肆嗣王丕承基绪[7]。惟尹躬先见于西邑夏[8]，自周有终[9]，相亦惟终[10]；其后嗣王[11]，罔克有终，相亦罔终，嗣王戒哉[12]！祇尔厥辟[13]。辟不辟，忝厥祖[14]。"

《太甲序》："太甲既立，不明，伊尹放诸桐。三年复归于亳，思庸，伊尹作太甲三篇。"

[注释]

[1]嗣王：指太甲，下文同。惠：顺，恭顺。《诗经·邶风·燕燕》："终温且惠，淑慎其身。"毛传："惠，顺也。"阿衡：商代官名，指伊尹。郑玄说："阿，倚；衡，平也。伊尹，汤倚而取平，故以为官名。"《诗经·商颂·长发》："实维阿衡，实左右商王。"

孔疏："伊尹名挚，汤以为阿衡，至太甲改曰保衡。阿衡、保衡皆公官。"　[2]先王：指成汤。顾：《说文》："顾，还视也。"这里是注目、重视的意思。谌（shì）："是"的古字，近指代词。　[3]上下神祇（qí）：天神地祇。　[4]用：以，因此。集：降下。大命：天命，上天赋予的权力和使命。　[5]绥：安抚。万方：万邦，天下。　[6]躬：亲身。左右：帮助。辟：君主。宅：居，使安居乐业。师：众。　[7]肆：故，因此。丕：大。绪：业。　[8]西邑夏：夏的国都安邑在亳的西边，因此称西邑夏。　[9]自：用。周：孔传："周，忠信也。"《诗经·小雅·都人士》："行归于周，万民所望。"毛传："周，忠信也。"郑玄说："都人之士所行要归于忠信。"　[10]相（xiàng）：辅佐。　[11]后嗣王：此指夏桀。　[12]戒：以桀为戒。　[13]辟：君。这里指做君主的法则。　[14]忝（tiǎn）：侮辱。

　　第一段，伊尹教导太甲要严守为君之道，以桀为戒，不要辱没祖先。

　　王惟庸罔念闻[1]。伊尹乃言曰："先王昧爽丕显[2]，坐以待旦[3]。旁求俊彦[4]，启迪后人，无越厥命以自覆[5]。慎乃俭德，惟怀永图[6]。若虞机张[7]，往省括于度则释[8]。钦厥止[9]，率乃祖攸行[10]，惟朕以怿[11]，万世有辞[12]。"

[注释]

[1]王：指太甲。庸：常，平时。　[2]昧爽：天将亮还没有大亮的时候。昧，昏暗。爽，明亮。丕：大。显：明。这里是天明

的意思。　[3] 坐以待旦：坐等天亮，意思是为国事辛劳。　[4] 旁求：普遍寻求。孔传：“旁，非一方。”俊彦：才智特别出众的人。　[5] 越：坠失。厥命：先祖的权力和使命。覆：倾覆，灭亡。　[6] 怀：思考。永：长远。图：图谋，打算。　[7] 虞：虞人。古代掌管山泽囿苑田猎的官。机：弩机。弓上发箭的装置。《鬼谷子·飞箝》：“为之枢机。”皇甫谧注：“机，所以主弩之放发。”张：把弓拉开。　[8] 省（xǐng）：察看。括：箭末端扣弦的地方。孔疏：“括谓矢末。”度：适度。释：放。　[9] 钦：恭敬。止：志向，意图。　[10] 率：循。攸：所。　[11] 怿（yì）：喜悦。　[12] 辞：好的言辞，声誉。

第二段，伊尹告诫太甲端正品德容止，要求他像先王一样勤于政事。

王未克变。伊尹曰：“兹乃不义[1]，习与性成。予弗狎于弗顺[2]，营于桐宫[3]，密迩先王其训[4]，无俾世迷[5]。王徂桐宫居忧[6]，克终允德。”

[注释]

[1] 兹：这。指太甲的所作所为。　[2] 狎（xiá）：轻忽，轻视。弗顺：指不顺从义理的人。　[3] 桐宫：在汤的墓地建造的行宫。　[4] 密：亲密。迩（ěr）：近。　[5] 世：一生，一辈子。迷：迷惑不醒悟。　[6] 徂（cú）：往。居忧：替父母尊长守丧。

第三段，伊尹说明放逐太甲的缘由。

[点评]

太甲初登王位，不明君道，昏庸暴虐，伊尹把他放逐到桐宫，让他思过。太甲在桐宫三年，悔过自新，于是伊尹又迎接他回到亳都。三年中，伊尹多次开导他。《太甲》三篇就是伊尹开导太甲的训辞。《太甲上》记述伊尹把太甲放逐到桐宫的事件本末。

《太甲上》伊尹提出"习与性成"的命题，对后世影响深远。

"习与性成"，清初学者王夫之解释为："习与性成者，习成而性与成也。"习成即习行成，习行成则习性成。性与习不能等同，又相辅相成，互为因果。"性"其实有两种，一种是与生俱来的性，可以称为天性或者生性，另一种是后天形成的性，可以称为习性。孟子认为人的生性只有一种，"人之初，性本善"，而习性则是大量的并且其发展的可能性在实际上是无限的，不同的生命个体向不同的方向发展可能有不同的习性。环境的影响，教化的原因，习性具有多种发展的可能，所以《三字经》告诫人们："性相近，习相远；苟不教，性乃迁。"伊尹流放太甲，就是因为他意识到习能成性，劣习会使人邪恶成性，而勒令他居忧思过，就是希望从"习"的层面进行教育，通过长期的耳濡目染使太甲收敛，戒除劣习，从而"克终允德"。人们耳熟能详的"孟母三迁"也是孟母十分重视环境对孟子习性形成的巨大影响，而成为中国父母的榜样。

"习与性成"也是儒家传统教育观形成的认识基础。"习与性成"与俗语"习惯成自然"意思基本相同。"习惯成自然"实际上出于圣人之口，是孔门遗训。《汉书·贾谊传》曾引孔子言："少成若天性，习惯如自然。"

儒家强调后天的教化，强调良好的习性要从小培养。《颜氏家训·教子》篇曾说："当及婴稚，识人颜色，知人喜怒，便加教诲，使为则为，使止则止，比及数岁，可省笞罚。父母威严而有慈，则子女畏慎而生孝矣。吾见世间，无教而有爱，每不能然。饮食运为，恣其所欲。宜诫翻奖，应诃反笑。至有识知，谓法当尔。骄慢已习，方复制之，捶挞至死而无威，忿怒日隆而增怨，逮于成长，终为败德。孔子云'少成若天性，习惯如自然'是也。俗谚曰'教妇初来，教儿婴孩。'诚哉斯语！"现代西方行为心理学重视儿童期生活对人格形成的影响，而儒家早就有成熟的理论和有效的实践。

太甲中

惟三祀十有二月朔^[1]，伊尹以冕服奉嗣王归于亳^[2]。作书曰："民非后^[3]，罔克胥匡以生^[4]；后非民，罔以辟四方^[5]。皇天眷佑有商^[6]，俾嗣王克终厥德，实万世无疆之休^[7]。"

[注释]

[1]朔：阴历的每月初一。 [2]冕服：帝王的礼帽礼服。 [3]非：没有。《词诠》："非，无也。"后：君主。 [4]胥（xū）：互相。匡：救助、扶助。 [5]辟：君。这里是动词，统治。 [6]眷佑：眷顾佑助。有：名词词头，无义。 [7]休：喜庆。

第一段，伊尹迎回太甲，讲明君民相互依存的道理，庆幸太甲幡然醒悟。

王拜手稽首，曰^[1]："予小子不明于德，自底不类[2]。欲败度[3]，纵败礼，以速戾于厥躬[4]。天作孽[5]，犹可违[6]；自作孽，不可逭[7]。既往背师保之训[8]，弗克于厥初，尚赖匡救之德，图惟厥终。"

［注释］

[1]拜手：古代的一种跪拜礼。下跪后两手拱合齐心，俯首到手。稽（qǐ）首：古代的一种跪拜礼。双膝下跪，叩头至地。　[2]不类：不好。孔传："类，善也。"　[3]败：败坏，破坏。度：法度。　[4]速：招致。《尔雅·释言》："速，征也。""征，召也。"戾（lì）：罪过。　[5]孽（niè）：灾祸。　[6]违：避免。《左传》成公十六年："有淖于前，乃皆左右相违于淖。"杜预注："违，辟也。""辟"是"避"的古字。　[7]逭（huàn）：逃避。《礼记·缁衣》引《太甲》郑玄注："逭，逃也。"　[8]师保：古代担任辅导和协助帝王的官。

第二段，太甲表示改悔。

伊尹拜手稽首，曰："修厥身，允德协于下[1]，惟明后[2]。先王子惠困穷[3]，民服厥命，罔有不悦。并其有邦厥邻[4]，乃曰：'徯我后，后来无罚。'王懋乃德[5]，视乃烈祖[6]，无时豫怠[7]。奉先思孝[8]；接下思恭[9]。视远惟明；听德惟聪。朕承王之休无斁[10]。"

奉先思孝；接下思恭。视远惟明；听德惟聪：四句都是修身的重要格言。

［注释］

[1] 允：真诚。协：和洽。　[2] 明后：英明的君主。　[3] 子：像对待儿子一样。惠：仁爱，爱护。困穷：贫穷困苦的人。　[4] 并：并立于。有邦：诸侯国。　[5] 懋（mào）：勉力，努力。　[6] 烈祖：建立了功业的先祖。　[7] 豫：安乐。怠：懒惰。　[8] 奉先：尊奉祖先。　[9] 接：接近。《仪礼·聘礼》：“公揖入，立于中庭，宾立接西塾。”郑玄说：“接，犹近也。”　[10] 休：美善。斁（yì）：厌弃。《诗经·周南·葛覃》：“为绤为绤，服之无斁。”毛传：“斁，厌也。”

第三段，伊尹勉励太甲师法成汤，注重修德。

［点评］

《太甲中》记述伊尹迎接太甲回到亳都以后对太甲的教导。

《太甲中》太甲认识到“民非后，罔克胥匡以生；后非民，罔以辟四方”，《礼记·表记》：“太甲曰：民非后无能胥以宁；后非民无以辟四方。”可证这句话久已有之，不是后世伪作。《尚书》中多次提及相似的观点，《大禹谟》：“众非元后，何戴？后非众，罔与守邦？”《咸有一德》：“后非民罔使；民非后罔事。”都是强调君、民相互依存，缺一不可。

《太甲中》太甲还说：“天作孽，犹可违；自作孽，不可逭。”而《孟子·公孙丑上》则说：“太甲曰：‘天作孽，犹可违；自作孽，不可活。’”“逭”上古音为月部，“活”上古音为元部，月、元对转，两字应当是通假关系，至于孰是孰非，或者当时两种版本同时存在，目前尚不得而知。但不论是哪一种版本，大意都是说：天是人力无法抗拒的因素，但是人尚能躲避天灾；如果自己酿成灾祸，就必定要付出相应的代价。这句话强调人一定要保持敬慎，谨防酿成人祸。

太甲下

伊尹申诰于王曰[1]："呜呼！惟天无亲[2]，克敬惟亲。民罔常怀[3]，怀于有仁[4]。鬼神无常享[5]，享于克诚[6]。天位艰哉[7]！

[注释]

[1]申：重复，再三。于：介词，介引动作的对象，无义。下文"于"同。　[2]亲：用如"亲者"。下句"亲"为"亲近"义。　[3]怀：归往。《左传》成公八年："小国所望而怀也。"杜预注："怀，归也。"　[4]仁：用如"仁者"。　[5]鬼神无常享：鬼神不保佑某个固定不变的人。享，鬼神享用祭品，引申为保佑的意思。　[6]克诚：用如"克诚者"。　[7]天位：居天子之位。

"德惟治[1]。否德乱。与治同道[2]，罔不兴；与乱同事[3]，罔不亡。终始慎厥与[4]，惟明明后[5]。

［注释］

[1] 德：实行德政。下文"否德"即"不实行德政"。　[2] 同道：采取同样的措施。　[3] 同事：做同样的事。事，指《伊训》中的"三风十愆"。　[4] 与：结交。　[5] 明明：明而又明，非常英明。

第一段，伊尹告诫太甲，要敬天爱民，实行德政。

　　"先王惟时懋敬厥德[1]，克配上帝。今王嗣有令绪[2]，尚监兹哉[3]。若升高，必自下；若陟遐[4]，必自迩。无轻民事[5]，惟艰[6]；无安厥位，惟危。慎终于始[7]。有言逆于汝心[8]，必求诸道[9]；有言逊于汝志[10]，必求诸非道。

若升高，必自下；若陟遐，必自迩：这两句强调"慎始"的重要性，言简意赅，哲理深刻。

［注释］

[1] 时：通"是"，这，代指上文"天位艰哉"。　[2] 令：善，美好。《诗经·大雅·卷阿》："如圭如璋，令闻令望。"郑玄说："令，善也。"绪：基业。　[3] 尚：表示祈求、愿望的副词。兹：此。指先王成汤勉力修德。　[4] 陟（zhì）：升。这里是行走的意思。遐（xiá）：远。　[5] 民事：民众所做的事。指劳役等。　[6] 惟：思。　[7] 于：与。《经传释词》："于，与也，连及之词。"　[8] 逆：违背，不合。　[9] 诸："之于"的合音。　[10] 逊：恭顺。

第二段，伊尹告诫太甲要敬始慎终，居安思危。

　　"呜呼！弗虑胡获[1]？弗为胡成？一人元

良^[2]，万邦以贞^[3]。君罔以辩言乱旧政^[4]，臣罔以宠利居成功^[5]，邦其永孚于休^[6]。"

[注释]

[1]胡：何。　[2]一人：指天子。天子自称一人，是谦词，表示自己是人中的一个。臣下称天子为一人，是尊称，意思是天下唯一的一个。元：大。良：善。　[3]万邦：天下。贞：正。　[4]辩言：巧言，诡辩。　[5]宠利：恩宠和利禄。　[6]孚：保，安。《说文解字注》："古文以孚为保也。"休：休美。

第三段，伊尹告诫太甲要殚精竭虑，君臣需恪尽职守。

[点评]

《太甲下》记述太甲改悔后，伊尹再三告诫他行德政，做明主。

《太甲下》太甲说："惟天无亲，克敬惟亲。民罔常怀，怀于有仁。鬼神无常享，享于克诚。"指出人主只有敬畏、仁爱、真诚，才能得到天、民、鬼神的眷顾。不过，将天、民、鬼神相勾连，这应当是周代以后的思想。《周书·蔡仲之命》："皇天无亲，惟德是辅。"敬德保民是典型的周人思想观念。详见后面各篇点评。

此外，太甲还悟出了"若升高，必自下；若陟遐，必自迩"的道理，其中蕴含着大与小、高与低、远与近、多与少的辩证关系，对于人们的工作、学习都具有指导意义。工作和学习不是一朝一夕的事情，不可贪多冒进，必须按部就班，循序渐进，从小的方面着眼，从最基础的部分着眼。如果轻视"小"，就无法成就"大"。《周书·旅獒》说："不矜细行，终累大德。"《老子》说："合抱之木，生于毫末；九层之台，起于累土；千里之行，始于足下。""图难于其易，为大于其细；天下难事，必作于易，天下大事，必作于细。是以圣人终不为大，故能成其大。"《荀子·劝学篇》说："不积跬步，无以至千里；不积小流，无以成江海。"《礼记·中庸》说："譬如行远，必自迩；譬如登高，必自卑。"这些经典名言从正反两方面论述了基础和细节的重要性，这是传统文化的重要组成部分。

《太甲》三篇，今文无，古文有。

咸有一德

伊尹既复政厥辟[1]，将告归[2]，乃陈戒于德[3]。

[注释]

[1]复：还给。辟：君。 [2]告：请求。《国语·鲁语上》："卿出告籴。"韦昭注："告，请也。"归：返回，回归。回到自己的封地。 [3]陈：陈述。于德：介宾结构。于，介词，以。

第一段，交代写作背景。

曰："呜呼！天难谌[1]，命靡常[2]。常厥德，保厥位。厥德匪常[3]，九有以亡[4]。夏王弗克庸德[5]，慢神虐民[6]。皇天弗保，监于万方，启迪有命，眷求一德[7]，俾作神主[8]。惟尹躬暨汤咸

蔡传："一德，纯一之德，不杂不息之义。"

有一德[9]，克享天心[10]，受天明命，以有九有之师，爰革夏正[11]。

［注释］

[1]谌（chén）：信。这是一个被动句。　[2]靡：无，动词。　[3]匪：通"非"。　[4]九有：九州。《诗经·商颂·长发》："莫遂莫达，九有有截。"郑玄说："无有能以德自遂达于天者，故天下归向汤，九州齐一截然。"　[5]庸：常。　[6]慢：侮慢，轻慢。虐：残害。　[7]眷：视。一德：既专一又恒常之德。　[8]神主：百神之主。　[9]惟尹躬暨汤咸有一德：意谓仅伊尹自身和成汤都有纯一之德。《礼记·缁衣》："《尹吉》曰：惟尹躬及汤咸有一德。"郑玄注："吉当为'告'，告，古文'诰'字之误也。"郭店楚简《缁衣》："《尹享（诰）》员（云）：隹（惟）尹妛及汤咸又（有）一悥（德）。"裘锡圭先生按："'尹'下字可能是'允'之繁文。……伪古文《尚书》'尹'下一字作'躬'也可能是讹字。"上博简《缁衣》与郭店简《缁衣》基本一致。依裘说，上博简《缁衣》"尹"下一字读"允"，《经传释词》："允，犹以也。《墨子·明鬼》篇引《商书》曰：'百兽贞虫，允及飞鸟，莫不比方。'言百兽贞虫以及飞鸟也。"此外，还有学者认为"咸"为汤的别名。参见《酒诰》"自成汤咸至于帝乙"句注释。　[10]享：当，适应。天心：天意。　[11]爰：于是。革：更改。正（zhēng）：正朔。一年的第一天。正，一年的开始；朔，一月的开始。古时改朝换代，新建立的王朝必须重新定正朔。夏朝建寅，商朝建丑。

"非天私我有商，惟天佑于一德；非商求于下民，惟民归于一德。德惟一，动罔不吉；德

二三^[1]，动罔不凶。惟吉凶不僭在人^[2]，惟天降
灾祥在德。

［注释］

[1]二三：反复不定，不专一。　[2]僭（jiàn）：差。在人：介
宾结构，根据人。下句"在德"句式同。

第二段，伊尹运用夏桀失德与商汤修德的正反事例说明"一
德"的重要性。

"今嗣王新服厥命^[1]，惟新厥德。终始惟一^[2]，
时乃日新^[3]。任官惟贤材，左右惟其人^[4]。臣为
上为德^[5]，为下为民。其难其慎^[6]，惟和惟一^[7]。
德无常师，主善为师^[8]。善无常主，协于克一。
俾万姓咸曰：'大哉！王言。'又曰：'一哉！王
心。'克绥先王之禄^[9]，永底烝民之生^[10]。

［注释］

[1]嗣王：后继的君主。指太甲。服：担任。《尔雅·释诂》：
"服，事也。"厥命：天子之命。　[2]一：一贯。经常。　[3]时：
通"是"，这。　[4]左右：辅弼大臣。《囧命》篇："小大之臣，
咸怀忠良。"因此，选左右一定要是忠良之士。　[5]臣为上为
德：意谓大臣的职责是使他的君王施行德政。《经传释词》："为
犹使也。"下句"为下为民"句式同，意谓是使他的下属帮助民
众。　[6]难：难于任用。慎：谨慎考察。　[7]和：和衷共济。同

心同德，通力合作。一：始终如一。　[8]主善：以善为正。《国语·周语下》注："主，正也。"正，准则。　[9]绥：保守。禄：天禄，天赐的福气。　[10]烝（zhēng）民：庶民，泛指百姓。烝，《书集传》："众也。"

第三段，伊尹告诫太甲要修德从善，任贤用能，生民利民。

"呜呼！七世之庙[1]，可以观德[2]。万夫之长，可以观政。后非民罔使[3]；民非后罔事[4]。无自广以狭人[5]，匹夫匹妇[6]，不获自尽[7]，民主罔与成厥功[8]。"

[注释]

[1]七世之庙：古代帝王为了进行宗法统治，立七庙供奉七代祖先。《礼记·王制》："天子七庙，三昭三穆，与太祖之庙而七。"昭穆是指宗庙的辈次排列，太祖居中，二世、四世、六世位于太祖的左方，称昭；三世、五世、七世位于太祖的右方，称穆。　[2]可以观德：古代帝王七庙，对世次疏远的先祖，则依制迁去神主，供在祭祀远祖、始祖的远庙，但如果是有德的帝王的神主则不迁。因此，七庙亲尽而庙不毁，就证明有德。　[3]后：君王。使：使唤，役使。　[4]事：侍奉。　[5]无：通"毋"。广：宏大。狭：狭小。　[6]匹夫匹妇：平民百姓。　[7]自尽：尽自己的心力。　[8]民主：人主，天子。罔与：犹"罔以"，无以。详《大禹谟》。

第四段，伊尹告诫太甲要虚心待人接物，积德建功。

[点评]

《咸有一德》的核心是阐释君王必须具备常德。夏桀无德失去天下，成汤、伊尹君臣修德就能拥有天下。伊尹告诫太甲必须勉行纯一之德，任用的大臣也要具备纯一之德。纯一之德就是常德，既专一又恒常，是否具备纯一之德关乎国家兴亡。"一德"一词还见于《楚辞·天问》："何圣人之一德，卒其异方？"东汉王逸注："言文王仁圣，能纯一其德，则天下异方终皆归之也。"如此看来，"纯一之德"的"一德"源远流长。

伊尹指出："德无常师，主善为师。善无常主，协于克一。"这句话经宋儒发挥成为饱含义理的经典语句。蔡沈《书集传》说："德者，善之总称。善者，德之实行。一者，其本原统会者也。德兼众善，不主于善，则无以得一本万殊之理；善原于一，不协于一，则无以达万殊一本之妙。谓之克一者，能一之谓也。博而求之于不一之善，约而会之于至一之理，此圣学始终条理之序，与夫子所谓'一贯'者几矣。"蔡沈认为"德"与"善"是共性与个性的关系，"善"是"德"的基础，"德"是"善"的纲领。"德"的修炼要从把握具体的"善"开始，而在积累了对具体"善"的认识以后，就要能够从千百种"善"中寻找共性，把握"德"之所在。落实在具体的学问方法上，就是要求由博而约，先广泛涉猎，之后再提炼精华。蔡沈最后认为，"一德"就是孔子所说的"吾道一以贯之"。宋儒的解释虽然未必符合经文原意，但是这种看似过度的解读能够深化经学学理，提高人们思想认识水平，具有重大意义。诠释是著作经典化的重要方式，可以说，如果没有诠释，也就没有经典。

本篇属于"晚书"，伊尹训诫的对象是太甲，而《史记·殷本纪》将"伊尹作《咸有一德》"系于成汤时代，与本篇不同。

本篇今文无，古文有。

盘庚上

率吁众感出：这是一个省略主语的兼语句。主语"民"承前省略，"吁"为兼语动词，"众感"为兼语。

五邦：杨遇夫说："五邦，中丁迁嚣，一也；河亶甲迁相，二也；祖乙迁耿，三也；耿圮迁庇，四也；南庚迁奄，五也。中丁迁嚣，河亶甲迁相，祖乙居庇，南庚迁奄，并见古本《竹书纪年》，祖乙圮于耿，见《书序》。"

盘庚迁于殷[1]。民不适有居[2]，率吁众感出[3]，矢言[4]。曰："我王来[5]，既爰宅于兹[6]，重我民[7]，无尽刘[8]。不能胥匡以生[9]，卜稽[10]，曰其如台[11]？先王有服[12]，恪谨天命[13]。兹犹不常宁[14]。不常厥邑，于今五邦！今不承于古，罔知天之断命[15]，矧曰其克从先王之烈[16]？若颠木之有由蘖[17]，天其永我命于兹新邑[18]，绍复先王之大业[19]，底绥四方[20]。"

[**注释**]

[1]盘庚：成汤的第十世孙，商代第二十位君王。迁于殷：将迁于殷。杨树达说："此定计决迁之辞，实为未迁也。" 殷，今河南安阳。 [2]适：往。有居：附音词，居住地。杨树达认为"居"

即"都"，都邑，指出《诗经·大雅·公刘》"豳居允荒"，师虎
毁铭文"王在杜居"，蔡毁铭文"王在雒居"，《史记》"其有夏
之居""营周居于雒邑"，"居"都作"都"解。存参。　[3]率：
《尚书易解》："民相率也。"感：当从《说文》引作"戚"，贵戚大
臣。　[4]矢：陈，陈述。　[5]我王：指南庚。王夫之说："盘庚
所谓我王来者，谓南庚来奄，非谓祖乙来耿也。"见《书经稗疏》
卷三。　[6]爰：易，改。甲骨文义同。宅：居住。兹：这里，指
奄。　[7]重：重视。江声说："重，厚，厚待之也。"　[8]刘：伤害。
《尔雅·释诂》："刘，杀也。"　[9]胥：相互。匡：救助。　[10]卜
稽：卜而考之。《周礼·春官·大卜》："国大迁，大师，则贞龟。"
稽，考。　[11]曰：句首语气助词。其：将。如台（yí）：如何，
怎样。　[12]服：事。　[13]恪（kè）：恭敬。谨：谨慎。　[14]犹：
尚且。常：久。　[15]断命：断定的命运。　[16]矧（shěn）：况且。
烈：事业。　[17]颠：倒仆。有（yòu）：表数副词，表数之再。《经
传释词》："有，犹'又'也。"《说文解字注》："古多假'有'为'又'
字。""有"修饰"由蘗"。由：倒木新生的枝条。蘗：树木被砍伐
后长出的新芽。　[18]新邑：指奄。杨遇夫说："合计南庚、阳甲、
盘庚三王居奄之时月，不过二十一二年，故殷民仍称奄为新邑
也。"见《尚书说》。　[19]绍：继续。　[20]厎绥：定安，即安定。
厎，定。绥，安。

第一段，殷民陈述反对迁都的理由。

盘庚敩于民[1]，由乃在位以常旧服[2]，正法
度。曰："无或敢伏小人之攸箴[3]！"王命众悉至
于廷[4]。

[注释]

[1]敩（xiào）：教，开导。　[2]由：《方言》："正也。"乃：《经传释词》："乃，犹其也。"又，于省吾说："'由乃'二字系'粤'字之讹，金文作'粤'，亦作'噂'，系夹辅之意。毛公鼎铭文：'噂朕位。'番生毁及班彝铭文均有'粤王位'之语。此言'粤在位'语意相埒。"存参。常：遵守。《诗经·鲁颂·閟宫》："鲁邦是常。"郑玄笺："常，守也。"旧服：旧制。　[3]或：有人。伏：凭借。见《西京赋》薛综注。攸：所。箴：规劝。小人所箴，即指上文所引不欲迁徙者之言。　[4]众：群臣。王先谦说："经言众，皆谓群臣。"

王若曰："格，汝众！予告汝训汝，猷黜乃心[1]，无傲从康[2]。古我先王，亦惟图任旧人共政[3]。王播告之修[4]，不匿厥指[5]，王用丕钦[6]。罔有逸言[7]，民用丕变，今汝聒聒[8]，起信险肤[9]，予弗知乃所讼[10]。

王播告之修：黄式三说："谓修明王之教令也。""播告之修"即"修播告"，这是一个宾语前置句。

[注释]

[1]猷：可以。黄式三《尚书启幪》引季子黄以周说："猷，犹可也。见王氏《释词》。"《经传释词》卷一"犹"条："《诗·陟岵》曰：'犹来无止。'传曰：'犹，可也。'字或作'猷'，《尔雅》曰：'猷，可也。'"黜：降。　[2]傲：傲上。从：追求。康：安乐。　[3]旧人：长期在位的人。共政：共同管理政事。　[4]播告：布告，这里指教令。　[5]匿：隐瞒。指：通"旨"，意旨。　[6]丕：大。钦：敬重。　[7]逸：过错。《尔雅·释言》："逸，过也。"　[8]聒

（guō）聒：叠音词。马融说："拒善自用之意。"是说拒绝好意而自以为是。　[9]起：兴起。信：通"申"。申说。险：邪恶。肤：虚浮。　[10]讼：争辩。

"非予自荒兹德[1]，惟汝含德[2]，不惕予一人[3]。予若观火，予亦拙谋作[4]，乃逸。若网在纲[5]，有条而不紊[6]；若农服田[7]，力穑乃亦有秋[8]。汝克黜乃心[9]，施实德于民[10]，至于婚友[11]，丕乃敢大言汝有积德[12]。乃不畏戎毒于远迩[13]，惰农自安，不昏作劳[14]，不服田亩，越其罔有黍稷[15]。

惟：《词诠》："等立连词，与也。"与"非"构成"非……惟……"式，译为"不是……，而是……"

［注释］

[1]荒：废弃。兹德：这种美德，指任用旧人的美德。　[2]含：怀，藏。惕：通"施"。《白虎通》引作"施"。从俞樾说。　[3]予一人：盘庚自称。　[4]亦：句中语气助词，无义。《经传释词》："亦，有不承上文而但为语助者……其在句中助语者，若《书·盘庚》曰：'予亦拙谋作乃逸。'"谋作：谋划和劳作。　[5]纲：网的总绳。　[6]紊：混乱。　[7]服：治，从事。　[8]穑：收获，泛指耕种。乃：才。秋：年成。甲骨文义近，指秋天禾谷丰收。　[9]黜：降，降低。乃心：你们的（傲慢之）心。　[10]实德：曾运乾说："不迁为顺民之虚名，迁则为惠民之实德也。"[11]婚：姻亲，指亲戚。　[12]丕乃：于是。见《词诠》。　[13]乃：若，如果。戎毒：指大水的灾害。戎，大。毒，害。迩：近。　[14]昏：加强。《尔雅·释诂》："昏，强也。"作劳：并

列短语, 指"劳作"。 [15]越其: 复音连词, 于是就。《经传释词》: "越其, 犹爱乃也。"黍、稷: 皆谷物名。其中"黍"也见于甲骨文。

"汝不和吉言于百姓[1], 惟汝自生毒[2], 乃败祸奸宄[3], 以自灾于厥身。乃既先恶于民[4], 乃奉其恫[5], 汝悔身何及? 相时憸民[6], 犹胥顾于箴言, 其发有逸口[7], 矧予制乃短长之命[8]? 汝曷弗告朕, 而胥动以浮言, 恐沈于众[9]? 若火之燎于原, 不可向迩, 其犹可扑灭? 则惟汝众自作弗靖[10], 非予有咎。

[**注释**]

[1]和: 宣, 宣布。从俞樾说。 [2]毒: 祸害。 [3]败: 危败。奸: 在外作恶。宄: 在内作恶。 [4]先: 倡导。郑玄《礼记·郊特牲》注: "先谓倡导之也。" [5]奉: 承受。恫: 痛苦。《广雅·释诂》: "恫, 痛也。" [6]相: 看。时: 通"是", 这些。憸民: 蔡传说: "小民也。"杨树达说: "憸读为纤, 细也。" [7]逸口: 错误言论。蔡传说: "过言也。"黄式三说: "小人犹顾畏箴言之来于人, 逸口之发于己。" [8]制: 掌握。短长之命: 或短或长的生命。 [9]恐: 恐吓。沈: 通"扰"。黄式三说: "沈、扰通。告言不正以惑之也, 言恐吓扰惑乎众也。" [10]靖: 善。

第二段, 盘庚斥责群臣不遵守旧制、煽动民众反对迁都。

这不仅是成语"人惟求旧, 器惟求新"的出处, 也是商代先王理政的重要政治经验。

"迟任有言曰[1]: '人惟求旧, 器非求旧, 惟新。'古我先王暨乃祖乃父胥及逸勤[2]，予敢动用非罚[3]？世选尔劳[4]，予不掩尔善。兹予大享于先王[5]，尔祖其从与享之[6]。作福作灾，予亦不敢动用非德[7]。

[注释]

[1]迟任：郑玄说："迟任，古之贤史。"　[2]暨：介词，与。甲骨文义同。胥：相。逸勤：安乐勤劳。　[3]非罚：不当的惩罚。　[4]选：数说。孔传："数也。"劳：劳绩。　[5]享：祭祀。　[6]尔祖其从与享之：古代天子祭祖，也让功臣的祖先同时享祭。从，跟从。　[7]非德：不当的恩惠。

"予告汝于难[1]，若射之有志[2]。汝无侮老成人[3]，无弱孤有幼[4]。各长于厥居[5]，勉出乃力，听予一人之作猷[6]。无有远迩，用罪伐厥死[7]，用德彰厥善[8]。邦之臧[9]，惟汝众；邦之不臧，惟予一人有佚罚[10]。

[注释]

[1]于：介词，相当于"以"。见《词诠》。　[2]志：《尚书易解》："《广雅》：'识也。'此谓所射之标识。言予以艰难告汝矣，汝当如射之有标识，不可偏离。"　[3]侮老：轻视。《汉石经》作"愈侮"，《唐石经》作"老侮"，皆连文成"轻忽"义。"侮老"是叠韵联绵词，侮，明纽侯韵；老，来纽宵韵。宵、侯邻韵旁转相通。　[4]弱

"邦之臧"的"之"：如果。《经传释词》："之，犹'若'也。""言邦若臧、邦若不臧也。"

孤：王引之说："弱孤连言，以为孤弱而轻忽之也。"有：无义，词头。　[5]长：为长，为领导。厥居：居住的地方，指各自的封邑。　[6]作猷：所作所谋。江声说："作，为。猷，谋也。"　[7]罪：刑罚。死：恶。说见《尚书易解》。　[8]德：罪罚之反，奖赏。彰：表彰。　[9]臧：善。　[10]佚罚：罪过。《国语·周语》引作"逸罚"，韦昭注："逸，过也。罚，犹罪也。""邦之臧，惟汝众"，《尚书易解》："国之善，是汝众之力，勉励之词。""邦之不臧，惟予一人有佚罚"，《尚书易解》："国之不善，是予一人有失于罚，自警之词，言当执罚不偏也。"

度：通"斁"，
闭也。

　　"凡尔众，其惟致告[1]：自今至于后日，各恭尔事[2]，齐乃位[3]，度乃口[4]。罚及尔身，弗可悔。"

[注释]

[1]惟：思。致告：致，表达。告，告诫。　[2]恭：恭敬，一作"共"，"共"亦可训敬。见《汉书·王莽传》注引服虔说。　[3]齐乃位：敬慎地履行你们的职责。齐，旧说训"整"。今按："齐"也可训"敬"，表示恭敬、庄敬。《诗经·召南·采苹》："谁其尸之？有齐季女。"毛传："齐，敬。"《国语·楚语下》："齐敬之勤。"韦昭注："齐，庄也。""齐乃位"即"敬乃位"，与"恭尔事"互文。位，职位。　[4]度乃口：意谓闭住你们的嘴。

第三段，盘庚向群臣申明赏罚。

[点评]

商代中期，统治阶级内部争权夺利，国势一度衰弱。

《史记·殷本纪》记载："自中丁以来，废适（嫡）而更立诸弟子，弟子或争相代立，比九世乱，于是诸侯莫朝。"盘庚继位时，洪水泛滥，局势动荡，天灾人祸。为了趋吉避祸，盘庚决定把国都从奄（今山东曲阜）迁往殷（今河南安阳），史称"盘庚迁殷"。

《竹书纪年》记载自汤至盘庚，曾经五次迁都；而自盘庚迁殷，"至纣之灭，二百七十三年，更不徙都"。盘庚迁都，曾遭到臣民的反对。盘庚再三告喻臣民，终得迁徙，商国中兴。《史记·殷本纪》："帝盘庚崩，弟小辛立，是为帝小辛。帝小辛立，殷复衰。百姓思盘庚，乃作《盘庚》三篇。"据此，《盘庚》系小辛时史官的追记。

《史记》和晚出孔传古文《尚书》把《盘庚》分上、中、下三篇，伏生本和《汉石经》则是一篇。这是分合的不同，内容并无区别。

《盘庚上》引用古贤迟任的话："人惟求旧，器非求旧，惟新。"意在说明理政需要重用故旧老臣。"古我先王，亦惟图任旧人共政。"这也是历朝历代用人的一条政治原则。"旧"具有两个要素，一是经验，一是忠诚。《尚书》的最后一篇《秦誓》也强调治国理政需要"询兹黄发，则罔愆"（咨询年高德劭的老臣，就不会有过失）。中国历史上每逢国家危难之际，启用老臣，往往转危为安，国泰民安。用人方面的"求旧"成为一种思想形态，就是推崇经验和忠诚。儒家"复古"，对三代的礼赞，注重历史精神文化的延续性和继承性，也就是尊重历史和传统。

《盘庚》三篇都是记载迁都前后盘庚的诰词。但三篇篇目的先后次序一直是学术界争论的热点问题。主要有三种意见：（1）三篇次序没有错乱。清代以前诸家均持这一观点，近人杨树达等也持这一观点。（2）《盘庚中》实为上，《盘庚下》实为中，《盘庚上》实为下。俞樾率先提出这一观点。（3）《盘庚中》实为上，《盘庚上》实为中，《盘庚下》实为下。杨筠如持这一观点。上述三说，前两说在目前都有较大影响力。本书主第一说。杨树达说："上篇首云'盘庚迁于殷'者，乃计谋决迁后之辞，非已迁之辞也。自'我王来'至'厎绥四方'，皆殷民吁戚矢言之语，而前人皆误以为盘庚告民之辞者，以文有'天其永我命于兹新邑'之云，谓新邑必指将迁之殷言也。"（见《尚书易解序》。杨树达又指出"新邑"当为奄，今从之）"盘庚迁于殷"与《甘誓》"大战于甘，乃召六卿"相似，"大战于甘"指将战于甘，都是用已然之辞表将然之意。西周金文中也有这种用法。西周早期小臣麦鼎铭文："正月，王在成周，王徙于楚麓，令小臣麦先省楚居，王至于徙居，无谴。""王徙于楚麓"是说王将迁往楚麓。

关于盘庚迁殷的原因，历史上有较大影响力的观点主要有三种。第一种可概括为"去奢即俭"说，认为当时都城中的奢侈之风逐渐盛行，所以迁都，如《后汉书·郎颐传》："昔盘庚迁殷，去奢即俭。"第二种可概括为"水灾说"，认为当时商的都城发生水涝，人们无法继续居住，所以迁都。如《尚书正义》："案检孔传无奢侈之语，惟下篇云：'今我民用荡析离居，罔有定极。'传云：'水泉沈溺，故荡析离居，无安定之极，徙以为之极。'孔意盖以地势洿下，又久居水变，水泉泻卤，不可行化，故欲迁都，不必为奢侈也。"第三种则综合上述两种观点，如郑玄说："祖乙居耿（按：旧说以盘庚自耿迁殷）后，奢侈逾礼，土地迫近山川，尝圮焉。"清代王鸣盛《尚书后案》支持郑说，认为"其实所以迁都之故，兼为奢侈及河圮两事，故郑兼而言之也。"宋代林之奇《尚书全解》对此予以详细分析："耿……居之久也，为水所圮而不可居。盖其地沃饶而塞障，故富室巨家总于货宝，傲上从康而不可教训；其间阎之民则苦于荡析离居，而罔有定极。盘庚于是谋居于亳，盖择其高燥之地，而将使居之。是举也是小民之所利而富家之所不欲，而唱为浮言以动摇小民之情。"应当说，林之奇的论述较为合理。盘庚迁都主要动因当是水患，但同时迁都也能够打击贵族豪强，从而缓和当时的社会矛盾，这可能也是盘庚所兼顾的因素。

　　《盘庚》是上古散文的名篇，文辞古奥，不易通读。唐代韩愈在《进学解》一文中曾经慨叹："周诰殷盘，佶屈聱牙！"韩愈说的"殷盘"就是《盘庚》。唐之于殷商相隔那么多年，唐人自然感到《盘庚》古奥，然而在殷商时代，《盘庚》的语言是口语化的书面语，应该算得上质朴优美生动形象。《盘庚上》的诰语就多用比喻。诸如"予若观火""若火之燎于原，不可向迩""若颠木之有由蘖""若网在纲，有条而不紊""若农服田，力穑乃亦有秋""予告汝于难，若射之有志"。这些比喻有一个特点，全部是明喻，而且全部是说理性明喻，没有描写性明喻。说理性明喻与描写性明喻不同之处在于艺术魅力的智慧性。哲理深刻的比喻具有强大生命力，现代汉语中常用的成语就有好几条来源于《盘庚上》。诸如"洞若观火""明若观火"源自《盘庚上》的"予若观火","星星之火，可以燎原"源自《盘庚上》的"若火之燎于原"。

范文澜《中国通史简编》指出："《盘庚》三篇是无可怀疑的商周遗文（篇中可能有训诂改字）。"当代有学者从语言学的角度把《盘庚》的语言与甲骨卜辞进行比较，发现二者在用字、用词等方面还是存在一定的差异。裘锡圭先生说："《商书》用词行文的习惯，往往与甲骨卜辞不合，如《盘庚》喜欢用'民'字，在卜辞中却还没有发现过同样用法的'民'字，但《商书》各篇所反映的思想以至某些制度却跟卜辞相合。看来，它们大概确有商代的底本为根据，然而已经经过了周代人比较大的修改。"这应当是比较稳妥的看法。《盘庚》具有极高的殷商史史料价值。

盘庚中

盘庚作^[1]，惟涉河以民迁^[2]。乃话民之弗率^[3]，诞告用亶^[4]。其有众咸造^[5]，勿亵在王庭^[6]。盘庚乃登进厥民^[7]。

勿亵：段玉裁认为是古成语，惴惴不安之貌。

[注释]

[1] 作：立为君。与《易》"神农氏作""黄帝尧舜氏作"同。从黄式三说。一说指迁都之事开始行动。 [2] 惟：谋。见《尔雅·释诂》。涉：渡。奄在河之南，殷在河之北，所以要渡河。以：介词，率领。 [3] 话：会合。《说文》："话，会合善言也。"率：循。见《尔雅·释诂》。 [4] 诞：程度副词，大。亶：诚。 [5] 有：词头，无义。咸：都。造：到。 [6] 勿亵：《尚书核诂》："勿亵，《一切经音义》引作'忽媟'，谓孔安国曰'媟，慢也。'段玉裁谓'忽'者字之误。'亵'本作'媟'。按：勿亵，古成语。" [7] 登进：使人进前。

胥：古"谞"字。章太炎《文始》五说："凡古言谞者，今言清楚，或言清爽。"

曰："明听朕言，无荒失朕命[1]！呜呼！古我前后[2]，罔不惟民之承保[3]。后胥慼鲜[4]，以不浮于天时[5]。殷降大虐[6]，先王不怀厥攸作[7]，视民利用迁[8]。汝曷弗念我古后之闻？承汝俾汝惟喜康共[9]，非汝有咎比于罚[10]。予若吁怀兹新邑[11]，亦惟汝故[12]，以丕从厥志[13]？

[注释]

[1]荒：废弃。失：通"佚"，《说文》："佚，忽也。"轻忽的意思。 [2]后：《盘庚》有"古我前后""我古后""我先神后""高后""先后"；《诗经·商颂·玄鸟》有"商之先后"。郭沫若说："典籍中用'后'之例均限于先公先王，其存世者则称王而不称后。卜辞亦如是，是则后者乃古语也。" [3]罔不惟民之承保：江声说："当读至保字断句。保，安也。言前后无不承安其民也。" [4]后胥：君后清楚。慼鲜：贵戚明白。慼，通"戚"，贵戚大臣。鲜，明，明白。 [5]以：因果连词。浮：《小尔雅·广言》："浮，罚也。"又，俞樾读"浮"为"佛"，又同"咈"，违背的意思。存参。 [6]殷：盛。虐：灾害。指洪灾。 [7]怀：安。攸作：所作，指所作之居邑。 [8]用：以，目的连词。 [9]承：顺。俾：从。康：安康。共：通"拱"，《广雅》："拱，固也。"俞樾说，"承汝俾汝惟喜康共"，意谓我顺从汝等惟喜安固之心。 [10]非：反对。咎：过错。比：入，陷入。 [11]吁：呼吁。怀：安。 [12]惟：顾念。故：灾祸，见《周礼·天官·宫正》"国有故"注。 [13]丕：程度副词，大大地，很。从：遵从。厥志：先王保民之志。

第一段，说明迁都是继承先王保民的志愿。

"今予将试以汝迁，安定厥邦。汝不忧朕心之攸困[1]，乃咸大不宣乃心[2]，钦念以忧动予一人[3]。尔惟自鞠自苦[4]，若乘舟，汝弗济，臭厥载[5]。尔忱不属[6]，惟胥以沈[7]。不其或稽[8]，自怒曷瘳[9]？汝不谋长以思乃灾，汝诞劝忧[10]。今其有今罔后[11]，汝何生在上[12]？

宣：孙星衍读为"和"，和协。

［注释］

[1] 攸：句中语气助词。《经传释词》："语助也。""言不忧朕心之困也。" [2] 乃：竟然。《词诠》："副词，顾也，却也。王引之云：'异之之词。'" [3] 钦：甚。见《尚书易解》。忧：读为"扰"，不正的话，从庄葆琛说。 [4] 鞠：穷困。 [5] 臭：朽。《广雅》："朽，败也。"载：舟所载之物。 [6] 忱：诚。属：合。《礼记·经解》注："属，犹合也。" [7] 胥以：相与。沈：沉。 [8] 其：助词。或：克。稽：同，协同。见《尚书易解》。 [9] 曷：何，怎么。瘳（chōu）：病好了。 [10] 劝：乐，安于。《吕氏春秋·适威》注："劝，乐也。" [11] 其：《词诠》："时间副词，将也。"表示将来时。有今罔后：罔，无。无后，言将死亡。"有今"与"罔后"构成并列。 [12] 上：江声《尚书集注音疏》："盖人生则在地上，死则复于地下，则'在上'谓在地上。"又，王先谦《尚书孔传参正》："上者，天也。下文'自上其罚汝'，'上'亦谓天，是其明证。《诗》：'文王在上'，'赫赫在上'，《西伯戡黎》：'乃罪多参在上'，皆谓天也。民为天生，则生命系属在上天。今不顺天延命，汝生理已绝，尚有何生命在上天乎？与下文'予迓续乃命于天'相应。"存参。

"今予命汝一[1]，无起秽以自臭[2]，恐人倚乃身[3]，迁乃心[4]。予迓续乃命于天[5]，予岂汝威，用奉畜汝众[6]。

予岂汝威：这是一个宾语前置句。《尚书易解》译作："我岂威胁汝等乎？"

[注释]

[1]一：同心一志。　[2]起秽：扬起污秽，比喻传播谣言。　[3]倚乃身：使你们身子不正。倚，偏斜。　[4]迁乃心：使你们思想歪斜。迁，邪，歪斜。　[5]迓：《匡谬正俗》引作"御"。《曲礼》注："劝侑曰御。"这里是劝请的意思。　[6]用：目的连词，以。奉：助。畜：养。

第二段，盘庚警告众人不许造谣，指出不迁都则会走投无路；迁都是为了拯救臣民，安定国家。

"予念我先神后之劳尔先[1]，予丕克羞尔用怀尔[2]；然失于政，陈于兹[3]，高后丕乃崇降罪疾[4]，曰'曷虐朕民[5]？'汝万民乃不生生[6]，暨予一人猷同心[7]，先后丕降与汝罪疾[8]，曰：'曷不暨朕幼孙有比[9]？'故有爽德[10]，自上其罚汝[11]，汝罔能迪[12]。

丕乃：于是。见《经传释词》。

[注释]

[1]神后：神圣的君主。　[2]丕：关联副词，才。羞：进，献。《周礼·天官·笾人》："凡祭祀，共其笾荐羞之实。"郑注："荐、羞，皆进也。"《说文》："羞，进献也。从羊，羊，所进也。从丑，

丑亦声。"曾运乾曰："羞尔，犹今言贡献意见于尔也。"　[3]陈：居。　[4]崇：程度副词，重重地。《尚书今古注疏》："崇者，《释诂》云：'重也。'"　[5]曷：何，为什么。虐：虐待。　[6]乃：连词，表假设关系，可译为"若"。生生：营生。《庄子·大宗师》"生生者不生"，崔注："常营其生为生生。"　[7]暨：介词，表示参与同一动作者。猷：谋求。一说"猷"作句中语气助词。《词诠》："猷，语中助词。"　[8]丕：乃，就，便。与：动词。一说作介词，引进施动者发出动作的承受对象。西周金文已见"与"作介词用例。　[9]幼孙：盘庚自指。有比：亲近。　[10]爽：差错。　[11]上：上天。其：将。　[12]迪：读为"攸"，长。孙星衍说。

　　"古我先后既劳乃祖乃父，汝共作我畜民，汝有戕则在乃心[1]！我先后绥乃祖乃父[2]，乃祖乃父乃断弃汝[3]，不救乃死。兹予有乱政同位[4]，具乃贝玉[5]。乃祖乃父丕乃告我高后曰：'作丕刑于朕孙！'迪高后丕乃崇降弗祥[6]。

　　[注释]
　　[1]戕：残害。则：通"贼"，害。　[2]绥：曾运乾说："绥，安也。引申之安人以言亦曰绥。下文'绥爰有众'，即告于有众也。"　[3]断：断然。　[4]兹：现在。乱政：乱政之臣。同位：共同在位。　[5]乃：语气助词。见《助字辨略》。贝玉：贝和玉，指财物。　[6]迪：句首语气助词。
　　第三段，盘庚指出，如果君王、臣民离心失德，将招致先祖的惩罚。

相：偏指副词，我。"相从"即"从相"，"顺从我"。吕叔湘说："'相'字于互指之外复有偏指之用法。"吕叔湘分析《左传》隐公十一年"其能降以相从也"句，"其义与'降以从我'无殊，而有'相'字以相指示，则不复标'我'也"。

"呜呼！今予告汝：不易[1]！永敬大恤[2]，无胥绝远[3]！汝分猷念以相从[4]，各设中于乃心[5]。乃有不吉不迪[6]，颠越不恭[7]，暂遇奸宄[8]，我乃劓殄灭之[9]，无遗育[10]，无俾易种于兹新邑[11]。

[注释]

[1]易：轻易。　[2]敬：谨慎。恤：犹患。　[3]胥：相。绝远：隔绝疏远。　[4]分：当。宋玉《神女赋》："含然诺其不分兮，喟扬音而哀叹。"李善注："分，当也。"猷：谋。　[5]中：和。见《说文》。　[6]乃：若。吉：善。迪：道，正路。　[7]颠：陨，坠落。越：越轨，违法。　[8]暂：王引之读为"渐"，欺诈。遇：王引之读为"隅"，或读为"偶"，奸邪。　[9]劓：断。见《广雅·释诂》。殄：灭绝。　[10]育：王引之读为"胄"，后代。　[11]无俾易种于兹新邑：意谓不要使（不善之种类）自此新邑蔓延至他方。易，延续。王引之说："易，延也。"种，种族。

"往哉生生[1]！今予将试以汝迁，永建乃家。"

[注释]

[1]哉：句中语气助词。《经传释词》："哉，句中语助也。"无实义。

第四段，发布禁令。

［点评］

《盘庚中》是一篇出色的演说辞。既有委婉的劝勉，又有严厉的警诫，时而恳切诚挚，时而正颜厉色。通篇紧紧围绕迁殷是为了"敬天""保民"展开论辩，处处突出天命的不可违抗，反复征引"古我前后""恪谨天命""惟民承保"来训诫臣民，强调迁都的正当性与合理性。盘庚以君王的身份宣扬天命，巧妙地把君权与神权紧密结合起来，在"天命观"盛行的殷商时代，臣民一方面面对现实的诱惑和威胁，一方面对于不测神灵的恐惧，对于可知君权的敬畏，不得不迁殷，迁都以后也不得不安居，盘庚的演说产生了巨大的效应。盘庚以其深谋远虑，雄才大略，完成了商都最重要的也是最后的一次迁徙，开启了三代著名的"盘庚之政"。

"盘庚之政"注重保民利民，盘庚认为迁殷就是遵守先王之道保民利民。"古我前后，罔不惟民之承保"。"殷降大虐，先王不怀厥攸作，视民利用迁"。盘庚认为治民就要与民同甘共苦，就要与民共享欢乐与康宁，"承汝俾汝惟喜康共"。他要求贵戚旧族必须摒弃私心，不要聚敛财宝，要给人民施以实惠，永怀一颗爱民之心。"无总于货宝，生生自庸。式敷民德，永肩一心"。在选拔与任用官员的时候，盘庚也以能否养护民众为取舍标准。"予其懋简相尔念敬我众。朕不肩好货，敢恭生生。鞠人谋人之保居，叙钦"。考察官员照顾怜悯民众的情况，排斥聚敛财宝的人，重用爱护民众的人。针对当时的政治形势，贵戚旧族造谣惑众，反对迁殷，盘庚打着保民利民的旗帜，采取保民利民的各种政策，也是当时正确的政治策略，有利于最大限度分化瓦解敌对势力，戳穿谎言，争取民心。同时，盘庚的这种保民利民的政策措施，对于后世"民本"思想的形成也具有启蒙作用。

盘庚下

盘庚既迁，奠厥攸居[1]，乃正厥位，绥爰有众[2]。

[注释]

[1]奠：确定。攸：所。 [2]绥：告诉。爰：于。

曰："无戏怠[1]，懋建大命[2]！今予其敷心腹肾肠[3]，历告尔百姓于朕志[4]。罔罪尔众，尔无共怒，协比谗言予一人[5]。

历告尔百姓于朕志：即"历告尔百姓朕志"，转换句式即"用我志告汝百官。"

[注释]

[1]戏：嬉戏。怠：懒惰。 [2]懋：勉力。建：布告。《周礼·天官·小宰》"掌建邦之宫刑"，郑注："建，明布告之。" [3]敷：布。开诚布公的意思。 [4]历：数说。百姓：百官。于：以。 [5]协

比：协同一致。

　　"古我先王将多于前功，适于山[1]。用降我凶[2]，德嘉绩于朕邦[3]。今我民用荡析离居[4]，罔有定极[5]，尔谓朕曷震动万民以迁？肆上帝将复我高祖之德[6]，乱越我家[7]。朕及笃敬[8]，恭承民命[9]，用永地于新邑[10]。肆予冲人[11]，非废厥谋[12]，吊由灵各[13]；非敢违卜，用宏兹贲[14]。

　　[注释]

　　[1]适：往，迁往。　[2]用：连词，因此。降：减少。凶：灾祸。　[3]德：升。见《说文》。　[4]用：介词，介引动作行为发生的原因。荡析：荡泆。段玉裁说："荡泆者，动荡奔突而出。"　[5]极：止，至。　[6]肆：时间副词，今。见《尔雅·释诂》。　[7]乱：治理。越：于。《经传释词》："《尔雅》曰：'粤，于也。'又曰：'粤，于也，字亦作越。'"　[8]及：情态副词，汲汲。《公羊传》隐公元年："及，犹汲汲也。"笃：情态副词，笃厚地。敬：表敬副词，认真（地）、敬慎（地）。　[9]承：续，延续。　[10]用：率领，见《词诠》。永地：永久居住。　[11]肆：故，因果连词。冲人：童人，年幼的人，盘庚自指。与"予小子"意义相近。　[12]厥谋：你们的谋划。　[13]吊由灵各：善用上帝的谋度。见《尚书易解》。吊，善。灵，神，指上帝。各，读为"格"，《仓颉篇》："格，量度也。"　[14]用：目的连词，以。宏：通"弘"，弘扬。贲：美。又，章太炎认为"贲"为卜龟。"用宏兹贲"即发扬、光大这卜龟的吉示。存参。

第一段，盘庚说明迁都的理由。

"呜呼！邦伯师长百执事之人[1]，尚皆隐哉[2]！予其懋简相尔念敬我众[3]。朕不肩好货[4]，敢恭生生[5]。鞠人谋人之保居[6]，叙钦[7]。今我既羞告尔于朕志若否[8]，罔有弗钦！无总于货宝[9]，生生自庸[10]！式敷民德[11]，永肩一心[12]！"

隐：忖度，考虑。《广雅·释诂》："隐，度也。"

[注释]

[1]邦伯：邦国之长，指诸侯。师长：众位官长。百执事：处理具体事务的众位官员。　[2]尚：庶几，表示祈使语气。　[3]其：时间副词，将。懋：勉力。简相：视察。简，阅。相，视。　[4]肩：任用。好货：喜好财货的官吏。　[5]恭：举用。生生：营生的人。　[6]鞠：养，抚养。保：安。　[7]叙：次序。钦：敬。　[8]羞：进。参《盘庚中》"予丕克羞尔用怀尔"。于：以。若否：顺与否。　[9]总：聚敛。于：介词，介引动作行为的对象。　[10]庸：功，谓建功。　[11]式：句首语气助词。敷：施。德：恩惠。　[12]肩：克，能够。

第二段，教导官员体恤民情，重视民生。

[点评]

《盘庚下》记叙迁殷以后，盘庚要求大臣向民众传达迁都的原因和目的，"肆上帝将复我高祖之德，乱越我家"；教导大臣廉政爱民，"无总于货宝，生生自庸！式敷民德，永肩一心"。天下大定，国势日强，一个古老的帝国走上了复兴之路。《盘庚》三篇不仅是《尚书》的著名篇章，也是研究中国文明史不可或缺的历史资料。

盘庚迁殷，后世也称商为殷。盘庚迁殷，是一个英明君主深思熟虑的审时度势，一个伟大的历史变革催生一个伟大的时代。伟大的时代必然推动社会的迅速发展，创新精神和物质生产的繁荣一定成为历史的必然。殷创造了辉煌的青铜文明，是中国青铜时代发展的巅峰时期；殷创造了最成熟系统的汉字甲骨文，中国从此进入有文字记载的历史。

考古发现殷已建成可以容纳上千人同时工作的青铜器作坊，已经可以用铜、锡、铅三种金属做原料，冶炼铸造成千上万件斧、戈、矛、刀等武器，瓢、壶、盘、盂等器皿，鼎、簋、觚、爵、斝等礼器，斧、凿、钻、铲等工具。殷墟出土的司母戊大方鼎，高133厘米，长110厘米，宽78厘米，重832.84公斤，是世界上迄今为止发掘到的最大青铜器。最大青铜器是一个物质的符号，这个符号代表的是当时世界上最为发达的冶炼水平、铸造工艺和造型艺术。同时如此大的青铜器已经不再是生活用器皿，而是等级权威的象征。所以，我们在这些形制丰富、纹饰繁缛、镶满层叠凹凹浮雕、布局严谨、庄严凝重的青铜器背后，感受到的是高度发达的手工业文明和礼乐文明。

殷墟遗址出土大批乌龟的腹甲和牛的肩胛骨，上面刻着许多文字。这些文字以前也许还有成熟的文字，但就目前而言，殷墟发掘的甲骨文仍然是最早的汉字。董作宾先生将收集到的甲骨文分为五期，其中第一个时期便是盘庚武丁时代。甲骨文可以识别的约一千多个单字，已经具备"象形、会意、形声、指事、转注、假借"的造字方法，其行文句型、语序与现代汉语已无太大差异，其所携带的历史信息价值更可与1799年发现的埃及罗塞塔石碑相提并论。与另外两种人类古老的文字古埃及象形文字和古巴比伦楔形文字湮没无传不同，它一路走来，逐渐定型为方块字而沿用至今。

盘庚迁殷开启了"盘庚之政"。"盘庚之政"是上古时期最为著名的清明之政，中国王朝历史巅峰时期的"文景之治""贞观之治"和"康乾盛世"，都从"盘庚之政"中吸取了丰厚的政治营养。盘庚迁殷，一个中兴繁荣的王朝重新崛起，一个文明发达的大国出现在东方的地平线上。

说命上

忧：居父母之
丧。这里指武丁居
父亲小乙的丧。

王宅忧[1]，亮阴三祀[2]。既免丧[3]，其惟
弗言，群臣咸谏于王曰："呜呼！知之曰明哲[4]，
明哲实作则[5]。天子惟君万邦[6]，百官承式[7]，
王言惟作命，不言臣下罔攸禀令[8]。"

[**注释**]

[1]王：指殷高宗武丁。宅：居。 [2]亮阴：信默不言。又写
作"谅阴""凉阴""亮闇""梁闇""谅闇"。马融说："亮，信也。
阴，默也。为听于冢宰，信默而不言。"郑玄读为"梁闇"，解为
居丧之庐。存参。祀：年。 [3]免丧：居丧期满。 [4]明哲：明
智，通晓事理。哲，聪明有才能。 [5]则：法则。 [6]君：君临，
统治，主宰。 [7]式：法式，法令。 [8]攸：所。禀：接受。

第一段，武丁居丧期满仍沉默不语，百官进谏，劝王出言。

王庸作书以诰曰："以台正于四方[1]，惟恐德弗类[2]，兹故弗言。恭默思道[3]，梦帝赉予良弼[4]，其代予言[5]。"乃审厥象[6]，俾以形旁求于天下[7]。说筑傅岩之野[8]，惟肖[9]，爰立作相[10]，王置诸其左右。

[**注释**]

[1]台（yí）：我。正：表正。作为仪表、法式。　[2]类：善。《诗经·大雅·皇矣》："克明克类，克长克君。"郑玄说："类，善也。"　[3]默：幽静。思道：思考治理天下的办法。　[4]赉（lài）：赏赐。良弼：贤良辅弼。　[5]其：将。　[6]审：详细。厥象：梦中人的形象。　[7]旁求：四处寻求。　[8]筑：捣土使之坚实。《孟子·告子下》："舜发于畎亩之中，傅说举于版筑之间。"版筑就是筑墙时用两板相夹，中间放泥土，用杵春实。《孟子》中"筑"的语境义就是捣土春实的杵。　[9]肖：相像，相似。　[10]爰：于是。立：登上某一地位。

第二段，记述发现傅说的经过。

命之曰[1]："朝夕纳诲[2]，以辅台德。若金[3]，用汝作砺[4]；若济巨川[5]，用汝作舟楫[6]；若岁大旱，用汝作霖雨[7]。启乃心，沃朕心[8]。若药弗瞑眩[9]，厥疾弗瘳[10]；若跣弗视地[11]，厥足用伤[12]。惟暨乃僚[13]，罔不同心，以匡乃辟[14]，俾率先王[15]，迪我高后[16]，以康兆民[17]。呜呼！
钦予时命[18]，其惟有终[19]。"

[注释]

[1]命：任命。后指任命官吏时发布的政令。蔡传："后世命官制词，其源盖出于此。" [2]朝夕纳诲：蔡传："朝夕纳诲者，无时不进善言也。"纳诲，进谏。 [3]若：如果。金：金属。这里指铁器。 [4]砺：磨刀石。《荀子·劝学篇》："故木受绳则直，金就砺则利。" [5]济：渡河。 [6]舟楫（jí）：船和桨。 [7]霖雨：久下不停的雨。《左传》隐公九年："凡雨自三日以往为霖。"（以往：以上。）[8]沃：浇灌。 [9]瞑眩（míng xuàn）：头昏眼花。孔疏："瞑眩者，令人愦闷之意也。《方言》云：'凡饮药而毒，东齐海岱间或谓之瞑，或谓之眩。'"又说："药毒乃得除病，言切乃得去惑。"意思是良药苦口利于病，忠言逆耳利于行。 [10]瘳（chōu）：病好了。 [11]跣（xiǎn）：赤脚。 [12]用：因此。 [13]暨（jì）：同，与。僚：僚属。下属官员。 [14]匡：匡正，纠正。辟：君王。 [15]俾（bǐ）：使。率：遵循。 [16]迪：蹈，踩踏。高后：高尚的君王，指成汤。 [17]康：安乐。兆：古代指百万或万亿，表示极多。 [18]钦：敬。予：我的。时：通"是"，近指代词。 [19]其：表示期望的语气助词。

第三段，记载武丁任命说的命词。

说复于王曰："惟木从绳则正[1]，后从谏则圣。后克圣，臣不命其承[2]，畴敢不祗若王之休命[3]？"

[注释]

[1]绳：绳墨。木工用的墨线。　[2]臣不命其承：臣下不必等待命令就会奉行。蔡传："君果从谏，臣虽不命，犹且承之。"　[3]畴（chóu）：谁。祗（zhī）：恭敬。若：顺。休：美好。

第四段，傅说表示愿意主动进言。

[点评]

说，即傅说，殷商武丁时期的贤臣。说命，是个宾语前置的动宾结构，即命说，是殷王武丁任命傅说为相的命辞。

《史记·殷本纪》记载，盘庚去世后，他的两个弟弟相继为王而殷商国运复衰，"帝武丁即位，思复兴殷，而未得其佐。三年不言，政事决定于冢宰，以观国风。武丁夜梦得圣人，名曰说。以梦所见视群臣百吏，皆非也。于是乃使百工营求之野，得说于傅险中。是时说为胥靡，筑于傅险。见于武丁，武丁曰是也。得而与之语，果圣人，举以为相，殷国大治。故遂以傅险姓之，号曰傅说"。

《说命上》的主体是武丁的命辞，武丁先连用浅显的事理比喻："若金，用汝作砺；若济巨川，用汝作舟楫；若岁大旱，用汝作霖雨。"形象地表现了自己求贤若渴的期待。接着又运用对偶式的反喻："若药弗瞑眩，厥疾弗瘳；若跣弗视地，厥足用伤。"急切地表达了自己从谏如流的真诚，决心继承先王遗志，使亿万百姓安居乐业。武丁为后代君主树立了一个举贤任能、劝谏纳谏的明主榜样。

傅说的答词不仅表达了对武丁信任的感谢，也表明了自己一定会主动进言，不负厚望。傅说提出："惟木从绳则正，后从谏则圣。"木头依从绳墨砍削就会正直，君主依从谏言行事就会圣明。不仅说明君王需要纳谏，兼听则明，还提出了一条重要的教育原则，即任何人的学习都需要善于听取他人意见。《礼记·学记》："独学而无友，则孤陋而寡闻。"正是从反面说明不善于向他人学习，就会故步自封，孤陋寡闻。

说命中

惟说命总百官[1]，乃进于王曰[2]："呜呼！明王奉若天道[3]，建邦设都[4]，树后王君公[5]，承以大夫师长[6]，不惟逸豫[7]，惟以乱民[8]。

大夫师长：臣。孔疏："周礼立官多以师为名。师者，众所法，亦是长之义也。大夫以下分职不同，每官各有其长，故以师长言之。"

[注释]

[1]命：受命。总：总理，统管。 [2]进：进谏，献策。 [3]若：顺从。 [4]邦国：诸侯的封国。邦，指王国和邦国。王国，天子建立的国家。都：天子建立的帝都和诸侯建立的国都。 [5]后王：指天子。君公：指诸侯。 [6]承：承接，接着。 [7]逸豫：安逸享乐。 [8]乱：治理。

"惟天聪明，惟圣时宪[1]，惟臣钦若[2]，惟民从乂。惟口起羞[3]，惟甲胄起戎[4]，惟衣裳在笥^[5]，惟干戈省厥躬^[6]。王惟戒兹^[7]，允兹克明^[8]，乃罔不休^[9]。

［注释］

[1]时：通"是"，代词。宪：效法，摹仿。　[2]钦：恭敬。若：顺从。　[3]口：这里指随意发号施令。起：引起，招来。羞：羞辱。　[4]甲胄：铠甲和头盔。代指军队。戎：戎兵，战争。　[5]衣裳：指官服。笥（sì）：一种装衣物的方形竹器。　[6]干戈：武器。干，盾牌，古代作战时用来防身抵御兵刃的武器。戈，古代一种可以横击、钩杀的进攻型武器。省（xǐng）：察看。躬：身，本人。"惟衣裳在笥，惟干戈省厥躬"两句互文见义，等于说"惟衣裳在笥省厥躬，惟干戈在库省厥躬"。　[7]兹：这。指上文口、甲胄、衣裳、干戈四个方面。　[8]允：信。明：明政，使政治清明。　[9]休：美好。

　　第一段，傅说向武丁进言，要君王奉行天道治理民众，军政大权要慎用慎授。

爵：爵位。《礼记·王制》："王者之制禄爵，公、侯、伯、子、男凡五等。"公、侯、伯、子、男是天子赐给诸侯的爵位。这里是指帝王赐给朝廷官员的爵位，即公、卿、大夫、士等。

"惟治乱在庶官^[1]。官不及私昵^[2]，惟其能；爵罔及恶德^[3]，惟其贤。虑善以动，动惟厥时。有其善^[4]，丧厥善；矜其能^[5]，丧厥功。惟事事^[6]，乃其有备，有备无患。无启宠纳侮^[7]，无耻过作非^[8]。惟厥攸居^[9]，政事惟醇^[10]。黩于祭祀^[11]，时谓弗钦^[12]。礼烦则乱，事神则难。"

[注释]

[1]庶：众。　[2]及：涉及，与。昵（nì）：亲近。　[3]恶德：恶德之人，品德不好的人。　[4]有其善：自己认为很好。　[5]矜（jīn）：自夸。　[6]事事：任何一件事。一说做事情，前一个事字，动词，从事；后一个事字，名词，事情。两说都通。　[7]启：开启。宠：宠幸，宠爱。纳：入，收进。侮：轻慢。　[8]耻过：以过为耻。把过错当作耻辱。非：不对。　[9]攸：所。居：居止，行为举止。　[10]醇（chún）：通"纯"。纯粹，完美。　[11]黩（dú）：轻慢，不庄重。《公羊传》桓公八年："（祭）亟则黩，黩则不敬。君子之祭也，敬而不黩。"何休注："黩，渫黩也。"渫黩，后写作"亵渎"。　[12]时：通"是"，代词，这。钦：敬。

第二段，傅说告诫武丁：任官要选贤授能，不要任人唯亲；行身要谦虚谨慎，不要自以为是；祭祀要庄重，不要太过频繁。

王曰："旨哉[1]！说。乃言惟服[2]。乃不良于言，予罔闻于行[3]。"

说拜稽首曰："非知之艰，行之惟艰。王忱不艰[4]，允协于先王成德[5]，惟说不言有厥咎[6]。

非知之艰，行之惟艰：提出中国哲学上著名的知行范畴和知行关系。

[注释]

[1]旨：美。《诗经·小雅·頍弁》："尔酒既旨，尔殽既嘉。"郑玄说："旨、嘉皆美也。"　[2]服：实行。蔡传："服，行也。"　[3]闻：通"昏"，勉力。"闻于行"与"良于言"相对。《说文》"闻"字的古文从昏得声，可与"昏"相通，毛公鼎铭文："余非庸又闻。""闻"读为"昏"。"昏"有"勉力"的意思。《西京赋》

薛综注："昏，勉也。"《尔雅·释诂》："昏，强也。"强也是勉力的意思。　[4]忱：真诚。　[5]成：盛。　[6]咎（jiù）：过错。

第三段，君臣互相勉励。

[点评]

《说命中》记叙傅说对武丁的进言，系统反映了武丁的治政理念，有些也代表了傅说的教育思想，而傅说的教育思想也成为我们传统文化教育思想的重要组成部分。

傅说告诫武丁："无耻过作非。"不能以过错为耻而文过饰非，要知错必改。这是殷商政治家一贯的教育主张。左相仲虺在《仲虺之诰》篇中劝勉商的开国君王成汤"改过不吝"，伊尹在《伊训》中警戒太甲："与人不求备，检身若不及。""肇修人纪，从谏弗咈。"这也反映了儒家的教育思想。人不可能个个是圣人贤人，不可能没有过错，不可能没有缺点。如何面对自己的缺点和错误？儒家主张敢于直面正视，闻过则喜，知错必改，日新其德。《左传》宣公二年记载晋灵公不君，滥杀无辜，大臣士季谏其改过："人谁无过？过而能改，善莫大焉。"《周易·益卦》象传说："君子以见善则迁，有过则改。"改过也是修身的重要内容。《论语·述而》孔子指出："德之不修，学之不讲，闻义不能徙，不善不能改，是吾忧也。"孔子在《论语·卫灵公》再次强调："过而不改，是谓过矣。"改过从善成为全社会提倡的美德，晋国周处自新、赵国廉颇负荆请罪等故事，成为千古传诵的美谈。

傅说提出："非知之艰，行之惟艰。"《左传》昭公十年亦有"非知之实难，将在行之"。知与行是重要的哲学范畴，知行关系是中国古代哲学认识论和实践论中关于道德修养和道德实践的重要命题。知是人的认识，行是人的实践，认识事物的道理是艰难的，在实践中运用这个道理更为艰难。知行问题是儒家道德规范的核心，历代大儒皆有讨论。孟子讲"良知""良能"与生俱有，朱熹指出"论先后，知为先；论轻重，行为重"。认为良知认识容易，道德实践是重点，虽然，"知行常相须，如目无足不行，足无目不见"，但朱熹提倡先知后行。心学的集大成者王阳明针对先知后行说，提出"知行合一"说，认为："知是行的主意，行是知的功夫；知是行之始，行是知之成。"知行没有先后，知中有行，行中有知；知离开行不是真知，行离开知不是笃行。王阳明既强调认识的自觉性，又重视道德的实践性，二者合一。后来，"知行合一"的理论虽然随着时代的发展，时代精神的影响，内涵和外延代有变化，但是，重视"知"的认识自觉，强调"行"的不易及其实践的重要性，一直是这一思想的核心。"知行合一"的思想理论源头即为《说命中》"非知之艰，行之惟艰"。

说命下

王曰："来！汝说。台小子旧学于甘盘[1]，既乃遯于荒野，入宅于河[2]。自河徂亳[3]，暨厥终罔显[4]。尔惟训于朕志[5]，若作酒醴，尔惟麹蘖[6]；若作和羹[7]，尔惟盐梅[8]。尔交脩予[9]，罔予弃[10]，予惟克迈乃训[11]。"

遯（dùn）："遁"的古字。逃避。

[**注释**]

[1] 台（yí）小子：我。甘盘：武丁时的贤臣。《君奭》篇中，周公景仰殷商时的贤臣，把武丁时的甘盘与成汤的伊尹、太甲的保衡、太戊的伊陟、祖乙的巫贤等相提并论，可见甘盘是武丁时的功臣。 [2] 宅：居住。《尔雅·释言》："宅，居也。"河：河州。见孔传、孔疏。 [3] 徂（cú）：往。 [4] 暨（jì）：到。这个意义又写作"泊"。《国语·周语中》："上求不暨，是其外利也。"韦昭注："暨，至也。"显：明显。这里指品德、学业没有明显的

进展。　[5]于：大，远大，用作动词。《方言》："于，大也，于，通语也。"　[6]麴（qū）：酿酒或制酱时引起发酵的块状物，用某种霉菌和大麦、大豆、麸皮等制成。《列子·杨朱》："聚酒千钟，积麴成封；望门百步，糟浆之气逆于人鼻。"又写作"麯"或"粬"。蘖（niè）：《玉篇》："曲也。"《礼记·礼运》："礼之于人，犹酒之有蘖也。"　[7]和：搀和。羹：用肉或菜调和五味做成的带汁的食物。　[8]梅：青梅，有酸味，可作调味品。　[9]尔交脩予：你要在多方面指导我，让我修德。孔传："交，非一之义。"孔疏："尔交脩予，令其交更脩治己也。故以交为非一之义，言交互教之，非一事之义。"脩，通"修"。　[10]罔予弃：即"罔弃予"。　[11]迈：《尔雅·释诂》："迈，行也。"

第一段，武丁表达向傅说求教的诚意。

说曰："王，人求多闻，时惟建事[1]，学于古训乃有获。事不师古[2]，以克永世[3]，匪说攸闻[4]。惟学逊志[5]，务时敏[6]，厥脩乃来。允怀于兹[7]，道积于厥躬[8]。惟斅学半，念终始典于学[9]，厥德脩罔觉[10]。监于先王成宪[11]，其永无愆[12]。惟说式克钦承[13]，旁招俊乂[14]，列于庶位[15]。"

斅（xiào）：孔传："斅，教也。教然后知所困，是学之半。"

[注释]

[1]时：通"是"，近指代词。　[2]师：师法，学习。　[3]永世：意谓长治久安。　[4]匪：通"非"。攸：所。　[5]逊：使谦逊。志：心意。　[6]务：致力，追求。敏：努力，奋勉。　[7]允：相信。怀：想念。　[8]躬：自身。　[9]典：从事。　[10]脩：通"修"，

完善。罔觉：不觉得。自己没有感觉到。 [11]监：通"鉴"，借鉴。成宪：现成的法度。 [12]永：长久。愆（qiān）：过错。 [13]式：用，因此。承：承受，接受。 [14]俊乂：有才能的人。马融说："才德过千人为俊，百人为乂。" [15]列：排列，安排。庶：众。位：官位，职位。

第二段，傅说劝诫武丁学习古训，借鉴成法，广揽人才。

保衡：与下文"阿衡"，孔疏："保衡、阿衡，俱伊尹也。《君奭》传曰：'伊尹为保衡，言天下所取安，所取平也。'"

王曰："呜呼！说，四海之内咸仰朕德[1]，时乃风[2]。股肱惟人[3]，良臣惟圣。昔先正保衡作我先王[4]，乃曰：'予弗克俾厥后惟尧舜[5]，其心愧耻，若挞于市[6]。'一夫不获[7]，则曰时予之辜[8]。佑我烈祖[9]，格于皇天[10]。尔尚明保予[11]，罔俾阿衡专美有商[12]。惟后非贤不乂，惟贤非后不食。其尔克绍乃辟于先王[13]，永绥民。"

说拜稽首曰："敢对扬天子之休命！"

[注释]

[1]仰：景仰，仰慕。 [2]时：通"是"，近指代词。乃：你的。风：孔传："风，教也。"政教，教化。 [3]股：大腿。肱（gōng）：上臂。 [4]正：《尔雅·释诂》："正，长也。"这里指长官。作：兴起。 [5]俾：使。后：君王。这里指成汤。 [6]若：像。挞（tà）：用棍子或鞭子打。市：集市。 [7]一夫：一人。获：得到。这里指得到妥善的安置。 [8]辜：罪过。 [9]佑：佑助，辅佐。烈祖：建立了功业的祖先。烈，事业，功绩。 [10]格：至，到达。引

申指感通。《字汇》："格，感通也。"《说文解字注笺》："格，训为至，而感格之义生焉。"皇：《尔雅·释诂》："大也。"　[11]尚：表示希望、祈求的副词。保：安定。　[12]专：独有，独占。有：名词词头。　[13]绍：继续。乃：你的。

第三段，武丁赞扬傅说的政教，并进一步提出要求。

[**点评**]

教育的主要内容是德行。《说命下》武丁对傅说说："尔惟训于朕志。"希望傅说引导他的志向，培养他的德行。其后又说："四海之内咸仰朕德，时乃风。"夸赞傅说的德行教育收到了显著成效。与之相似，《礼记·大学》开篇就说："大学之道，在明明德，在亲民，在止于至善。"也以"明明德"为"大学"第一要义。

教育的根本目的是引导人们建功立业。傅说指出，人们希望增长知识是因为人们想要建立事业，而学习是增长知识的不二途径："人求多闻，时惟建事，学于古训乃有获。"教育的根本目的是"建事"，是治国平天下，这与儒家教育理念一致。《礼记·学记》说："古之王者，建国君民，教学为先。"把教学视为"建国君民"的第一要务。

《说命下》蕴含的这些教育思想具有尤为重要的现实意义。当下最大的社会问题是缺乏道德教育，社会缺乏道德教育源于学校缺乏道德教育和理想教育。相当长一段时间，学校教育理念强调教育的工具性，强调专业课教学，片面追求升学就业。有些学生学习的目的性不明确。我们迫切需要道德重建，我们迫切需要从传统文化中寻找道德重建的思想营养。

《说命下》还提出了很多具体的教学原则。

傅说指出:"王,人求多闻,时惟建事,学于古训乃有获。事不师古,以克永世,匪说攸闻。"强调师法古人的重要性。《论语·述而》孔子称自己"述而不作,信而好古",又说"我非生而知之者,好古,敏以求之者也",也表现出浓烈的"好古"情结。

傅说还指出:"惟学逊志,务时敏,厥修乃来。允怀于兹,道积于厥躬。"强调学习需要长期坚持不懈,并且学习的时候必须专心致志。随后又说:"惟敩学半,念终始典于学,厥德修罔觉。"这其实就是《礼记·学记》所说的"教学相长"。这句话同时还指出,只要始终一心向学,德行、知识必定会在潜移默化中增长,这是十分真实的学习体验。

《说命》三篇属于"晚书"。清华简中也有《说命》,共三篇,每篇最后一支简背均有篇题"尃(傅)敓(说)之命",整理者分别题为《说命上》《说命中》和《说命下》。上篇主要讲述武丁寻说,最终在傅岩找到正在筑城的说。武丁命傅说征战,战胜而不行杀戮,于是任命傅说为公。中篇记述傅说由傅岩来到殷都以及武丁命说的命辞。《说命下》主要记载武丁言辞。清华简《说命》与今传本内容有很大不同。

《说命》三篇今文无,古文有。

高宗肜日

　　高宗肜日^[1]，越有雊雉^[2]。祖己曰^[3]："惟先格王^[4]，正厥事^[5]。"乃训于王^[6]。

[注释]

[1] 高宗：指殷王武丁。盘庚的侄儿，商朝第二十三代君主。他在商王朝的发展中，发挥过重要作用。肜（róng）日：又祭之日。《尔雅·释天》："绎，又祭也。周曰绎，商曰肜，夏曰复胙。"　[2] 越：句首语气助词。雊（gòu）：野鸡叫。雉：野鸡。　[3] 祖己：商代贤臣。　[4] 格：通"假"，宽解。《史记·殷本纪》作"王勿忧，先修政事"。孙星衍说："史公云'王勿忧'者，疑释'假王'为宽假王心。"　[5] 正：纠正。事：政事，这里指祭祀之事。　[6] 于：介词，介引动作行为的对象。

　　第一段，说明祖己劝导武丁的缘由。

曰："惟天监下民，典厥义[1]。降年有永有不永[2]，非天夭民，民中绝命[3]。民有不若德[4]，不听罪[5]。天既孚命正厥德[6]，乃曰：'其如台[7]？'"

[注释]

[1]典：通"腆"，善，以为善。义：宜，指行事合宜。《淮南子·齐俗训》说："义者，循理而行宜也。"　[2]永：长。指寿命长久。　[3]中：身，自己。《礼记·檀弓下》"文子其中退然如不胜衣"注："中，身也。"　[4]若：《尔雅·释诂》："善也。"　[5]听：顺从。　[6]孚：通"付"，交付，给予。《汉石经》《汉书·孔光传》都作"付"。　[7]乃：汝，您。其：时间副词，表将来时。如台（yí）：如何。

第二段，记祖己宽解商王，不必忧惧，劝王遵理行义。

罔非天胤：此句为双重否定判断句。"罔非"表示双重否定。

"呜呼！王司敬民[1]，罔非天胤[2]，典祀无丰于昵[3]！"

[注释]

[1]王司敬民：意谓先王继承帝位被民众敬重。王，泛指先王。司，嗣，嗣位。　[2]胤：后代。　[3]典：常。昵：近亲。孔传："昵，近也。"

第三段，记祖己告诫武丁，祭祀不要偏厚近亲。

[**点评**]

《高宗肜日》记述殷高宗武丁祭祀成汤的时候，忽然有一只野鸡飞到鼎耳上鸣叫，武丁恐惧，大臣祖己开导武丁。

《尚书大传》说："武丁祭成汤，有飞雉升鼎耳而雊。问诸祖己，祖己曰：'雉者，野鸟也，不能升鼎。今升鼎者，欲为用也。远方将有来朝者乎？'故武丁内反诸己，以思先王之道。三年，编发重译来朝者六国。孔子曰：吾于《高宗肜日》，见德之有报之疾也。"

李学勤《古文献丛论》指出，武丁时期的甲骨卜辞中，发现有以雉鸣为灾异的记事。1994年，上海博物馆购得一批战国楚竹简，简称"上博简"，其中《鲍叔牙与隰朋之谏》记载有"昔高宗祭，有雉雊于彝前，召祖己而问焉，曰：'是何也？'祖己答曰"，可知，《高宗肜日》记载的史实有考古材料的文献佐证。

祖己谏王的主要意见是"典祀无丰于昵"。孔传说："昵，近也。祭祀有常，不当特丰于近庙。"杨树达解释说："这'近'字是说'近的亲属'。换句话说，就是直系亲属或直系的祖先。伪孔传说的近庙，也是指这个。拿龟甲文看，很明显地看出殷人对于直系的先祖与非直系先祖祭祀礼节上的不相同。"（《积微居甲骨文说·尚书典祀无丰于昵甲骨文证》）根据杨先生的研究，可知祖己谏王主要意图是想改革当时的祭祀制度，从而缓和阶级矛盾，维护王朝统治。

《高宗肜日》反映了殷人的祖先崇拜和图腾崇拜。《诗经·商颂·玄鸟》说："天命玄鸟，降而生商。"相传简狄吞食燕卵而生下商的始祖契，所以殷人把燕子作为氏族图腾，并且崇拜各种飞禽，认为它们能够带来上天的旨意。甲骨卜辞里有"于帝史凤，二犬"的记载，郭沫若释为："盖视凤为天帝之使，而祀之以二犬。"在隆重的祭典上，野鸡飞上祭器鸣叫，也许是在传达上天或者祖先的某种责难，所以武丁必然会感到大祸临头。

图腾崇拜曾是世界上氏族公社时期普遍存在的一种宗教信仰。先民们相信每个氏族都与某种物质有着特殊的关系，他们把这种物质作为本氏族的标志和保护神，作为自己的祖先和神灵顶礼膜拜。最早的图腾是单一图腾，后来衍化为多种动物特征的综合图腾，汉民族至今喜欢龙凤，与先民们的远古图腾崇拜有关。

《高宗肜日》还体现了"王司敬民，罔非天胤"的民本思想。郭沫若《青铜时代》认为殷时不可能有民本思想，因为"卜辞中没有见到'民'字以及从'民'的字"，可深入研究。

《高宗肜日》反映的祖先崇拜和图腾崇拜对于我们研究宗教史和民俗史有重要的参考价值。

西伯戡黎

西伯既戡黎[1]，祖伊恐[2]，奔告于王[3]。

[注释]

[1]西伯：周文王，姓姬，名昌，殷末西方诸侯的霸主。《史记·周本纪》说："公季卒，子昌立，是为西伯。西伯曰文王。"郑玄认为，文王居岐山，封为雍州伯，雍州在西部，因此称文王为西伯。戡：平定，战胜。 [2]祖伊：祖己的后代，商纣王时贤臣。 [3]奔告于王：跑来报告王（纣王）。《史记·殷本纪》："帝乙崩，子辛立，是为帝辛，天下谓之纣。"郑玄说："纣，帝乙之少子名辛。帝乙爱而欲立焉，号曰受德。时人传声作纣也。史掌书，知其本，故曰受。"奔，跑。

第一段，交代祖伊进言的背景。

曰："天子！天既讫我殷命[1]。格人元龟[2]，罔敢知吉[3]。非先王不相我后人[4]，惟王淫戏用

黎：殷的诸侯国，又写作"耆"或"饥"，在今山西黎城，一说在长治。

自绝^[5]。故天弃我，不有康食^[6]。不虞天性^[7]，不迪率典^[8]。今我民罔弗欲丧^[9]，曰：'天曷不降威^[10]？'大命不挚^[11]，今王其如台？"

［注释］

[1] 既：通"其"，语气副词，表示揣测语气，可译为"恐怕"。迄：终止。殷命：殷商的福命。　[2] 格人：能知天地吉凶的至人、贤人。孔疏："'格'训为'至'。至人谓至道之人，有所识解者也。"元龟：大龟。　[3] 罔敢：不能。知：觉察。　[4] 相：《集韵》："助也。"这里指扶助。　[5] 淫戏：淫荡嬉戏，指沉迷酒色。《史记·殷本纪》："（纣）好酒淫乐，嬖于妇人。"《史记·乐书》载李斯说："放弃《诗》《书》，极意声色，祖伊所以惧也。"用：以。自绝：孔疏说："纣既自绝于先王，亦自绝于天。"　[6] 康食：糟糠之食，指低劣的生活。从章太炎说。　[7] 虞：度。天性：上天安民之性。《左传》襄公十四年："天之爱民甚矣，岂其使一人肆于民上以从其淫而弃天地之性？必不然矣。"　[8] 迪：由，遵行。率典：法典。　[9] 今我民罔弗欲丧：没有人不希望纣灭亡。　[10] 曷：何，为什么。降威：降下威罚。　[11] 挚：至，到来。

第二段，祖伊指出纣王沉湎酒色，致使民怨沸腾，警告纣王殷商命数濒临终结。

王曰："呜呼！我生不有命在天^[1]？"

祖伊反曰^[2]："呜呼！乃罪多，参在上^[3]，乃能责命于天^[4]？殷之即丧，指乃功^[5]，不无戮于尔邦^[6]！"

[注释]

[1]我生不有命在天：《史记·殷本纪》："我生不有命在天乎？"《周本纪》："纣曰：不有天命乎？是何能为？"据《史记》文，知"我生不有命在天"是反问句。　[2]反：反对。　[3]参：当作傪，《汗简》《古文四声韵》作傪。傪，读作傪。懒惰懈怠。《说文解字注》："傪，垂貌。从人，参声。一曰懒懈。"见《尚书易解》。　[4]乃：宁，难道。《经传释词》："乃，犹'宁'也。……宁、乃一声之转。故'乃'训为'宁'，'宁'亦训为'乃'。"责命于天：向上天祈求好运。　[5]指乃功：指示您的政事。功，事，政事。　[6]戮：通"勠"。并力，合力。《说文》："勠，并力也。"

第三段，祖伊指明殷商行将灭亡，正告纣王不能迷信天命，应当勤劳国事以拯救国家。

[点评]

《史记·周本纪》记载，西伯在讨伐犬戎、密须之后，第二年，又发动征伐黎国的战争。史官记录了这件事，写成《西伯戡黎》。

周族历史悠久，相传周的始祖后稷为舜时农官，曾佐禹治水，事迹见《益稷》篇。至古公亶父时期，周族迁徙至周原，逐渐开始崛起。《诗经·大雅·绵》用"周原膴膴，堇荼如饴"来形容周原土地的肥沃。周族在周原发展生息，至周文王执政时期国势日益强大。文王一方面向商王朝俯首称臣，一方面不断兼并附近方国，开疆拓土。

郑玄说："戡黎，入纣圻内。"是说周攻打黎国，进入了商纣的王畿重地。到这时，周国东进的战略意图已经十分明显。商朝有识之士惶恐不安。大臣祖伊面谏纣王，极力向纣王禀告形势的危急，力劝纣王努力为国家命运着想，勤勉政事。

面对祖伊的谏劝，纣王竟说："我生不有命在天？"机械、固执的天命观使他产生了盲目的自信。对此，祖伊反对说："您过错很多，而又懒惰在上，能向上天祈求福命吗？"祖伊的回答同样尊重"天"，但认为天降福降祸要参照人之品行，显示了天人互动的全新的天命观。这种天命观念在西周表现得更加显著。《蔡仲之命》说："皇天无亲，惟德是辅。"（此句《左传》僖公五年也有引用）《诗经·大雅·文王》一面说"假哉天命，有商孙子"，肯定天命的存在；一面又说"天命靡常"指出天不专门庇佑一家。可以说，祖伊的天命观已与周代全新的天命观极其相近，从中能够反映出商周之际天命观念的剧烈变动。

《西伯戡黎》还反映了商朝末期尖锐的社会矛盾。《西伯戡黎》记载了殷民的悲呼："今我民罔弗欲丧，曰：'天曷不降威？'"《汤誓》也记载了夏民的悲呼："时日曷丧？予及汝皆亡。"这些都是民众对暴君、暴政恨之入骨的控诉。

《西伯戡黎》具有很高的史料价值，对商周思想史、哲学史和政治史的研究具有重要意义。

本篇"西伯"，唐以前学者认为指文王，如《尚书大传》《史记》等均主此说。宋代以后不少学者为了维护文王的形象，认为伐黎的是周武王，如吕祖谦说："文王有君人之大德，有事君之小心。纣在上为恶日增，文王在下修德日盛，殷之所以咎周也。黎之地近王畿而辅纣为恶者，武王不得已而戡。"(《增修东莱书说》)此外，今本《竹书纪年》载："三十四年，周师取耆及邘。""四十四年，西伯发伐黎。"认为文王伐耆而武王伐黎，分别甚明。清华简《耆夜》则记载："武王八年征伐邞（耆），大伐（戡）之。"李学勤先生认为由此可证伐黎的正是武王。不过，此问题学界目前仍有争论，尚待进一步探讨。

微　子

　　微子若曰[1]："父师、少师[2]！殷其弗或乱正四方[3]。我祖厎遂陈于上[4]，我用沈酗于酒[5]，用乱败厥德于下[6]。殷罔不小大好草窃奸宄[7]，卿士师师非度[8]。凡有罪辜[9]，乃罔恒获[10]，小民方兴[11]，相为敌雠[12]。今殷其沦丧[13]，若涉大水[14]，其无津涯[15]。殷遂丧，越至于今[16]！"

[注释]

　　[1]微子：名启，是帝乙的长子，纣王的同母庶兄，因封在微，爵位属于子这一个等级，所以史称微子。《论语·微子》："微子去之，箕子为之奴，比干谏而死。"何晏集解引马融注："微、箕，二国名。子，爵也。"若：这样。　[2]父师、少师：均为官名。　[3]其：大概，表测度。或：克，能。《文侯之命》"罔或耆

寿"，《汉书·成帝纪》诏引作"罔克耆寿"，是"或""克"通用之证。上古"或"为匣母职韵字，"克"为溪母职韵字；二字叠韵，故得通用。乱：治。黄式三说："弗或乱正四方，无以治正四方也。弗或，犹'无以'也。" [4]我祖：指成汤。马融说。遂：法，与"术"通。从黄式三说。陈：陈列。　[5]我：指纣。用：由于。沈酗：沉醉。酗，醉酒发怒。《广韵》："酗，醉怒也。" [6]用：因。乱：淫乱。厥德：成汤之德。下：后世。　[7]小：指小民。大：指群臣。草：读为"抄"，掠取。奸宄：犯法作乱。状语"罔不"与主语"小大"错位。　[8]师师：互相效法。度：法度。　[9]辜：罪。　[10]乃：却。恒获：常法。恒，常。获，通"矱"，法。　[11]方：范围副词，并。郑玄说："方犹并也。"《说文·方部》："方，并船也。象两舟省，总头形。""方"的甲、金文像耒耜之形，于省吾认为"古者耦耕，古方有'并'意"。引申有"普遍"义。说见《耒耜考》。杨树达则认为，方，"其用为四方之义者，实假'旁'字用耳"。说见《释"旁"》。兴：兴起。　[12]相：偏指副词，我们。雠：仇敌。　[13]其：或许，表测度。沦丧：灭亡。《史记》"沦丧"作"典丧。"钱大昕说："典，读如殄。典丧者，殄丧也。" [14]若：好像。涉：徒步渡水。　[15]其：殆，几乎。津：渡口。涯：水岸。　[16]越：句首语气助词。今：此。

　　曰："父师、少师，我其发出狂[1]？吾家耄逊于荒[2]？今尔无指告[3]，予颠隮[4]，若之何其[5]？"

我其发出狂：这是由一个被动句和一个主动句构成的紧缩句，"发"是被动词，"狂"是主动词。

[**注释**]

[1]我其发出狂：以上两句是说父师、少师，我将被废弃而出

亡在外呢？狂，《史记·宋微子世家》作"往"，当从之。发，孙诒让读为"废"，言我其废弃而出亡。　[2]家：住在家。耄：通"保"，安。逊：遁，回避。荒：荒野。　[3]无：句中语气助词，无义。《经义述闻》："无，语辞，犹'无念尔祖'之'无'。（毛传曰："无念，念也。"古多以"无"为语辞。）"指告：指示告诉。清华简《周公之琴舞》有"骒寺亓又肩，贻告畣繠惪之行"句，与《诗经·周颂·敬之》"佛时仔肩，示我显德行"可相互参照，"贻"就是《诗经》中的"示"。同时，有不少研究者认为"贻告"即《微子》"指告"。按：指、示、告都含有"表明"义，不论作"指"或作"示"，意义都相近。　[4]予：《经义述闻》："谓殷也。犹下文言'我乃颠陨'也。"一说以"今尔无指告予"句绝，"予"是微子自称，亦通。颠陨（jī）：孔疏："'颠'谓从上而陨，'陨'谓坠于沟壑，皆灭亡之意也。"　[5]若之何：怎么办。表示疑问的凝固结构，用以商讨办法征询意见。其：语气助词。《经传释词》："其，问词之助也。或作'期'，或作'居'，义并同也。"《尚书易解》："其，郑玄曰：'语助也，齐鲁之间声如姬。'《礼记》曰：'何居。'言今汝不指示相告，我殷将颠坠，如之何哉！"

第一段，微子指出殷商面临丧乱，就去留问题向父师、少师征求意见。

父师若曰："王子[1]！天毒降灾荒殷邦[2]，方兴沈酗于酒[3]，乃罔畏畏[4]，咈其耇长旧有位人[5]。今殷民乃攘窃神祇之牺牷牲用以容[6]，将食无灾[7]。降监殷民[8]，用乂雠敛[9]，召敌仇不怠[10]。罪合于一[11]，多瘠罔诏[12]。

[注释]

[1] 王子：微子。微子是商王帝乙的长子。　[2] 毒：深、厚，重重地。《尚书核诂》："毒，《说文》：'厚也。'《史记》作'笃'，义同。"荒：《史记·宋微子世家》作"亡"。　[3] 方：并。兴：起。　[4] 乃：却。畏畏：读为"畏威"，"畏""威"古通。《尚书今古文注疏》："当为'畏威'。《礼记·表记》引《甫刑》曰：'德威惟威。'郑玄云：'德所威，则人皆畏之。'是以'威'为'畏'。郑注《考工记》又云：'古文《书》'畏'作'威'。"《尚书易解》释《康诰》"庸庸""祇祇""威威"，谓："庸庸，用可用也。祇祇，敬可敬也。威威，畏可畏也。"　[5] 咈：违背。耇：老。　[6] 攘：顺手拿取。窃：偷盗。牺：毛色纯一的牲畜。牷：纯色的全牲。牲：牛羊猪。容：隐。　[7] 将：养。《诗经·小雅·四牡》传："将，养也。"　[8] 降：下。监：监视。　[9] 乂：杀。雠：通"稠"，多。马融本作"稠"。敛：赋敛。　[10] 召：招致。怠：宽缓。　[11] 罪：罪人。　[12] 瘠：病。指受害的人。诏：告。

"商今其有灾[1]，我兴受其败[2]；商其沦丧，我罔为臣仆[3]。诏王子出迪[4]。我旧云刻子、王子弗出[5]，我乃颠隮[6]。自靖[7]！人自献于先王，我不顾行遯[8]。"

刻子：焦循《尚书补疏》："刻子即箕子也。"

[注释]

[1] 其：或许。　[2] 败：灾祸。　[3] 臣仆：奴隶。　[4] 诏、迪：《尚书易解》："诏，告也。迪，孙星衍曰：'行也。字从由，行也。'《史记·宋世家》云：'于是太师、少师乃劝微子去，

遂行。'即其事也。" [5]旧：久。   [6]我：指殷商。   [7]靖：谋划。   [8]顾：顾虑。遯：逃。

第二段，父师申述殷商行将灭亡，力劝微子出逃。

[点评]

《微子》篇在中国文学史和中国文化史上占有重要地位。

微子说"我其发出狂？吾家耄逊于荒？"这一疑问开启了中国文人对行藏问题的思索与纠结，并且也是中国文学隐逸情节的源头之一。《论语·微子》载："微子去之，箕子为之奴，比干谏而死。孔子曰：'殷有三仁焉。'"在孔子看来，如果时运不济，天下无道，能够遁居世外未尝不是一种仁德。《论语·泰伯》载孔子语："天下有道则见，无道则隐。邦有道，贫且贱焉，耻也；邦无道，富且贵焉，耻也。"而《孟子》说"穷则独善其身"，表达的也正是同样的意思。儒家的隐逸实属无奈之举，儒家是积极入世的，是强调人的社会属性的。《论语·微子》孔子说："鸟兽不可与同群，吾非斯人之徒与而谁与？"儒家的隐逸只是天下无道时的权宜之计，面对宦海浮沉，《论语·述而》孔子对颜渊感慨道："用之则行，舍之则藏，惟我与尔有是夫？"而这句话其实也适用于微子。微子后来入仕于周，使得殷商的乐舞威仪在中原大地继续流传。

据史料记载，周灭商后，许多殷商乐官向周投降。《史记·殷本纪》："殷之太师、少师乃持其祭乐器奔周。"《史记·周本纪》："太师疵、少师彊抱其乐器而奔周。"

《汉书·礼乐志》："乐官师瞽抱其器而奔散。"《史记·周本纪》载武王命毕公"表商容之间"（这句话也见于《武成》篇），商容是商代掌管乐舞、礼容的官。郑玄认为商容是"商家典乐之官，知礼容"。《韩诗外传》卷二："商容尝执羽籥。"《艺文类聚》卷四十四引《尸子》载："商容观舞。"

微子应当也是"商容"之一。《史记·宋微子世家》："周武王伐纣克殷，微子乃持其祭器造于军门……于是武王乃释微子，复其位如故。"1976年陕西扶风出土了一处铜器窖藏，共出土青铜器103件。学者认定这些青铜器的所有者是微子的后裔，并将这批青铜器命名为"微史家族窖藏铜器群"。在这些青铜器中，74件有铭文。铭文中有"昭格乐大神""大神其陟降""其享祀大神"等语句，可知微史家族中有人担任过巫职。可资参证的是，周原甲骨文中存在箕子为巫降神的记载："唯衣（殷）鸡（箕）子来降，其执暨厥史在旃，尔（乃）卜曰，南宫辞其乍（酢）？"张光直先生说："周原甲骨文'唯衣鸡子来降'就是说殷的箕子来举行降神仪式。箕子以专家的姿态到周来举行降神仪式，周王占卜如何接待，这与《洪范》中武王向箕子请教的精神是相符合的。"（《中国青铜时代二集》）倘若箕子是巫，则微子也很可能是巫。

微史家族窖藏铜器群中的史墙盘铭文载："武王则令周公舍宇于周，卑处甬。"同窖出土的钟有铭文："微史烈祖来见武王，武王则令周公舍宇，以五十颂处。"裘锡圭先生指出"甬""颂"读为"容"，认为指礼容威仪（参

《顾命》篇）。此外还有学者指出，"容"字在古代也可指舞容。阮元说："《周颂》《鲁颂》《商颂》，犹言周之样子、鲁之样子、商之样子耳。风雅惟歌而已，惟颂有舞，以象成功，如今之演剧。"结合"惟颂有舞"来看，这里的"样子"是说舞蹈呈现出的风貌，也就是舞容。综合以上意见，并且考虑到上古乐舞合一、巫舞合一的事实，可以认为微史家族兼管巫术、乐舞、威仪等事。

此外，微史家族还多出史官。如史墙盘的作者史墙就是史官。事实上，史巫同源。汪中说："天地、鬼神、灾祥、卜筮、梦之备书于册者，何也？此史之职也。"（《述学·左氏春秋释疑》）龚自珍说："周之世官，大者史。史之外，无有语言焉，史之外，无有文字焉。……易也者，卜筮之史也。"（《古史钩沉说二》）陈梦家指出，殷代大量卜辞是"王室的档案"（《殷虚卜辞综述》）。巫、史的共同特征是他们都掌握天文历法的知识，都有着沟通天人的能力，只不过史的认识较巫而言更加理性化而已。

如此看来，微子及其后裔在周代执掌巫史、乐舞、威仪之职。《论语·为政》中孔子说："周因于殷礼，所损益可知也。"所谓周公制礼作乐，绝不是一人的功劳。周礼对殷礼确实是有所承袭，而威仪之礼在西周占有极其重要的地位，以至于周成王在临终前都将其作为头等大事嘱托给臣僚（详见《顾命》篇）。

周　书

泰誓上

惟十有三年春，大会于孟津[1]。

[**注释**]

[1]孟津：黄河古渡口名，在今河南孟津。

王曰："嗟！我友邦冢君越我御事庶士[1]，明听誓[2]。惟天地万物父母[3]，惟人万物之灵[4]。亶聪明[5]，作元后[6]，元后作民父母。

研究证实武王伐殷，当据《史记·周本纪》在周文王十一年春，"十三年"之说不必采信。

[注释]

[1]友邦：友好国家。孔疏："同志为友，天子友诸侯亲之也。《牧誓》传曰：言志同灭纣。"冢（zhǒng）君：指诸侯。越：与，和。御事庶士：泛指大大小小的各级官员。王樵说："即本国三卿、亚旅、师氏、千夫长、百夫长。"庶士，众士。　[2]明听：仔细听的意思。蔡传："告以伐商之意，且欲其听之审也。"　[3]天地万物父母：意思是说天地生成万物，所以天地是万物的父母。　[4]灵：神，这里指贵重的物质。《礼记·礼运》："故人者，天地之心也，五行之端也，食味、别声、被色，而生者也。"　[5]亶（dǎn）：诚信，真的。　[6]元后：大君。

　　"今商王受[1]，弗敬上天，降灾下民。沈湎冒色[2]，敢行暴虐，罪人以族[3]，官人以世[4]，惟宫室、台榭、陂池、侈服[5]，以残害于尔万姓。焚炙忠良[6]，刳剔孕妇[7]。皇天震怒，命我文考[8]，肃将天威[9]，大勋未集[10]。

[注释]

[1]受：商纣王名。　[2]沈湎（chén miǎn）：指沉溺在酒中，就是指酗酒。冒色：意谓贪色。冒，贪欲。《新书·道术》："厚人自薄谓之让，反让为冒。"　[3]罪：惩罚。族：灭族。孔传："一人有罪，刑及父母、兄弟、妻子。"　[4]官人以世：意思是说纣王任用官员不选贤任能，父兄死了任用子弟。官，任用。世，父子相继为世。《周礼·秋官·大行人》："世相朝也。"郑玄注："父死子立曰世。"　[5]台榭（xiè）：建在高土台上的敞屋。孔疏引李巡

说："台，积土为之，所以观望也。台上有屋谓之榭。"陂池：池塘。侈服：华丽的服饰。孔传："侈谓服饰过制，言匮民财力为奢丽。"　[6]焚炙（zhì）：焚烧。当指炮（páo）烙（luò）的酷刑。《史记·殷本纪》："百姓怨望而诸侯有畔者，于是纣乃重刑辟，有炮烙之法。"《烈女传》："膏铜柱，下加之炭，令有罪者行焉，辄堕炭中，妲己笑，名曰炮格之刑。"　[7]刳（kū）：剖开身体。剔（tī）：分解骨肉，把肉从骨头上刮下来。　[8]文考：指文王。　[9]肃：敬。将：行。天威：上天的惩罚。　[10]勋：功业。集：成就，成功。

"肆予小子发[1]，以尔友邦冢君，观政于商[2]。惟受罔有悛心[3]，乃夷居[4]，弗事上帝神祇，遗厥先宗庙弗祀[5]。牺牲粢盛[6]，既于凶盗[7]。乃曰：'吾有民有命！'罔惩其侮[8]。天佑下民[9]，作之君，作之师，惟其克相上帝[10]，宠绥四方[11]。有罪无罪，予曷敢有越厥志[12]?

[注释]

[1]肆：故，从前。发：武王名。　[2]观政：观察政事。蔡传："观政，犹伊尹所谓万夫之长，可以观政。八百诸侯，背商归周，则商政可知。"　[3]悛（quān）：改过，悔改。　[4]夷居：傲慢无礼。《荀子·修身篇》："容貌态度，进退趋行，由礼则雅，不由礼则夷固僻违，庸众而野。"杨倞："夷，倨也。"　[5]遗：废弃。厥：其，他的。　[6]牺牲：古时祭祀用牲的通称，色纯为牺，体全为牲。粢盛（zī chéng）：盛在祭器中的黍稷。　[7]既：尽。　[8]惩：制止。侮：傲慢。　[9]佑：助，宠爱。　[10]相：辅佐。　[11]宠：

这里的意思是爱护，保护。绥：安定。　[12]越：孔传："远也。"

第一段，周武王宣布商纣王的罪行，说明伐商原因。

"同力度德，同德度义[1]。受有臣亿万，惟亿万心；予有臣三千，惟一心。商罪贯盈[2]，天命诛之。予弗顺天，厥罪惟钧[3]。予小子夙夜祗惧，受命文考[4]，类于上帝[5]，宜于冢土[6]，以尔有众，厎天之罚。天矜于民[7]，民之所欲，天必从之。尔尚弼予一人[8]，永清四海[9]。时哉弗可失！"

[注释]

[1]度：度量。　[2]贯盈：意思是成串地多，表示积累到了极限，形容商纣王罪大恶极。贯，串。盈，满。　[3]厥罪惟钧：那罪和纣的罪相等。钧，通"均"，相等，相同。　[4]受命文考：接受先父文王伐商的命令。蔡传："言受命文考者，以伐纣之举，天本命之文王，武王特禀文王之命，以卒其伐功而已。"　[5]类：通"禷"。《说文》："以事类祭天神也。"古代作为因特别事故祭天的名称，与定时的郊祭不同。　[6]宜：蔡传："祭社曰宜。"《尔雅·释天》："起大事，动大众，必先有事乎社而后出，谓之宜。"冢（zhǒng）土：就是大社。古代为百官万民所立的社，祭祀土神谷神。《诗经·大雅·绵》："乃立冢土。"毛传："冢，大；冢土，大社也。"　[7]矜（jīn）：怜悯。　[8]弼：辅佐。予一人：武王自指。　[9]永清四海：陈经说："四海本清，纣污浊之。伯

夷大公所以避之以待天下之清也。去纣而除其秽恶则清其源而天下清矣。"

第二段，周武王号召诸侯顺天保民，佐周伐商。

［点评］

泰，同"大"，《史记·周本纪》作"太"，《国语·周语》作"大"。周武王即位后三年就大举征商，在孟津大会诸侯而还。又经过两年筹备，武王再次挥戈东进，又来到孟津，大会诸侯并且誓师。因为这次盟会誓师规模盛大，所以称为《泰（大）誓》。孔传说："大会以誓众。"孔颖达《尚书正义》说："'大会于孟津。'知名曰《泰誓》者，其'大会以示众'也。"

《泰誓上》周武王的誓词开篇就说："惟天地万物父母，惟人万物之灵。"这句话把人与自然万物区别开来，强调人比万物更加高级。蔡沈《书集传》解释这句话说："万物之生，惟人得其秀而灵。具四端，备万善，知觉独异于物。""四端"见《孟子·公孙丑上》："无恻隐之心，非人也；无羞恶之心，非人也；无辞让之心，非人也；无是非之心，非人也。恻隐之心，仁之端也；羞恶之心，义之端也；辞让之心，礼之端也；是非之心，智之端也。"蔡沈指出，人高于万物的区别性特征就在于人有伦理道德，有理性认识。这种人本观点是"保民"思想的认识基础。周武王的誓词还进一步说明天与人的关系。上天眷顾人类，所以作为上天挑选出来治理众民的君王，理应顺从上天，爱护民众。武王说："民之所欲，天必从之。"这句话《左传》《国语》都有征引，是说民众的愿望，上天一定会依从。上天代表民意，天命也就是民众的愿望。周人注意到殷商灭亡的重要原因是没能处理好与民众的关系，其政治根基在武王伐纣之前就已经动摇了。因此，周人夺取政权后，以前朝为鉴，强调"顺天保民"。《周书》的开篇《泰誓上》武王就鲜明提出"保民"的思想，并与"天命""敬德"相互联系，构成整个西周的主流思想和治国方略。

《泰誓上》在战争史上首次提出战争性质的问题，提出衡量战争力量对比的"德""义"诉求。武王认为："同力度德，同德度义。"孔传解释为："力钧则有德者胜，德钧则秉义者强，揆度优劣，胜负可见。"战争的胜负不在于人数的多寡，武器的优劣，而在于德义。战争的进程也证明了周武王的预见，"受有臣亿万，惟亿万心；予有臣三千，惟一心。商罪贯盈，天命诛之"。周的西部联军虽然人数少，但纣王的大军临阵倒戈。战争的正义与否决定战争的胜负。这一战争观至今仍是颠扑不破的真理。

泰誓中

惟戊午，王次于河朔[1]，群后以师毕会[2]。王乃徇师而誓曰[3]："呜呼！西土有众[4]，咸听朕言。我闻吉人为善[5]，惟日不足[6]。凶人为不善，亦惟日不足。今商王受，力行无度[7]，播弃犁老[8]，昵比罪人[9]。淫酗肆虐，臣下化之[10]，朋家作仇[11]，胁权相灭[12]。无辜吁天[13]，秽德彰闻[14]。

播弃：同义复合词，放弃，抛弃。

[注释]

[1]次：停留，驻扎。孔传："次，止也。"河朔：黄河北岸。 [2]群后：指众诸侯。后，君。毕：都。 [3]徇：巡视。孔传："徇，循也。"《字诂》："循，巡也。"《汉书·东方朔传》注："循，行视也。" [4]西土有众：指西方各国的官员。周国王都

丰、镐，其地在西方，跟从武王渡河伐商的都是西方诸侯，所以称西土有众。有，词头，无义，助成双音词。 [5]吉人：善良的人。 [6]惟日不足：蔡传："言终日为之而犹为不足也。" [7]力：尽力，竭力。行：为，做。无度：指没有法度的事，就是违反法度的事。 [8]播：放弃。《国语·吴语》："今王播弃黎老。"韦昭注："播，放也。"刘向《九叹·思古》："播规矩以背度兮。"王逸注："播，弃也。"《多方》篇"屑播天命"，"播"也是"放弃"的意思。犂老：老人。古本犂作黎。《经义述闻》："黎老者，耆老也，古字黎与耆通。"这里指箕子、比干这些忠实的老臣。 [9]昵（nì）、比：二词同义，皆为"亲近"义。 [10]臣下化之：孔疏："臣下化而为之，由纣恶而臣亦恶。言君臣之罪同也。"化，变化（心志），意思是渐渐弃善从恶。《管子·七法》："渐也，顺也，靡也，久也，服也，习也，谓之化。" [11]朋家作仇：意思是各立朋党，相为仇敌。朋，结党。 [12]胁权相灭：孔传："胁上权命以相诛灭。"胁，挟持。《释名·释形体》："胁，挟也。"权，权力。 [13]无辜：指无罪的人。吁天：呼天诉苦。吁，呼。 [14]秽：秽恶。彰：显著，显明。闻：传布。

第一段，周武王再次誓词，声讨商纣王的罪行。

"惟天惠民[1]，惟辟奉天[2]。有夏桀弗克若天，流毒下国[3]。天乃佑命成汤，降黜夏命[4]。惟受罪浮于桀[5]。剥丧元良[6]，贼虐谏辅[7]。谓己有天命，谓敬不足行，谓祭无益，谓暴无伤[8]。厥监惟不远[9]，在彼夏王[10]。天其以予乂民[11]，朕梦协朕卜[12]，袭于休祥[13]，戎商必克[14]。受有亿兆夷人[15]，离心离德；予有乱臣十人[16]，同心同德。虽有周亲[17]，不如仁人[18]。

夷人：平人，指谋略见识平常的人。孔疏："《传》训'夷'为'平'，平人为凡人，言其智虑齐，识见同。"

乱臣十人：乱臣，指治世大臣。十人，指周公旦、召公奭、太公望、毕公、荣公、太颠、闳夭、散宜生、南宫适、邑姜。见孔传、蔡传。

[注释]

[1]惠：爱。　[2]辟：君。奉：奉承。　[3]流毒：传布毒害，等于说传播灾难。　[4]降黜（chù）夏命：孔传释为"下退桀命"。降黜，贬退废黜。命，福命，指国运。　[5]浮：超过。孔疏："物在水上谓之浮。浮者，高之意，故为过也。桀罪已大，纣又过之。言纣恶之甚，故下句说其过桀之状。"　[6]剥：孔传："伤害也。"丧：迫使离开国土。蔡传："丧，去也，古者去国为丧。"元良：指微子。元，大。良，善。《史记·殷本纪》："微子数谏不听，乃与大师、少师谋，遂去。"　[7]贼：杀害。虐：残暴。谏辅：指比干。谏，直言规劝。辅，古代辅佐帝王的大臣。《尚书大传》："古者天子必有四邻：前曰疑，后曰丞，左曰辅，右曰弼。"《史记·殷本纪》记载：比干"乃强谏纣。纣怒曰：'吾闻圣人心有七窍。'剖比干，观其心"。　[8]伤：妨碍。　[9]监：通"鉴"，镜子。《新书·胎教》："明监所以照形也。"一说，儆戒，教训。　[10]在：察。见《书·舜典》"在璇玑玉衡"孔安国注。　[11]其：副词。表示揣测语气。以：使用。　[12]协：符合。　[13]袭：重合。　[14]戎：征伐。克：胜。　[15]夷：平。　[16]乱：《尔雅·释诂》："治也。"　[17]周亲：至亲。周，至。　[18]仁人：仁爱有德的人，这里指上文"乱臣"。

第二段，引证商汤克夏的史实，说明伐商的正当性和正义性。

"天视自我民视，天听自我民听。百姓有过[1]，在予一人[2]，今朕必往[3]。

"我武惟扬[4]，侵于之疆[5]，取彼凶残[6]。我伐用张[7]，于汤有光[8]。

"勖哉[9]，夫子[10]！罔或无畏[11]，宁执非敌[12]。百姓懔懔[13]，若崩厥角[14]。呜呼！乃一德一心[15]，立定厥功，惟克永世。"

厥角：叩头。《汉书·诸侯王表》："厥角稽首。"应劭说："厥者，顿也。角者，额角也。"

[注释]

[1]过：责望，责怪抱怨。《广韵》："过，责也。" [2]在予一人：王安石说："盖以其身任天下之责，不如是不足以为天吏也。"予一人，武王自指。 [3]今朕必往：现在我必定前去伐商。蔡传："言天之视听皆自乎民，今民皆有责于我，谓我不正商罪。以民心而察天意，则我之伐商断必往矣。" [4]武：武力。扬：发扬。 [5]侵：入。于：到，及于。 [6]取：擒取。凶残：凶残的人，指纣王。 [7]用：取得。张：开展，施行。《广雅》："张，施也。" [8]光：光辉。 [9]勖（xù）：勉，努力。 [10]夫子：孔传："夫子谓将士。" [11]罔：通"毋"，不可。 [12]宁：宁愿。《说文》："宁，愿词也。"非敌：无敌。非，无，没有。《仲虺之诰》"罔不惧于非辜"，"非辜"即"无辜"。 [13]懔懔：恐惧的样子。 [14]若崩厥角：当为厥角若崩，见俞樾《古书疑义举例·倒句例》。意谓叩头好像山崩一样。若，好像。崩，崩下。角，额角，指头。 [15]一德：指同谋救民。一心：指同心诛暴。

第三段，勉励西部联军勇往直前，建功立业。

[点评]

《泰誓中》记述一月戊午这天周武王誓告西方诸侯的誓词，武王同样列举商纣王的罪行，从"天"和"人"两方面分析周伐殷商，是上顺天意，下应民心，勉励联军将士勇敢作战，建立功勋。

《泰誓中》武王有言："天视自我民视，天听自我民听。"意思是说上天所看到的来自民众所看到的，上天所听闻的来自民众所听闻的。这是古代民本思想的经典叙述。这句话《孟子·万章上》也有征引："舜相尧二十有八载，非人之所能为也，天也。尧崩，三年之丧毕，舜避尧之子于南河之南。天下诸侯朝觐者，不之尧之子而之舜；讼狱者，不之尧之子而之舜；讴歌者，不讴歌尧之子而讴歌舜，故曰，天也。夫然后之中国，践天子位焉。而居尧之宫，逼尧之子，是篡也，非天与也。《太誓》曰：'天视自我民视，天听自我民听。'此之谓也。"天意来自民意，民意就是天意。儒家强调以德配天，保民而王。中国历代伟大的政治家和思想家，都是民本思想坚定的崇尚者和执行者。习近平总书记在纪念朱德同志诞辰130周年座谈会上的讲话也指出："'天视自我民视，天听自我民听。'今天，全党同志无论职位高低，都要把人民拥护不拥护、赞成不赞成、高兴不高兴、答应不答应作为衡量一切工作得失的根本标准。"

《泰誓中》周武王说："朕梦协朕卜。"这反映了商周时代贞问国家大事的手段除了寻常的占卜之外，还包括占梦。甲骨卜辞中多见占梦的记载。《说命》记载"高宗梦得说"，而卜辞中正有商王梦见大臣的记载。卜辞中记载的梦有凶梦也有吉梦，本篇称"朕梦协朕卜，袭于休祥"，说明武王的梦是一个吉梦。《诗经·小雅·斯干》："乃寝乃兴，乃占我梦。吉梦维何？维熊维罴，维虺维蛇。大人占之：维熊维罴，男子之祥；维虺维蛇，女子之祥。"这是传世文献中对占梦、吉梦的明确记载。占梦的习俗一直流传到后代，《左传》中有不少关于梦的记载，而梦也逐渐成为文学创作的母题，成为沟通天人、古今、生死的桥梁，给历代文人提供了广阔的想象空间。

泰誓下

时厥明^[1]，王乃大巡六师^[2]，明誓众士^[3]。

[注释]

[1]厥明：指戊午日的第二天。　[2]六师：古制，天子六军，大国三军。当时周武王没有六军，这里的六军，泛指诸侯的军队。　[3]众士：众将士。孔传："众士，百夫长以上。"

王曰："呜呼！我西土君子，天有显道^[1]，厥类惟彰^[2]。今商王受，狎侮五常^[3]，荒怠弗敬^[4]。自绝于天，结怨于民。斫朝涉之胫^[5]，剖贤人之心^[6]，作威杀戮，毒痡四海^[7]。崇信奸回^[8]，放黜师保^[9]，屏弃典刑^[10]，囚奴正士^[11]，郊社不修^[12]，宗庙不享^[13]，作奇技淫巧以悦妇人^[14]。

正士：指箕子。《史记·殷本纪》记载，纣王"剖比干，观其心。箕子惧，乃佯狂为奴，纣又囚之"。

祝：孔传："断
也。"这里的意思
是断然。

上帝弗顺，祝降时丧[15]。尔其孜孜[16]，奉予一人[17]，恭行天罚[18]。

［注释］

[1]显道：显明的常理。　[2]类：法则。《方言》："类，法也。"彰：明，宣扬。　[3]狎（xiá）侮：轻忽侮慢。五常：五种常行的伦理道德准则。孔疏："五常即五典，谓父义、母慈、兄友、弟恭、子孝。五者，人之常行。"　[4]荒：废弃。怠：懈怠，懒怠。弗敬：不重视。　[5]斫朝涉之胫：孔传："纣王受冬月见朝涉水者，谓其胫耐寒，斫而视之。"斫，砍断。涉，徒步涉水。《说文》："涉，徒行厉水也。"　[6]贤人：指比干。　[7]毒：指纣王的暴虐。痡（pū）：伤害。《尔雅·释诂》："痡，病也。"　[8]崇：推崇。信：宠信。回：邪。　[9]放黜：放逐贬黜。　[10]刑：法。　[11]囚：囚禁。奴：为奴隶，侮辱。　[12]郊：祭天。社：祭地。修：修治。　[13]不享：不祭祀。　[14]奇技淫巧：指纣王的各种荒淫暴虐的行为。奇技，奇异技能。淫巧，过度工巧。悦：取悦。妇人：指妲己。　[15]时丧：这丧亡的惩罚。　[16]其：副词，表示祈使语气。　[17]奉：帮助。《淮南子·说林》注："奉，助也。"　[18]恭：奉。天罚：上天的惩罚。

独夫：孤独一
人。指纣王残暴凶
狠，众叛亲离。蔡
传："独夫，言天
命已绝，人心已
去，但一独夫耳。"

"古人有言曰：'抚我则后[1]，虐我则仇[2]。'独夫受洪惟作威[3]，乃汝世仇[4]。树德务滋[5]，除恶务本[6]，肆予小子诞以尔众士殄歼乃仇[7]。尔众士其尚迪果毅[8]，以登乃辟[9]。功多有厚赏[10]，不迪有显戮[11]。

[注释]

[1]抚：抚爱。后：君主。   [2]虐：虐待。仇：仇敌。   [3]洪：大。   [4]世仇：大仇。《左传》桓公九年："诸经称'世子'及'卫世叔申'，经作'世'字，传皆为'大'，然则古者'世'之与'大'，字义通也。"   [5]务：致力。滋：滋长。   [6]本：根本，本源。蔡传："喻纣为众恶之本，在所当去。"   [7]诞：助词。殄（tiǎn）歼：灭绝、歼灭。   [8]迪：《尔雅·释诂》："迪，道也。"借声为"蹈"，履行，践行。果毅：孔疏："言其心不犹豫也。军法以杀敌为上，故劝令果毅成功也。"果，果敢。毅，坚决，坚毅。   [9]登：成就。《尔雅·释诂》："登，成也。"辟：君。   [10]厚赏：就是重赏。   [11]显戮：明显的惩罚。

"呜呼！惟我文考若日月之照临，光于四方[1]，显于西土[2]。惟我有周诞受多方[3]。予克受[4]，非予武，惟朕文考无罪[5]；受克予，非朕文考有罪，惟予小子无良[6]。"

[注释]

[1]光：充，广。   [2]显于西土：蔡传："言其德尤著于所发之地也。"显，显著。   [3]受：爱护。《广雅·释诂》："受，亲也。"多方：指众诸侯国。   [4]克：胜。   [5]无罪：没有过失。孔疏："文王无罪于天下，故天佑之，人尽其用。"罪，过失。   [6]良：善。孔疏："言胜非我功，败非父咎，崇孝罪己，以求众心耳。"

[点评]

《泰誓下》记述己未日周武王巡视大军时告诫将士们的誓词，武王仍然列举纣王的种种罪行，说明讨伐的原因，同时号召将士们分清敌我，勇敢杀敌。他引用古语"抚我则后，虐我则仇"，具有极大的鼓动性。

先秦所传百篇《尚书》有《泰誓》这个篇目，但汉初伏胜所传的今文《尚书》28篇中没有这个篇目。汉武帝时，河内女子献上《泰誓》，置于今文《尚书》中，因而今文《尚书》又有29篇之说。东汉马融、郑玄等大学者都怀疑《泰誓》是伪作，后来在西晋"永嘉之乱"中与伏胜本今文《尚书》一起佚亡了。今传《泰誓》三篇来自东晋梅赜所献的孔传古文《尚书》。《左传》襄公三十一年和《史记·周本纪》皆有《泰誓》引文，与今传本《泰誓》或相同相似，或相近相异。

《左传》襄公三十一年："（鲁襄）公作楚宫。穆叔曰：'《大誓》云：民之所欲，天必从之。'"《左传》引文与今传本《泰誓上》经文相同。

《史记·周本纪》："九年，武王上祭于毕。东观兵，至于盟津。为文王木主，载以车，中军。武王自称太子发，言奉文王以伐，不敢自专。乃告司马、司徒、司空、诸节：'齐栗，信哉！予无知，以先祖有德臣，小子受先功，毕立赏罚，以定其功。'遂兴师。师尚父号曰：'总尔众庶，与尔舟楫，后至者斩。'武王渡河，中流，白鱼跃入王舟中，武王俯取以祭。既渡，有火自上复于下，至于王屋，流为乌，其色赤，其声魄云。是时，诸侯不期而会盟津者八百诸侯。诸侯皆曰：'纣可伐矣。'武王曰：'女未知天命，未可也。’乃还师归。”

　　“十一年十二月戊午，师毕渡盟津，诸侯咸会。曰：‘孳孳无怠！’武王乃作《太誓》，告于众庶：‘今殷王纣乃用其妇人之言，自绝于天，毁坏其三正，离逷其王父母弟，乃断弃其先祖之乐，乃为淫声，用变乱正声，怡说妇人。故今予发维共行天罚。勉哉，夫子，不可再，不可三！’”

　　《史记》引文与今传本《泰誓》多相异。

　　《泰誓》三篇，今文无，古文有。

牧　誓

昧爽：太阳没有出来的时候。《说文》："昧爽，旦明也。"《礼记·内则》："昧爽而朝，慈以旨甘，日出而退。"

时甲子昧爽[1]，王朝至于商郊牧野[2]，乃誓。王左杖黄钺[3]，右秉白旄以麾[4]，曰："逖矣[5]，西土之人！"王曰："嗟[6]！我友邦冢君御事[7]，司徒、司马、司空[8]，亚旅、师氏[9]，千夫长、百夫长[10]，及庸[11]、蜀[12]、羌[13]、髳[14]、微[15]、卢[16]、彭[17]、濮人[18]。称尔戈[19]，比尔干[20]，立尔矛[21]，予其誓[22]。"

[注释]

[1]甲子：甲子日。　[2]商郊：商都城朝歌郊外。杜子春说："五十里为近郊，百里为远郊。"见《周礼·地官·载师》注。牧野：商都郊区地名，在商都朝歌南七十里，今河南淇县南。牧野位于远郊之内，近郊之外。　[3]杖：拿着。《说文》："杖，持也。"

钺：大斧。 [4]秉：《尔雅·释诂》："执也。"旄（máo）：本指用牦牛尾装饰旗杆顶的旗。马融以为此指"牦牛尾"。麾：指挥。
[5]逖（tì）：遥远。参与周伐商的方国皆为西方诸侯和戎狄之国，来路遥远。 [6]嗟：叹词，表示对千军万马的大声呼告，实际上是呼唤声的文字符号。 [7]冢君：邦国的君主。御事：邦国的治事大臣。 [8]司徒、司马、司空：官名。孔传："治事三卿，司徒主民，司马主兵，司空主土。" [9]亚旅、师氏：官名。亚旅，上大夫。见《左传》文公十五年注。师氏，中大夫。见《周礼·地官·序官》。 [10]千夫长、百夫长：官名。郑玄说："千夫长，师帅；百夫长，旅帅。" [11]庸：古国名，在今湖北竹山西南，后为楚所灭。与蜀、羌、髳、微、卢、彭、濮是当时周西南方的八个戎狄之国，故与友邦分别言之。 [12]蜀：在今四川西部地区。三星堆青铜文化遗址即属古蜀文化。 [13]羌：在今甘肃东南地区。 [14]髳（máo）：在今甘肃与四川的交界地区。 [15]微：在今陕西眉县境内。 [16]卢：在今湖北襄阳西南。 [17]彭：在今湖北房县西南。 [18]濮（pú）：在今湖北省与重庆市交界处。 [19]称：举。戈：古代主要兵器，横刃，木质长柄，可以横击。 [20]比：排列。干：盾牌。 [21]矛：古代主要兵器。木质长柄，直刺。 [22]其：时间副词，将。誓：《说文》："约束也。"

第一段，武王指挥西土联军将士，命令他们整饬军威。

王曰："古人有言曰：'牝鸡无晨[1]；牝鸡之晨[2]，惟家之索[3]。'今商王受惟妇言是用[4]，昏弃厥肆祀弗答[5]，昏弃厥遗王父母弟不迪[6]，乃惟四方之多罪逋逃[7]，是崇是长[8]，是信是使[9]，

"惟家之索"，即"惟索家"，宾语前置。

是以为大夫卿士^[10]。俾暴虐于百姓^[11]，以奸宄
于商邑^[12]。

[注释]

[1]牝鸡无晨：母鸡没有早晨啼叫的。牝鸡，母鸡。　[2]之：如果。《经传释词》："之，犹若也。……《牧誓》曰：'牝鸡之晨，惟家之索。'言牝鸡若晨也。"　[3]索：空，尽。　[4]妇：指妲己。《史记·殷本纪》："纣嬖于妇人，爱妲己，惟妲己之言是从。"此句为宾语前置句。　[5]昏弃：蔑弃，即轻蔑、轻视。见《经义述闻》。肆：祭名，对祖先的祭祀叫肆。见《周礼·春官·大祝》郑玄注。答：报答神灵。蔡传："答，报也。"又，"报"可以指答拜神灵的祭祀。《国语·鲁语上》："幕，能帅颛顼者也，有虞氏报焉；杼，能帅禹者也，夏后氏报焉；上甲微，能帅契者也，商人报焉；高圉、大王，能帅稷者也，周人报焉。"韦昭注："报，报德，谓祭也。"（一本作"报，报德之祭也。"）此处"答"训为"报"，或与此相类。　[6]遗：杜预注《左传》："遗，余也。"王父母弟：即同父异母兄弟和叔伯兄弟。迪：用。　[7]逋（bū）逃：即"逋逃者"。逋，逃亡。　[8]崇、长：指尊敬。　[9]信：信任。使：使用。这两句中的四个"是"均为前置宾语，复指上文"四方之多罪逋逃"。　[10]以：使。《战国策·秦策一》："泠向谓秦王曰：'向欲以齐事王，使攻宋也。'"高诱注："以，犹使也。""以"与"使"在秦汉文献中常互文见义。《诗经·豳风·九罭》："无以我公归兮，无使我心悲兮。"《史记·五帝本纪》："于是尧乃以二女妻舜以观其内，使九男与处以观其外。""以"与"使"互文义同，"以"即"使"。大夫卿士：官名。　[11]俾：使。　[12]奸宄（guǐ）：犯法作乱。乱在内为奸，乱在外为宄。

"今予发惟恭行天之罚。今日之事，不愆于六步、七步[1]，乃止齐焉[2]。夫子勖哉[3]！不愆于四伐、五伐、六伐、七伐[4]，乃止齐焉。勖哉夫子[5]！尚桓桓[6]，如虎如貔[7]，如熊如罴[8]，于商郊[9]。弗迓克奔以役西土[10]，勖哉夫子！尔所弗勖[11]，其于尔躬有戮[12]！"

[注释]

[1]愆（qiān）：过，超过。《司马法》："军以舒为主，虽交兵致刃，徒不趣，车不驰，不逾列，是以不乱。"步：跨出一足为"跬"，再跨出一足为"步"。《小尔雅》："倍跬谓之步。" [2]止齐：等待队伍整齐，防止轻进。郑玄说："好整好暇，用兵之术。"止，等。焉：表示祈使语气的语气词。 [3]夫子：孔传："夫子谓将士。"勖：勉。 [4]伐：郑玄说："伐谓击刺也。一击一刺曰一伐。始前就敌，六步七步当止齐，正行列。及兵相接，少者四伐，多者五伐，又当止齐。正行列也。" [5]哉：句中语气助词。 [6]尚：副词，表示命令语气。桓桓：威武的样子。郑玄说："桓桓，威武貌。" [7]貔：一种猛兽。《说文》："豹属。" [8]罴：熊的一种。 [9]于：往。 [10]迓：《史记》、马融本作"禦"，王肃本作"御"。古"禦""御"音义相通。禦，马融说："禁也。"役：《广雅·释诂》："助也。"西土：指周国。 [11]所：连词，表假设，如果。《经传释词》："所，犹'若'也。" [12]其：《经传释词》："其，犹'乃'也。"躬：身。戮：杀。

第二段，列举纣王种种罪行，宣布战场纪律。

[点评]

《牧誓》是周武王在牧野与商纣王的军队决战前的誓师词。

《牧誓》开篇交代，这场战争的具体时间是"甲子昧爽"，即甲子日清晨。1976年3月陕西临潼出土了一件西周早期的铜器利簋，铭文作者亲身参加了牧野之战。据铭文记载，"珷（武王）征商，佳（唯）甲子朝"，与《牧誓》的记载完全相同。

甲子日，周武王率三百辆战车，三千名虎贲勇士，四万五千名甲士，联合庸、蜀、羌、髳、微、卢、彭、濮等西方诸侯国和部落联盟，在牧野与商军进行决战，史称牧野之战。商纣王组织大量军队应战，《史记》记载有七十万人，似为夸张，但商军人数远多于周联军，这一点当可确定。然而，"纣师虽众，皆无战之心，心欲武王亟入"，商军临阵倒戈，周武王乘势攻入朝歌。商朝覆灭，周朝建立。

《牧誓》虽为战争誓词，但写得颇具文采，开篇在交代誓师的时间、地点之后，首先描绘武王的英武形象：武王左手握着金光闪闪的大斧，右手拿着白旄，指挥千军万马。一个威武的统帅形象跃然纸上，同时烘托出庄严肃穆的战时气氛。誓词称"称尔戈，比尔干，立尔矛"，三字短语干脆有力，排比句式加强气势，使人们仿佛感受到西方联军将士接受指令后齐刷刷举起战戈、列好盾牌、立起长矛的整肃宏伟。随后，武王引用古语"牝鸡无晨；牝鸡之晨，惟家之索"，指出商纣王宠爱妲己必然导致殷商灭亡，极大地振奋了周军和西方诸侯军队的士气，并提醒众军注意阵形，勉励他们勇敢杀敌。

《牧誓》还在中国的战争史上第一次提出在战斗中争取敌军归降的策略思想。周武王严格规定西方联军在战场上"弗迓克奔以役西土"。这一重要的策略思想不仅极大地瓦解了商军的战斗意志，阵前纷纷倒戈，对牧野之战的结果产生了决定性影响，也是周武王始终如一的策略思想。小国周要打败大邦殷，彻底征服殷民，必须分化殷商力量，争取人心。这一策略思想对后代也产生了深远的影响。

武王争取人心也表现在对待己方的部众上。武王在誓词篇首就说"逖矣，西土之人！"这是劳师之辞，表示对众军的体恤。"西土"固然可以指称周国，但此时的"周"其实还包括归附于周的各个西部方国。"西土"一词比"周"具有更大的包容性。按照社会学人际交往的原则，人们在与别人交往时，往往宣称最小的共同认同以争取彼此最大的凝聚。对周和西方其他部族而言，东方强大的商王朝是他们共同的敌人。在这种情况下，武王称"西土"而不称"周"，有利于争取团结，显示了超群的政治智慧。

《牧誓》也反映了商周时期的行军攻战形式。"今日之事，不愆于六步、七步，乃止齐焉。夫子勖哉！不愆于四伐、五伐、六伐、七伐，乃止齐焉。勖哉夫子！"这几句话译成现代汉语即为："今天的战事，行军时，不超过六步、七步，就要停下来整齐一下。将士们，要努力啊！刺击时，不超过四次、五次、六次、七次，就要停下来整齐一下。努力吧，将士们！"这种攻战形式在今人看来是不可思议的，但是实质古今相同。战争强调纪律必须严明，步调必须一致。《牧誓》注重行军和战斗时保持整齐的阵容。历代的行军攻战形式虽不相同，但《牧誓》行军攻战形式所反映的军事思想对历代兵书所阐述的军事理论都有明显的影响。顾颉刚、刘起釪等学者以为这是武王伐纣前举行隆重的舞蹈仪式，"六步七步、六伐七伐等等都是舞蹈动作"，《牧誓》就是武王在这种舞蹈仪式上的誓词。也有学者认为"六步七步、四伐五伐"是两军对阵时的阵前表演。《庄子·徐无鬼》："市南宜僚弄丸而两家之难解……"罗勉道《南华真经循本》注之曰："市南宜僚善弄丸铃，常八个在空中，一个在手。楚与宋战，宜僚披胸受刃，于军前弄丸铃，一军停战，遂胜之。"这类阵前表演可以提振己方士气，同时震慑对手。

古史由于文献不足征，多有争论。《牧誓》的《小序》记载甲子日，周武王率"虎贲三百人"伐殷，《墨子·明鬼下》则云"虎贲之卒四百人"，《风俗通·皇霸》引《尚书》为"虎贲八百人"，而《孟子·尽心下》《吕氏春秋》之《简选》《贵因》与《史记·周本纪》均记载为虎贲三千人，清代著名学者江声据《司马法》等文献考证当以"三千人"为是。

武　成

惟一月壬辰，旁死魄[1]。越翼日[2]，癸巳，王朝步自周[3]，于征伐商[4]。

[注释]

[1]旁死魄：指月亮大部分无光。孔传以为是一月二日。一说指阴历每月二十五日至三十日这一段时间。见王国维《观堂集林·生霸死霸考》。旁，孔传："旁，近也。"魄，也作霸，月光。　[2]越：《经传释词》："犹'及'也。"翼日：第二天。　[3]朝（zhāo）：早晨。步：孔传："行也。"自：从。周：镐京。　[4]于：往。

厥四月，哉生明[1]，王来自商，至于丰[2]。乃偃武修文[3]，归马于华山之阳[4]，放牛于桃林之野[5]，示天下弗服[6]。

"哉生明"，同"哉生魄"，月亮开始发光。古代常用作阴历每月二日或三日的代称。

［注释］

[1]哉：通"才"，始。　[2]丰：文王时的周都。在今陕西西安长安区西北沣河以西。丰有周代先王庙。　[3]偃武修文：停止武备，修治文德教化。孔传："倒载干戈，包以虎皮，示不用；行礼射，设庠序，修文教。"偃，停止，止息。修，修治。　[4]华山：旧说是西岳华山。阎若璩说："《武成》之华山非太华山，乃阳华山。今商州雒南县东北有阳华山，即武王归马之地，与桃林之野南北相望，壤地相接。"阳：山的南面。　[5]桃林：地名，在今河南省。阎若璩说："桃林塞为今灵宝县西至潼关广围三百里皆是。"[6]服：使用。

丁未^[1]，祀于周庙^[2]，邦甸、侯、卫^[3]，骏奔走^[4]，执豆、笾^[5]。越三日，庚戌，柴^[6]、望^[7]，大告武成^[8]。

［注释］

[1]丁未：指四月丁未日。　[2]祀于周庙：孔传："祭告后稷以下，文考文王以上七世之祖。"周庙，周祖庙。　[3]甸、侯、卫：就是甸服、侯服、卫服。周代把王室周围的土地按照距离远近分成六种，称为六服，即侯服、甸服、男服、采服、卫服、蛮服。这里用甸、侯、卫以代六服的诸侯。　[4]骏：《尔雅·释诂》："速也。"[5]豆、笾（biān）：皆为古代的祭器。　[6]柴：祭名，烧柴祭天。《礼记·大传》："柴于上帝。"[7]望：古代祭祀山川的专名，望而祭之，所以叫作"望"。　[8]大告：普遍地禀告。

第一段，记叙武王伐殷归来，偃武修文，祭祀群神。

既生魄[1]，庶邦冢君暨百工[2]，受命于周[3]。

[**注释**]

[1] 既生魄：魄，也作霸。《汉书·律历志》："生霸，望也。"孔传以为是十五日之后。一说，指从上弦到月望一段时间，月亮已经生魄还没有大明。王国维《观堂集林·生霸死霸考》："既生霸，谓自八、九日以降至十四五日也。" [2] 庶邦：指各诸侯国。百工：百官。 [3] 命：政命。蔡传："四方诸侯及百官皆于周受命，盖武王新即位，诸侯百官皆朝见新君。"

王若曰："呜呼，群后[1]！惟先王建邦启土[2]，公刘克笃前烈[3]，至于大王肇基王迹[4]，王季其勤王家[5]。我文考文王，克成厥勋，诞膺天命[6]，以抚方夏[7]。大邦畏其力，小邦怀其德。惟九年，大统未集[8]，予小子其承厥志。底商之罪[9]，告于皇天后土[10]，所过名山大川[11]，曰：'惟有道曾孙周王发[12]，将有大正于商[13]。今商王受无道，暴殄天物[14]，害虐烝民[15]，为天下逋逃主[16]，萃渊薮[17]。予小子既获仁人，敢祗承上帝，以遏乱略。华夏蛮貊[18]，罔不率俾[19]。恭天成命[20]，肆予东征[21]，绥厥士女[22]。惟其士女，篚厥玄黄[23]，昭我周王[24]。天休震动[25]，用附我大

"曰"之下文为武王告神词。

华夏：指中原国家。孔疏："《释诂》云：夏，大也。故大国曰夏。华夏谓中国也。"

邑周^[26]。惟尔有神，尚克相予以济兆民^[27]，无作神羞^[28]！'

[注释]

[1] 群后：指众诸侯。后，君。　[2] 惟：句首语气词。先王：指后稷。孔疏："后稷非王，尊其祖，故称先王。"建邦启土：建立邦国，开启疆土。孔疏："后稷始封于邰，故言建邦启土。"　[3] 公刘克笃前烈：指公刘能修治前人的功业。《史记·周本纪》记载："公刘虽在戎狄之间，复修后稷之业，务耕种，行地宜，自漆、沮度渭，取材用，行者有资，居者有畜积，民赖其庆。百姓怀之，多徙而保归焉。"公刘，后稷的曾孙。笃，修治，治理。《广雅·释诂》："笃，理也。"烈，业。　[4] 大王：古公亶父。肇基王迹：指古公亶父迁居岐山下的周原，积德行义，深得民心，开始王业。《史记·周本纪》称"盖王瑞自太王兴"。肇基，开始。《尔雅·释诂》："基、肇，始也。"　[5] 王季：文王的父亲。勤：勤劳。王家：指王家的事业。　[6] 膺：受。　[7] 抚：安。方夏：四方中夏。见孔传。　[8] 大统：指统一天下的大业。集：成就，成功。　[9] 厎（zhǐ）：致。　[10] 皇天后土：古时天地的合称。《左传》僖公十五年："君履后土而戴皇天，皇天后土，实闻君之言。"这里指天神地神。　[11] 名山：指华山。大川：指黄河。周武王伐商从镐京往朝歌，必然经过华山，渡过黄河。　[12] 有道：孔疏："自称有道者，圣人至公，为民除害，以纣无道言己有道，所以告神求助不得饰以谦辞也。"曾孙：诸侯自称之辞。《礼记·曲礼》："临祭祀，内事曰孝子某侯某，外事曰曾孙某侯某。"　[13] 正：同"政"。大政，就是大事。　[14] 天物：指鸟兽草木等各种天然物资。　[15] 烝（zhēng）民：指民众。烝，众多。　[16] 逋（bū）

逃主：孔传："天下罪人逃亡者而纣为魁主。"逋，逃亡。　[17]萃：聚集。渊薮（sǒu）：鱼和兽类聚居的地方。这里比喻天下罪人都归向纣，如同鱼聚于渊，兽聚于薮。　[18]蛮貊（mò）：泛指四方的少数民族国家。蛮，古代对南方各少数民族的泛称。貊，古代北方少数民族名。　[19]俾：《尔雅·释诂》："从也。"　[20]恭：奉行。成命：定命。指天意灭商。　[21]肆：所以。东征：商在周的东方，伐商是向东征伐，所以叫作东征。　[22]绥：安。士女：古代男女的称呼。　[23]篚（fěi）：竹筐。这里用作动词。玄黄：指玄黄二色丝帛。　[24]昭：通"诏"，帮助。《尔雅·释诂》："诏，助也。"[25]休：美，善。震动：震动民心。　[26]大邑：大国。　[27]相：帮助。济：救助。兆民：广大民众。兆，十亿，极言众多。　[28]无作神羞：莫使神受到羞辱。作，使。见《周礼》注。

"既戊午[1]，师逾孟津[2]。癸亥，陈于商郊[3]，俟天休命[4]。甲子昧爽，受率其旅若林[5]，会于牧野。罔有敌于我师，前徒倒戈[6]，攻于后以北[7]，血流漂杵[8]。

[注释]
[1]既：不久。　[2]逾：渡过。　[3]陈（zhèn）：通"阵"，布阵。[4]俟：等待。待天休命，孔传："谓夜雨止毕陈。"　[5]旅：《尔雅·释诂》："众也。"这里指军队。若林：孔传："如林，言盛多。"[6]前徒：指前军。倒戈：倒转戈矛向己方攻击。《史记·周本纪》："纣师虽众，皆无战之心，心欲武王亟入。纣师皆倒兵以

战，以开武王。"　[7]北：败逃。　[8]杵：舂杵。孔传："血流漂舂杵。"

"一戎衣^[1]，天下大定。乃反商政^[2]，政由旧^[3]。释箕子囚，封比干墓^[4]，式商容间^[5]。散鹿台之财^[6]，发钜桥之粟^[7]，大赉于四海，而万姓悦服。"

一戎衣：即"殪戎殷"，灭亡大商。《礼记·中庸》："武王缵大王、王季、文王之绪，壹戎衣而有天下。"《康诰》："天乃大命文王。殪戎殷。"与此处"一戎衣"同。《中庸》"壹戎衣"即《康诰》"殪戎殷"。

[注释]

[1]"一"通"殪"，"衣"通"殷"。郑玄说："'衣'读如'殷'，声之误也，齐言'殷'声如'衣'。"上古"衣"为影母微部字，"殷"为影母文部字，二字双声，微文对转，例得通用。《中庸》"壹"为《康诰》篇"殪"之借，本篇又省为"一"。　[2]反：反对。这里的意思是废除。商政：指纣的恶政。　[3]由：用。旧：指商代旧时的善政。　[4]封比干墓：在比干墓上添土，重新修坟墓，以表尊重。封，孔传："益其土。"[5]式商容间：礼敬商容居里。孔疏："武王过其间而式之。言此内有贤人，式之礼贤也。"式，轼，车前的横木。孔疏："男子立乘，有所敬则俯而凭式。"这里是礼敬的意思。商容，商代贤人。《史记·殷本纪》："商容贤者，百姓爱之，纣废之。"间，《说文》："族居里门也。"　[6]鹿台：府库名。《史记·殷本纪》：商纣王"厚赋税以实鹿台之钱"。《史记集解》引如淳说："《新序》云鹿台，其大三里，高千尺。"　[7]钜（jù）桥：《史记集解》引服虔说："钜桥，仓名。许慎曰钜鹿水之大桥也，有漕粟也。"

第二段，记叙武王昭告天下周灭商的必然性，敬贤安民。

列爵惟五[1]，分土惟三[2]。建官惟贤，位事惟能。重民五教[3]，惟食、丧、祭[4]。惇信明义[5]，崇德报功。垂拱而天下治[6]。

孔传："言武王所修皆是，所任得人，故垂拱而天下治。"

[注释]

[1]惟：为。五：指公、侯、伯、子、男五等爵位。　[2]分土惟三：孔传："列地封国，公、侯方百里，伯七十里，子、男五十里，为三品。"　[3]五教：指父义、母慈、兄友、弟恭、子孝五种伦理道德准则。　[4]惟食、丧、祭：孔传："民以食为命，丧礼笃亲爱，祭祀崇孝养，皆圣王所重。"　[5]惇：厚。　[6]垂拱：垂衣拱手。

第三段，记叙武王克殷后的重要政治举措。

[点评]

武，指武王灭商的武功。成，成就。《武成》记叙周武王伐殷归来，向祖庙、上天、山川以及诸侯百官报告伐殷武功的成就。《史记·周本纪》："命召公释箕子之囚。命毕公释百姓之囚，表商容之闾。命南宫括散鹿台之财，发钜桥之粟，以振贫弱萌隶。命南宫括、史佚展九鼎保玉。命闳夭封比干之墓。命宗祝享祠于军。乃罢兵西归。行狩，记政事，作《武成》。"

任何新政权的建立，安定民心，稳定局势最为重要迫切。安定民心必须使民众认识新政权建立的合法性；稳定局势必须尽快确定施政纲领、基本国策和工作重心。

《武成》主体部分周武王的诰辞首先回顾了周的光荣

历史，简要叙述了周先王后稷、公刘、古公亶父、王季的事迹，突出文王"诞膺天命，以抚方夏"的伟大功绩。周武王说明完成灭殷大业是秉承文王遗志。武王向侯伯臣僚转述战前祭告山川的祷告词，指出商王无道是周武王夺取政权的原因，周灭殷是代表天意，并且得到了民众的热情回应和支持。"惟其士女，篚厥玄黄"，这一细节生动展现了民众犒劳周师的情景。接着武王总结牧野之战的经过，用敌军"前徒倒戈，攻于后以北，血流漂杵"的细节表明周负载天命人心，也从侧面衬托出周军所向披靡、势不可挡的威武气势。这一切都意在说明周夺取天下的必然性，说明周克商是历史和民众的选择。

然后，武王提出新生的周王朝"偃武修文"的施政纲领，公布一系列施政新措施。

首先是废除商纣王的暴政，采用殷先王的善政，实行新政，具体包括：（1）停止武备。"归马于华山之阳，放牛于桃林之野，示天下弗服"。（2）抚慰、表彰殷商忠臣良佐。"释箕子囚，封比干墓，式商容闾"。（3）赈济天下民众。"散鹿台之财，发钜桥之粟，大赉于四海"。停止武备，表明天下太平，人民可以安居乐业；表彰忠良贤臣，社会伦理道德就能重新树立；赈济贫苦大众，民生就能落实。政通人和，就可以"万姓悦服"。

其次是建立新的官僚制度。"列爵惟五，分土惟三"是规定分封爵位的等次；"建官惟贤，位事惟能"是确定官僚选拔的标准。

此外，还确定了新国家的工作重心：（1）重视伦理道德建设，"重民五教"。（2）重视民生，"惟食、丧、祭"。

《孟子·梁惠王上》也认为："养生丧死无憾，王道之始也。"（"食、丧、祭"与"养生丧死"大致接近）（3）树立新风，"惇信明义，崇德报功"。

《武成》堪称一份条理井然的开国治理政纲。

本篇今文无，古文有。

洪　范

　　惟十有三祀^[1]，王访于箕子^[2]。王乃言曰："呜呼！箕子，惟天阴骘下民^[3]，相协厥居^[4]，我不知其彝伦攸叙^[5]。"

　　[注释]

　　[1]惟：句首语气助词。十有三祀：指周文王受命建国后的第十三年，周武王灭商后的第二年。祀，年。　[2]王：周武王。访：咨询。《尔雅·释诂》："访，谋也。"箕子：殷纣王的叔父。　[3]阴骘（zhì）：荫覆安定。阴，马融说："覆也。"《释名》："荫也。"骘，《史记》作"定"。　[4]相：使。见《吕氏春秋·诚廉》高诱注。协：和。厥：其。　[5]彝伦：常理。攸：《经传释词》："犹'所以'也。"叙：次序，这里为动词，制定，规定。

　　箕子乃言曰："我闻在昔^[1]，鲧陻洪水^[2]，汩

陈其五行^[3]。帝乃震怒，不畀洪范九畴^[4]，彝伦攸致^[5]。鲧则殛死^[6]，禹乃嗣兴，天乃锡禹洪范九畴^[7]，彝伦攸叙。

［注释］

[1] 在昔：往古，从前。也写作"昔在""昔才"。西周金文已见。《君奭》"我闻在昔"，《礼记·缁衣》引作"昔在"。《无逸》篇"昔在殷王中宗"，《中论·夭寿》作"在昔殷王中宗"。西周时期何尊铭文有"昔才（在）尔考公氏克逑玟王"句，师𪾢簋铭文有"才（在）昔先王小学女"句。 [2] 鲧：人名，夏禹的父亲。陻（yīn）：堵塞。 [3] 汩：乱。孙星衍《尚书今古文注疏》："'汩'为'乱'者，江氏声引司马相如《上林赋》云：'汩乎混流。'又云：'《说文》：汩，治水也。反其义则为乱。''汩'与'滑'声相近，故为乱。"江声采用义训法，认为"汩"训"乱"是反义为训；孙星衍则用声训法，认为"汩""滑"音近可通，而"滑"有"乱"义，故"汩"也有"乱"义。《舜典》"蛮夷猾夏"，《潜夫论》引作"滑"，郑玄说："猾，乱也。"陈：列。行：用。 [4] 畀（bì）：给予。洪范：就是大法。洪，大。见《尔雅·释诂》。范，法。见《尔雅·释诂》。畴：类。 [5] 攸：因此。下文"彝伦攸叙"之"攸"同。致（dù）：败坏。 [6] 殛：诛，这里是流放的意思。《吕氏春秋·行论》高诱注："《书》云'鲧则殛死'，先殛后死也。" [7] 锡：通"赐"，给予。

"初一曰五行^[1]，次二曰敬用五事^[2]，次三曰农用八政^[3]，次四曰协用五纪^[4]，次五曰建用皇

五行：指水、火、木、金、土五种被人利用的物质。《尚书大传》："水火者，百姓之所饮食也；金木者，百姓之所兴作也；土者，万物之所资生也。是为人用。"

九畴：即下文初一至次九的九类治国大法。

初一：这是特殊的序数标记法，《尚书》用"初"或"初一"表示"第一"。

次：第。

极^[5]，次六曰乂用三德^[6]，次七曰明用稽疑^[7]，次八曰念用庶征^[8]，次九曰向用五福^[9]，威用六极。

皇极：《尚书大传》作"王极"。朱熹说："皇者，君之称；极者，至极之义，标准之名也。"

[注释]

[1]曰：是。 [2]敬：谨。五事：五件事。详见下文。 [3]农：努力。《广雅·释诂》："农，勉也。"王念孙疏证："农，犹努也，语之转耳。"《吕刑》篇"农殖嘉谷"之"农"同此。西周时期的梁其钟铭文有"农臣先王"之语，"农"义同此。八政：八种政事官员，此处指八种政务。详见下文。 [4]协：合。五纪：五种记时方法。纪，《广雅·释诂》："识也。" [5]建：建立。皇：君王。极：法则。 [6]乂（yì）：治，这里指治民。孔传："治民必用刚、柔、正直之三德。" [7]稽：考察。当读为卟（jī），《说文》："卟，卜以问疑也，读与稽同。《书》云：'卟疑'。" [8]念：经常思虑。《说文》："念，常思也。"庶：众。征：征兆。 [9]向：读为"饷"，劝勉。《汉书·谷永传》："经曰：饷用五福，畏用六极。"

第一段，叙述洪范九畴的产生和传承情况，概述其纲目。

爰：句中语气助词，无义。《尚书正读》："爰，《史记》作'曰'，'爰'亦'曰'，声相近而借也。""曰""爰"互文，皆为句中语气助词。

"一^[1]、五行：一曰水^[2]，二曰火，三曰木，四曰金，五曰土。水曰润下^[3]，火曰炎上，木曰曲直^[4]，金曰从革^[5]，土爰稼穑^[6]。润下作咸^[7]，炎上作苦，曲直作酸，从革作辛，稼穑作甘^[8]。

［注释］

[1]此处始分叙九种治国大法。"一、二、三、四、五、六、七、八、九"是基数词，本篇用来表示"第一、第二、第三、第四、第五、第六、第七、第八、第九"的次序。每一种治国大法内部的次序也采用基数表示序数。 [2]曰：《经传释词》："曰，犹'为'也。""桓四年《谷梁传》'一为干豆，二为宾客，三为充君之庖'，《公羊传》'为'作'曰'。"《词诠》："不完全内动词，为也。""一曰水"即"一是水"，余类推。 [3]曰：以下五个"曰"字都是语气助词，无义。润：润湿。 [4]曲直：可曲可直。 [5]从：顺从。革：变革。这里指改变形状。 [6]土爰稼穑：土里可以种植收获百谷。稼穑，播种和收获。 [7]润下：省略中心词，当指润下的水。"炎上""曲直""从革""稼穑"同例。作：产生。《诗经·周颂·天作》："天作高山，大王荒之。"毛传："作，生也。" [8]稼穑：这里指土里种植收获的百谷。

"二、五事：一曰貌^[1]，二曰言，三曰视，四曰听，五曰思。貌曰恭，言曰从^[2]，视曰明，听曰聪^[3]，思曰睿^[4]。恭作肃^[5]，从作乂，明作晢，聪作谋，睿作圣。^[6]

［注释］

[1]貌：容貌。 [2]从：正当合理。《汉书·五行志》注："貌正曰恭，言正曰从。" [3]聪：听得广远。《楚辞·涉江》王逸注："远听曰聪。" [4]睿：通达。 [5]作：关联副词，可译为"才"。《说文·人部》："作，起也。"引申为"始"。《经传释词》："作，

始也。家大人曰：'作'之言'乍'也，乍者，始也。"《古汉语同义虚词类释》："'作'之训'始'为'才'义，当由其动词'开始'之义引申虚化而来。作乂，即'始治'，亦'才治'。"肃：敬。　[6]孔疏："貌能恭则心肃敬也，言可从则政必治也，视能明则所见照晳也，听能聪则所谋必当也，思通微则事无不通乃成圣也。"《洪范》本体与人主作法，皆据人主为说。"

"三、八政[1]：一曰食，二曰货，三曰祀，四曰司空，五曰司徒，六曰司寇，七曰宾，八曰师。

[注释]

[1]八政：八种政务官员。郑玄说："食，谓掌民食之官，若后稷者也。货，掌金帛之官，若《周礼》司货贿者也。祀，掌祭祀之官，若宗伯者也。司空，掌居民之官也。司徒，掌教民之官也。司寇，掌诘盗贼之官。宾，掌诸侯朝觐之官，《周礼》大行人是也。师，掌军旅之官，若司马也。"这一节列举八种官名，以代八方面的政务。

"四、五纪：一曰岁，二曰月，三曰日，四曰星辰[1]，五曰历数[2]。

[注释]

[1]星辰：星指二十八宿，辰指十二辰。孔传："二十八宿迭见以叙气节，十二辰以纪日月所会。"　[2]历数：指太阳、月亮运行经历的周天度数。周天三百六十五又四分之一度，太阳每天行

一度，月亮每天行十三又十九分之七度，一年按照十二个月计算，就有余日。计算太阳、月亮运行的周天度数，可以定闰月。定闰月就可以调和四季。《尧典》："以闰月定四时成岁。"

"五、皇极：皇建其有极[1]。敛时五福[2]，用敷锡厥庶民[3]，惟时厥庶民于汝极[4]。锡汝保极[5]：凡厥庶民，无有淫朋[6]，人无有比德[7]，惟皇作极。凡厥庶民，有猷有为有守[8]，汝则念之。不协于极，不罹于咎[9]，皇则受之。而康而色[10]，曰：'予攸好德[11]。'汝则锡之福。时人斯其惟皇之极[12]。无虐茕独而畏高明[13]，人之有能有为，使羞其行[14]，而邦其昌[15]。凡厥正人[16]，既富方谷[17]，汝弗能使有好于而家[18]，时人斯其辜[19]。于其无好德[20]，汝虽锡之福，其作汝用咎[21]。无偏无陂[22]，遵王之义[23]；无有作好[24]，遵王之道；无有作恶，遵王之路。无偏无党，王道荡荡[25]；无党无偏，王道平平[26]；无反无侧[27]，王道正直。会其有极[28]，归其有极[29]。曰[30]：皇，极之敷言[31]，是彝是训[32]，于帝其训[33]。凡厥庶民，极之敷言，是训是行，以近天子之光。曰：天子作民父母，以为天下王。

[注释]

[1]建：建立。这里指建立君权。按：西周时期的班簋铭文有"王令毛伯更虢成公服，屏王位，作四方极"之语，可视为"皇极"的雏形。《周礼·天官》："惟王建国，辨方正位，体国经野，设官分职，以为民极。"　[2]敛：采取。时：这。五福：内容不详。或指下文第九条所说的寿、富、康宁、攸好德、考终命五种幸福。　[3]敷：普遍。锡：施予。　[4]于：《尚书易解》引《方言》："大也；犹言重视。"　[5]锡：赐，贡献。保：保持，保有。　[6]淫朋：邪党。　[7]人：百官。比德：蔡传："私相比附也。"德，行为。　[8]猷：谋。为：作为。守：操守。　[9]罹：陷入。咎：罪恶。　[10]而：两个"而"均为连词，表并列关系。康：安。色：温润。见《诗经·鲁颂·泮水》"载色载笑"传。　[11]攸：遵行。《尚书易解》："攸，与'由'通，遵行之意。"一说"攸"为句中语气助词。《经传释词》："予攸好德，言予好德也。"　[12]斯：于是，就。《经传释词》："犹'乃'也。"惟：思。　[13]无：通"毋"，不要。茕独：泛指鳏寡孤独、无依无靠的人。茕，孤。　[14]使羞其行：让他们施展才能。羞，贡献。《尔雅·释诂》："羞，进也。"　[15]而：第二人称代词，你的。《说文·而部》："而，颊毛也。"假借为第二人称代词。"而"与"女"（汝）同为日纽，双声；与"乃"同为哈部，叠韵。"而"作第二人称代词可能是"女（汝）""乃"的假借。　[16]正人：指官员。《尚书今古文注疏》："正人谓在位之正长。"　[17]既：既然，因果连词，表推论。《中国文法要略》第二十二章："'既'字又可以用于推论的句子。"方：经常。《礼记·檀弓》："左右就养无方。"郑注："方，犹常也。"谷：禄位。　[18]家：这里指"国家"。　[19]时人斯其辜：于是臣民们就要责怪您了。辜，责怪。　[20]于其无好（hǎo）德：对于那些没有好品行的人。王引之据《史记·宋微子世家》作"于其

无好"，指出此句本无"德"字。又对陆德明《经典释文》和孔
颖达《尚书正义》进行分析，指出二家所见版本也均无"德"字，
并且指出"好"当读第三声。此外，王氏还指出："'咎'训为恶，
'好'与'咎'义正相对。'无好'与'有好'亦相对。若读为'攸
好德'之'好'，则与上下文义不相属矣。且'好'与'咎'古
音正协，'皇极'一篇皆用韵之文，不应此三句独无韵也。"见《经
义述闻》。 [21] 作：焦循说："《周礼·司士》注：'作'谓'使之'
也。"用：《说文》："可施行也。"咎：《广雅·释诂》："恶也。"这
里指"恶政"。 [22] 无：通"勿"，不要。下同。陂（pō）：不正。
后来写作"颇"。 [23] 义：法。 [24] 有：或。《吕氏春秋》《韩
非子》引"有"皆作"或"。好（hào）：马融说："私好也。" [25] 荡
荡：宽广的样子。 [26] 平平：平易的样子。 [27] 无反无侧：
马融说："反，反道也；侧，倾侧也。" [28] 会：聚合，这里指团
结。郑玄说："谓君当会聚有中之人以为臣也。" [29] 归其有极：
郑玄说："谓臣也当就有中之君而事之。"归，归附。 [30] 曰：
《尚书正读》："更端之词。" [31] 极之敷言：极所陈述之言。敷，
陈述。 [32] 是：代词，之，为前置宾语。彝：《史记》作"夷"，
陈列宣扬的意思。训：教训。 [33] 训：顺从。

"六、三德：一曰正直，二曰刚克，三曰柔
克[1]。平康正直[2]，强弗友刚克[3]，燮友柔克[4]。
沉潜刚克[5]，高明柔克[6]。惟辟作福，惟辟作威，
惟辟玉食[7]。臣无有作福作威玉食。臣之有作福
作威玉食[8]，其害于而家，凶于而国。人用侧颇
僻[9]，民用僭忒[10]。

[注释]

[1]刚克：过分刚强。柔克：过分柔顺。刚克、柔克，皆指性情而言。克，《尔雅·释诂》："胜也。"　[2]平康：中正平和。　[3]友：亲近。　[4]燮：和顺。　[5]沉潜：用作动词，抑制。　[6]高明：用作动词，推崇。　[7]玉食：马融说："美食。"　[8]之：如果。《经传释词》："之，犹'若'也。……《洪范》曰：'臣之有作福作威玉食，其害于而家，凶于而国。'言臣若有作福作威玉食也。"　[9]人用侧颇僻：意谓百官将因此倾侧不正。用，介词，因此。侧，倾仄。颇僻，不正。见《尚书易解》。　[10]僭忒：越轨作恶，犯上作乱。僭，越轨。忒，作恶。

"七、稽疑：择建立卜筮人[1]，乃命卜筮。曰雨，曰霁，曰蒙，曰驿[2]，曰克[3]，曰贞[4]，曰悔[5]，凡七。卜五，占用二，衍忒[6]。立时人作卜筮[7]。三人占，则从二人之言。汝则有大疑[8]，谋及乃心，谋及卿士，谋及庶人，谋及卜筮。汝则从，龟从，筮从，卿士从，庶民从，是之谓大同。身其康强，子孙其逢[9]。吉。汝则从，龟从，筮从，卿士逆，庶民逆，吉。卿士从，龟从，筮从，汝则逆，庶民逆，吉。庶民从，龟从，筮从，汝则逆，卿士逆，吉。汝则从，龟从，筮逆，卿士逆，庶民逆，作内吉[10]，作外凶。龟筮共违于人，用静吉，用作凶[11]。

[注释]

[1] 卜筮（shì）：古时占卜，用龟甲占吉凶叫作卜，用蓍草占吉凶叫作筮。 [2] 驿：古文作圛。《说文》：“《尚书》曰圛。圛，升云半有半无。读若驿。”段氏《古文尚书撰异》指出，《左传》《说文解字》都认为《洪范》属于《商书》。如：《左传》文公五年宁嬴曰：“《商书》曰：‘沈渐刚克，高明柔克。’”《说文·女部》：“妷，人姓也。从女，丑声。《商书》曰：‘无有作妷。’” [3] 克：郑玄说：“如褆气之色相违也。”见《史记集解》。 [4] 贞：内卦。孙星衍说：“《易·蛊卦》巽下艮上，巽为风，艮为山。《春秋左氏》僖十五年传云：‘蛊之贞，风也；其悔，山也。’是以知内卦曰贞，外卦曰悔。卦以下为内，上为外也。”“曰贞”与下句“曰悔”都承前省略主语“用蓍草占卜所得的卦象”。 [5] 悔：外卦。《说文》作“𢙖”。 [6] 衍：推演。忒：变化。 [7] 时人：指掌管卜筮的官员。时，这。 [8] 则：假若，如果。《经传释词》：“则，犹若也。” [9] 子孙其逢，王引之说：“犹言其后必大耳。”逢，兴旺。马融说：“大也。” [10] 内：国内。下句“外”，指国外。 [11] 作：举事。

“八、庶征：曰雨，曰旸[1]，曰燠[2]，曰寒，曰风。曰时五者来备，各以其叙[3]，庶草蕃庑[4]。一极备[5]，凶[6]；一极无[7]，凶。曰休征[8]：曰肃，时雨若[9]；曰乂，时旸若；曰晢，时燠若；曰谋，时寒若；曰圣，时风若。曰咎征：曰狂[10]，恒雨若；曰僭[11]，恒旸若；曰豫[12]，恒燠若；曰急[13]，恒寒若；曰蒙[14]，恒风若。曰王省惟

者：今文《尚书》仅此句一字，或为后人传抄讹误，详见钱宗武《今文尚书语言研究》283—289 页。

岁[15]，卿士惟月，师尹惟日。岁月日时无易[16]，百谷用成[17]，乂用明，俊民用章[18]，家用平康。日月岁时既易，百谷用不成，乂用昏不明，俊民用微[19]，家用不宁。庶民惟星，星有好风，星有好雨[20]。日月之行，则有冬有夏[21]。月之从星，则以风雨[22]。

[注释]

[1]旸：《说文》："日出也。"这里同雨相对而言，意思是晴天。 [2]燠（yù）：《说文》："热在中也。"这里同寒相对而言，意思是温暖。 [3]叙：次序。 [4]蕃：茂盛。庑：通"芜"，草长得丰盛。"蕃""庑"构成并列。 [5]一：指雨、旸、燠、寒、风五者之一。极备：过多。 [6]凶：荒年。 [7]极无：过少。 [8]曰：《词诠》："语首助词，无义。"曰，古同"聿"。《诗经·大雅·抑》："天方艰难，曰丧厥国。"《经典释文》引《韩诗》，"曰"作"聿"。 [9]若：像。"时雨若"即"像时雨"。《尚书正读》："若，譬况之词，位于句末。如《易经·离卦》'出涕沱若，戚嗟若'，言出涕若沱，戚若嗟也。《诗经·卫风·氓》'桑之未落，其叶沃若'，言其叶若沃也。本文曰'肃时雨若'，犹《孟子》言'若时雨降'也。下均放（仿）此。"一说"若"为语气词。《尚书核诂》："若，《周易》王注：辞也。"《词诠》："若，语末助词。" [10]狂：傲慢。 [11]僭（jiàn）：差错。 [12]豫：逸乐。 [13]急：郑玄说："急促，自用也。"孔疏："以'谋'者用人之言，故'急'为自用己也。" [14]蒙：昏暗。 [15]省（xǐng）：视察治理政事。 [16]岁月日时无易：《尚书易解》："喻君臣各顺其常。"岁

月日，岁包括四时和月日，内容很广。月统属于岁，日统属于月，时统属于日。这是正常状态。易，改变。　[17]用：因。　[18]俊民：有才能的人。章：彰，显明。谓表彰提拔。　[19]微：与"章"对举，不显明，不被提拔重用。　[20]星有好（hào）风，星有好雨：马融说："箕星好风，毕星好雨。"　[21]日月之行，则有冬有夏：郭嵩焘《史记札记》："冬夏者，天之所以成岁功也，而日月之行循乎黄道以佐成岁功。以喻臣奉君命而布之民。"　[22]月之从星，则以风雨：谓月亮顺从星星，就要用风和雨（润泽星星）。《史记札记》："月入箕则风，入毕则雨。风雨者，天之所以发生万物也。而月从星之好以施行之。喻宣导百姓之欲以达之君。"以，用。

"九、五福：一曰寿，二曰富，三曰康宁，四曰攸好德[1]，五曰考终命[2]。六极：一曰凶、短、折[3]，二曰疾，三曰忧，四曰贫，五曰恶[4]，六曰弱[5]。"

[注释]

[1]攸好德：遵行美德。攸，通"由"。　[2]考终命：老而善终。考，老。　[3]凶、短、折：均指早死。未到换牙齿的时候就死了叫作"凶"，未到二十岁成年的时候就死了叫作"短"，未结婚就死了叫作"折"。郑玄说。　[4]恶：邪恶。《尚书易解》："恶，指善恶之恶，'攸好德'之反，谓为奸宄，不遵循好德也。"　[5]弱：郑玄说："愚懦不壮毅曰弱。"

第二段，分条详述洪范九畴的具体内容。

［点评］

相传大禹治水时，洛水中浮出神龟，背负《洛书》，献给大禹。《周易·系辞上》："河出图，洛出书，圣人则之。""洛出书"指的就是这件事。据《汉书·五行志》，《洛书》的内容就是《洪范》"初一曰五行，次二曰敬用五事，次三曰农用八政，次四曰协用五纪，次五曰建用皇极，次六曰乂用三德，次七曰明用稽疑，次八曰念用庶征，次九曰向用五福，威用六极"六十五字。殷商时，《洛书》传给了箕子。武王伐纣前一年，纣王杀王子比干，囚禁箕子。武王克商后，命召公释放箕子。后二年，周武王向箕子询问治国方略，箕子便根据《洛书》，详细叙述了治理国家的九种大法。

《洪范》九畴中，第一种大法是"五行"。行，意谓"用"。"五行"本指自然界金木水火土五种基本物质，是朴素唯物的。"水曰润下，火曰炎上，木曰曲直，金曰从革，土爰稼穑"诸语，也仅仅是说明各种物质的属性。然而，春秋时期，人们逐渐意识到物质之间存在制约关系，并将其与人事结合起来。《左传》昭公三十一年载晋史墨用"火胜金""水胜火"的道理解释日食及占卜的结果，推测战争的胜负。到战国时期，阴阳家邹衍提出"五德终始说"，又将"五行"相克理论与王朝更迭联系起来。汉代学者进一步予以发挥，用"五行"解释一切自然现象和社会现象。董仲舒完整地提出五行生克理论，使"五行"理论几乎囊括自然、政治、人事、历史等各个领域。其中尤其突出的是，他把"五行"与人伦联系在一起，使"五行"理论更好地为王朝统治服务。《春秋繁露·五行之义》："木生火，火生土，土生金，金生水，水生木，此其父子也。木居左，金居右，火居前，水居后，土居中央，此其父子之序，相受而布。是故木受水。而火受木，土受火，金受土，水受金也。诸授之者，皆其父也；受之者，皆其子也。常因其父以使其子，天之道也。是故木已生而火养之，金已死而水藏之，火乐木而养以阳，水克金而丧以阴，土之事火竭其忠，故五行者，乃孝子、忠臣之行也。"在这种情况下，汉代学者对《洪范》的理解也受到五行理论的影响。《汉书·五行志》即是以《洪范》为纲，记叙灾异，论断史事，对后世影响深远。

第二种大法是"敬用五事"，主张"貌曰恭，言曰从，视曰明，听曰聪，思曰睿"（容貌要恭敬，言论要正当，观察要清楚，听闻要广远，思考要通达），因为"恭作肃，从作义，明作哲，聪作谋，睿作圣"（容貌恭敬才能严肃，言论正当才能治理，观察清楚才能昭晰，听闻广远才能善谋，思考通达才能圣明）。这一条强调为人君者要勤于修身。

第三种大法是"农用八政"，描述国家的行政构架，任命八种政务官员分别掌管国家的农业、财货、祭祀、居民、教育、司法、诸侯朝觐和军事。

第四种大法是"协用五纪"，强调合理利用天时节气。我国是农业古国。制定天文历法，顺应天时节气，适时耕种收获，事关国计民生。"协用五纪"与《尧典》"历象日月星辰，敬授人时"，《舜典》"在璇玑玉衡，以齐七政"说的是同样的道理。

第五种大法是"建用皇极"，强调建立君主的法则就是人君要厚德爱民，赏罚分明；民众要维护王权，遵纪守法。

第六种大法是"乂用三德"，说明治民的策略和方法，要中庸正直，宽猛兼济，恩威并用。

第七种大法是"明用稽疑"，指出重大政事要根据卜筮来决定吉凶从违，选择任命掌管龟卜和蓍筮的官员，详细说明辨明吉凶的卜法和筮法。根据卜筮进行国事决策的思想基础是天命观，掌管卜筮的官员是沟通天人的中介。周原甲骨文中，箕子本人就被描述成一个能够降神的大巫。参《微子》篇。

第八种大法是"念用庶征"，说明天气好坏与政事臧否的因果关系，诠释"天人合一"的神学思想。

第九种大法是"向用五福，威用六极"，指明善恶后果，勉人从善，惩人作恶。

《洪范》是帝王之书，系统、具体地论述了治国方略，所以历代封建帝王都将其奉为圭臬。南宋大学者朱熹认为《洪范》"是治道最紧切处"，"天下之事，其大者大概备于此矣"。明太祖朱元璋"命儒臣书《洪范》揭于御座之右，朝夕观览"。《洪范》对我国古代政治史、哲学史、思想史都产生了巨大影响。先秦诸子的诸多思想主张均导源于《洪范》，试举几例：（1）《洪范》列举五行，水居首位，而《老子》说："上善若水。水善利万物而不争，处众人之所恶，故几于道。"《洪范》尚水对于老子"道"观念的形成有所启发。（2）《洪范》"皇极"一节："无偏无陂，遵王之义；无有作好，遵王之道；无有作恶，遵王之路。无偏无党，王道荡荡；无党无偏，王道平平；无反无侧，王道正直。"而《论语》说"君子周而不比，小人比而不周"，"君子矜而不争，群而不党"，《墨子》说"不党父兄，不偏贵富，不嬖颜色"，都表现出对"皇极"思想的继承。（3）"皇极"一节首次提出"王道"的概念，《孟子》中"先王之道""王政"的观念显然源于《洪范》。（4）《管子》明确论及"五行""八政"，并对《洪范》"五事""五纪""三德""庶征"等观念也都有继承。（5）《洪范》说："次九曰向用五福，威用六极……惟辟作福，惟辟作威，……臣之有作福作威玉食，其害于而家，凶于而国。"《韩非子·二柄》说："明主之所导制其臣者，二柄而已矣。二柄者，刑、德也。何谓刑德？曰：杀戮之谓刑，庆赏之谓德。"也可以追溯到《洪范》。以上所举不过万一，然而已可说明儒、道、墨、法诸家均从《洪范》中获得智慧的灵感。《洪范》包罗万象，是中国最早、最重要的智慧宝库之一，后世取之不尽，用之不竭。

今本《洪范》属于《周书》，但有古本将其归为《商书》。《左传》文公五年宁嬴曰："《商书》曰：沈渐刚克，高明柔克。"东汉许慎《说文解字》称引《洪范》，也认为是《商书》。

278

旅 獒

九夷八蛮连文，泛指周王朝四境的各民族国家。

獒（áo）：大犬。《尔雅·释畜》："狗四尺为獒。"

惟克商，遂通道于九夷八蛮[1]。西旅厎贡厥獒[2]，太保乃作《旅獒》[3]，用训于王[4]。

［注释］

[1]通道：打通了道路。九夷：古代东方各民族。《后汉书·东夷传》："夷有九种，曰：畎夷、于夷，方夷、黄夷、白夷、赤夷、玄夷、风夷、阳夷。"八蛮：古代南方各民族。《尔雅·释地》："八蛮在南方。"　[2]西旅：西方国名。　[3]太保：官名。这里指召公奭（shì）。　[4]训：开导、教诲。王：指周武王。

第一段，说明本篇的写作背景。

曰："呜呼！明王慎德[1]，西夷咸宾[2]。无有远迩，毕献方物[3]，惟服食器用[4]。王乃昭德之致于异姓之邦[5]，无替厥服[6]；分宝玉于伯叔之国，时庸展亲[7]。人不易物[8]，惟德其物[9]！

[注释]

[1]慎德：修身敬德。　[2]宾：服从、归顺。　[3]方物：地方土特产。孔传："方土所生之物。"　[4]惟服食器用：意谓只是些穿的吃的用的而已。《尚书正义》："'惟可以供服食器用'者，玄纁绨绤，供服也；橘柚菁茅，供食也；羽毛齿革，瑶琨筱荡，供器用也。"　[5]昭德之致于异姓之邦：意思是向异姓诸侯展示盛德带来的成果，实际上是指将方物特产分赐给他们。换言之，这句话是说将方物特产分赐给异姓诸侯，用这种方式向他们展示周德的盛大。昭，昭示。德之致，德业带来的成果，即上句的"方物"。孔传："德之所致，谓远夷之贡。"　[6]替：废弃。服：职事、职务。　[7]展：展示。亲：亲情。　[8]易：轻易。这里指轻视，轻易对待。物：事物。　[9]德：用如动词，把……当作德。

"德盛不狎侮[1]。狎侮君子[2]，罔以尽人心；狎侮小人[3]，罔以尽其力。不役耳目[4]，百度惟贞[5]。玩人丧德，玩物丧志。志以道宁[6]，言以道接[7]。不作无益害有益[8]，功乃成；不贵异物贱用物，民乃足。犬马非其土性不畜[9]，珍禽奇兽不育于国，不宝远物[10]，则远人格[11]；所宝惟贤，则迩人安[12]。

［注释］

[1]德盛：德行很盛。狎（xiá）侮：轻易、怠慢。 [2]君子：指臣。 [3]小人：指民。《左传》襄公九年："君子劳心，小人劳力。" [4]不役耳目：不被耳目所役使，就是不放纵声色的意思。 [5]百度：百事。《左传》昭公元年："兹心不爽，而昏乱百度。"杜预注："百度，百事之节也。"贞：正。 [6]道：这里指一种准则。宁：安。 [7]接：酬应。《朱子语类》："接者，酬应之谓。言当以道酬应也。"又曰，"志，我之志；言，人之言。" [8]无益：异物。孔传："游观为无益，奇巧为异物。"真德秀说："为无益，则心志分而功不成。贵异物，则征求多而民不足。" [9]土性：就是土生、土产。性：通"生"。畜：畜养。犬马非土性不畜，孔传说："非此土所生不畜，以不习其用。" [10]宝：意动用法，以……为宝。 [11]格：至、来。 [12]安：这里是安居乐业的意思。

第二段，召公告诫武王要慎重行德，不可贪恋宝物。

"呜呼！夙夜罔或不勤[1]，不矜细行[2]，终累大德。为山九仞[3]，功亏一篑[4]。允迪兹[5]，生民保厥居[6]，惟乃世王[7]。"

［注释］

[1]或：有。 [2]矜（jīn）：慎。细行：小德。 [3]仞：八尺。一说七尺。 [4]篑（kuì）：盛土的竹筐。 [5]允：诚，信。迪：实行。兹：这。此处指召公的劝谏。 [6]生民：民众。 [7]惟乃世王（wàng）：就可以世世代代为王了。王，称王。

第三段，召公劝勉武王夙夜行德，巩固周王朝的统治。

［点评］

　　周武王克殷后，西旅国向武王进献大犬。召公担心武王玩物丧志，劝告武王敬慎德行，重视贤能，安定国家，保护民众。

　　《旅獒》反映了姬周一代的德治理念。

　　经文开篇就说："明王慎德，四夷咸宾。"这句话意味着，君主应当以德服人，如果君主注重自身德性，就可以感召天下。换言之，倘若能够感召天下，就说明君主的德性很盛。

　　接着，本篇论述了德与物的关系。召公认为，四夷选送的贡品，应当是实用的器物，不能是奢侈的玩物。而且，当君主收到贡物之后，应当明白那是自己的德性所致，因此，应当把这些贡物分赐给其他异姓的诸侯，以弘扬、传播自己的德性，同时又可以督促这些异姓诸侯各尽其职守。"王乃昭德之致于异姓之邦"，是说将来自四方的贡品分赐给异姓诸侯，用这种方式向他们展示周德的盛大。贡物本身并不重要，关键在于它们是王朝"德"的承载。同时，君主还要把宝石玉器分别赐予同姓的诸侯，意在说明自己看重血缘之亲。在此，召公还特别强调，物因人贵，物贵由人，如果是有德之君所赐之物，则可称为贵重之物；倘若是无德之君所赐之物，则没有什么价值，也没有什么意义。因此，一个君主，如果要让自己的赏赐产生应有的激励功能，唯一的办法就是提高自己的德性修养。

　　道德的提升需要注意几点：（1）不能做轻慢的事，不能轻慢对待别人。如果轻慢了官员，官员就不会尽心地为

国家服务;如果轻慢了民众,民众就不会为国家尽力。(2)
不以声色自娱。不做玩弄人的事情,丧失自己的品德;不
做游手好闲赏物玩物的事情,丧失自己的远大志向。(3)
不看重那些奇珍异宝,不要想着占有远方的财物,远方的
人就会前来归化;尊重贤能之人,就会天下太平。(4)君
主应当从早到晚,随时以德性约束自己的言行,任何细微
的地方都不放过,否则,大德必为小过所累。

德治的核心在于统治者要以身作则,发挥自身的道
德垂范作用。"明王慎德"四字实为全篇总领。《仲虺之
诰》的"表正万邦",《说命》上篇的"正于四方",《洪范》
的"皇极"思想、《君奭》的"作汝民极",都是强调君
主要做臣民的法则、表率。这与儒家观点一致。孔子说:
"为政以德,譬如北辰,居其所而众星共之。"孔子认为
统治者的德行应当像北极星那样耀眼,吸引臣民像众星
一样围绕在自己周围。孔子还说:"远人不服,则修文德
以来之。"仍然是强调统治者自身的道德力量。

《旅獒》篇中召公对周武王的劝诫,语言凝练,深刻
精辟。诸如:"玩人丧德,玩物丧志。""不矜细行,终累
大德。""为山九仞,功亏一篑。"这些后来成为格言警句,
发人深省,成为民族生命个体修身的座右铭。

陆德明《经典释文》说:"獒,马云作'豪',酋豪也。"
孔颖达《尚书正义》引郑玄说:"獒读曰豪,西戎无君,
名强大有政者为酋豪。国人遣其酋豪来献,见于周。"马
融、郑玄都说"獒"通"豪",指部落首领。由此可证汉
代《旅獒》与本篇不同。

本篇今文无,古文有。

金　縢

既克商二年，王有疾，弗豫[1]。二公曰[2]：“我其为王穆卜[3]。”周公曰：“未可以戚我先王[4]？”公乃自以为功[5]，为三坛同墠[6]。为坛於南方[7]，北面，周公立焉。植璧秉珪[8]，乃告太王、王季、文王[9]。

［注释］

[1]豫：安，适。《尔雅·释诂》：“安也。”黄式三说：“疾曰弗豫，犹言身不快也。”汉代以后，天子生病叫作“弗豫”。孔颖达《尚书正义》：“《顾命》云：‘王有疾，不怿。’怿，悦也。故‘不豫’为不悦豫也。”悦豫，一作“悦念”。班固《两都赋》序：“是以众庶悦豫，福应尤盛。”嵇康《琴赋》：“若和平者听之，则怡养悦念，淑穆玄真。”《说文·心部》：“念，忘也，嘾也。从心，余声。《周书》

“於”，为介词，比“于”晚起。段玉裁《说文解字注》：“盖‘于’‘於’二字，在周时为古今字。”甲骨文中介词“于”已大量出现，介词“於”则在西周金文中才开始出现。在金文、《诗经》《尚书》中，介词“于”仍占绝大多数，介词“於”极少；《周易》卦爻辞、《春秋》则只有介词“于”，没有介词“於”。

曰：'有疾不悆。'悆，喜也。"《说文》引《金滕》"豫"正作"悆"。悆，《尔雅》释为"安"，《说文》释为"喜"，黄式三释为"快"，大同小异，均含有安、适的意思。　[2]二公：指太公和召（shào）公。　[3]穆：恭敬。　[4]戚：通"祷"。《尚书易解》指出《说文》祷读若淑，可知朮、寿二声相通。按："朮""戚"上古音属觉部，"寿""祷"上古音属幽部，幽、觉对转，可相通。　[5]功：《史记》作"质"，意谓抵押。自以为质，即以身为抵押，指代武王死。　[6]三坛：太王、王季、文王各为一坛。墠（shàn）：用作祭祀的场地。郑玄《礼记·祭法》注："除地曰墠。"　[7]於：介词，介引动作行为的处所和方位。　[8]植：郑玄说："古'置'字。"璧：圆形的玉。珪：上圆下方开头的玉。古代祈祷必用珪璧。　[9]太王：武王曾祖父，古公亶父。王季：武王祖父，名季历。文王：武王的父亲，名昌。

史乃册[1]，祝曰："惟尔元孙某[2]，遘厉虐疾[3]。若尔三王是有丕子之责于天[4]，以旦代某之身。予仁若考能[5]，多材多艺[6]，能事鬼神。乃元孙不若旦多材多艺[7]，不能事鬼神。乃命于帝庭[8]，敷佑四方[9]，用能定尔子孙于下地[10]。四方之民罔不祇畏[11]。呜呼！无坠天之降宝命[12]，我先王亦永有依归。今我即命于元龟[13]，尔之许我[14]，我其以璧与珪归俟尔命[15]；尔不许我，我乃屏璧与珪[16]。"

［注释］

[1]史：内史，主作册之事。册：《史记》作“策”，这里为动词，书写册书。　[2]惟：语气助词。元：长。某：指周武王姬发。史官避讳，不书周武王姓名。《尚书核诂》：“某，《史记》作‘王发’，周史讳其名也。”　[3]遘：遇到。厉：危。虐：恶。　[4]是：这时。丕子：布席祭祀。丕子的责任是助祭。《尚书正读》：“‘丕子’当读为‘布兹’。‘布’与‘丕’，‘子’与‘兹’，并声之转。《史记·周本纪》武王立于社南，毛叔奉明水，卫康叔封布兹，召公奭赞采，师尚父牵牲。《集解》云：‘兹，藉席之名。’据此，则布兹为弟子助祭以事鬼神者之一役。本文意言三王在帝左右，如需执贱役，奉事鬼神，且尤能举其职，故请以旦代某之身也。”　[5]仁：俞樾《群经平议》：“‘仁’当读为‘佞’。《说文·女部》：‘佞，巧谄高材也。’小徐本作‘从女，仁声’。……故得假‘仁’为之。”“‘佞’与‘巧’义相近，‘仁’与‘巧’则不类矣。《周本纪》‘为人佞巧’，亦以‘佞’‘巧’连文。是其证矣。”“佞”字早先无贬义，可指口才，亦可泛指才能，“不佞”即“不才”。此处周公自谓有事神之技巧，与仁德无涉，俞说可取。若：顺。考：巧。《史记》作“巧”。“仁”“若”“考”“能”四个形容词并列，作谓语。　[6]材、艺：都指技术。　[7]乃：你们的。元孙：长孙。　[8]乃：《词诠》：“乃，始也，初也。”命于帝庭：指被命于帝庭。　[9]敷：普遍。佑：有。王国维说：“盂鼎云‘匍有四方’。知佑为有之假借，非佑助之谓矣。”　[10]下地：人间。　[11]祗：敬也。　[12]坠：丧失。宝命：指上文“命于帝庭，敷佑四方”的使命。　[13]即命：就而听命。即，靠近。　[14]尔：指三王。之：如果。《经传释词》：“之，犹‘若’也。……《金縢》曰：‘尔之许我，我其以璧与珪归俟尔命。’言尔若许我也。”　[15]归：归于三王之所。　[16]屏（bǐng）：收藏。

乃卜三龟，一习吉^[1]。启籥见书^[2]，乃并是吉^[3]。公曰："体^[4]！王其罔害。予小子新命于三王^[5]，惟永终是图^[6]；兹攸俟^[7]，能念予一人。"公归，乃纳册于金縢之匮中^[8]。王翼日乃瘳^[9]。

［注释］

[1]一：都。习：重复。 [2]启：打开。籥：锁钥。书：占卜的书。 [3]是：判断词。《尚书》"是"作判断词的仅此处一见，这也许就是传世文献语言"是"作判断词的最早语例。 [4]体：兆形。见《周礼·春官·占人》注。又，《史记·鲁周公世家》："周公入贺武王曰：'王其无害。'"皮锡瑞《今文尚书考证》："《史记》无'体'字，史公疑训'体'为'幸'。《毛诗·氓》'体无咎言'，《韩诗》作'履'，云'幸也'，是'体'与'履'通，义得训幸。盖公见卜吉而喜曰：'幸也，王其无害。'史公云'入贺'，故不云'幸也'。""体""履"上古音均属脂部，可通用，皮锡瑞说亦通。 [5]命：《尔雅·释诂》："告也。" [6]惟永终是图：宾语前置，即"惟图永终"。 [7]攸：所。俟：期待。 [8]金縢：金属装束的匣子。 [9]翼日：第二天。翼，通"翌"。瘳（chōu）：病愈。

第一段，记叙武王病重，周公求代武王死，史作册书。

武王既丧^[1]，管叔及其群弟乃流言于国^[2]，曰："公将不利于孺子^[3]。"周公乃告二公曰："我之弗辟^[4]，我无以告我先王。"周公居东二年^[5]，则罪人斯得[6]。于后，公乃为诗以贻王[7]，名之曰《鸱鸮》[8]。王亦未敢诮公[9]。

[注释]

[1]丧：死。《史记·封禅书》："武王克殷二年，天下未宁而崩。" [2]管叔：名鲜，文王第三子。周公兄，武王弟，封于管。群弟：指蔡叔、霍叔。《逸周书·作雒解》："武王克殷，乃立王子禄父俾守商祀，建管叔于东，建蔡叔霍叔于殷，俾监殷臣。" [3]孺子：年幼的人，指成王。《史记·鲁周公世家》："武王既崩，成王少，在强葆之中。周公恐天下闻武王崩而畔。周公乃践阼代成王摄行政当国。管叔及其群弟流言于国曰：'周公将不利于成王。'" [4]辟（bì）：曾运乾说："辟，即摄政也。《洛诰》：'朕复子明辟'。即还政成王也。管叔言周公摄政，将不利于孺子；周公言我不摄政，将无以告我先王也。" [5]居东：居在东方，指周公东征。 [6]罪人：指三叔和武庚。斯：关联副词。《尚书正读》："《史记·鲁世家》云：周公卒相成王，管、蔡、武庚等果率淮夷而反，周公乃奉成王命，兴师东伐，遂诛管叔，杀武庚，放蔡叔。"斯：即"遂"。《经传释词》："斯，犹'乃'也。……《金縢》曰：'周公居东二年，则罪人斯得。'"得：捕获。"罪人"为受事主语。 [7]以：连词，表目的关系。 [8]《鸱鸮（chī xiāo）》：即《诗经·豳风·鸱鸮》。《诗序》："《鸱鸮》，周公救乱也。成王未知周公之志，公乃为诗以遗王，名之曰《鸱鸮》焉。"此诗用鸱鸮设喻，向成王申述周室危急，自己历尽艰辛，救乱扶倾的苦心。 [9]亦：只是。《词诠》：亦，"副词，只也，特也，但也。"诮（qiào）：责备。

第二段，记叙周公摄政，管叔与群弟流言中伤，王室矛盾复杂。

　　秋 [1]，大熟，未获 [2]，天大雷电以风 [3]，禾尽偃 [4]，大木斯拔 [5]，邦人大恐。王与大夫尽弁以启金縢之书 [6]，乃得周公所自以为功代武王之说 [7]。二公及王乃问诸史与百执事 [8]。对曰："信 [9]。噫 [10]！公命我勿敢言。"

［注释］

[1]秋：就是"周公居东二年，罪人斯得"以后的秋天。　[2]未获：尚未收获。《说文·禾部》："获，刈谷也。"　[3]以：《广雅》："与也。"　[4]偃：倒伏。　[5]大木斯拔：大树都被拔起。"大木"是受事主语。斯，尽。《吕氏春秋·报更》："斯食之。"高诱注："斯，尽也。"斯为"澌"之声符，《方言》："澌，尽也。"《广雅·释诂》："澌，尽也。""斯""澌""悉"上古皆为心纽字，双声可通。　[6]王与大夫尽弁（biàn）以启金縢之书：言成王与大夫皆戴礼冠以开藏卜兆之书。弁，爵弁，一种礼冠。以，目的连词。　[7]说：指周公祷告时的祝词。　[8]诸：兼词，兼有"之"和"于"两个字的词汇意义和语法意义。《词诠》："诸，代名词兼介词，'之于'二字之合声。""二公及王乃问诸史与百执事"即"二公及王乃问之于史与百执事"。百执事：办事官员。　[9]信：确实。　[10]噫：马融本作"懿"，唉，叹词，表示伤痛。孔传："噫，恨辞。"孔疏："噫者，心不平之声，故为恨辞。"《诗经·大雅·瞻卬》："懿厥哲妇，为枭为鸱。"郑笺："懿，有所痛伤之声也。"孔疏："懿与噫，字虽异，音义同。《金縢》云：'噫！公命我勿敢言。'与此同也。噫者，心有不平而为声，故云有所痛伤之声。"又，王念孙认为"噫"通"抑"，然而，可是；"噫"连下

句"公命我勿敢言"读。"噫、懿、亿并与'抑'同。'信'为一句，'噫公命我勿敢言'为一句。言信有此事，抑公命我勿敢言之也。"（《经传释词》）王说亦佳，存参。

王执书以泣，曰："其勿穆卜！昔公勤劳王家，惟予冲人弗及知[1]。今天动威以彰周公之德，惟朕小子其新逆[2]，我国家礼亦宜之。"王出郊[3]，天乃雨，反风，禾则尽起[4]。二公命邦人凡大木所偃，尽起而筑之[5]。岁则大熟。

[注释]

[1] 冲人：年幼的人。清华简《金縢》作"洀人"。"洀人"亦见于清华简《皇门》。洀从沈声。《诗经·豳风·七月》："二之日凿冰冲冲，三之日纳于凌阴。"朱骏声《说文通训定声》谓冲、阴叶韵，并指出冲字"读若沈也"。其说可与清华简互证。又，《召诰》《洛诰》篇有"冲子"，而西周时期沈子它簋、壹卣等铭文中已见有"沈子"二字，有论者指出"沈子"即"冲子"。　[2] 新：通"亲"，亲自。《尚书释义》："新，马融作'亲'（见《释文》）。逆，迎也。礼亦宜之，意谓为报周公之德，礼宜亲迎于郊也。"　[3] 王出郊：成王出郊亲迎周公。　[4] 起：立起，扶起。　[5] 筑：用土培根。《释文》："谓筑其根。"

第三段，记叙成王开启金縢之书，幡然悔悟，亲迎周公。

[点评]

周武王克商后二年，身患重病。当时殷民不服，天下未安。武王一身关系到国家兴亡，所以周公亲自向先王祝告，请求以自己代替武王去死。史官将祝告的册书收藏在金縢装束的匣中。武王死后，成王继位，周公摄政。西周最高统治集团发生分裂，三叔造谣说周公心怀不轨，成王也对周公起了疑心。随后，管叔、蔡叔、霍叔与商纣王之子武庚联合发动叛乱，史称"三监之乱"。周公东征平叛，捍卫了新生的周政权，但成王仍然对周公有所猜忌。后来因为一次天灾，成王打开金縢之匣，发现了周公当年所作的册书，幡然悔悟。史官看到金縢之匣中的册书作用如此重大，于是记录了这件事来表彰周公的忠诚。

《金縢》是中国散文史上重要的研究资料，显示出高超的写作技巧。本篇首先记叙周公祈求先王以自己为质代替武王去死，以安定周邦，并特意记载周公把册书放入盒子的细节；接着写成王怀疑周公，三监作乱，周王朝面临危险的政治形势。最后写上帝以"大雷电以风"示警，成王得金縢之书而彻底悔改，迎接周公，君臣叔侄和好如初，新生的周王朝安然渡过严重的政治危机。全文时空跨度很大，但作者巧妙地以金縢作为线索贯穿前后，凭借高超的叙事技巧，条理分明地记载了周公从作金縢策书祈神代武王死，到成王看到金縢而醒悟的数年所发生的事情。尤其值得注意的是，《尚书》各篇多记言，而《金縢》则明显地具有叙事性质。孔颖达指出："此篇叙事多而言语少。"朱熹则进一步发掘《金縢》的文体价值："《金縢》本史官记事之文，意在发明周公之忠荩，特借金縢一事以显之，与后世史家纪事本末体略相当。"

　　《金縢》反映了周初复杂的政治形势，周王朝不仅与殷商遗民有尖锐的矛盾冲突，统治阶级内部也存在着争权夺利的激烈斗争：既有管蔡对周公的流言，更有成王对周公的怀疑。然而，正所谓"疾风知劲草，板荡识诚臣"，即使在这种内外交困的情形下，周公仍然恪尽职守，慷慨出征，展现了大公无私、勤劳王家的光辉形象。《尚书》塑造的周公形象为华夏民族树立了一座巍峨的道德丰碑。

　　《金縢》还反映了天人感应的神学思想。需要注意的是，这种天人感应更多地是强调人的因素，强调人本身可以参与"天命"。成王解释"大雷电以风"说："今天动威以彰周公之德。"可见人的德性能够影响上天。天人感应的理论，正是周人天命观念的主要内容，反映了殷周之际剧烈的思想观念变动。同时，"今天动威以彰周公之德"也开启了后世忠贞被冤而借天之异象申冤的文学叙述模式，其中最著名的就是东海孝妇的故事（见《汉书》卷七十一）以及关汉卿由此改编创作的元杂剧《窦娥冤》。东海孝妇含冤被杀，"郡中枯旱三年"，后来冤情平反，"天立大雨，岁孰"，与本篇周公含冤时"天大雷电以风，禾尽偃"以及冤情昭雪后"天乃雨，反风，禾则尽起""岁则大熟"的情节如出一辙；而《窦娥冤》则在此基础上进一步发挥为"血溅白练""六月飞雪""三年亢旱"的灾异事件。

大　诰

洪惟：句首语
气助词，无义。金
文作"弘唯"，西周
时期毛公鼎铭文有
"弘唯乃智"之语。

王若曰[1]："猷[2]！大诰尔多邦越尔御事[3]。弗吊[4]！天降割于我家[5]，不少延[6]。洪惟我幼冲人[7]，嗣无疆大历服[8]。弗造哲[9]，迪民康[10]，矧曰其有能格知天命[11]？已[12]！予惟小子，若涉渊水，予惟往求朕攸济[13]。敷贲敷前人受命[14]，兹不忘大功[15]。予不敢闭于天降威[16]，用宁王遗我大宝龟[17]，绍天明[18]。即命曰[19]：'有大艰于西土，西土人亦不静，越兹蠢[20]。殷小腆诞敢纪其叙[21]。天降威[22]，知我国有疵[23]，民不康，曰：予复！反鄙我周邦[24]，今蠢今翼[25]。日[26]，民献有十夫予翼[27]，以于敉宁、武图功[28]。我有大事，休？'朕卜并吉。

夫：量词。"夫"
本指成人，后经引
申可用作人的特定
计数单位，相当于
现代汉语中的"位"。

[**注释**]

[1] 王：此指周公。　[2] 猷：叹词，啊。蔡传："猷，发语辞也。"　[3] 多邦：指各诸侯国。越：并列连词，与，和。御：治。御事，治事大臣。　[4] 吊：善。　[5] 割：通"害"，灾害。马融本作"害"。《广雅疏证》："害、割古同声而通用。"　[6] 少：程度副词，稍微。延：间断，间隔。《尔雅·释诂》："延，间也。"　[7] 幼冲人：年轻人。我幼冲人，周公自谦之称。　[8] 大历服：此处指王业。历，《小尔雅》："久也。"服，事。　[9] 造：通"遭"，遭遇。哲：明智的人。　[10] 迪：引导。　[11] 矧（shěn）：况且。格：度量。《文选·芜城赋》："格高五岳。"李善注引《仓颉篇》："格，量度也。"　[12] 已：叹词，哀叹之声。　[13] 攸济：渡过的方法。攸，所。济，渡。　[14] 敷贲（fén）：指大龟。敷，大。《诗经·大雅·常武》："铺敦淮濆。"《韩诗》"铺"作"敷"，云："大也。"贲，《尔雅·释鱼》："龟三足，贲。"敷前人：辅助前人。敷，通"辅"，辅助。　[15] 大功：指辅助前人开国的功业。　[16] 闭：闭藏。天降威：即天降灾难。　[17] 宁王：即文王。上古文字"宁""文"形近易误。详吴大澂《字说》。　[18] 绍：《尚书故》："绍，为'卟（shào）'之借字。"《说文》："卟，卜问也。"天明：即天命。杨树达说："'明'是'命'之假借字。"　[19] 即命：走近大龟祷告。　[20] 越：介词，介引动作行为发生的时间。《经传释词》："越，犹'及'也。"《词诠》："介词，逾也，过也。"兹：指此时。蠢：动。　[21] 腜：主。小主指武庚。诞：句中语气助词，无义。纪其叙：组织他们的残余力量。纪，组织。叙，残余。　[22] 天降威：这里指武王死。　[23] 疵（cī）：病、困难。此处指成王年幼，周公被人怀疑。　[24] 鄙：图谋。王先谦说："古文'啚'为'鄙'，与图字形近，其义当为图。"　[25] 今蠢今翼：现在已经动乱起来，形容形势十分危急。从俞樾说。蠢，动。翼，通"翌"，即"翊"，

翅，飞动的样子。　　[26]日：近日。　　[27]献：贤。这里指贤者。
予翼：即翼予，宾语前置。翼，辅佐。　　[28]敉（mǐ）：《尚书启
蒙》："敉弥通，终也。"这里是完成的意思。图功：图谋的事业，
指统一国家。

"肆予告我友邦君越尹氏、庶士、御事[1]，曰：
'予得吉卜，予惟以尔庶邦于伐殷逋播臣[2]。'尔
庶邦君越庶士、御事罔不反曰：'艰大，民不静，
亦惟在王宫邦君室[3]。越予小子考[4]，翼不可
征[5]，王害不违卜[6]？'

[注释]

[1]肆：因果连词，故，所以。越：与。尹氏：史官。庶士：
众士。　　[2]惟：动词，谋划，打算。以：与。于：往。逋：逃亡。
播：离散，播迁。　　[3]惟：有。见《东京赋》薛综注。管叔、蔡
叔都是王室的人，武庚是邦君，所以说"在王宫邦君室"。　　[4]越：
句首语气助词，无义。予小子：庶邦君等谦称小子。考：考
察。　　[5]翼：或，或许。翼，《尚书易解》："当读为'意'，犹'或'
也。"《古汉语同义虚词类释》："《广雅》：'意，疑也。'《古书虚字
集释》：'意，为犹'或'也。''意'有'臆'即揣度之义，作动词，
其训'或'作副词，当由此虚化而来。"又，于省吾认为"考翼"
当连读，"考"读为"孝"，"翼"当作"友"，"考翼"即"孝友"。
于先生说："上言予得吉卜以伐殷，尔邦君庶士御事无不反曰：'艰
难，民不安静，亦惟在王家及诸侯之室。'意谓成王与诸叔不睦
耳。下接以予小子孝友不可征，王害不违卜？言以孝友之道言之，

则管蔡不可征，王曷不违前之卜？皆假设邦君庶士御事之言而王自为质问也。"存参。　[6]害（hé）：通"曷"，何，为什么。《广雅·释诂》："害、曷，何也。"王念孙疏证："害、曷一字也。《周南·葛覃》篇：'害浣害否。'毛传云：'害，何也。'《释文》：'害与曷同。'"两周金文中已见"害"作疑问代词的用例（如毛公鼎）而未见"曷"字。

　　"肆予冲人永思艰曰[1]，呜呼！允蠢鳏寡[2]，哀哉！予造天役[3]，遗大投艰于朕身[4]，越予冲人，不卬自恤[5]。义尔邦君越尔多士、尹氏、御事绥予曰[6]：'无毖于恤[7]，不可不成乃宁考图功[8]！'

遗：《尚书易解》："当读为'惟'，《诗》'其鱼唯唯'，《韩诗》作'遗遗'。知'遗'与'惟'古代相通也。"

不卬自恤：此句为宾语前置句，《汉书》引为"不身自卹"。颜师古注："非自忧己身也。"

[注释]

[1]肆：《尔雅·释诂》："今也。"　[2]允：信，实在。蠢：扰动。鳏寡：泛指苦难的人。　[3]役：役使。　[4]投：掷。这里是委任、托付的意思。艰：艰难的事。　[5]卬（áng）：《尔雅·释诂》："我也。"恤：忧虑。　[6]义：《经传释词》："义，助语词。言尔邦君及尔多士、尹氏、御事，当安勉我也。犹上文言'尔庶邦君越庶士御事'矣。"《词诠》："义，语首助词，无义。"　[7]无毖于恤：此句意谓不要被忧患吓倒。无，通"勿"。毖，恐惧，畏慎。　[8]宁考：即文考。

　　"已！予惟小子，不敢替上帝命[1]。天休于宁王^[2]，兴我小邦周，宁王惟卜用^[3]，克绥受兹命。今天其相民，矧亦惟卜用^[4]。呜呼！天明畏^[5]，弼我丕丕基^[6]！"

[注释]

[1]不敢替上帝命：孔传："不敢废天命，言卜吉当必征之。"替，废弃。 [2]休：用作动词，嘉惠。 [3]宁王惟卜用：这是个宾语前置句，即"宁王惟用卜"。 [4]矧：又。《经传释词》："矧，犹'又'也。《大诰》曰：'宁王惟卜用，克绥受兹命。今天其相民，矧亦惟卜用。'言又亦惟卜用也。" [5]天明畏：即畏天明，宾语前置句。天明，天命。 [6]丕：大。基：事业。

第一段，劝导邦君和群臣尊卜顺天，参加东征。

王曰："尔惟旧人^[1]，尔丕克远省^[2]，尔知宁王若勤哉^[3]！天闷毖我成功所^[4]，予不敢不极卒宁王图事^[5]。肆予大化诱我友邦君^[6]，天棐忱辞^[7]，其考我民^[8]，予曷其不于前宁人图功攸终？天亦惟用勤毖我民^[9]，若有疾，予曷敢不于前宁人攸受休毕^[10]？"

[注释]

[1]惟：是。《玉篇》："为也。"旧人：老臣。 [2]丕：程度副词，大，多。省（xǐng）：省识。 [3]若：《尚书正读》："若，如

何也。”　[4]闷（mì）：秘密。愍：告诉。所：意。此处指天意。详见杨树达《古书疑义举例续补·“所”作“意”义用例》。　[5]极：通“亟”，快速。见《经义述闻》。　[6]化诱：教导。　[7]棐（fěi）：辅助。忱辞：指大龟显示吉兆。忱，诚信。　[8]考：成。　[9]愍：劳。　[10]休：善。毕：终。

王曰：“若昔朕其逝^[1]，朕言艰日思^[2]。若考作室，既厎法^[3]，厥子乃弗肯堂^[4]，矧肯构？厥父菑^[5]，厥子乃弗肯播，矧肯获？厥考翼其肯曰^[6]：予有后弗弃基？肆予曷敢不越卬敉宁王大命^[7]？若兄考^[8]，乃有友伐厥子^[9]，民养其劝弗救^[10]？”

［注释］

[1]若昔：昔日、往日，指过去周公随武王伐纣。《史记·鲁周公世家》：“武王九年，东伐至盟津，周公辅行。十一年伐纣，至牧野，周公佐武王，作《牧誓》。破殷，入商宫。”（九年、十一年，指周文王受命建国后第九年、第十一年。参《洪范》“惟十有三祀”注释）其：将要。逝：往。　[2]朕言艰日思：意谓我向你们说点艰难日子里的想法。见《尚书易解》。艰日思，即“艰日之思”。　[3]厎：定。　[4]堂：基。这里为动词，指垒土筑基。“堂”字从尚，从土，指高平的土地，可作房基。“堂”与“坛”字意义相近。《金縢》：“三坛同墠。”马融注：“坛，土堂。”《左传》哀公元年：“室不崇坛。”杜预注：“平地作室，不起坛也。”杨伯峻注：“古代贵族为室，必先有坛，高于平地，然后起屋。”构：盖

屋。　[5]菑（zī）：新垦的土地。　[6]翼：或。　[7]越卬：意谓在我自己身上。越，在，介词。　[8]兄考：指兄死。考，终。见《楚辞·九叹》注。　[9]友：《尚书易解》："犹群也。"　[10]民养：民众的长官，指诸侯和各级官员。养，长。

　　第二段，劝告邦君群臣共同完成文王未竟的事业。

王曰："呜呼！肆哉[1]，尔庶邦君越尔御事。爽邦由哲[2]，亦惟十人迪知上帝命越天棐忱[3]，尔时罔敢易法[4]，矧今天降戾于周邦[5]？惟大艰人诞邻胥伐于厥室[6]，尔亦不知天命不易？予永念曰：天惟丧殷，若穑夫，予曷敢不终朕亩[7]？天亦惟休于前宁人[8]，予曷其极卜[9]？敢弗于从率宁人有指疆土[10]？矧今卜并吉？肆朕诞以尔东征[11]。天命不僭，卜陈惟若兹[12]！"

尔时罔敢易法，即尔罔敢怠弃时也，否定句的代词宾语前置。

诞：《尚书核诂》："读为'延'，谓延邻相伐也。"《无逸》"既诞"，《石经》作"既延"，"诞"与"延"古通。

　　[注释]
　　[1]肆：极力，尽力。《尔雅·释言》："肆，力也。"郭注："肆，极力。"　[2]爽：《说文》："明也。"这里指使……清明。哲：指明智的人。　[3]惟：有。十人：指上文的"十夫"。迪：指导。越：连词，与。天棐忱：老天用诚信辅助。　[4]罔敢：不能。《汉书·翟方进传》王莽依《周书》作《大诰》："粤天辅诚，尔不得易定。"知"罔敢"即不得、不能。易法：即"易废"，金文"废"多作"法"，二字古通用。易废者，怠弃之意。　[5]戾：定。《汉书》作"定"。此处指上帝的定命。　[6]大艰人：大罪人。指管叔、蔡叔。邻：

邻国，指武庚。胥：相。　　[7]稼夫：农夫。终朕亩：即终竟我农亩的事。　　[8]惟：思。休：嘉惠。　　[9]极：放弃。《仪礼·大射礼》郑玄注："犹放也。"极卜：与上文"王害不违卜"的"违卜"义相应。　　[10]于：往。率：行视。指：孔疏作"旨"。《汉书·王莽传》也作"旨"。有旨，复音词，美好。　　[11]诞：《经传释词》："句中助词。""说者训为'大'，亦失之。"以：介词，表示参与同一动作行为者，可译为"率领""与……"。　　[12]陈：指示。《国语·齐语》韦昭注："示也。"若：顺从。兹：句末助词，与"哉"同。见《词诠》。

第三段，周公指出应当敬奉天命，挥师东征，驳斥"违卜"的要求。

[点评]

周武王灭商以后，实行以殷治殷的策略，把商纣王的儿子武庚封在殷商旧都，同时把殷商的王畿划分为邶、鄘、卫三个封区，分别由周武王的三个弟弟管叔、霍叔和蔡叔统治，监视武庚，史称"三监"。《逸周书·作雒解》："武王克殷，乃立王子禄父，俾守商祀。建管叔于东，建蔡叔、霍叔于殷，俾监殷臣。"说的就是这件事情。周武王逝世后，成王继位。当时成王年幼，由周公摄政。武庚趁机勾结"三监"，联合徐、奄、熊、盈等东方邦国和部落，发动大规模武装叛乱，新生的西周王朝面临生死考验。周公忠心耿耿，不顾个人安危，决定东征平叛。他进行占卜，试图用上天的指示来统一认识。然而，侯伯和大臣们认为困难很大，纷纷劝说周公违背龟卜，放弃东征。周公于是大诰各诸侯国的国君和众位大臣，驳斥他们关于困难很大和违背龟卜的说法，劝导他们同心协力，平定叛乱。

周公分析了当时国家所面临的困难：一是"我国有疵"，即武王去世，成王年幼，自己摄政辅国却遭到怀疑；二是"殷小腆诞敢纪其叙"，即武庚等发动叛乱，图谋复辟。面对如此严峻的局势，周公主张武力讨伐，并通过占卜肯定了这一主张。然而，这一主张遭到了很多人的反对，"囷不反"三字尤其可以看出当时周公处于十分孤立的境地。反对派提出的理由是困难大，民心不静，并且发动叛乱的人有些是王室内部的人，甚至是长辈，对他们不应当加以讨伐。

对此，周公从不同角度申述武力镇压的必要。首先，周公指出，他不是不考虑出征的困难，但是只有武力平叛才能完成文王未竟的事业。周公强调，为了完成大业，不能考虑自身的安危，不能被困难所吓倒。接着，周公对反对者进行劝勉，指出他们都是文王的旧臣，应当知道文王的勤劳，就应当倾尽全力去完成文王未竟的事业，平定叛乱。随后，周公用盖房子、种庄稼作比喻，说明后人应当继承前人的遗业。最后，周公进一步肯定东征是上帝的旨意，又一次用种庄稼作比喻，说明除恶务尽的重要。

本篇多次提及占卜，如"用宁王遗我大宝龟""朕卜并吉""予得吉卜""王害不违卜""宁王惟卜用""矧亦惟卜用""予曷其极卜""矧今卜并吉""卜陈惟若兹"。蔡沈《书集传》说："此篇诰语，多主卜言。……周公以讨叛卜吉之义，与天命人事之不可违者，反复诰谕之也。"

占卜是为了求问天意。篇中"用宁王遗我大宝龟，绍天明"一句值得注意，卜龟乃是文王所传授，用来占问天命，卜龟不仅勾连着天与人，还勾连着古与今。这就解释了为什么这一篇多次出现占卜。因为此处的占卜不仅是天命，还承载着先祖之命。

根据文献记载，周公东征打得十分艰苦，士兵们的兵器都折损了。《诗经·豳风·破斧》说："既破我斧，又缺我斨。周公东征，四国是皇。"最终，经过两年苦战，周公清剿了殷商的复辟势力，稳定了西周局势。

《大诰》文辞古奥，类似西周金文，诂训纷纭，见仁见智，是训诂学研究的重要语料。略举数例明之。

开篇"王若曰"及篇中"王曰"的"王"，一说认为是周公，一说认为是成王。本书采前说，周公是摄政王。《礼记·明堂位》："周公践天子之位以治天下。"《史记·鲁周公世家》："武王既崩，成王少，在强葆之中。周公恐天下闻武王崩而畔，周公乃践祚代成王摄行政当国。"《尚书正义》引郑玄说："王，谓摄也。周公居摄，命大事则权代王也。"清代学者江声、王鸣盛、孙星衍、黄式三、皮锡瑞、王先谦都赞同郑玄说。本篇经文有"义尔邦君越尔多士、尹氏、御事绥予曰：'无毖于恤，不可不成乃宁考图功！'"童书业指出："'宁王'即文王，是《大诰》中之王称文王为考。……则《大诰》中之王为周公无疑。"见《春秋左传研究》。

《大诰》《康诰》《酒诰》《梓材》都是记载周公摄政时的事情。这几篇"王"都指周公。《康诰》篇"王若曰：孟侯，朕其弟，小子封。……乃寡兄勖……"成王是康叔之侄，不当称康叔为"朕其弟"；同时，成王作为武王之子，即使在康叔面前也不应称武王为"乃寡兄"。周公是康叔之兄，武王之弟，"朕其弟"和"乃寡兄"的称呼与周公的身份相符。

当然，也有观点认为周公摄政没有称王，《大诰》《康诰》《酒诰》《梓材》是周公代宣王命。其实这种观点与周公称王本质一致。周公代宣王命，其实也就是代行天子权力，即使名义上没有称王，在实际上也已获得王的权力。历代学者之所以论证周公没有称王，主要是为了维护周公的圣人形象。对于这一点，王国维《殷周制度论》已指出："殷以前无嫡、庶之制。……是故大王之立王季也，文王之舍伯邑考而立武王也，周公之继武王而摄政称王也，自殷制言之，皆正也。舍弟传子之法实自周始。当武王之崩，天下未定，国赖长君，周公既相武王，克殷胜纣，勋劳最高，以德以长，以历代之制，则继武王而自立，固其所矣，而周公乃立成王而已摄之，后又反政焉。摄政者，所以济变也。立成王者，所以居正也。自是以后，子继之法遂为百王不易之制矣。……原周公所以能定此制者，以公于旧制本有可以为天子之道，其时又躬握天下之权，而顾不嗣位而居摄，又由居摄而致政，其无利天下之心？昭昭然为天下所共见。故其所设施，人人知为安国家、定民人之大计，一切制度遂推行而无所阻矣。"据王国维分析，周公居摄称王无损于圣人形象，他称王、他还政，都是一心为公，对周王室忠心耿耿。

周公即位称王的观点得到近现代众多著名学者的赞

同。除上引王国维、童书业外，还有顾颉刚、金景芳、徐中舒、赵光贤、王玉哲等先生。曾运乾先生《尚书正读》、周秉钧先生《尚书易解》也都持此说。

学术界公认《大诰》为西周初年的作品。周公东征是西周初年的重大历史事件，因此这篇诰辞具有很高的史料价值。

微子之命

王若曰："猷！殷王元子[1]。惟稽古，崇德象贤[2]。统承先王[3]，修其礼物[4]，作宾于王家[5]，与国咸休，永世无穷。呜呼！乃祖成汤，克齐、圣、广、渊[6]，皇天眷佑，诞受厥命。抚民以宽[7]，除其邪虐，功加于时，德垂后裔。尔惟践修厥猷[8]，旧有令闻[9]，恪慎克孝[10]，肃恭神人[11]。予嘉乃德，曰笃不忘[12]。上帝时歆[13]，下民祗协，庸建尔于上公[14]，尹兹东夏[15]。

东夏：指宋国。
蔡传："宋亳（bó）在东，故曰东夏。"

[注释]

[1]元子：长子。微子是帝乙的长子，纣王的母亲做妾时所生。　[2]象贤：就是效法贤人。象，效法。　[3]统承先王：继

承先王的血统。统，嫡系血统。　[4]修：行使。礼物：礼制文物。　[5]宾：客。蔡传："以客礼遇之也。"　[6]齐、圣、广、渊：孔传："齐德、圣达、广大、深远。"蔡传："齐，肃也。齐则无不敬，圣则无不通。广言其大，渊言其深也。"　[7]宽：宽政。　[8]尔：指微子。践修：履行。古代履叫践，行叫修。猷：道。　[9]令闻：美好的名声。　[10]恪：谨。　[11]肃恭神人：意谓以恭敬事神治人。　[12]笃：厚。　[13]歆（xīn）：享受。　[14]庸：用。上公：周制，三公八命，出封时加一命，称上公。《周礼·春官·典命》："上公九命为伯，其国家、宫室、车旗、衣服、礼仪，皆以九为节。"　[15]尹：治理。

第一段，周成王册命微子治理宋国。

"钦哉[1]，往敷乃训，慎乃服命[2]，率由典常，以蕃王室[3]。弘乃烈祖[4]，律乃有民[5]，永绥厥位，毗予一人[6]。世世享德，万邦作式[7]，俾我有周无斁[8]。

"呜呼！往哉惟休[9]，无替朕命[10]。"

烈：英明、显赫。《国语·晋语九》："君有烈名，臣无叛质。"韦昭注："烈，明也。"

[注释]

[1]钦：敬。　[2]慎乃服命：慎重地执行你的职务和使命。　[3]蕃：通"藩"，屏障。　[4]弘：弘大，弘扬。　[5]律：管束。　[6]毗（pí）：辅佐。予：我。成王自指。　[7]式：法，榜样。　[8]俾：服从。见《尔雅·释诂》。斁（yì）：懈怠。　[9]休：美、善。　[10]无：通"毋"，不要。替：废弃。

第二段，勉励微子履行职责，遵守常法，拱卫周王室。

[点评]

微子，名启，纣王的同母长兄，帝乙的长子。本篇是周成王分封微子的命辞。

据《商书·微子》篇、《史记》的《殷本纪》和《宋微子世家》，微子见商纣王酗酒失德，荒淫无道，不听劝谏，就隐遁荒野，周武王灭商后，主动归顺周王室。周公东征诛杀武庚，周成王就册命微子为宋国国君。鉴于武庚叛乱的历史教训，成王申告微子，必须遵从旧典，管束臣民，拥戴周王室。

《微子之命》记叙周成王的命辞："惟稽古，崇德象贤。统承先王，修其礼物，作宾于王家，与国咸休，永世无穷。"可知，微子入周后，受到了"作宾于王家"的礼遇。《诗经·周颂·有客》对此也有所记载。《毛诗序》说："《有客》，微子来见祖庙也。"郑笺："成王既黜殷命，杀武庚，命微子代殷后。既受命，来朝而见也。有客，二王之后为客也。"《左传》僖公二十四年："宋，先代之后也，于周为客。"

为何微子能够"作宾于王家"呢？是因为微子"崇德象贤。统承先王，修其礼物"。"崇德象贤"是夸赞微子崇尚德教，效法贤人，这是比较宽泛的评价，而"统承先王，修其礼物"则说得比较具体。蔡沈《书集传》说："礼，典礼。物，文物也。修其典礼文物，不使废坏，以备一王之成法也。孔子曰：'夏礼吾能言之，杞不足征也；殷礼吾能言之，宋不足征也。文献不足故也。'殷之典礼，微子修之。至孔子时，已不足征矣，故夫子惜之。"可见蔡沈已经认为微子是殷商礼仪制度的继承者。本书在《商书·微子》篇点评部分已经指出，微子是商代乐舞威仪的继承者，为周礼的制作奠定了基础。本篇"统承先王，修其礼物"正是指微子能够继承殷代礼仪制度，周王室为了建立自己的礼乐制度不遗余力地优待前朝遗老，可见周礼的制作离不开对殷代乐舞威仪的传承，也可见周初统治者对于礼乐文明的渴求。

　　本篇今文无，古文有。

康　诰

惟三月哉生魄[1]，周公初基作新大邑于东国洛[2]，四方民大和会[3]。侯甸男邦[4]、采卫百工[5]、播民和见[6]，士于周[7]。周公咸勤[8]，乃洪大诰治[9]。

[注释]

[1]三月：指周公摄政第四年的三月。哉：初，始。《尔雅·释诂》："哉，始也。"魄：通"霸"。《说文》引作"霸"，西周金文也都作"霸"。《说文·月部》："霸，月始生霸然也。承大月二日，承小月三日。从月，霏声。《周书》曰：'哉生霸。'"王国维认为每月二、三日至五、六日是哉生霸。 [2]基：谋划。郑玄说："基，谋也。"新大邑：指王城。甲骨文中常见"大邑商"，指商都城。洛：指洛水附近。 [3]和：和悦。会：集合。 [4]侯甸男邦：侯、甸、男是三种不同的诸侯国。邦，指邦君。 [5]采卫：亦为两种不同

的诸侯国。百工：百官。　[6]播民：即移民，这里指殷商遗民。见：会见。一说"见"字属下读（dòu），指效力。孙星衍说："见者，《天官书》：'以星见为效。'正义曰：'效，见也。'士者，《诗传》云：'事也。'"孙氏释"见士于周"为"效事于周"。于省吾指出金文中有"见事"连用的语例（沇鼎铭文："见沇事于彭。"匽侯旨鼎铭文："匽侯旨初见事于宗周。"），从而也认为这里的"见士"当连读，"士"通"事"，"见士"即"见事"。存参。　[7]士：事，服务。　[8]咸：都。勤：慰劳。　[9]洪：代替。《尔雅·释诂》："鸿，代也。""鸿"与"洪"通。郑玄说："洪，代也。言周公代成王诰。"治：治道。指治殷的大法。

第一段，交代周公作诰的背景。

王若曰："孟侯[1]，朕其弟[2]，小子封[3]。惟乃丕显考文王[4]，克明德慎罚；不敢侮鳏寡，庸庸[5]，祗祗[6]，威威[7]，显民[8]，用肇造我区夏[9]，越我一、二邦以修我西土[10]。惟时怙冒[11]，闻于上帝[12]，帝休[13]，天乃大命文王。殪戎殷[14]，诞受厥命越厥邦厥民[15]，惟时叙[16]，乃寡兄勖[17]。肆汝小子封在兹东土[18]。"

明德慎罚：崇尚德教，慎用刑罚，这是本篇的纲领。

[**注释**]

[1]孟侯：周公的弟弟康叔。《汉书·地理志》：周公"封弟康叔，号曰孟侯，以夹辅周室"。　[2]其：之。见《经传释词》。　[3]封：康叔名。《史记·卫康叔世家》："卫康叔名封，周

武王同母少弟也。" [4] 丕：句中语气助词。《经传释词》："丕显考，显考也。通作'不显'。《毛诗》曰'不显'，显也。则上一字乃发声，《笺》解为岂不显，失其意矣。"显：明。考：先父。 [5] 庸庸：任用可以用的人。庸，用。 [6] 祗祗：尊敬值得尊敬的人。祗，尊敬。 [7] 威威：畏惧应当畏惧的事。威，畏惧。 [8] 显：光显。《尚书易解》："显民，光显其民，谓尊宠之也。" [9] 用：因果连词，因此。肇：时间副词，始。区：小。见《广雅·释诂》。区夏：小夏。周邦自称夏。《君奭》："惟文王尚克修和我有夏。"可证。周原位于今陕西西部，地域狭小，所以周自称小夏。文王时周才向东发展，进入今山西南部、陕西东南部和河南的西部地区。"小夏"与下文"戎殷"相对。 [10] 我西土：我们西土。周发源于今陕西西部岐山等广大地区，在殷西方。下文"东土"指殷商之地，与"我西土"相对。 [11] 时：通"是"，这。怙：大。冒：通"勖"。《说文》："勖，勉也。" [12] 闻于上帝：意谓被上帝知道了。于，介词，介引动作行为的施动者。 [13] 休：高兴。《广雅·释诂》："休，喜也。" [14] 殪（yì）：死，此指灭亡。戎殷：大殷。这里叙述当初自称为小夏的周灭亡作为大邦的殷。 [15] 诞：句首语气助词，无义。 [16] 时：承。叙：次序。《尔雅·释诂》："叙，绪也。" [17] 乃：因果连词。《尚书易解》："言壹伐商，受命与民，惟承文王之绪，乃大兄武王勉力为之也。"寡兄：大兄。此指周武王。详《尚书正读》。 [18] 东土：卫国是殷商故地，在河、淇之间，相对周而言在东方，故称东土。《史记·卫康叔世家》："周公旦以成王命兴师伐殷，杀武庚禄父、管叔，放蔡叔，以武庚殷余民封康叔为卫君，居河、淇间故商墟。"

第二段，周公指出明德慎罚是周国既定的施政理念。

王曰："呜呼！封，汝念哉！今民将在祗遹乃文考[1]，绍闻衣德言[2]。往敷求于殷先哲王用保乂民[3]，汝丕远惟商耇成人宅心知训[4]。别求闻由古先哲王用康保民[5]。弘于天[6]，若德裕乃身[7]，不废在王命[8]！"

[注释]

[1]在：观察。《尔雅·释诂》："在，察也。"遹：遵循。《尔雅·释诂》："遹，循也。" [2]绍：通"劭"，尽力。闻：听取。 [3]敷：普遍。用：介词，介引动作行为的方式方法，可译为"用……""用来……的方法"。乂：养。 [4]丕：程度副词，可译为"很""大大地"。惟：思。耇（gǒu）：老。耇成人，德高望重的长者。宅：揣度。训：教训。 [5]别：另外。由：于，对于。康：安。古先哲王：与上文"殷先哲王"对举，当指虞夏时代的哲王。周公告诫康叔治理殷商故地，要寻求殷商和古代明君贤臣的治国之法。 [6]弘：大。 [7]若：顺。裕：指导。《广雅·释诂》："裕，道也。" [8]不废在王命：意谓不停地完成王命。废，止。在，完成。《尔雅·释诂》："在，终也。"于省吾认为"在"同"于"。"不废在王命"即"不废于王命"。可存参。

王曰："呜呼！小子封，恫瘝乃身[1]，敬哉！天畏棐忱[2]；民情大可见，小人难保。往尽乃心，无康好逸豫，乃其乂民。我闻曰：'怨不在大，亦不在小；惠不惠[3]，懋不懋[4]。'已[5]！汝惟小子^[6]，乃服惟弘王应保殷民^[7]，亦惟助王宅天命^[8]，作新民。”

[注释]

[1] 恫（tōng）：痛。瘝（guān）：病。 [2] 畏：通“威”，德。《广雅·释言》：“威，德也。”王念孙疏证引《风俗通义·十反》篇曰：“《书》曰：‘天威棐谌。’言天德辅诚也。” [3] 惠：顺从。 [4] 懋：勉力。 [5] 已：叹词。 [6] 惟：《词诠》：“句中助词，无义。” [7] 服：职责。弘：大。这里是动词，宽大。见《尚书易解》。应保：接受和保有。同“承保”。《经义述闻》：“‘应保’犹‘受保’也。” [8] 亦惟：也是。

第三段，教导康叔取法殷商先王和远古哲王，尚德保民，尽心政事。

王曰：“呜呼！封，敬明乃罚^[1]。人有小罪，非眚^[2]，乃惟终自作不典^[3]；式尔^[4]，有厥罪小^[5]，乃不可不杀。乃有大罪，非终，乃惟眚灾^[6]；适尔，既道极厥辜^[7]，时乃不可杀。”

[注释]

[1] 明：严明。 [2] 眚（shěng）：过失。 [3] 乃惟：并列连词，与上文的“非”构成“非……乃惟……”式，可译为“不是……而是……”。终：终久、永久。“乃惟终自作不典”，与《舜典》“怙终”义近，指怙恶不悛。典：法。 [4] 式：句首语气助词。尔：如此。又，吴汝纶《尚书故》：“‘式尔’者，常然也。式，法也；

法，常也。常、法同训。"下文"适尔"，蔡传释为"偶尔"，吴
氏云："《文选·王命论》注：'适，遇也。'《尔雅》：'遇，偶也。'
此'适'可训'偶'之证。'适尔'，偶然也。《鬼谷子》注：'适
然者，有时而然也。'"存参。　[5]有：虽然。《尔雅·释训》："有，
虽也。"　[6]眚灾：因过失而造成的灾害。　[7]道：述说。极：尽。

王曰："呜呼！封，有叙时[1]，乃大明服[2]，
惟民其敕懋和[3]。若有疾，惟民其毕弃咎[4]。若
保赤子[5]，惟民其康乂。非汝封刑人杀人，无或
刑人杀人。非汝封又曰劓刵人[6]，无或劓刵人。"

[注释]

[1]有叙：附音词，即"叙"，顺从。时：这。指代"杀终敕
眚"的方法。　[2]服：诚服。　[3]敕：告诫。懋：勉力。和：
顺。　[4]咎：罪恶。　[5]赤子：小孩。　[6]劓（yì）：古代刑罚，
割鼻。刵（èr）：古代刑罚，断耳。

王曰："外事[1]，汝陈时臬司师[2]，兹殷罚有
伦[3]。"又曰："要囚[4]，服念五、六日至于旬时[5]，
丕蔽要囚[6]。"

[注释]

[1]外事：判断案件的事。江声说："外事，听狱之事也。听
狱在外朝，故云外事。"　[2]陈：宣布。臬：法律。司：治理，管

理。师：士师，狱官。"陈时臬"与"司师"是先后发出的两个动作，构成连动短语。 [3]有伦：言有条不紊。伦，条理。 [4]要囚：囚禁犯人。要，通"幽"，囚禁。上古"要"为影母宵部字，"幽"为影母幽部字，二字双声，幽、宵旁转，例得通用。要囚即幽囚。幽，《荀子·王霸篇》："公侯失礼则幽。"杨倞注："幽，囚也。""囚"上古音亦属幽部，与"幽"叠韵，可通。 [5]服：思考。《诗经·周南·关雎》："寤寐思服。"毛传："服，思之也。" [6]丕：《经传释词》："犹'乃'也。"蔽：判断。

王曰："汝陈时臬事罚[1]。蔽殷彝[2]，用其义刑义杀[3]，勿庸以次汝封[4]。乃汝尽逊曰时叙[5]，惟曰未有逊事[6]。已！汝惟小子，未其有若汝封之心[7]。朕心朕德，惟乃知。凡民自得罪[8]：寇攘奸宄[9]，杀越人于货[10]，暋不畏死[11]，罔弗憝[12]。"

[注释]

[1]事罚：施行刑罚。 [2]蔽殷彝：即蔽以殷彝，用殷法判断案件。彝，法。 [3]义：宜，合理。 [4]勿庸：不用。以次汝封：顺从你封的心意。次，《荀子·宥坐篇》引作"即"。即，就，从。 [5]乃：假设连词，假如。逊：顺从。 [6]惟：应当。《吕氏春秋·知分》注："惟，宜也。" [7]其：句中语气助词。有：或。若：顺从。 [8]自得罪：由此得罪。自，由。《经传释词》说："自，词之'用'也。《书·康诰》曰：'凡民自得罪。'某氏传训'自'为'用'。""用，词之'由'也。" [9]寇攘奸宄：《尚书易解》："寇，

贼也。攘，夺也。"奸，在内作乱。宄，在外作乱。　　[10]越：远。见《广雅·释诂》。越人，远人。于：《尚书故》："取也。"　　[11]暋（mǐn）：强横。　　[12]罔弗憝（duì）：没有人不怨恨。憝，怨恨。

王曰："封，元恶大憝[1]，矧惟不孝不友[2]。子弗祗服厥父事，大伤厥考心；于父不能字厥子[3]，乃疾厥子[4]；于弟弗念天显[5]，乃弗克恭厥兄；兄亦不念鞠子哀[6]，大不友于弟。惟吊兹[7]，不于我政人得罪[8]，天惟与我民彝大泯乱[9]。曰：乃其速由文王作罚[10]，刑兹无赦。

[注释]

[1]元：大。大憝：令人极其痛恨的人。　　[2]矧：也。《经传释词》："矧，犹'亦'也。"孝、友：《尔雅·释训》："善父母为孝，善兄弟为友。"　　[3]于：为。见《仪礼·士冠礼》郑玄注。一说"于"作并列连词。字：爱。　　[4]疾：恶。　　[5]天显：指天伦。　　[6]鞠子：幼子。《尔雅·释言》："鞠，稚也。"哀：痛苦。　　[7]吊：《尔雅·释诂》："至也。"兹：这。指代上文不孝不慈不恭不友的情况。　　[8]于：孔疏："犹'由'也。"政人：执政的人。　　[9]泯：混乱。　　[10]速：迅速地。由：介引动作行为所凭借的依据，可译为"按照"。

"不率大戛[1]，矧惟外庶子、训人惟厥正人越小臣、诸节[2]。乃别播敷造民[3]，大誉弗念弗庸，瘝厥君；时乃引恶[4]，惟朕憝。已！汝乃其速由兹义率杀[5]。

[注释]

[1]率：遵循。戛（jiá）：常法。蔡传："戛，法也。"郭店楚简《成之闻之》："《康亲（诰）》曰：'不还大暊（戛），文怎王殳（作）罚，型（刑）丝（兹）亡悬（赦）。'此言也，言不霹（逆）大崇（常）者，文王之型莫至（重）安（焉）。是故君子慎六位以祀天常。"则简文也释"暊"（戛）为常。可为佐证。 [2]庶子、训人：均为掌管教育的官。惟：并列连词，与，和。《经传释词》："'惟'犹'与'也，及也。"黄侃笺识："'与'之借。"小臣：内侍官员。江声说："小臣，掌君之小命者。"诸节：掌管符节的官。《秦誓》马融注："诸节，诸受符节有司也。" [3]播敷：播布。造：通"告"。《列子·杨朱》篇释文："造，本作告。" [4]引：增长。 [5]由：介引动作行为所凭借的依据，可译为"按照"。义：读为"仪"，法。《经义述闻》："古者书'仪'但为'义'。"《说文》："仪，度也。"徐锴云："度，法度也。"《墨子》："置此以为法，立此以为仪，将以量度天下之王公大人、卿大夫之仁与不仁。""法""仪"近义对文。率：捕。率杀，捕杀。《说文》："率，捕鸟毕也。"

"亦惟君惟长[1]，不能厥家人越厥小臣、外正[2]；惟威惟虐，大放王命[3]；乃非德用乂。

[注释]

[1]君、长：指诸侯。 [2]外正：外官。小臣、外正，泛指

内外官员。　[3] 放：违背。

　　"汝亦罔不克敬典 [1]，乃由裕民 [2]，惟文王之敬忌 [3]；乃裕民曰：'我惟有及 [4]。' 则予一人以怿 [5]。"

　　[注释]

　　[1] 典：法。　[2] 乃：往。见《广雅·释诂》。下文"乃"同。由裕：即"猷裕"，教导。《方言》："裕，猷，道也。东齐曰'裕'，或曰'猷'。"　[3] 敬忌：指敬德忌恶。　[4] 有及：附音词，及，谓及之，承上文省。及之，就是及（文王那样赏善罚恶）。　[5] 怿：高兴。

　　第四段，阐明用刑的原则和刑律，告诫康叔谨慎用刑。

　　王曰："封，爽惟民迪吉康 [1]，我时其惟殷先哲王德 [2]，用康乂民作求 [3]。矧今民罔迪 [4]，不适 [5]；不迪，则罔政在厥邦 [6]。"

爽惟：句首语气助词。《经传释词》："凡《书》言'爽惟''丕惟''洪惟''诞惟''迪惟''率惟'，皆词也。"

　　[注释]

　　[1] 爽惟民迪吉康：意谓民众受到教化才会善良安定。迪，教导。吉，善。　[2] 时：时间副词，表示动作经常发生，可译为"时时"。《古书虚字集释》："时，犹'常'也。"《古汉语同义虚词类释》谓，"时"之"常"义，"似由'时节'之义引申虚化而来，时节有常，故'时'得以训'常'。"其：将要。惟：思念。　[3] 求：同"逑"，匹配。《诗经·周南·关雎》："窈窕淑女，君子好逑。"

毛传："述，匹也。"　[4]矧：亦，并且。今民：受事主语。迪：意谓受到教导。　[5]适：《广雅·释诂》："善也。"　[6]罔政：没有德政。

王曰："封，予惟不可不监[1]，告汝德之说于罚之行[2]。今惟民不静，未戾厥心[3]，迪屡未同[4]，爽惟天其罚殛我[5]，我其不怨。惟厥罪无在大，亦无在多，矧曰其尚显闻于天[6]。"

[注释]

[1]监：视。　[2]于：并列连词，《经传释词》："犹'越'也，'与'也。"行：道理。　[3]戾：安定。　[4]同：和。　[5]殛：诛责。　[6]矧：何况。《玉篇》："况也。"曰：通"聿"，句中语气助词。

王曰："呜呼！封，敬哉！无作怨，勿用非谋非彝蔽时忱[1]。丕则敏德[2]，用康乃心[3]，顾乃德，远乃猷[4]，裕乃以[5]；民宁，不汝瑕殄[6]。"

[注释]

[1]蔽：堵塞。忱：诚。　[2]丕则：承接连词，于是。见《经传释词》。敏：努力。《礼记·中庸》："人道敏政，地道敏树。"郑玄注："敏，犹'勉'也。"敏、勉双声，故得通用。　[3]乃：相当于"其"，指殷民。　[4]猷：通"徭"，徭役。《诗经·小雅·巧

言》："秩秩大猷。"《汉书·叙传》注作"秩秩大繇"。　[5] 以：用也。裕乃以，即足其衣食。　[6] 瑕：病。挑毛病，责备。殄：绝。今按：瑕、遐古可通用。《诗经·小雅·隰桑》"遐不谓矣。"《礼记·表记》引作"瑕"。《诗经·邶风·泉水》传："瑕，远也。"这里"瑕"也可能是通"遐"。《诗经·周南·汝坟》："既见君子，不我遐弃"，"不我遐弃"与"不女瑕殄"句式相近，"遐弃""遐殄"意义可能也相近，都指远远地抛弃、断绝。存参。

　　第五段，告诫康叔必须采用殷先王治殷的方略，用德政感化、安定殷民。

　　王曰："呜呼！肆汝小子封[1]。惟命不于常[2]，汝念哉！无我殄享[3]，明乃服命[4]，高乃听[5]，用康乂民。"

[注释]

[1] 肆：努力、尽力。　[2] 命：郑玄说："命，天命也。天命不于常，言不专佑一家也。" [3] 享：劝告。　[4] 明：勉。乃：你的。　[5] 高：《广雅·释诂》："敬也。"

　　王若曰："往哉！封，勿替敬，典听朕告[1]，汝乃以殷民世享[2]。"

[注释]

[1] 典：时间副词，常。　[2] 以殷民世享：康叔封在卫国，卫国的民众都是殷商遗民，所以说与殷民世享。以，与。世享，

世世享有殷国。

第六段，告诫康叔必须听从教命。

［点评］

周公东征，杀武庚、管叔，放逐蔡叔，封康叔为卫君，封地在黄河和淇水之间的殷商故地。周公担心康叔年轻缺乏政治经验，反复告诫他要向殷商的长者贤人们请教殷商兴亡的原因，希望他爱护殷民，尽心治理殷民。史官记录周公告诫康叔的这次讲话，写成《康诰》。

《康诰》的核心是阐述"明德慎罚"的治殷原则。周公首先总结历史经验，指出先王正是遵循这条原则，才得以缔造周国，消灭殷商。同时，周公亲自参与并领导了伐殷、东征等一系列重大历史事件，从历史的巨变和激烈的阶级对抗中，他认识到民众的力量，认识到争取民心的重要意义。因此，周公竭力主张巩固周王朝的统治必须征服殷商民心。要征服殷商民心，必须"明德慎罚"。

"明德慎罚"总体来说就是"庸庸（任用可以任用的人），祇祇（尊敬值得尊敬的人），威威（畏惧应当畏惧的事）"。"庸庸""祇祇"属于"明德"的范畴；"威威"则属于"慎罚"的范畴。实际上也就是孔子所说的"宽猛相济"的统治政策和策略。周公告诫康叔，对那些虽然罪恶不大，但明知故犯坚持不改的人，要毫不犹豫地杀一儆百；对于那些即使犯了大罪，但不是故意作恶坚持不改的人，要减轻刑罚。周公还具体规定了施用刑罚的准则以及刑律的条目，譬如要慎重地审查犯人的供词，对于犯人的供词一定要考虑五六天，甚至十天；对于"不孝不友""元恶大憝"一定要"刑兹无赦"；对于"乃别播敷造民"的大臣或官吏也应施以重刑。周公阐明了尚德慎刑、敬天爱民的道理，强调用德政教化殷民，巩固周王朝的统治。以德服人、攻心为上、刚柔并用、缓刑慎罚，成为历代明君贤臣理政治民的重要方法。

周公在训诫中特别强调"敬""慎"二字，原因就在于周公认识到"惟命不于常"。天命并非恒定不变，天命以人心为依归，得人心者得天命。为政当重人心，人心向背关乎国家兴衰存亡。由于周公把"天命"和"民情"联系在一起，所以周公所敬畏的与其说是天命，倒不如说是"民情"。周公以为治政的目的是保民安民康民，"若保赤子，惟民其康乂"。《西伯戡黎》篇中，我们已经看到了殷周之际天命观念的变化。而周朝天命观的产生有其必然性。《牧誓》篇中，我们分析指出"西土"观念的实践是周人的一大成功，而在此过程中，"天命"观念可能也起到了一定的作用。俗话说，"十里不同风，百里不同俗"，西方各族地异俗殊，神祇与祖先也应当是各不相同，在这种情况下，周王有整合信仰的必要，而天帝正可兼容成各族神祇。天帝授命于西伯文王，是因为文王能够"明德"。"明德"是周人天命观念的核心。周人的天命观突破了部族信仰的界限，促进了"西土"联盟的形成。

《康诰》还出现了与"西土"相对的"东土"概念。"西土"本是周灭商以前对以自己为首的西方诸侯的统称；周灭商以后，从一方侯国成为天下共主，而此时周人仍以西土之人自居，并用"东土"指称殷商故地，则显示出地域文化认同的分野，显示出周人对殷商遗民的警惕。直到《召诰》以后各篇，"天下"的观念逐渐进入人们的视野（今文《尚书·周书》中，"天下"一词首先见于《洪范》，但那只是零星的出现），才表明周人真正具有"溥天之下，莫非王土；率土之滨，莫非王臣"的王者意识。

尽管《康诰》中西周统治者仍以"西土"自居，显示出对殷商的戒备，但是周公同时也明确提出要向殷商先王和殷商德高望重的遗老学习治理殷民的成法，学习殷道以治殷："往敷求于殷先哲王用保乂民，汝丕远惟商耇成人宅心知训。""我时其惟殷先哲王德，用康乂民作求。"这显示出周公因地制宜的政治智慧，为周文明与殷商文明日后的普遍交流、融合打下基础。

《周书》诸篇文献价值较高，后世文献多有引用。例如，《康诰》："乃其速由文王作罚，刑兹无赦。""不率大戛。""速"可解为"迅速地"。"由"可释读为"按照"。清代大儒孙星衍以"乃其速由"断句，释"速"为"招致"，认为"由"是"讻"的假借字。孙星衍说："乃其自召罪讻，不可旁及亲属。《酒诰》云：'惟民自速辜。'《多方》云：'乃惟尔自速辜。'语意正同。""《后汉书·王符传》：'夫养稂莠者伤禾稼，惠奸轨者贼良民。《书》曰：文王作罚，刑兹无赦。'《风俗通·皇霸篇》《潜夫论·述赦篇》引同《后汉书》，则知'乃其速由'不相属也。"郭店楚简《成之闻之》引《康𧩙（诰）》："不还大顥（戛），文王复（作）罚，型（刑）丝（兹）亡懋（赦）。"简文所引《康诰》语序与传世本有异，"不率大戛"句在"文王作罚"前，可知简本"乃其速由"与"文王作罚"不相连。这些都为《尚书》在秦汉的传播研究提供了丰富的文献材料。

酒 诰

　　王若曰："明大命于妹邦[1]。乃穆考文王[2]，肇国在西土[3]。厥诰毖庶邦庶士越少正御事朝夕曰[4]：'祀兹酒[5]。'惟天降命[6]，肇我民[7]，惟元祀[8]。天降威[9]，我民用大乱丧德[10]，亦罔非酒惟行[11]；越小大邦用丧，亦罔非酒惟辜[12]。

[注释]

　　[1]明：宣明，昭告。妹邦：指卫国。妹是古"沬"字。《诗经·鄘风·桑中》："爰采唐矣，沬之乡矣。"毛传："沬，卫邑。"今河南淇县。有学者认为，"明大命于妹邦"是史官记录诰命时插入的一句话，目的是说明王发布诰命的地点。存参。　[2]乃：时间副词，当初，从前。《广雅·释诂》："乃，往也。"王念孙疏证指出《仓颉篇》"迺，往也"，《说文》"卤，往也"，"迺"和"卤"都与"乃"同，并据《汉书》颜注指出先秦两汉文献中的"乃者"

即"曩者"，亦即"过往""往昔"。按：今文《尚书》无"者"字（仅《洪范》有一个者字，可能是传抄讹误），这里的"乃"或许正相当于"乃者"。穆考：尊敬的先王。蔡传："穆，敬也。《诗》曰：'穆穆文王'是也。"孔传："父昭子穆，文王第称穆。"亦通。　[3]肇：通"肁"，创建。《说文》："肁，始开也。"　[4]厥：其，指文王。毖：《尚书今古文注疏》："'毖'同'必'。"《广雅·释诂》："必，勑也。"庶邦：众卿士。少正：副长官。蔡传："少正，官之副贰。"御事：指一般办事官员。　[5]兹：则。《经传释词》："兹，犹'斯'也。《书·酒诰》曰：'朝夕曰：祀兹酒。'言朝夕戒之曰：惟祭祀斯用酒也"。"斯，犹'则'也。"《尚书正读》："兹，则也。声之转。祀兹酒，犹云祀则酒，即下文诰教小子饮惟祀也。"上古"兹"为精母之部字，"则"为精母职部字，二字双声，之、职对转，例得相通。　[6]惟：语气助词。命：福命，与下文"威"相对。　[7]肇：敏，指劝勉，《尔雅·释言》："肇，敏也。"　[8]惟：只是。元：大。祀：祭祀。又，俞樾撰《文王受命称王改元说》释"元祀"为"元年"。王国维也认为"惟元祀"即是"指文王受命改元，非指祀事"。　[9]威：罚。　[10]用：通"庸"，通常。见《尚书易解》。　[11]亦罔非酒惟行：也没有不是用酒作为口实。惟，为。行，言语，指口实。《尔雅·释诂》："行，言也。"　[12]辜：罪。

"文王诰教小子有正有事[1]：无彝酒[2]。越庶国[3]：钦惟祀，德将无醉[4]。惟曰我民迪小子惟土物爱[5]，厥心臧[6]。聪听祖考之彝训[7]，越小大德[8]。

[注释]

[1]小子:指文王的子孙。有正有事:指在中央王朝担任大小职务的文王子孙。正，政。有正，附音词，指大臣。有，为其前附音节，无义。有事，指小臣。 [2]无:通"毋"，不要。彝:时间副词，经常。 [3]越:和。庶国:指在诸侯国任职的文王子孙。 [4]将:扶助。德将，以德自助。 [5]小子:这里指臣民的子孙。土物:指土里生长出来的农作物。爱:惜。 [6]臧:善。 [7]聪:听清楚。 [8]越:发扬。《尔雅·释诂》:"越，扬也。"

"小子惟一妹土[1]，嗣尔股肱[2]，纯其艺黍稷[3]，奔走事厥考厥长[4]。肇牵车牛[5]，远服贾用[6]，孝养厥父母；厥父母庆[7]，自洗腆[8]，致用酒[9]。

[注释]

[1]小子:指留居卫国的殷遗民。与下文"庶士有正"相对。 [2]嗣:习，《诗经·郑风·子衿》:"子宁不嗣音。"毛传:"嗣，习也。"这里指熟练运用。股:大腿。肱:胳膊从肘到肩的部分。 [3]纯:专一，专心。《国语·晋语》贾逵注:"纯，专也。"艺:种植。 [4]奔走:《尚书释义》:"意谓勤勉也。"事:侍奉。 [5]肇:敏，这里作勉力解。 [6]服:从事。贾（gǔ）:本义指坐商。《白虎通义》贾用连文，贾用，贸易。 [7]庆:高兴。 [8]洗腆:洁净丰盛的膳食。蔡传:"洗以致其洁，腆以致其厚。"腆，《说文》:"设膳腆，腆，多也。" [9]致:得到。

"庶士有正越庶伯君子[1]，其尔典听朕教[2]！尔大克羞耇惟君[3]，尔乃饮食醉饱。丕惟曰尔克永观省[4]，作稽中德[5]，尔尚克羞馈祀[6]。尔乃自介用逸[7]，兹乃允惟王正事之臣[8]。兹亦惟天若元德[9]，永不忘在王家[10]。"

［注释］

[1]伯：方伯。君子：指在位官员。《荀子·大略篇》："君子听律习容而后士。"杨倞注："君子，在位者之通称。"庶士、有正、庶伯、君子，都指卫国的群臣。　[2]其：希望。表示祈使语气。典：常，经常。　[3]羞：进献。耇(gǒu)：指长辈。惟：与。　[4]丕：句首语气助词，无义。惟：思。省(xǐng)：察，视。观省，谓省察。　[5]作：举动，泛指言行。稽：《周礼·天官·小宰》郑众注："合也。"谓符合。中德：中正的美德。　[6]馈祀：郑玄说："助祭于君。"国君祭祀，选择贤臣助祭。　[7]乃：假设连词，假如。介：通"界"。界，限制。《后汉书·马融传》注："界，犹限也。"见《尚书易解》。用：行。行逸，指饮酒。　[8]允：时间副词，长期。杨树达《尚书说》："允，当读为'骏'，长也。"惟：是。正：主管官员。事：一般办事官员。　[9]若：善，赞美。元：善。　[10]永不忘在家：永远不会被王家忘记。王充耘说："永不忘在王家，所谓有成绩以纪于太常之类。"在，介词，介引动作行为的施动者。

第一段，周公阐述戒酒的重要性，申述饮酒的规定，告诫卫国的臣民节制饮酒。

王曰："封，我西土棐徂邦君御事小子[1]，尚

克用文王教，不腆于酒[2]，故我至于今，克受殷
之命。”

[注释]

[1]棐徂：辅助。黄式三说：“棐，辅也。”徂，通“助”。　[2]不
腆于酒：等于说不沉湎在酒中。腆，丰厚。

王曰：“封，我闻惟曰[1]：‘在昔殷先哲王迪畏
天显小民[2]，经德秉哲[3]。自成汤咸至于帝乙[4]，
成王畏相惟御事[5]，厥棐有恭[6]，不敢自暇自逸，
矧曰其敢崇饮[7]？越在外服[8]，侯甸男卫邦伯，
越在内服，百僚庶尹惟亚惟服宗工越百姓里居[9]，
罔敢湎于酒。不惟不敢，亦不暇[10]，惟助成王德
显越[11]，尹人祗辟[12]。’

[注释]

[1]惟：有。　[2]迪：句中语气助词。天显：天明，即天
命。　[3]经：行。秉：持。哲：通“悊”。《说文》：“悊，敬
也。”[4]成汤：商的第一代国君。咸：通“覃”。覃，延续。见
《尚书正读》。又，胡厚宣认为“咸”为成汤名，指出甲骨卜辞中
“咸”常与“上甲”“大丁”等商王一同出现，且“列王世次，咸
在上甲和大丁之间，则其必为大乙汤无疑”，并说：“《书·酒诰》
说‘自成汤咸至于帝乙’，又《多士》说‘自成汤至于帝乙’，句
法相同，而《酒诰》称成汤为成汤咸。《太平御览·八三》引古

本《竹书纪年》说‘汤有七名而九征’，《金楼子》也说‘汤有七号’，疑咸者当为汤之一名。”存参。帝乙：商纣王的父亲。 [5]成王畏相：《尚书易解》认为就是有成就的君王和可敬畏的辅相。见《尚书易解》。 [6]有恭：附音词，即“恭”，恭敬。 [7]崇：聚会。 [8]外服：外官，指诸侯。 [9]僚：官。尹：正。惟：与。亚：次，正官的副职。服：事。宗工：指做官的宗室成员。越：与。百姓里居：指百官中退休后住在家里的人。见《尚书今古文注疏》。又，西周时期史颂鼎铭文和矢令方尊铭文皆有“里君”。王国维、杨筠如、郭沫若等学者认为《酒诰》“里居”当为“里君”。存参。 [10]“不惟……，亦……”构成表示递进关系的递进复句。 [11]显越：《尚书易解》：“显越，当连读，《释言》：‘越，扬也。’显越，即显扬。” [12]祗：敬，重视。辟：法。蔡传：“惟欲上以助成君德，而使之昭著；下以助尹人祗辟，而使之益不怠耳。”

　　“我闻亦惟曰：‘在今后嗣王[1]，酣[2]，身厥命[3]，罔显于民祗[4]，保越怨不易[5]。诞惟厥纵[6]，淫泆于非彝[7]，用燕丧威仪[8]，民罔不盡伤心[9]。惟荒腆于酒，不惟自息乃逸[10]。厥心疾很[11]，不克畏死[12]。辜在商邑[13]，越殷国灭，无罹[14]。弗惟德馨香祀[15]，登闻于天[16]；诞惟民怨[17]，庶群自酒[18]，腥闻在上[19]。故天降丧于殷[20]，罔爱于殷[21]，惟逸。天非虐，惟民自速辜[22]。’”

燕：通“宴”，宴饮。江声说：“纣为酒池肉林，使男女裸而相逐其间，故言大放纵淫泆于非法，以燕饮丧其威仪。”

［注释］

[1]后嗣王：指纣王。　[2]酣：乐酒。《说文·酉部》：“酣，酒乐也。”　[3]神厥命：以其命为神，意谓有命在天。身，通“伸”。《说文·人部》：“伸，神也。”又，杨树达《尚书说》：“‘酣’为‘甘酒’二字之误合，‘酉’，古‘酒’字。‘身’当读为‘信’，二字古音近。纣为长夜之饮，是甘酒也。纣言我生不有命在天，是信厥命也。”存参。　[4]显：明，昭著。民祗：臣民所重视的事。　[5]保：安。越：于。　[6]诞惟：句首复音语气助词。《经传释词》：“诞惟，词也。”纵：《尔雅·释诂》：“乱也。”　[7]淫泆于非彝：即游乐在违反常法的活动中。泆，通“佚”，乐。　[8]用：《词诠》：“介词，由也，因也。”　[9]蠹（xì）：《说文》：“伤痛也。”　[10]乃：他的。逸：过失。《尔雅·释言》：“逸，过也。”　[11]很：狠。　[12]克：《尚书核诂》：“犹‘肯’也。”　[13]辜：罪过。这里用作动词，作恶。　[14]无：没有……过。罹：忧。　[15]弗：不。惟：有。馨香：芳香。　[16]登：升。“登”与“闻于天”是先后发出的两个动作，构成连动短语。　[17]诞惟：句首复音语气助词，无义。　[18]庶群：指纣王的群臣。自酒：私自饮酒。　[19]在：介词，介引动作行为的施动者。　[20]丧：灭亡。此指亡国的灾祸。　[21]罔：不。　[22]速：招致。

　　第二段，从正反两方面总结殷商戒酒兴、纵酒亡的历史经验教训。

　　王曰：“封，予不惟若兹多诰[1]。古人有言曰：‘人无于水监[2]，当于民监。’今惟殷坠厥命，我其可不大监抚于时[3]！予惟曰汝劼毖殷献臣[4]，侯甸男卫，矧太史友^[5]、内史友、越献臣百宗工^[6]，矧惟尔事^[7]、服休服采^[8]，矧惟若畴^[9]，圻父薄违^[10]、农父若保^[11]、宏父定辟^[12]：'矧汝刚制于酒^[13]。'

［注释］

[1]惟：想。若兹：如此。　[2]无：通"毋"，不要。监："鉴"古字，盛水用以照自己面容的器具，犹如后代镜子，引申用作动词。　[3]其：语气副词，难道。抚：《文选·神女赋序》注："览也。"监抚，省察。时：这。　[4]曰：用同"谓"。见《尚书说》。劼（jié）：谨慎。《说文》："劼，慎也。"又，李学勤认为，戎生编钟铭文"劼遣卤责（积），俾潜征繇汤"与晋姜鼎铭文"嘉遣我易（锡）卤责（积）千两（辆）"可对照，"劼"字实为"嘉"字的省体。按：《诗经·大雅·既醉》："公尸嘉告。"郑笺："嘉告，以善言告之。"可参。毖：告。见《广韵》。献：贤。《尚书易解》："从'殷献臣'至'宏父定辟'共四十四字，均为'劼毖'之宾语。"　[5]矧：并列连词。《经传释词》："矧，又也。"下文二"矧"字同。太史：与下文的内史都是史官。太史记事，内史记言。友：同僚。　[6]越：与。百：概数。宗：尊。工：官。百宗工，许多尊贵的官员。　[7]矧惟：与上下文中的"矧""越"互文，"与""和"的意思。事：治事官员。　[8]服休：管理国君游宴休息的近臣。服采：管理国君朝祭的近臣。　[9]若：你们。畴：通"寿"。三寿，指下文圻父、农父、宏父三卿。《诗经·鲁颂·闷宫》："三寿作朋。"郑笺："三寿，三卿也。"见《尚书正读》。　[10]圻父：司马，掌管军事的卿。薄：这里作讨伐解。违：违戾不顺，这里作叛乱解。　[11]农父：掌管农业的卿。若：顺。保：养。　[12]宏

父：掌管度量土地和居民的卿。辟：法。　[13]矧：句首语气助词。《尚书易解》：“矧，《说文》：词也，此‘矧’字语首助词。”刚：强。此处可译为“强行”。制：断绝。制于酒，制止饮酒。

　　“厥或诰曰[1]：‘群饮。’汝勿佚[2]，尽执拘以归于周，予其杀[3]。又惟殷之迪诸臣惟工[4]，乃湎于酒，勿庸杀之[5]，姑惟教之[6]。有斯明享[7]，乃不用我教辞[8]，惟我一人弗恤弗蠲[9]，乃事时同于杀[10]。”

[**注释**]

[1]厥：假设连词，可译为“如果”。详屈万里《尚书今注今译》。或：有。诰：报告。　[2]佚：放纵。　[3]其：将要。周初群饮罪行严重。《周礼·地官·司虣》：“司虣掌宪市之禁令，禁其斗嚣者与其虣乱者，出入相陵犯者，以属游饮食于市者，若不可禁，则搏而戮之。”　[4]迪：句中语气助词。见《经传释词》。惟：与。　[5]勿庸：不用。　[6]姑：副词，暂且。　[7]斯：近指代词，这样。享：劝勉的意思。详《尚书骈枝》。　[8]乃：竟。教辞：教导的话。　[9]我一人：同“予一人”。古代君王自称“予一人”。恤：忧。这里义为“怜惜”。蠲：免除罪过。　[10]事：治。时：这，指这种人。同于杀：同于群饮杀戮的罪。

　　王曰：“封，汝典听朕毖[1]，勿辩乃司民湎于酒[2]。”

[注释]

[1] 毖：告诫。　[2] 勿辩乃司民湎于酒：意谓勿使汝之治民之官沉浸于酒。辩，《尚书核诂》："《广雅》：'使也。'古'辩'与'俾'通。《书序》：'俾荣伯作《贿肃慎之命》。'马本'俾'作'辩'，即其证也。"司，治。司民，指治民的官员。

[点评]

《酒诰》是周公命令康叔在卫国宣布禁酒的诰词。周公平定武庚的叛乱以后，把幼弟康叔封为卫君，统治殷民。卫国地处黄河和淇水之间，为殷商故地，饮酒成习，殷人经常"群饮""崇饮"。周公一方面认识到殷人的恶习会危害社会秩序，阻碍生产的发展；另一方面也担心康叔受到影响，腐化堕落，因此命令康叔在卫国宣布戒酒令，不许酗酒。周公强调了戒酒的重要性，制定了一系列禁酒条例。史官记录周公的诰词，写成《酒诰》。本篇反映了周公革故鼎新改造恶习的伟大思想，值得高度重视。

周公是一个伟大的政治家，他从巩固政权的高度认识到移风易俗的重要性。周公强调禁酒的理由主要有三点：（1）节约粮食（"惟曰我民迪小子惟土物爱"）。酒是由粮食发酵酿制而成。周朝以农业为本，周的始祖后稷就是舜帝时掌管农业的官。尤其在生产力尚不发达的上古时期，农业民族深知粮食来之不易，因此对于粮食十分珍惜。《无逸》篇中，周公告诫居官的君子"先知稼穑之艰难，乃逸，则知小人之依"，就是希望官员们要懂得农事的艰难。节约粮食的优良传统在后代一直延续，悯农也成为中国文学一大主题。（2）历史的经验教训。历史经验证明纵酒会败德，会导致社会混乱。文王规定不准经常饮酒，所以"天降命"，这是历史的成功经验；而饮酒会导致民德沦丧，邦国覆灭，这是历史的失败教训。商王朝从成汤到帝乙的历代君王、大臣、方伯都忙于政事，无暇耽乐纵酒，所以享有天下，这是历史的成功经验；而商纣王大肆饮酒，游乐过度，最终导致灭亡，这是历史的失败教训。（3）天命的要求。正如前面各篇所分析的那样，在周朝，天命与民意相一致。"弗惟德馨香祀，登闻于天；诞惟民怨，庶群自酒，腥闻在上。故天降丧于殷"。殷商群饮无度，民怨沸腾，上天有所察知，就降下灾祸处罚殷商。为了贯彻敬德保民的治国主张，必须禁酒限酒，因为只有这样才能够获得民心，获得上天的眷顾。

周公禁酒，既显示出雷霆万钧的政治魄力，也显示出明察秋毫的政治智慧。他强调对于触犯戒酒令的治事官员要严惩不贷，杀无赦；而对于触犯戒酒令的殷商遗民，则先教育，后严惩。他这种认清情况、区别对待的思想策略，对于安定教化殷民发挥了重要作用。同时，我们也要注意到，周公的禁酒更准确地说其实是限制饮酒，并非滴酒不沾：大祭可以饮酒；努力务农经商，孝养父母，父母高兴，置办丰盛的宴席，也可以饮酒。周公显然意识到酒在人类情感世界中的重要作用，对于培养慎终追远、孝敬父母的美德有所裨益，因此没有完全禁绝。饮酒有助于情感交流，禁酒则是理性的法规制度，饮酒与禁酒显示了"情"与"理"之间的矛盾，而周公的禁酒，体现的是理性对反理性的遏制而非剿灭。

　　此外，周公还提出"人无于水监，当于民监"的政治格言，强调察看民情考察政治得失，对后代政治家也产生了重大影响。"监"的构形也表明，在铜镜发明以前，先民们常用水来观察自己的相貌。"监"的甲骨文象一人跪坐于皿中之水前俯视照面形，可知古时确有以水为镜之习惯，后来随着金属冶炼技术的产生和发展，铜镜逐渐兴起，代替了"水镜"。以镜喻事，《酒诰》为首创，后屡见载籍。《墨子·非攻中》："古者有语曰：君子不镜于水，而镜于人。镜于水，见面之容；镜于人，则知吉与凶。"《旧唐书·魏徵列传》记载，唐太宗闻魏徵殂逝，感叹曰："夫以铜为镜，可以正衣冠；以古为镜，可以知兴替；以人为镜，可以明得失。"这些话与"人无于水监，当于民监"意义相近，历代政治家引为圭臬。

梓　材

王曰："封，以厥庶民暨厥臣达大家[1]，以厥臣达王惟邦君[2]，汝若恒[3]。

［注释］

[1] 以：介词，由、自。暨：《词诠》："等立连词，与也，及也。"达：至。"以……达……"即"自……至……"。大家：指卿大夫。　[2] 王：此指诸侯。王国维说："古时天泽之分未严，诸侯在其国自有称王之俗。"惟：并列连词，与。《经传释词》："'惟'犹与也，及也。"黄侃笺识："'与'之借。"邦君：国君。　[3] 若：顺从。恒：常，常典。

若恒：指遵从殷先哲王制定的典章，治理殷民。《康诰》亦云："往敷求于殷先哲王用保乂民，汝丕远惟商耇成人宅心知训。"遵从殷之典章，以殷治殷，尚德慎刑。这是周人治殷的重要政治策略。

"越曰我有师师[1]、司徒、司马、司空、尹旅曰[2]：'予罔厉杀人[3]。'亦厥君先敬劳[4]，肆徂厥敬劳[5]。

［注释］

[1] 越：句首语气助词。曰：谓。师师：众位官长。《尚书今古文注疏》："'师师'者，上'师'，《释诂》云：'众'也。下'师'，郑注《周礼》云：'犹长也。'" [2] 司徒：与下文"司马、司空"都是西周官名。西周时期的盠方彝、五祀卫鼎、裘卫盉铭文中，"司徒"都写作"司土"，"司空"都写作"司工"，司徒（土）、司马、司空（工）三者都合称为"三有司"，且三者次序固定，首先是司徒，其次是司马、最后是司空。司徒主要掌管教化，司马掌管司法和军事，司空主管邦土营建。尹：正，指大夫。旅：众，指众士。 [3] 罔：不会、不能。厉：《逸周书·谥法解》："杀戮无辜曰厉。" [4] 亦：表示事理性状的递进关系。敬劳：即恭敬慰劳，认真慰劳。劳，孔传释为"劳来"。劳来，慰劳。 [5] 肆：努力。《尔雅·释诂》："力也。"情态副词。徂：往行。《尔雅·释诂》："徂，往也。"《诗经·大雅·桑柔》笺："徂，行也。"

"肆往 [1]，奸宄、杀人、历人 [2]，宥 [3]；肆亦见厥君事 [4]、戕败人 [5]，宥。

［注释］

[1] 肆往：指往日，以往的事。肆，《尔雅·释诂》："故也。"时间副词，表过去时间。往，表示过去已久的时间。 [2] 历：俘虏。《尚书核诂》："历，当作鬲，《大诰》'大历服'，《三体石经》'历'作'鬲'可证。孟（按：当作'盂'）鼎：'人鬲自驭至于庶人六百又五十又九夫。''人鬲'实即'民献'，'献'即'孽'字，'民孽'即奴虏之民。" [3] 宥：宽恕，赦免。 [4] 亦：关联副词，也，此处表示事理性状的相似并列关系。见：泄露。《广韵》："见，

露也。" [5]戕：残害。

"王启监^[1]，厥乱为民^[2]。曰^[3]：'无胥戕^[4]，无胥虐，至于敬寡^[5]，至于属妇^[6]，合由以容^[7]。'王其效邦君越御事^[8]，厥命曷以^[9]？'引养引恬^[10]。'自古王若兹，监罔攸辟^[11]！

[注释]

[1]王：泛指君王。启：开创，创设，这里指建立。《广雅·释诂》："开也。"开与建、立义同，如"开国"即谓"建国""立国"。监：诸侯。《尚书易解》："公侯伯子男各监一国，所以诸侯称为监。" [2]乱："率"之借。《词诠》："率，大率也。"表示未能十分肯定的估计，语气副词，可译为"大抵"。为：教化。《论衡·效力》引此句作"厥率化民"。 [3]曰：以下是王者建监时的诰词。 [4]无：用同"毋"，否定副词，在祈使句中表示命令、禁止以及告诫。此处语气较轻，可译作"不要"。胥：相，互相。 [5]敬：通"矜"，鳏，老而无妻的人。《吕刑》篇"哀敬折狱"，《尚书大传》作"哀矜"，《汉书·于定国传》作"哀鳏"。寡：老而无夫的人。 [6]属：一作"媰"，怀孕。《说文》："媰，妇人妊身也。《周书》曰：至于媰妇。" [7]合由以容：同样教导和宽容他们。合，共同。由，教导。《方言》："道也。"以，并列连词，与，和。容，宽容。 [8]效：教。《尚书正读》："效，当为效，形之讹也，效、教古今字。"越：并列连词，与。 [9]厥：其。曷：何。曷以，即"以曷"。 [10]引：长。恬：安。《尚书正读》："引养引恬，答词。言王之大赦诰命，其意云何？曰：长养民，长安民而已。" [11]攸：所。辟：通"僻"，偏。

第一段，周公主张治殷当以教化为主，慎用刑罚。

　　"惟曰[1]：若稽田[2]，既勤敷菑[3]，惟其陈修[4]，为厥疆畎[5]。若作室家，既勤垣墉[6]，惟其涂塈茨[7]。若作梓材[8]，既勤朴斲[9]，惟其涂丹腹[10]。

[注释]

[1]惟：思。　[2]稽：《周礼·地官·质人》郑玄注："治也。"　[3]既：已经。勤：勤劳地。敷：布，播种。菑（zī）：新开垦的土地。　[4]其：表示祈使（劝告、希望或命令）语气。《经传释词》："'其'，犹'尚'也，'庶几'也。"《词诠》："其，命令副词。"此处可译为"应当"。陈修：治理。《经义述闻》："陈，治也。《周官·稍人》注引《小雅·信南山》篇'维禹敶之'，《毛诗》'敶'作'甸'，云'甸，治也'。《多方》曰：'畋而田。'《齐风·甫田》曰：'无田甫田。'田、甸、畋、敶、陈，古同声而通用。陈、修皆治也。"　[5]疆：界。畎（quǎn）：田间水沟。　[6]垣：矮墙。墉（yōng）：高墙。　[7]涂：当依孔疏、《集韵》及《群经音辨》作"敦"。《说文》："敦，一曰终也。"下文"涂"同此。说详《太炎先生尚书说》。塈：仰涂，涂上泥巴。茨：用茅草盖屋。　[8]梓材：上等的木材。　[9]朴：《说文》："木素也。"这里为动词，指砍去树皮。斲（zhuó）：用斧砍。　[10]丹腹（huò）：朱色颜料。这里指油漆彩饰。

　　"今王惟曰[1]：先王既勤用明德[2]，怀为夹[3]，庶邦享作[4]，兄弟方来[5]。亦既用明德[6]，后式典集[7]，庶邦丕享[8]。

[注释]

[1]王：王家。周秉钧先生《〈尚书·梓材篇〉析疑》："这个王字，是指王家，不是周公自谓。不说王家而说王，这是以小名代大名之例，详见俞氏《古书疑义举例》。今王惟曰，即'现在我们王家考虑说'的意思。" [2]用：施行。《方言》："用，行也。" [3]怀：来。夹：郏，洛邑。《尚书易解》：《国语·周语》注：'郏，洛邑。''怀为夹'者，来营洛邑也。《周本纪》：'成王在丰，使召公复营洛邑，如武王之意。'成王时为复营，则武王已营之，可知也。" [4]享：进献。作：从事劳役。《尚书骈枝》："作谓兴作，任劳役之事。" [5]方：邦，国，与《易·比卦》之"不宁方"，《诗经·大雅·韩奕》之"不庭方"的"方"义同，"兄弟方"即兄弟之国。 [6]亦：表示事理性状的递进关系。 [7]后：指诸侯。式：用。典：常。集：聚集、会合。这里指朝会。 [8]丕：《词诠》："乃也。"关联副词，可译为"就""便"。

"皇天既付中国民越厥疆土于先王，肆王惟德用[1]，和怿先后迷民[2]，用怿先王受命[3]。已！若兹监[4]，惟曰欲至于万年[5]，惟王子子孙孙永保民[6]。"

[注释]

[1]肆：今。见《尔雅·释诂》。惟：置于受事宾语前，表示

受事者的惟一性。 [2]和怿：和悦、和睦。先后：教导。《诗经·大雅·绵》"子曰有先后"，毛传："相道前后曰先后。"迷民：指还没有真正服从周王朝的殷商臣民。 [3]怿：终，完成。《尚书易解》："'用怿'之怿，当读为致，终也。《释文》曰：'怿字又作致。'是也。"用：目的连词，同"以"。 [4]监：治理民众。《说文》："临下也。" [5]惟：乃，就。欲：将。见《词诠》。 [6]惟：与、和。永：永久，长久。

第二段，周公申述治殷政策的理由，激励康叔完成先王未竟事业。

[点评]

《梓材》也是周公告诫康叔治理殷民的诰词。诰词中，周公制定了治理卫国的一些具体政策，并且阐明了制定这些政策的理由，勉励康叔施行明德，和睦殷民，努力去完成先王未竟的大业。篇中周公用"若作梓材"比喻治国的道理，所以史官取"梓材"二字作为篇名。《史记集解》引孔安国曰："告康叔以为政之道，亦如梓人之治材也。"

《梓材》与《康诰》《酒诰》在《书序》中合用一序，学者们一般认为周秦时代只有《康诰》，西汉伏生始分为三篇。多数学者认为本篇内容前后不类，后一部分是大臣劝谏君王的话，怀疑是《尚书》别的篇目的错简。《梓材》的本来面目如何，一直是《尚书》研究史上争论最多的问题之一。然而，细绎全篇，文章还可称得上"首尾连贯，条理井然"。

政权更替，惯常的治政手段是大刀阔斧，改元易服，革故鼎新。商亡周兴，周公却采取一种反常规的政治手段。《梓材》开篇，周公对康叔的政治训诰首先就是"若恒"，要求康叔执政伊始，首先就是运用殷商常典常法来治理殷民，"罔厉杀人"，反复叮咛"厥君先敬劳，肆徂厥敬劳"，宽赦罪犯，慰劳民众，厚待孤寡老人和孕妇。这是非常高明的政治策略。一个国家的典章制度就像一个民族的语言风俗一样，具有极大的心理接受惯性和社会延续性。西周统治阶级政事的当务之急即为如何安定民心，稳定政局。安民首先必须得民心养民心。"厥命曷以？'引养引恬。'"周初的统治者懂得，过分残酷地压迫民众，会激起民众的反抗。夏商之鉴，尚在眼前。如何得民安民？周公勉励康叔施行德政，只有"明德"，才能"惟王子子孙孙永保民"。周公的政治主张，对于缓和商周的民族矛盾和阶级矛盾，促进社会发展产生了积极作用。周公的政治主张也是强调为政者要注重政权的伦理依据和道德基础，只有不断强化政权的伦理依据和道德基础，民心才能思定，政权才能稳固。周公的这些政治主张对于后代政治家的执政理念产生深远的影响。例如诸葛孔明南征，七擒七纵，治蜀攻心为上，都是周公治殷政治策略思想的新实践。

《梓材》的语言生动形象，表现了娴熟的艺术技巧。为了说明创业和守成的关系，连用种地、建房、作器三个生产生活中常见的事理做比喻。"周诰"类似"殷盘"，比喻修辞格多用事理性明喻，只是周诰多以农事和作室设喻。《诗经·大雅·生民》记载周人的祖先后稷从小就爱农务农，周族也是较早发展农业生产的民族，周人有发达的农耕文化，有深厚的农耕情结。农耕文明和定居文明是互为因果的。《诗经·大雅》的《绵》和《公刘》都有周人造屋作室的记载。种地、建房、作器，在周人的文化心理世界中占有突出的位置。《梓材》为研究比喻修辞格的文化心理因素提供了重要语料。

召　诰

惟二月既望[1]，越六日乙未[2]，王朝步自周[3]，则至于丰[4]。

[注释]

[1]二月：《史记·鲁周公世家》："成王七年二月乙未，王朝步自周，至丰，使太保召公先之雒相土。其三月，周公往营成周雒邑，卜居焉，曰吉，遂国之。"与《周本纪》记载合。据此，则"二月"为周成王七年二月。望：十五日。既望：十六日。《尚书正读》根据《三统历》和《周历》推算，认为这一年二月小，乙亥日朔，己丑日望。庚寅日既望，为二月十六日。　[2]越：及、至、到。《经传释词》："越，犹'及'也。"下文"越三日戊申""越三日庚戌""越五日甲寅"的"越"同。　[3]王：成王。朝（zhāo）：早晨。周：指周武王时西周国都镐京，在今陕西西安西南。文王居丰，武王迁镐，镐、丰相距二十五里。　[4]则：关联副词，表顺承。丰：周文王时国都，在今陕西西安鄠邑区。后来周武王迁都

镐京，但文王庙仍在丰。建洛迁都是重大决策，成王必须祭告文王、武王。孔疏："告庙当先祖后考，此必于丰告文王，于镐京告武王也。"

　　惟太保先周公相宅[1]。越若来三月[2]，惟丙午朏[3]。越三日戊申，太保朝至于洛，卜宅[4]。厥既得卜[5]，则经营[6]。越三日庚戌[7]，太保乃以庶殷攻位于洛汭[8]。越五日甲寅[9]，位成[10]。

[注释]

[1]太保：官名。周成王时召公奭为太保。先周公：先于周公，在周公的前面。相：视。这里指勘察。宅：居处。指宗庙、宫室、朝市的地址。　[2]越若：句首语气词。来：表示将来，之后，如"来日"即明日。来三月：承上文"二月既望"，指二月后的三月。　[3]朏（fěi）：新月开始生明。一般用作阴历每月初三的代称。　[4]卜宅：《周礼·春官·大卜》："国大迁、大师则贞龟。"这里指用龟卜问所选地址的吉凶。　[5]得卜：得到吉祥的卜兆。　[6]则：关联副词，表顺承。经营：指测量地基。《义府》："径直为经，周回为营，谓相步其基址也。"　[7]庚戌：三月七日。　[8]以：率领。庶殷：众殷民。攻：治，测定。攻位，指测定宗庙、宫室、朝市的方位。汭：河流会合处。洛汭，指洛水流入黄河的地方。　[9]甲寅：三月十一日。　[10]位成：蔡传："位成者，左祖、右社、前朝、后市之位成也。"

达观：段玉裁《古文尚书撰异》："如今俗语云通看一遍。达，通也。"

若翼日乙卯[1]，周公朝至于洛，则达观于新邑营[2]。越三日丁巳[3]，用牲于郊[4]，牛二[5]。越翼日戊午[6]，乃社于新邑[7]，牛一，羊一，豕一。越七日甲子[8]，周公乃朝，用书命庶殷侯甸男邦伯[9]。厥既命殷庶，庶殷丕作[10]。

[注释]

[1]若：引进动作行为进行的时间，作状语。《经传释词》："若，犹'及'也。"翼：通"翌"。翌日，次日。乙卯：三月十二日。　[2]则：关联副词，表示顺承。达：通，范围副词，表受事范围的全部。营：所经营的区域。　[3]丁巳：三月十四日。　[4]郊：南郊。周代祭天在都邑的南郊。　[5]牛二：用两头牛祭祀。　[6]戊午：三月十五日。　[7]社：祭土神。　[8]甲子：三月二十一日。　[9]书：文告。用书命，即用文告命令。《国语·鲁语上》："宣公使仆人以书命季文子曰：'夫莒太子不惮以吾故杀其君，而以其宝来，其爱我甚矣。为我予之邑。今日必授，无逆命矣。'""以书命"与"用书命"同。　[10]庶：众。丕：程度副词，大。作：指动工兴建。此句承接关系以顶针修辞格表示。

太保乃以庶邦冢君出取币[1]，乃复入锡周公[2]。曰[3]："拜手稽首旅王[4]，若公诰告庶殷越自乃御事[5]。

[注释]

[1]乃：关联副词，于是，就。以：与、和。冢君：长君。币：玉帛之类。将要陈言，先以玉帛等礼物表其诚敬。　[2]锡：进献。用法同于《尧典》"师锡帝曰"的"锡"。　[3]曰：主语是召公。　[4]旅：陈述。《尔雅·释诂》："旅，陈也。"旅王，向成王陈述。成王在丰祭告文王庙后，也来到洛，所以说向成王陈述。《洛诰》："公既定宅，伻来，来，视予卜，休恒吉。"《尚书今古文注疏》："相宅时王留西都未来，当于使来告卜之后来洛也。"也有学者认为，"拜手稽首旅王"并非召公说话内容，而是史官记录召公讲话时特意附加的说明文字，"拜手稽首"说明讲话时的动作，"旅王"说明讲话的对象。存参。　[5]若：遵从。《尚书易解》："'若公'十一字为一句，谓顺从周公诰告庶殷与用其御事之臣，下文'旦曰'以下，即其事也。"我们采取这种读法。自：用。皮锡瑞说："《诗·思齐》郑笺引《书》曰：'越乃御事。'无'自'字。'自'盖衍文。"存参。乃：其。

第一段，记述规划营建洛邑的过程。

"呜呼！皇天上帝改厥元子，兹大国殷之命[1]。惟王受命，无疆惟休[2]，亦无疆惟恤[3]。呜呼！曷其奈何弗敬[4]？

元子：首子，指天子。《尔雅·释诂》："元，首也。"郑玄说："言首子者，凡人皆天之子，天子为之首耳。"

[注释]

[1]兹：通"已"，终止。《尚书易解》："兹，按当读为已，止也。《皋陶谟》：'尔可远在兹。'《史记·夏本纪》'兹'作'已'，是'兹''已'通用之证。下文：'天既遐终大邦殷之命。''兹大国殷之命'，犹终大邦殷之命也。"　[2]休：吉祥。　[3]恤：忧

患。 [4]曷其：《尚书易解》："曷其，奈何，同义复用，以加强语气。"曷其、奈何，都是"如何""怎么"的意思。同义复用加强忧虑和感叹的表达效果，后面再紧接否定副词"弗"，构成句子表层的否定形式，加强句子深层的肯定语势。弗：《词诠》："否定副词，不也。"

多先哲王：殷商从成汤、武丁，有六七位圣明的君王。《史记·殷本纪》中即着重记载了成汤、太甲、盘庚、武丁四位圣明有为的君主事迹。

"天既遐终大邦殷之命[1]，兹殷多先哲王在天[2]，越厥后王后民[3]，兹服厥命[4]。厥终[5]，智藏瘝在[6]。夫知保抱携持厥妇子[7]，以哀吁天[8]，徂厥亡[9]，出执[10]。呜呼！天亦哀于四方民，其眷命用懋[11]。王其疾敬德[12]！

[注释]

[1]遐：远。表示已经过去的时间久远。《尔雅·释诂》"遐""远"互训。 [2]兹：表承接关系。《词诠》："兹，承接连词，斯也，则也。" [3]越：句首语气词。厥：其，代词。下句"厥"字同。 [4]服：受。 [5]厥终：《尚书易解》："谓后王之终，即纣之末年。" [6]瘝（guān）：通"鳏"，《尔雅·释诂》："鳏，病也。"在：在位。纣王末年，明智的人都隐藏起来，奸邪作恶的人掌权在位。孔传："其终，后王之终，谓纣也。贤智隐藏，瘝病者在位，言无良臣。" [7]保：背负。屈万里《尚书释义》根据金文字认为"象人负子而子有褓护之之状；即'褓'字，亦当有负义。"动词"保""抱""携""持"并列，"厥妇子"是共同宾语。 [8]以：承接连词。《经传释词》："以，犹'而'也。"黄侃笺识："'而'者，'乃'之借，用为连属之词。"吁：呼告。 [9]徂：通"诅"，诅

咒。　[10]执：通"垫"。曾运乾说："读为'垫'，《说文》：下也。'《益稷》：'下民昏垫。'郑注：'陷也。'"这里指困境。　[11]眷：眷顾，这里是说关怀、爱护。用：因果连词。懋：通"贸"，移易。　[12]其：表示祈使（劝告、希望或命令）语气。疾：迅速，抓紧。《尔雅·释诂》："速也。"敬：表敬副词，表示谨慎严肃、至诚勤勉的态度。可译为"认真（地）""敬重（地）"等。

　　"相古先民有夏[1]，天迪从子保[2]；面稽天若[3]，今时既坠厥命。今相有殷，天迪格保[4]，面稽天若，今时既坠厥命。今冲子嗣[5]，则无遗寿耇[6]，曰其稽我古人之德[7]，矧曰其有能稽谋自天[8]？

　　[注释]
　　[1]相：观察。　[2]迪：教导。从：顺从。子保：慈保，指贤人。《经义述闻》："'子'当读为'慈'，古字'子'与'慈'通。"　[3]面：通"勔"，勉，努力。若：善。《楚辞·天问》"后帝不若"，郭在贻说："《尚书·召诰》'面稽天若'，天若即天之所善也。《毛公鼎》'告于先王若德'，若亦善也。……又若作善解，已见于卜辞，如卜辞有'帝弗若''帝降若''帝降不若'之句，若即善也。"　[4]格保：嘉保，指贤人。《双剑誃尚书新证》："格、假古通，《中庸》释文：假，嘉也。"　[5]冲子：年轻人，指成王。　[6]遗：多余。《广雅·释诂》："余也。"寿耇（gǒu）：指年长德高的老成人。　[7]曰：句首语气助词。其：庶几，相当于今语"差不多"。　[8]矧：又。见《经传释词》。其：表示反诘语气。

《词诠》："其，反诘副词，岂也。'其''岂'音近，古文二字互通。"可译为"怎么"。

第二段，召公指出天命无常，勉励成王倚重周公，敬重贤能。

"呜呼！有王虽小[1]，元子哉。其丕能诚于小民[2]。今休[3]：王不敢后[4]，用顾畏于民碞[5]；王来绍上帝[6]，自服于土中[7]。

[注释]

[1]有王：附音词，"有"为词头，无义。蔡传："谓其年虽小，其任则大也。" [2]其：表示祈使（劝告、希望或命令）语气。下同。丕：大。诚（xián）：《说文》："和也。" [3]休：这里指美善的事。 [4]后：迟缓。《说文》："后，迟也。" [5]用：通"庸"，作时间副词，表经常、平常义。顾畏：顾念和畏惧。民碞：意谓殷民难治。碞，僭越。 [6]绍：通"卧"，卜问。 [7]自：亲自。服：治。土中：指洛邑。洛邑在九州的中心。《白虎通·京师》："《尚书》王者必即土中何？所以均教道，平往来，使善易以闻，恶易以闻，明当惧慎。"这是说明"自服土中"的理由。

"且曰[1]：'其作大邑，其自时配皇天[2]，毖祀于上下[3]，其自时中乂[4]；王厥有成命治民[5]'。今休：王先服殷御事[6]，比介于我有周御事[7]，节性惟日其迈[8]。

［注释］

[1]旦:周公名。《礼记·曲礼》:"君前臣名。"召公对成王引述周公的话,所以称周公的名。　[2]自时:从此。配:配享。配皇天,意思是说祭天时用周的始祖配享。《孝经》:"昔者周公,郊祀后稷以配天,宗祀文王于明堂以配上帝。"　[3]毖:谨慎。上下:上指天神,下指地祇。　[4]自:从,介词。时中:这个中心,指洛邑。乂:治。　[5]厥:句中语气助词。成命:定命。　[6]先:重视。《吕氏春秋·先己》注:"先,犹尚也。"见《尚书易解》。服:《说文》:"用也。"　[7]比:亲近。介:阮元《〈尚书注疏〉校勘记》:"作'迩'者,古文《尚书》也。今字《尚书》当作'邇';后误为'介',则因迩字而讹也。"迩,近。　[8]节:《吕氏春秋·重己》:"节乎性也。"注:"节,犹和也。"惟:《经传释词》:"犹乃也。"迈:进。

第三段,记叙召公赞美成王营洛治事的决定。

"王敬作所[1],不可不敬德。

"我不可不监于有夏[2],亦不可不监于有殷。我不敢知曰[3]:有夏服天命,惟有历年[4];我不敢知曰:不其延[5]。惟不敬厥德[6],乃早坠厥命。

［注释］

[1]敬:谨慎,认真。作所:指作洛,修建洛邑。　[2]监:与下句"监"皆用同"鉴",鉴戒。于:介词,介引动作行为涉及的对象。"不……不……",两个否定副词在一句内间隔连用,加强肯定语气。　[3]不敢:不能。下文"敢"字同。　[4]历:《小尔雅·广诂》:"久也。"历年,多年。此句为连动句,后一个动作对

上文说:"其作大邑,其自时配皇天,毖祀于上下,其自时中乂;王厥有成命治民。"强调建都对于兴国安邦的重要性。这里说:"王敬作所,不可不敬德。"指出王既要重视建都,也要重视敬德。行文前后呼应,条理井然。

前一个动作进行说明、补充、解释。　[5]不：否定副词。其：句中语气助词。延：延续，长久。不其延，意指短祚。　[6]惟：只。连词，表示因果关系。"惟……乃……"是因果形式复句。前一分句表示原因，后一分句表示结果。

"我不敢知曰：有殷受天命，惟有历年；我不敢知曰：不其延。惟不敬厥德，乃早坠厥命。今王嗣受厥命[1]，我亦惟兹二国命[2]，嗣若功。

[注释]

[1]嗣：继。　[2]惟兹二国命：即"惟兹二国命是监"，承上文省略"监"字。见《尚书易解》。

"王乃初服[1]。鸣呼！若生子[2]，罔不在厥初生，自贻哲命[3]。今天其命哲[4]，命吉凶[5]，命历年；知今我初服[6]，宅新邑。肆惟王其疾敬德[7]！王其德之用[8]，祈天永命。

[注释]

[1]初服：初理政务。服，任事。　[2]生：养。这里是教养的意思。　[3]自：亲自。贻：传。哲：明。　[4]其：将。《经传释词》："其，犹'将'也。"所举例句中有此句。命：给予。《小尔雅·广言》："命，予也。"　[5]吉凶：偏义复词，偏指吉祥。　[6]知：闻知。　[7]肆：时间副词，现在。《尔雅·释诂》：

"肆，今也。"　[8]其：庶几，这里意谓希望、但愿。

"其惟王勿以小民淫用非彝[1]，亦敢殄戮用乂民[2]，若有功[3]。其惟王位在德元[4]，小民乃惟刑用于天下[5]，越王显[6]。上下勤恤[7]，其曰我受天命[8]，丕若有夏历年[9]，式勿替有殷历年[10]。欲王以小民受天永命。"

亦敢：《尚书正读》："犹言亦勿敢，蒙上文'勿'字而省也。"

[注释]

[1]其：庶几。这里是但愿、希望的意思。以：使。见《战国策·秦策》高诱注。淫：《尚书易解》："淫，过也。"表示程度之深。彝：法。　[2]殄（tiǎn）：灭。用：目的连词，相当于"以"。乂：治。　[3]若：乃，可译为"就""才"。见《经义述闻》。　[4]位：立。《尚书易解》："位、立古通用。"元：首。　[5]刑：与"型"同义，效法。用：《说文》："可施行也。"　[6]越：《尔雅·释言》："扬也。"郭璞注："谓发扬。"显：显德。　[7]上下：这里"上"指天子，"下"指臣民。勤恤：勤劳忧虑。　[8]其：表示推测语气。《经传释词》："其，犹'殆'也。"或许，也许。曰：说。　[9]丕：与下句"式"，都是句首语气助词。　[10]替：止。

第四段，召公勉励成王以夏、商灭亡的前车之辙为鉴，敬德保民，祈天永命。

拜手稽首，曰："予小臣敢以王之仇民百君子越友民[1]，保受王威命明德[2]。王末有成命[3]，

予小臣：召公自称，谦词。郑玄说："曰我小臣以下，言召公拜旋而复言也。"

王亦显^[4]。我非敢勤^[5]，惟恭奉币^[6]，用供王能祈天永命^[7]。”

［注释］

[1]敢：表敬副词。以：与。仇民：指殷遗民。《梓材》称为“迷民”，《多方》序称为“顽民”。百君子：这里指殷的众官员。百，众多，表示虚数。君子，《礼记》郑玄注：君子谓大夫以上。越：与，连词。友民：仇民的对文，指顺从周王朝的臣民。　[2]保：安。　[3]末：时间副词，最终，终于。成：定。成命，这里指成王营建洛邑的决定。　[4]亦显：指成王也与文王、武王、周公一样功德显赫。　[5]勤：慰劳。　[6]惟：与上句“非”构成“非……，惟……”式，可译为“不是……，而是……”或“不……，只是……”。　[7]供：进献。《广雅·释诂》：“供，进也。”能：善。见《汉书·百官公卿表上》颜注。《尚书易解》：“善祈者，谓王当用德以祈之也。”

第五段，召公表明拥戴成王的诚意。

［点评］

召公，名奭，周武王的弟弟，西周初期著名的政治家。周灭商以后，新帝国的疆域主要在东方，而周的国都镐京（今陕西长安）与殷商故地距离遥远，不利于统治。“三监之乱”使周初统治者感受更加深刻。周公摄政七年后，把政权交还给成王。周成王就决定重新营建洛邑，委派召公主持营建工程。召公去洛邑占卜选址，周公随后也去了。经过视察和龟卜，周公认为洛邑是周王朝统治天下的适中地域，成王同意周公、召公的决定。

于是召公率领各国诸侯拜见成王，并向成王分析了当前情况，赞美成王迁居洛邑治理天下的决定，并勉励成王施行德政，爱护百姓，光大文王、武王开创的业绩。史官记录营建洛邑的过程和召公的诰词，写成《召诰》。

古人崇拜神灵，万事求神，万事问卜，建造城邑这一类大事更离不开占卜与祭祀。《召诰》记载，为营建洛邑，召公先赴洛地勘察地形，测量方位，确定宗庙、宫室、朝市等各类建筑物的位置，周公随后前去全面视察营建新城邑的区域，在南郊用两头牛作祭品，举行祭地典礼。然后才正式颁布建邑命令，大举动工。工程建筑中的占卜与祭祀在后世流传颇广，现在各地农村建造房屋，还多有选时日、看风水、放爆竹、摆酒席的习俗，这大概也是古代习俗在今日的流风余绪。

召公在向成王汇报营建洛邑的工作情况时，着重谈论君王个人品德与夺取天下、保有天下的关系。召公指出，只有"王其德之用"，方能"祈天永命"，永远享有上天赐予的统治天下的大命。召公急切地吁请成王"肆惟王其疾敬德"，十分强调君王加强品德修养的重要性和迫切性。通过《召诰》，我们可以更清楚地明白，周初天命观的内核其实正是"德"，"德"与"天命"是互动的，是相互影响的。"德"的观念对后世产生了根本性的影响。千百年来，"立德"始终是最重要的政治话题和最首要的政治目标。《左传》襄公二十四年记载晋国范宣子询问到访的穆叔何谓"死而不朽"，穆叔引述古人格言："太上有立德，其次有立功，其次有立言。"认为"虽久不废，此之谓三不朽"。"立德"为"三不朽"之首。

　　本篇还值得注意的是"天下"一词。今文《尚书·周书》中，"天下"首见于《洪范》篇，而从《召诰》起，"天下"一词就逐渐多了起来。诸如，《顾命》："燮和天下。"《康王之诰》（今文《尚书》合于《顾命》）："用昭明于天下。"《吕刑》："罔有令政在于天下。""天下"的观念对于周朝具有重要意义。在《康诰》中，我们可以看到"西土"与"东土"的分野，而对于一个统一的王朝来说，这种身份认同的差异是不利于统一的。"天下"观念的提出，正好可以取代已经不合时宜的"西土"。诚如《诗经·邶风·北山》所说"溥天之下，莫非王土"，"天下"观念的形成，标志着西周进入了一个全新的历史阶段。后来"天下"在相当长的时间内被视为汉民族的身份认同标志。

　　《召诰》是研究周初政治思想的重要文献。王国维《殷周制度论》认为："此篇乃召公之言，而史佚书之以诰天下，文、武、周公所以治天下之精义大法，胥在于此。"

　　召公的诰词充满强烈的感情色彩，运用了"今时既坠厥命……今时既坠厥命"的间隔叠句，"我不敢知曰……""我不敢知曰……"的叠章结构，语重心长地告诫成王夏商的前车之辙一定要引以为鉴，"王敬作所，不可不敬德"，叮咛嘱咐，反复回环，言者情真意切，闻者为之动容。这种语言表达形式在早期散文中很有特色。

洛　诰

周公拜手稽首曰："朕复子明辟^[1]。王如弗敢及天基命定命^[2]，予乃胤保大相东土^[3]，其基作民明辟^[4]。

[注释]

[1] 复：回复，告诉。子：你，指成王。明辟：明法，指治洛的措施。　[2] 王如弗敢：王似乎不敢。表示成王谦虚。如，语气副词，好像，似乎。敢，表敬副词，表示对人尊敬或者表示自己谦让。及：参与。基：谋。见《尔雅·释诂》。命定命：上"命"字，动词；下"命"字，名词。定命，据《逸周书·作雒解》，周公作洛，是为了延长周室的王命，所以叫作定命。又据《度洛》，武王称居洛为天之明命，所以周公也称"天谋命定命"（即"天基命定命"）。说见《尚书易解》。　[3] 乃：关联副词，可译为"于是就""于是才"。下文"我乃卜涧水东"的"乃"同。胤：继。大：程度副词，全面地、深入地。东土：这里指洛邑。洛邑在镐京东边，

所以称东土。胤保大相东土，就是继太保后全面视察洛邑。《召诰》："太保先周公相宅。"　[4]其：关联副词，表因果承接，可译为"就""才"。《经传释词》："其，犹'乃'也。"下文"惟事其爽侮""四方其世享"的"其"同。基：商定。作：振作，鼓舞。

"予惟乙卯[1]，朝至于洛师[2]。我卜河朔黎水[3]，我乃卜涧水东、瀍水西[4]，惟洛食[5]；我又卜瀍水东，亦惟洛食。伻来以图及献卜[6]。"

[注释]

[1]惟：介词，介引动作行为发生的时间，相当于"在"。乙卯：据《召诰》，知为成王七年三月十二日。　[2]洛师：洛邑。洛邑称洛师，与京城称京师相类。　[3]河朔：指黄河以北的地区。朔，北方。黎水：《续文献通考》："卫河、淇水合流至黎阳故城为黎水，亦曰浚水。"黎阳故城在今河南浚县东北，距离纣都朝歌最近。朝歌在今河南淇县。　[4]涧水：发源于今河南渑池东北白石山，上游即今洛阳西洛水支流涧河的一段，至洛阳西南入洛水。瀍（chán）：水名，源出今河南洛阳西北，东南流经洛阳东入洛水。　[5]惟：范围副词，独，仅。食：龟兆。孔传："卜必先墨画龟，然后灼之，兆顺食墨。"这里指吉兆。《尚书正读》："食者，兆；不食者，不兆。"　[6]伻（bēng）来：使（成王）来洛。伻：使。以：连词，表目的关系。图：谋。及：与。

王拜手稽首曰："公不敢不敬天之休[1]，来相宅，其作周匹[2]，休！公既定宅，伻来，来[3]，视予卜^[4]，休恒吉^[5]。我二人共贞^[6]。公其以予万亿年敬天之休^[7]。拜手稽首诲言^[8]。"

[注释]

[1] 休：美善，福庆。《尔雅·释诂》："休，美也。" [2] 匹：配匹。《尚书核诂》："作周匹，谓作周辅也。《召诰》'其自时配皇天'。盖公之作配于周，亦犹王之作配于天也。"裘锡圭先生说："西周时代的单伯钟说单伯的祖考'遹匹先王'，墙盘也说墙的祖先'遹匹厥辟'，都用'匹'字来表示辅佐君王的意思。张政烺先生《奭字说》曾指出，古代认为'国之重臣与王为匹偶'，'君臣遭际自有匹合之义'，这是很正确的。" [3] 来：指我（成王）已来了。 [4] 视予卜：示我以卜。视，示。 [5] 休：喜。见《广雅·释诂》。恒：范围副词，普遍，全都。《诗经·大雅·生民》："恒之秬秠，是获是亩。"传、笺都训"恒"为"遍"。 [6] 共贞：共同承当（吉兆）。贞，马融说："当也。" [7] 其：语气副词。表示祈使（劝告、希望或命令）语气。下文"乃汝其悉自教工""孺子其朋""汝其敬识百辟享"的"其"同。以：率领。 [8] 拜手稽首诲言：意谓跪拜叩头，接受（您的）教诲。诲，教诲。又，于省吾说："吴大澂谓古谋字从言从每，是也。王孙钟'诲猷丕飤'可证。谋言犹云'谘言''问言'。"如按于氏说解，则"拜手稽首诲言"不是成王说的话，"拜手稽首诲言"即"跪拜叩头，问言"，对成王讲话起补充说明作用，"拜手稽首"说明讲话时的动作，"诲言"说明讲话性质。存参。

第一段，记叙周公和成王在洛邑商定定都事宜。

周公曰："王，肇称殷礼^[1]，祀于新邑，咸秩无文^[2]。予齐百工^[3]，伻从王于周^[4]，予惟曰^[5]：'庶有事^[6]。'今王即命曰^[7]：'记功，宗以功作元祀^[8]。'惟命曰^[9]：'汝受命笃弼^[10]，丕视功载^[11]，乃汝其悉自教工^[12]。'

[注释]

[1]肇：始。称：举行。殷礼：会同众诸侯的典礼。《周礼·春官·大宗伯》："以宾礼亲邦国……时见曰会，殷见曰同。"郑注："殷犹众也。十二岁王如不巡守，则六服尽朝，朝礼既毕，王亦为坛，合诸侯以命政焉。所命之政，如王巡守。殷见，四方四时分来，终岁则徧。"[2]咸：都。秩：次序。这里为动词，安排。《经义述闻》："《盘庚》曰：'若网在纲，有条而不紊。'《释文》：'紊，徐音文。'是紊与文古同音，故借文为紊。咸秩无紊者，谓自上帝以至群神，循其尊卑大小之次而祀之，无有殽乱也。"[3]齐：率领。《尔雅·释诂》："齐，将也。"百工：百官。[4]周：指镐京。[5]惟：思。[6]庶：语气副词，大概，或许，表揣测语气。事：指祭祀的事。[7]即命：就这件事下令。[8]宗：即宗人，官名。《国语·鲁语》注："主礼乐者也。"作：举行。元祀：大祀。[9]惟：《尚书易解》："惟，有也。见《东京赋》薛注。"[10]受命：《尚书故》："受命，受武王顾命也。"笃：通"督"，督导。弼：辅助。《尚书易解》："笃，督也，同声假借字。孙诒让说。""言汝受先王之命监督辅助。"[11]丕：程度副词，全面地，大大地。视：阅。功载：记功的书。[12]乃：于是，然后。悉：范围副词，尽，这里指悉心，尽心。自：亲自。教工：指导工作。

"孺子其朋[1]，孺子其朋，其往[2]！无若火始焰焰[3]；厥攸灼叙[4]，弗其绝。厥若彝及抚事如予[5]，惟以在周工往新邑[6]。伻向即有僚[7]，明作有功[8]，惇大成裕[9]，汝永有辞[10]。"

朋：古"凤"字，引申有奋起、振作义。

[**注释**]

[1]孺子：小孩，这里指成王。　[2]往：往新邑。章太炎先生说："正当言孺子其朋往，以告诚丁宁，故分为三逗，正如口吃语矣。"　[3]焰焰：火微微燃烧的样子。　[4]厥：其，那。攸：所。灼：烧。叙：绪。《尚书易解》："无若句，欲其气之壮。厥攸句，欲其绪之长。"　[5]厥：句首语气助词，无义。若：遵循。彝：常法。及：情态副词，努力地。《白话尚书》："及，汲汲，努力。"抚：持。抚事，主持国事。　[6]在周工：指在镐京的官员。　[7]伻向即有僚：意谓使其各尽其职。《尚书易解》："使其趋就官职。"向，趋向。即，就。有僚，附音词，即"僚"，官职。　[8]明：情态副词，努力地，勉力地。《尚书易解》："明，勉也。"　[9]惇（dūn）：厚。这里是动词，重视的意思。裕：大。惇大成裕，《尚书易解》："惇其大而成其裕也，指举行殷祀、元祀等大事。"　[10]永：时间副词，长久、永久。下文"其永观朕子怀德"的"永"同。辞：这里指赞美的言辞。

公曰："已[1]！汝惟冲子[2]，惟终。汝其敬识百辟享[3]，亦识其有不享。享多仪[4]，仪不及物[5]，惟曰不享。惟不役志于享[6]，凡民惟曰

惟终：思终。指考虑完成先王未竟的功业。

不享[7]，惟事其爽侮[8]，乃惟孺子颁[9]，朕不暇听[10]。

[注释]

[1]已：叹词，唉。   [2]惟：通“虽”。《经传释词》：“《玉篇》曰：‘虽，词两设也。’常语也。字或作‘唯’，……字又作‘惟’。”冲子：义同上文“孺子”，也是指成王。   [3]识：察识。辟：君。百辟，指诸侯。享：享礼，诸侯朝见天子时的礼节。   [4]多：重，重视。仪：礼仪。   [5]仪不及物：《尚书易解》：“谓物有余而礼不足。”   [6]惟：因果连词。役志：用心。   [7]惟：关联副词，可译为“就”。《经传释词》：“惟，犹‘乃’也。”下文“乃时惟不永哉”的“惟”同。   [8]事：政事。爽：差错。侮：轻慢。《尚书正读》：“百辟不役志于享，则亦不役志于王朝所颁布之政令，故曰‘惟事其爽侮’也。时周公欲成王亲受朝享，以瞻诸侯向背。故使之不观其物而观其仪如此。”   [9]颁：分担。《礼记·祭义》郑玄注：“颁之言分也。”   [10]听：听政。孙星衍说：“听政事之繁多，孺子分其任，我有所不遑也。”

覭（máng）：勉力。“汝乃是不覭”，即“汝乃不覭是”，宾语前置。

“朕教汝于棐民彝[1]，汝乃是不覭[2]，乃时惟不永哉[3]！笃叙乃正父罔不若予[4]，不敢废乃命[5]。汝往敬哉[6]！兹予其明农哉[7]！彼裕我民[8]，无远用戾[9]。”

[注释]

[1]于：《词诠》：“以也。”介词，介引动作行为的经验方

法。棐（fěi）：辅助。　[2]乃：假如。《经传释词》："乃，犹若也。"　[3]时：善，指善政。永：远，这里指推广。　[4]笃：通"督"，督察。叙：铨叙，升迁官员。正：官长。父：同姓官长。　[5]废：废弃。乃命：你的命令。　[6]汝往敬哉：孔传："汝往居新邑，敬行教化哉！"　[7]兹：时间副词，现在。其：时间副词，表示将来时，《经传释词》："其，犹'将'也。"明、农：都是勉的意思。见《广雅》。　[8]彼：往。《说文》："彼，往有所加也。"裕：这里的意思是教导。《方言》："裕，道也。""彼裕我民"即"往教我民"。　[9]无：句首语气助词。用：关联副词，因此。戾：至。见《尔雅·释诂》。

　　王若曰："公！明保予冲子[1]。公称丕显德[2]，以予小子扬文武烈[3]，奉答天命，和恒四方民[4]，居师[5]；惇宗将礼[6]，称秩元祀[7]，咸秩无文[8]。惟公德明光于上下[9]，勤施于四方[10]，旁作穆穆[11]，迓衡不迷[12]。文武勤教[13]，予冲子夙夜毖祀[14]。"

[注释]
　　[1]予冲子：我这个年轻人。成王谦称。　[2]称：发扬。　[3]以：使。见《战国策·秦策》高诱注。扬：继续。烈：事业。　[4]和恒：和悦。《尚书正读》："和恒，双声联词，犹'旬宣'也。"《尚书易解》："和恒，双声连语，犹'和悦'也。"和、恒，上古音均属匣纽。　[5]师：洛师，洛邑。　[6]惇宗将礼：《尚书易解》："重视大礼也。"宗，尊。将，大。　[7]秩：次序，安排。

元祀：大祀。一说指元年。见《酒诰》。 [8]文：通"紊"。《尚书易解》："自'以予'至'无文'皆复述周公之意。" [9]光：广，充塞。上下：天上人间。 [10]施：延，延伸。《诗经·大雅·皇矣》："施于子孙。"郑笺："施，犹易也，延也。" [11]旁：范围副词，普遍地。穆穆：美。 [12]迓：一作御，逆。衡：通"横"。迷：迷乱。章太炎说："'御'从'午'声，午者逆也。'衡'与'横'同。御衡不迷，言遭横逆而心不乱。" [13]文武：指文武百官。 [14]毖：谨慎。

王曰："公功棐迪[1]，笃罔不若时[2]。"

[注释]

[1]功：通"攻"，善于。棐迪：辅导。 [2]笃：情态副词，信。若：顺。时：承。

第二段，记录周公和成王在镐京讨论治洛的对话。

王曰："公！予小子其退[1]，即辟于周[2]，命公后[3]。四方迪乱未定[4]，于宗礼亦未克敉[5]，公功迪将[6]，其后监我士师工[7]，诞保文武受民[8]，乱为四辅[9]。"

[注释]

[1]退：自洛退去。陈栎说："成王自谓其退，即位于周，味'退'之一字，则王时进在洛邑可知。据身在洛邑言，故以还归宗周为退，退固王之谦词，亦述往返，语势之当然耳。" [2]辟：

这里指君位。　[3]后：《尚书易解》："犹言后续，继续，谓继续治洛也。"　[4]迪：教导。乱：治理。　[5]于：并列连词，与。宗礼：宗人典礼。敉（mǐ）：通"弭"，完成。　[6]将：扶持。　[7]士、师、工：这里指各级官员。　[8]诞：句首语气助词。受民：所受于天之民。　[9]四辅：帮助天子处理政事的四种大臣。《尚书大传》说天子有邻，前面的叫作疑，后面的叫作丞，左面的叫作辅，右面的叫作弼，统称四辅。《后汉书·桓郁传》："昔成王幼小，越在襁褓，周公在前，史佚在后，太公在左，召公在右。中立听朝，四圣维之，是以虑无遗计，举无过事。"

　　王曰："公定[1]，予往已[2]。公功肃将祗欢[3]，公无困哉！我惟无斁其康事[4]，公勿替刑[5]，四方其世享[6]。"

[注释]

[1]定：止，留下的意思。　[2]往：指往镐京。已：句末语气助词。　[3]肃：通"速"，迅速。将：行。欢：和。　[4]斁（yì）：厌倦。引申为懈怠。康事：章太炎说："康，读为庚。……庚，更事也……更事即更习吏事。不言莅政，言更事者，谦也。次言公勿替刑，仍欲公为仪刑，则自处于学习之地。"　[5]替：止，停止。刑：通"型"，示范。　[6]享：朝享。

第三段，记叙成王恳请周公继续治洛。

　　周公拜手稽首曰："王命予来，承保乃文祖受命民[1]，越乃光烈考武王弘[2]，朕恭[3]。孺子来相宅[4]，其大惇典殷献民[5]，乱为四方新辟[6]，作周恭先[7]。曰[8]：'其自时中乂[9]，万邦咸休，惟王有成绩[10]。予旦以多子越御事笃前人成烈[11]，答其师[12]，作周孚先[13]。'考朕昭子刑[14]，乃单文祖德[15]。

[**注释**]

[1]民：指殷民。 [2]烈：业，有功。考：先父。 [3]恭：孔传训"恭奉"。《尚书易解》："弘字绝句，恭字绝句。此言王命予来，承保文祖所受之殷民，宣扬武王之宏大，我奉行之。此答王命，允继续治洛也。" [4]相：视察。相宅，指视察洛邑。 [5]其：通"基"，谋。典：礼。献民：贤民。 [6]乱：语气助词。用法同上文"乱为四辅"的"乱"。辟：法。 [7]作周恭先：指作周法的先例。恭，通"共"，法。 [8]曰：周公追述在相宅时申告成王的话。 [9]自：介词。介引与动作有关的处所的起点。时：这。 [10]惟：宜。 [11]多子：这里指众卿大夫。子，古代对男子的美称。越：连词，与。笃：理。武王始议宅洛，所以说治洛为"笃前人成烈"。 [12]答：通"合"，集合。师：众。 [13]孚：通"郛（fú）"，周郛，周王城的外城，这里代洛邑。章太炎说："周孚者，周郛也。《逸周书·作雒解》周公'将致政，乃作大邑成周于土中，城方千七百二十丈，郛方七十里，南系于洛水，北因于郏山，以为天下之大凑。'据此，城专指王城，郛则包络王城成周悉在其中。此地中建国之始，故曰作周郛先。" [14]考：成。昭：通"诏"，告。刑：法。告子刑，所告诉你的法则，指上文"其自时中乂"至"作周孚先"三十四字。见

《尚书易解》。 [15]乃：副词，表假设关系。单：《说文》："大也。"这里意谓光大。

　　"伻来毖殷[1]，乃命宁予以秬鬯二卣[2]。曰[3]：'明禋[4]，拜手稽首休享[5]。'予不敢宿[6]，则禋于文王、武王[7]。'惠笃叙[8]，无有遘自疾[9]，万年厌于乃德[10]，殷乃引考[11]。''王伻殷乃承叙万年，其永观朕子怀德[12]。'"

自疾：罪疾。章太炎说："'自'即'辠'之省借。辠疾连文，见《春官·小祝》及《盘庚中》篇。谦不敢言受福，故言不遇辠疾耳。"

[注释]

[1]毖：慰劳。指成王遣使来慰劳殷民。 [2]乃：连词，表递进关系。宁：安。等于今语问安、问候的意思。见王国维《雒诰解》。以：介词，用。秬鬯（jù chàng）：黑黍酒。古时用来祭祀的一种香酒。卣（yǒu）：商周时代酒器的名称，圆口圆足，青铜制。后来渐渐转化为一个常见的容量单位词。甲骨文金文中"卣"已经大量表示容量单位。 [3]曰：此指成王说。 [4]明禋（yīn）:《尚书易解》："明禋，明洁以祀也。"禋，古代祭天的一种典礼。先烧柴升烟，再加牲体和玉币在柴上焚烧。这里引申为祭祀。 [5]休：庆幸。享：献。 [6]宿：经宿，隔夜。 [7]则：承接连词，就、才。 [8]惠笃叙：意谓愿我很顺遂。惠，《尚书正读》："读为惟。"意谓愿、想（见《酒诰》注释），能愿动词。笃，程度副词，厚、大。叙，顺。 [9]有：或。见《经传释词》。遘：遇。 [10]厌：饱。 [11]乃：能够。引：长。考：成功。自"惠笃叙"至"殷乃引考"是周公的祈福词。 [12]朕子：我民。怀：思。"王伻殷乃承叙万年，其永观朕子怀德"是周公为成王祈福的祝词。

第四段，记录周公接受王命，继续居洛治洛。

戊辰[1]，王在新邑烝[2]，祭岁[3]，文王骍牛一[4]，武王骍牛一。王命作册逸祝册[5]，惟告周公其后[6]。王宾杀禋咸格[7]，王入太室[8]，祼[9]。王命周公后，作册逸诰[10]，在十有二月[11]。惟周公诞保文武受命[12]，惟七年[13]。

[注释]

[1]戊辰：戊辰日。刘歆《三统历》推算为成王七年十二月晦日。　[2]烝：冬祭。　[3]祭岁：报告岁事。《仪礼·少牢馈食礼》："用荐岁事于皇祖伯某。"[4]骍：赤色。　[5]作册：官名。逸：人名，有学者说就是史佚。祝：孔疏："读册告神谓之祝。"[6]其：将。后：后续，指继续治洛。　[7]王宾：指助祭的诸侯。杀：杀牲。禋：祭祀。格：至。　[8]太室：王肃谓清庙中央之室。　[9]祼（guàn）：灌祭。孔疏："王以圭瓒酌郁鬯之酒以献尸，尸受祭而灌于地，因奠不饮，谓之祼。"[10]诰：告喻。王国维说："诰谓告天下。成王即命周公，因命史逸书王与周公问答之语并命周公时之典礼，以诰天下，故此篇名《洛诰》。《尚书》记作书人名者，惟此一篇。"[11]在：介词，介引动作行为进行的时间。十有二月：成王命周公治洛的月份。有，《词诠》："连词，读去声，与'又'同，专用于整数与余数之间。"[12]诞保文武受命：担任文王、武王所受的使命。　[13]惟七年：皮锡瑞说："经云'戊辰'，有日无月；'在十有二月'，有月无年；于末结之曰惟七年，则当为七年十二月戊辰日无疑。"惟，介词，介引动作行

为发生的时间。

第五段，成王在洛邑举行冬祭，大会诸侯，宣布周公继续居洛治事。

[点评]

洛邑建成后，周公和召公都希望成王居洛主持政事统治天下。成王鉴于当时民心不服的局势，认为需要周公继续居洛，安定殷民。成王和周公反复商讨此事，终于决定周公继续居洛，治理东方。在七年洛邑的冬祭大典上，成王宣布了这一重大决策。史官将周公和成王先后讨论的对话以及洛邑冬祭时的情况辑录成篇，册告天下，名叫《洛诰》。

《洛诰》主要是记录周公和成王的对话，反映了周公谋国的忠心和成王倚重周公的诚意，也显示了君臣团结无间、亲爱协调的情形。这是巩固周王朝统治的重要诰命。金履祥《尚书表注》认为："《召诰》《洛诰》相为首尾。"周公和召公的政治主张和政治策略思想，奠定了中国历史上第一个太平盛世"成康之治"的政治基础和思想基础。

《洛诰》大部分内容是史官记叙周公和成王的对话。本篇对话的时间、地点不同，内容涉及面广，既有周公和成王的定都对话，又有在镐京商量治洛的对话，还有成王在洛邑命令周公治洛和周公接受王命的对话；对话中又有引言和祭祀的祝祷词，很难辨清各自的界限，历来很多注家都认为有"阙文错简"。然而，如果细心分析，理清脉络，全文思路还是比较清晰的。本篇首先写周公就营洛问题向成王报告，而成王也就此答复周公，君臣认真商讨，气氛和谐。接着写周公要求成王到新都洛邑举行祭祀，然后主持政务。言辞非常恳切，希望成王"明作有功，惇大成裕"。同时还告诉成王礼制的重要和治民的方法。在此，周公把营洛和还政联系在一起，说明两者关系紧密。之后写成王请求周公留在洛邑继续执政，因为成王认为当时"四方迪乱未定，于宗礼亦未克敉"，在这种情况下由自己主持政务是难于胜任的，因而恳切地请求周公继续居洛治洛。最后记叙了周公在洛邑接受王命，成王在洛邑举行冬祭，宣布周公继续居洛治洛。

《洛诰》与前篇《召诰》都记载了周公"自时中乂"的观念，对历朝历代都城选址产生了极其重大、深远的影响。在周公看来，定都应当选择天下的中心。《史记·周本纪》对此有更详细的说明："成王在丰，使召公复营洛邑，如武王之意。周公复卜申视，卒营筑，居九鼎焉。曰：'此天下之中，四方入贡道里均。'"《逸周书·作雒解》则记载："周公敬念于后，曰：'予畏周室不延，俾中天下。'及将致政，乃作大邑成周于土中……以为天下之大凑。"土中，孔晁注："王城也，于天下为中。"这表明周人看重的是洛邑的地缘优势，居天下之中以方便对四方予以管辖。

"尚中"的意识萌芽很早。甲骨卜辞中记载商有时称"中商"，同时还有"四方""四土"等，是商的附属邦国，说明商代已有强烈的中心意识。而有些文献记载更将这一观念上溯至舜、禹乃至黄帝时代。《淮南子·天文训》："中央土也，其帝黄帝，其佐后土，执绳而制四方。"《史记·五帝本纪》载:"舜曰:'天也。'夫而后之中国践天子位焉。"《集解》引刘熙曰:"帝王所都为中,故曰中国。"但是,直到周公才将"尚中"的道理阐述得更加明白。他从地缘角度出发,指出建都洛邑有利于王朝的交通运输。商代也曾五次迁都,但多是因水患等客观原因而被迫迁徙,尚未主动追求居中;而成周洛邑的营建则显然是有意为之,经过精心的筹划。有研究表明,西周控制的疆域西起今甘肃东部,东达海滨,北至今辽宁,南抵长江。而据谭其骧《中国历史地图集》所绘《西周时期中心区域图》,洛阳正是这一区域的中心。传世文献中,"中国"一词最早见于《周书·梓材》篇:"皇天既付中国民越厥疆土于先王。"《诗经·大雅·民劳》也有"惠此中国"句。"中国"一词的产生很可能与周人主动"居中"的理念存在紧密联系。《诗经·大雅·荡》中,"中国"用来指称商王朝统治的中原地区,而当时周人尚以"西土之人"自居,由这种称名上的强烈反差可见当时周人对商王朝心存羡慕和嫉妒,这种心理应当也是周人积极居中的原因之一。灭商以后,周人意识到自己不仅是西土的联盟领袖,更是全天下的共主。正是这种极为强烈的主人翁意识使得西周的格局比殷商更加宏伟。《召诰》篇中恰恰出现"天下"一词,这也不是偶然。周人积极谋求掌管、参与全天下的事务,所以他们考虑问题往往都是从全天下出发,从而显示出"天下共主"的主人翁意识。

《洛诰》具有重要的文献价值。《洛诰》记载的营洛和治洛都是西周初年重要的历史事件,何尊铭文证实了这是历史事实。何尊铭文释文如下："唯王初营宅于成周，复禀武王礼福自天，在四月丙戌。王诰宗小子于京室曰：昔在尔考公氏克弼文王，肆文王受兹大命，唯武王既克大邑商，则廷告于天曰：余其宅兹中国，自之乂民。呜呼，尔有虽小子无识，视于公氏，有勋于天，彻命敬享哉，叀王恭德裕天，顺我不敏，王咸诰何，赐贝卅朋，用作庚公宝尊彝。唯王五祀。"

多　士

　　惟三月^[1]，周公初于新邑洛^[2]，用告商王士^[3]。

[注释]

[1]惟：句首语气助词。三月：周成王元年三月。　[2]初：首次，初次。《尔雅·释诂》："初，始也。"[3]商王士：泛指殷商旧臣。俞樾《尚书平议》："'王士'二字连文，'王士'之称犹《周易》言'王臣'，《春秋》书'王人'，《传》称'王官'，其义一也。"

　　王若曰："尔殷遗多士！弗吊旻天^[1]，大降丧于殷^[2]；我有周佑命^[3]，将天明威^[4]，致王罚^[5]，敕殷命终于帝^[6]。肆尔多士^[7]！非我小国敢弋殷命^[8]，惟天不畀允罔固乱^[9]，弼我。我其敢求

位^[10]？惟帝不畀^[11]，惟我下民秉为^[12]，惟天明畏^[13]。

［注释］

[1] 旻（mín）天：秋天。这里泛指上天。　[2] 丧：灾难，祸乱。　[3] 有周：附音词，即“周”。有，词头。佑：佑助。　[4] 将：奉行。《仪礼·聘礼》郑玄注：“将，犹奉也。”　[5] 致：施行。　[6] 敕：告，令。于：介词，介引动作行为的施动者，表被动。终于帝，被上帝终绝了。　[7] 肆：时间副词，现在。《尔雅·释诂》：“肆，今也。”下文“肆予敢求尔于天邑商”之“肆”同。　[8] 小国：孔疏：“周本殷之诸侯，故周公自称小国。”弋：曾运乾《喻母古读考》：“弋，亦‘代’也。”马融本，郑玄、王肃本‘弋’作‘翼’。马融说：“翼，取也。”　[9] 畀：给予。允罔固乱：相信诬罔，仗恃暴乱的人。允，信。罔，诬。固，通“怙”，仗恃。　[10] 其：语气副词，表示反诘语气，同“岂”，难道，究竟，怎么。下文“予其曰惟尔洪无度”的“其”同。位：王位。　[11] 惟：因果连词，因为。不畀：下省“允罔固乱。”[12] 秉：执。为：作为，行事。　[13] 天明畏：就是畏天明。天明，天命。

“我闻曰：‘上帝引逸^[1]。’有夏不适逸^[2]，则惟帝降格^[3]，向于时夏^[4]。弗克庸帝^[5]，大淫泆有辞^[6]。惟时天罔念闻^[7]，厥惟废元命^[8]，降致罚^[9]；乃命尔先祖成汤革夏^[10]，俊民甸四方^[11]。

[注释]

[1]引:《尚书易解》:"制引,制止也。"逸:淫逸。　[2]适:节制。见《吕览》高诱注。　[3]则:连词,表承接关系。《经传释词》:"则者,承上启下之词。《广雅》曰:'则,即也。'字或作'即'。"可译为"就""才"。格:通"诣"。《玉篇》:"诣,教令严也。"　[4]向:劝。时:这。　[5]弗克庸帝:不能听取上帝教令。庸,用。这里是"听取"的意思。　[6]大:程度副词,大大地。《助字辨略》:"大,盛也,甚也。"淫:《广雅·释言》:"游也。"泆:音"逸",乐。辞:通"怠",疑惑,不相信。详《经义述闻·通说》。"弗克庸帝,大淫泆有辞。"义同《多方》:"乃大淫昏,不克终日劝于帝之迪。"　[7]惟:介词,因为。惟时,因此。罔:《词诠》:"否定副词,不也。"可译为"不会""不能"。下文"诞罔显于天""罔顾于天显民祇"的"罔"同。念:眷念。闻:通"问",恤问。详《经义述闻》卷二"终莫之闻也"条和卷五"亦莫我闻"条。　[8]厥:句首语气助词。元命:大命,指国运。　[9]致:通"至",大。见《吕氏春秋·求人》"至劳也"注。　[10]乃:关联副词,于是,就。下文"我乃明致天罚""尔小子乃兴"之"乃"同。革:更改,代替。孔传:"天命汤更代夏。"　[11]俊民:杰出人才。甸:治。

"自成汤至于帝乙,罔不明德恤祀[1]。亦惟天丕建保乂有殷[2],殷王亦罔敢失帝[3],罔不配天其泽[4]。在今后嗣王[5],诞罔显于天[6],矧曰其有听念于先王勤家[7]?诞淫厥泆[8],罔顾于天显民祇[9],惟时上帝不保[10],降若兹大丧[11]。

"惟天不畀不明厥德[12]，凡四方小大邦丧，罔非有辞于罚[13]。"

[注释]

[1]恤：通"卹"，慎。　[2]亦惟：因果复音连词，可译为"也因为"或"也由于"。保乂：安治。《尚书易解》："保乂有殷，谓安治殷国之人，乃'建'之宾语。"　[3]罔敢失帝：不敢违失天意。　[4]其：结构助词，的。《经传释词》："其，犹之也。"泽：恩泽。　[5]后嗣王：指纣王。　[6]诞：程度副词，很。显：明。"诞罔显于天"，句式同《酒诰》"罔显于民祗"。　[7]矧：连词，况，何况。勤家：勤劳家国。　[8]厥：句中语气助词。诞淫厥泆，义同上文"大淫佚"。　[9]顾：念。天显：天所明示，这里指天意。《康诰》："于弟弗念天显。"祗：通"疧"。《诗经·小雅·白华》："俾我疧兮。"毛传："疧，病也。"　[10]惟：介词，相当于"以"，因为。时：指示代词，《尔雅·释诂》："时，是也。"　[11]若兹：如此。丧：丧亡，指亡国的惩罚。　[12]不明厥德：即不明厥德者，指不努力施行德政的人。　[13]罔非有辞于罚：《尚书易解》："凡四方小大国之丧亡，无非是怀疑于天罚。"辞，通"怠"，怀疑。

第一段，周公引证历史的经验教训，指出明德勤政者得天下，逸乐废政者失天下。

王若曰："尔殷多士，今惟我周王不灵承帝事[1]，有命曰：'割殷[2]，告敕于帝。'惟我事不贰适[3]，惟尔王家我适[4]。予其曰惟尔洪无度[5]，我不尔动，自乃邑[6]。予亦念天[7]，即于殷大戾[8]，肆不正[9]。”

[注释]

[1]惟：范围副词，强调施事的唯一性。《经传释词》：“惟，独也，常语也。或作‘唯’‘维’。”灵：善。帝事：上帝命令的事。　[2]割：取。见《战国策·齐策》“然后王可以多割地”注。　[3]事：指征伐的事。适：通“敌”。《论语·里仁》释文：“适，郑本作敌。”《尚书易解》：“意谓惟以尔王家为敌，而不敌殷之多士也。”　[4]惟：范围副词，置于受事宾语前，表示受事者的唯一性。下文“予一人惟听用德”之“惟”与此同。　[5]曰：《尚书易解》：“谓也，意料之意。”洪：程度副词，大。度：法度。　[6]自：介词，从。下文“昔朕来自奄”之“自”同。乃邑：你们殷众卿士的封邑。　[7]亦：关联副词，表示事理性状的相承关系。念天：意思是说念天意割殷。　[8]即：关联副词，则。于：介词，介引动作行为的时间。戾：定。　[9]肆：《尔雅·释诂》：“肆，故也。”可译为所以、因此。正：治罪。《周礼·夏官·大司马》注：“正之者，执而治其罪。”

王曰：“猷！告尔多士[1]，予惟时其迁居西尔[2]，非我一人奉德不康宁[3]，时惟天命[4]。无违，朕不敢有后[5]，无我怨[6]。

[注释]

[1]告：告导。　[2]其：时间副词，表示将来时。《经传释词》：“其，犹‘将’也。”西：指成周，成周在商都朝歌西南，所以称西。　[3]非：否定副词，与下句中“惟”构成“非……惟……”式，

朕：我。《尚书》自称代词主要是“我”“予”“朕”，三者在感情表达方面存在差异：“我”多表自谦，“予”多表自尊，“朕”多表庄重语气。

可译为"不是……，而是……"或"不……，只是……"。奉：秉。德：《左传》成公十六年"民生厚而德正"疏："德，谓人之性行。"康宁：安静。 [4]惟：《玉篇》："为也。" [5]有：或。见《经传释词》。后：《说文》："迟也。" [6]无我怨：即"无怨我"，宾语前置。

"惟尔知，惟殷先人，有册有典[1]，殷革夏命。今尔又曰：'夏迪简在王庭[2]，有服在百僚[3]。'予一人惟听用德[4]；肆予敢求尔于天邑商[5]，予惟率肆矜尔[6]。非予罪，时惟天命[7]。"

天邑：大邑。"大邑商""天邑商"均见于甲骨文。

［注释］

[1]册、典：记载史实的典籍。 [2]迪：通"由"。《方言》："由，辅也。"这里用作名词，指辅臣。简：选取。在：介词，介引动作行为的施动者，表被动。 [3]有服在百僚：意谓在百官中有职位。服，《尔雅·释诂》："事也。"这里指职务、职位。在，介词，介引动作行为进行的处所、范围。 [4]听：听从。德：这里指有德的人。 [5]肆：今。敢：表敬副词。求：《礼记·学记》注："招徕也。" [6]予惟率肆矜尔：意谓我惟用肆尔之罪矜尔之愚而已。详《经义述闻》卷四。率，用。肆，缓，宽宥。矜，怜悯。 [7]惟：为。

第二段，周公说明迁徙殷民，只用有德之人，是顺从天命。

王曰："多士，昔朕来自奄[1]，予大降尔四国民命[2]。我乃明致天罚[3]，移尔遐逖[4]，比事臣我宗多逊^[5]。"

［注释］

[1] 奄：古国名，也作郮、盖，今山东曲阜东。《尚书大传》："周公摄政三年，践奄。" [2] 降：下达。四国：指管、蔡、商、奄四国。 [3] 明：情态副词，清楚地、明白地。 [4] 移尔遐逖：意谓从远方把你们迁来。遐、逖，遥远。 [5] 比：时间副词，《白话尚书》："比，近日。"事：服事。我宗：我周族，指宗周和鲁、卫。多：程度副词，表程度之深，可译为"很"。逊：恭顺。

王曰："告尔殷多士，今予惟不尔杀^[1]，予惟时命有申^[2]。今朕作大邑于兹洛，予惟四方罔攸宾^[3]，亦惟尔多士攸服奔走臣我多逊^[4]。

时命有申，即"有申时命"，宾语前置。

［注释］

[1] 不尔杀：即"不杀尔"，宾语前置。 [2] 时命：指上文"大降尔四国民命"。有：又，重。申：申述。又申，即重申。 [3] 惟：关联副词，表示动作行为的理由。可译为因为、正因为。四方：指四方诸侯。宾：朝贡。四方罔攸宾，金履祥说："镐京远在西偏，四方道里不均，无所于宾贡。" [4] 服：服事。奔走：奔走效劳。

"尔乃尚有尔土^[1]，尔乃尚宁干止^[2]。尔克敬，天惟畀矜尔^[3]；尔不克敬，尔不啻不有尔土^[4]，予亦致天之罚于尔躬^[5]！

[注释]

[1]尚：关联副词，犹，还。　[2]宁：安。干：《广雅·释诂》："安也。"宁干，就是安宁。止：句末语气助词。　[3]畀：赐。畀矜尔，赐予你们怜爱。　[4]不啻：不但。"不啻……，亦……"即"不但……，还……"。啻，《尚书易解》："啻，但也。"　[5]亦：关联副词，表示事理性状的递进关系。躬：身。

"今尔惟时宅尔邑[1]，继尔居[2]；尔厥有干有年于兹洛[3]。尔小子乃兴[4]，从尔迁[5]。"

[注释]

[1]惟：思。时：《广雅·释诂》："善也。"情态副词，置于动词前，表示努力做某事。宅：安。　[2]居：事业。江声说："《诗·蟋蟀》'职思其居'，亦谓所为之事为居也。"　[3]尔厥有干有年于兹洛：孔传："汝其有安事有丰年于此洛邑。"厥，语气副词，表示推测语气，相当于"其"，也许，大概。有干，有安乐。有年，有丰年。　[4]小子：这里指子孙。兴：兴盛。　[5]从：介词，自。《尚书易解》："尔小子乃兴，从尔迁，谓汝子孙乃兴盛发达，自汝迁洛始也。"

王曰："又曰时予[1]，乃或言尔攸居[2]。"

[注释]

[1]又：表数副词，表示动态的数之再。又曰：《尚书正读》："本文'又曰'，重言'时予'也。……言终丁宁之意。"也有学者认为"又曰"不是"王曰"的内容，而是史官特意作的标记，

表示"王"在发表了上述长篇大论以后，意犹未尽，又补充一句，以示强调。存参。时：顺从。　[2]乃：关联副词，表示条件关系。或：通"克"，能够。《文侯之命》"罔或耆寿"，《汉书·成帝纪》引"或"作"克"。攸：时间副词，悠，长久。

第三段，宣布对待殷多士的政策，告诫殷多士顺从周的统治。

[点评]

小邦周灭了大邑殷，殷商旧臣一直心怀不满，充满怨恨，周人称之为"仇民""顽民"。孔传说："殷大夫、士心不则德义之经。"周公为了彻底瓦解殷人的反抗势力，采取了"分而治之"和"集中控制"的办法。一方面将殷民分散到卫、唐、鲁、宋等诸侯国，另一方面胁迫殷商旧臣迁徙到洛邑东边的城市成周。殷人留恋故土，怨声载道。周公代替成王发布诰命，宣扬天命，把周人灭殷、迁徙殷民都说成是天命神授天经地义的事件。周公指出商纣王"罔顾于天显民祇"，殷商的灭亡完全是咎由自取。他警告殷商旧臣，倘若不顺从天命迁徙成周，就会被没收土地，并且将会受到上天的严厉惩罚。如果顺从天命迁徙到成周，就会安居乐业，子孙兴旺发达。史官记述周公的诰词，写了《多士》。孔传："所告者即众士，故以名篇。"

周公东征以后，王都东迁和殷民西迁反方向运动的中心点是巩固和加强王朝统治。营建洛邑的同时营建成周，把殷商顽民迁来成周，一方面加强对殷商顽民的教育和监督，另一方面把殷商顽民和他们赖以反抗周王朝的社会基础隔离开来，史实证明这确实是十分高明的政治措施。殷人尤其崇信天命，周公就借助天命论证"周革商命"与"商革夏命"一样具有历史合理性，解除殷人反抗周王朝的思想武装，这也是十分高明的政治策略。宣扬天命和进行移民一直为后代统治者效法。

周国凭借强大的军事力量，采取软硬兼施的方法，迫使殷人迁徙成周，逐渐归顺。西周王朝终于在成王和康王时代出现了相对稳定的太平盛世。

《多士》和《召诰》《洛诰》从不同的侧面反映了西周"营洛""治洛"这些重大历史事件，为我们今天研究西周史提供了十分珍贵的资料。

《多士》还提到："惟殷先人，有册有典，殷革夏命。"《说文解字·册部》："册，符命也。诸侯进受于王也。象其札一长一短，中有二编之形。"《丌部》："典，五帝之书也。从册在丌上，尊阁之也。庄都说：典，大册也。"许慎对"册""典"的解释依据竹简而言，然而，在商代，竹简尚未作为书写材料，当时的书写材料主要是龟甲和兽骨；而"册"字事实上已见于甲骨文，字形与《说文》小篆大致相似。董作宾《殷代龟卜之推测》："此'册'字最初之象形非简非札，实为龟板，其证有二。第一，自积极方面证之，吾人既知商人贞卜所用之龟其大小长短曾无两甲以上之相同者，又知其必为装订成册之事，则此龟板之一长一短参差不齐，又有孔以贯韦编，甚似册字之形状，而册字当然为其象形字也。第二，自消极方面证之，《仪礼·聘礼》疏引郑氏《论语序》云：'《易》《诗》《书》《春秋》《礼》《乐》册皆二尺四寸，《孝经》谦半之，《论语》八寸。策者，三分居一又谦焉。'是古代简策虽有长短之异，而其为一种书，一策书中策之长短必同，如六经之册皆二尺四寸，《孝经》十二寸，《论语》八寸是也。简牍与札在一册之中，其形状大小长短必同。而册字之所象，乃一长一短，则非简札可断言也。"由此可知，"册"的本义是龟板；龟板上有孔，可用绳子串连成册。而"典"在甲骨文中象双手捧册之状，也有的字形为单手捧册（有学者指出这其实是双手捧册的侧视之形）。甲骨文"典""册"往往混用。综上所述，"惟殷先人，有册有典"所指正是龟板。同时，甲骨文材料的发现也佐证了《多士》这一记载的真实性。

《史记·鲁周公世家》："成王七年二月乙未，王朝步自周，至丰，使太保召公先之雒相土。其三月，周公往营成周雒邑，卜居焉，曰吉，遂国之。"《竹书纪年》说："七年三月甲子，周公诰多士于成周。"郑玄注《多士》"惟三月"说："成王元年三月，周公自王城初往成周之邑，用成王命告商王之众士以抚安之。"《史记·鲁周公世家》《竹书纪年》记载周公往营成周雒邑诰殷多士是成王七年，而郑康成注则说是成王元年。这是因为成王初年周公摄政，共七年，《鲁周公世家》《竹书纪年》以武王崩、成王立为成王元年，而郑玄注则以周公归政为成王元年。二者所说其实是同一年。

无　逸

君子所，其无逸：这是全篇的中心——君子为政，无自逸豫。

依：《经义述闻》："依，隐也，谓知小人之隐也。《周语》'勤恤民隐'韦注曰：'隐，痛也。'小人之隐，即上文'稼穑之艰难'，下文所谓'小人之劳'也。云隐者，犹今人言苦衷也。"

　　周公曰："呜呼！君子所[1]，其无逸[2]。先知稼穑之艰难，乃逸[3]，则知小人之依[4]。相小人[5]，厥父母勤劳稼穑，厥子乃不知稼穑之艰难，乃逸乃谚[6]。既诞[7]，否则侮厥父母曰[8]：'昔之人无闻知[9]。'"

［注释］

[1]所：指所居官。《左传》昭公二十年"余知而无罪也。入复而所。"杜预注："所，所居官。"　[2]其：语气副词，表示祈使（劝告、希望或命令）语气。可译为"应当""一定"。下文"嗣王其监于兹"之"其"同。无：否定副词，此处可译作"不可"。逸：逸豫，安乐。郑玄说："君子处位为政，其无自逸豫也。"　[3]乃：关联副词，此处可译为"然后"。　[4]则：连词，表承接关系。

可译为"就""才"。小人：民众。与上句"君子"相对。依：通"隐"，苦衷，痛苦。依，影母微部；隐，影母文部；上古二字双声，微文对转，例得通用。　[5]相：看。　[6]乃：就。谚：《汉石经》作"宪"。宪，欣乐，《诗经·大雅·板》："天之方难，无然宪宪。"毛传："宪宪犹欣欣。"谚，疑母元部；宪，晓母元部；欣，晓母文部。上古谚、宪，叠韵，宪、欣双声，元、文旁转，可通。　[7]既：时间副词，表示动作行为已经发生、出现或存在。诞：《汉石经》作"延"。《尔雅·释诂》："延，长也。"这里是说时间长久。　[8]否则：于是。《经传释词》："《汉石经》'否'作'不'，不则，犹于是也。言既已妄诞，于是轻侮其父母也。"侮：轻侮。　[9]昔之人无闻知：蔡传："古老之人无闻无知，徒自劳苦而不知所以自逸也。"昔之人，前人，这里指老人。

第一段，周公指明君子无逸，必须了解稼穑艰难，体恤民众。

　　周公曰："呜呼！我闻曰：昔在殷王中宗[1]，严恭寅畏[2]，天命自度[3]，治民祗惧[4]，不敢荒宁[5]。肆中宗之享国七十有五年[6]。

[注释]

[1]昔在：见《洪范》篇"我闻在昔"注。中宗：有两说。一说中宗为太戊，殷代第五世贤主。《史记·殷本纪》，《诗》毛传、郑笺，《书》孔传、孔疏、蔡传皆主此说。王国维根据甲骨文资料有详细考证，详《观堂集林·殷卜辞中所见先公先王续考》。一说中宗是祖乙，殷代第七世贤祖。　[2]严：庄正。恭、寅都是恭敬的意思。恭，指外貌恭敬；寅，指内心恭敬。《尚书集注音疏》："严恭在貌，寅畏在心。"[3]度（duó）：忖度，揣度。　[4]祗惧：

敬畏，恭敬谨慎。　[5]荒宁：荒废自安。　[6]肆：连词，表因果关系，可译为"所以""因此"。《史记·鲁周公世家》"肆"作"故"。《尔雅·释诂》："肆，故也。"享国：指在帝位。下文高宗、祖甲、文王"享国"义同。

　　"其在高宗[1]，时旧劳于外[2]，爰暨小人[3]。作其即位[4]，乃或亮阴[5]，三年不言[6]。其惟不言[7]，言乃雍[8]。不敢荒宁，嘉靖殷邦[9]。至于小大[10]，无时或怨[11]。肆高宗之享国五十有九年。

[**注释**]

[1]高宗：武丁，殷代第十一世贤主。　[2]时旧劳于外：意谓长期在外服劳役。旧：时间副词，长久地。《史记》作"久"。《史记集解》引马融说："武丁为太子时，其父小乙使行役，有所劳苦于外。"《尚书今古文注疏》引郑玄曰："旧，犹久也。"下文"旧为小人"之"旧"与此同。　[3]爰：连词，表示承接关系，可译为"于是""因此"。暨：惠顾，爱护。《尚书易解》："暨盖愍之借，《说文》：'愍，惠也。'古文作愍。爰惠小人，与下文'惠鲜鳏寡'同义。"[4]作：介词，等到。王引之《经传释词》："作，犹'及'也。"[5]或：有时。亮阴：实在沉默。马融说："亮，信也。阴，默也。为听于冢宰，信默而不言。"[6]不言：不轻言。详《东莱书说》第二十五卷。又《吕氏春秋·审应览》："高宗，天子也，即位谅闇（《礼记·丧服四制》引《无逸》，'亮阴'作'谅闇'），三年不言。卿大夫恐惧患之。高宗乃言曰：'以余一人正四方，余唯恐言之不类也，兹故不言。'古之天子，其重言如此，故言无

遗者。"　[7] 其惟不言：高宗不说话则已，一旦说话就能和顺合理。其，代词，指高宗。惟，副词，独，仅，只是。今按：《庄子·齐物论》："夫大块噫气，其名为风。是唯无作，作则万窍怒呺。"郭象注："言风唯无作，作则万窍皆怒动而为声也。"此处"其惟不言，言乃雍"与"是唯无作，作则万窍怒呺"句式相近。　[8] 乃：关联副词，表示假设关系，可译为"就""则"。下文"人乃训之""人乃或诪张为幻"之"乃"同。雍：和，和顺，合理。　[9] 嘉：善。见《尔雅·释诂》。靖：和。　[10] 至于：表动作行为所及的对象。下文"乃变乱先王之正刑，至于小大"之"至于"用法同。小大：小指民众，大指群臣。　[11] 时：是，即是人，指高宗。或：有。无时或怨，就是无有怨之。否定句的宾语前置。

"其在祖甲[1]，不义惟王[2]，旧为小人[3]。作其即位，爰知小人之依，能保惠于庶民[4]，不敢侮鳏寡[5]。肆祖甲之享国三十有三年。

[注释]

[1] 祖甲：武丁的儿子帝甲，殷代第十二世贤主。　[2] 惟：为。　[3] 旧：久。马融说："祖甲有兄祖庚，而祖甲贤，武丁欲立之。祖甲以王废长立少，不义，逃亡民间。故曰'不义惟王，久为小人'也。武丁死，祖庚立；祖庚死，祖甲立。"　[4] 保：安。惠：爱。　[5] 鳏寡：泛指孤苦无依的人。

"自时厥后[1]，立王生则逸[2]，生则逸，不知稼穑之艰难，不闻小人之劳，惟耽乐之从[3]。自

《尚书正读》："生则逸，一语已足，两言之者，周公喜重言也。《洛诰》'孺子其朋，孺子其朋，其往'亦此类。"

时厥后，亦罔或克寿。或十年，或七、八年，或五、六年，或四、三年。"

[注释]

[1] 自：介词，从。时：是，这。　[2] 立王：在位的君王。《诗经·大雅·桑柔》："天降丧乱，灭我立王。"　[3] 惟：范围副词，可译为"只是"。下文"以庶邦惟正之供""以万民惟正之供"之"惟"同。耽乐：沉溺在享乐之中。耽，孔传："过乐谓之耽。"从：追求。《诗经·齐风·还》："并驱从两肩兮。"毛传："从，逐也。"

周公曰："呜呼！厥亦惟我周太王、王季，克自抑畏[1]。文王卑服[2]，即康功田功[3]。徽柔懿恭[4]，怀保小民[5]，惠鲜鳏寡[6]。自朝至于日中昃[7]，不遑暇食[8]，用咸和万民[9]。文王不敢盘于游田[10]，以庶邦惟正之供[11]。文王受命惟中身[12]，厥享国五十年[13]。"

[注释]

[1] 抑：指谦虚谨慎。畏：指敬畏天命。　[2] 卑服：贱服。蔡传："犹禹所谓恶衣服也。"　[3] 即：就，从事。康功：孔传、孔疏、蔡传都认为指安民之功。孙星衍认为指建造房屋之事。章太炎认为指平易道路之事，杨筠如、曾运乾认为指披荆斩棘，开垦山泽荒地之事，赵光贤则认为"康功田功"指继续治理农事。按：上节述殷后王不知稼穑，所以在位日短，这一节述文

王也应言稼穑。　[4]徽柔懿恭：《尚书易解》："徽，和也。懿，美也。""徽""柔""懿""恭"四字平列。　[5]怀保：保护安定。　[6]鲜：《尔雅·释诂》："善也。" [7]日中：日正中。昃：一作仄，日西斜。　[8]遑：闲暇。　[9]用：目的连词，相当于"以"。咸：通"诚"，和。　[10]盘：通"般"。《尔雅·释诂》："般，乐也。"游：游乐。田：畋，打猎。盘于游田，就是乐于游乐和田猎。　[11]以：使。正：通"征"。《尚书正读》："税也。"供：进献。《广雅·释诂》："供，进也。" [12]受命：接受天命，即君位。中身：中年。　[13]五十年：《尚书易解》："《韩诗外传三》云：'文王即位八年而地动，地动之后四十三年，凡莅国五十一年而终。'文王享国五十一年，言五十，举成数也。"

周公曰："呜呼！继自今嗣王[1]，则其无淫于观、于逸、于游、于田[2]，以万民惟正之供。无皇曰[3]：'今日耽乐。'乃非民攸训，非天攸若[4]，时人丕则有愆[5]。无若殷王受之迷乱[6]，酗于酒德哉[7]！"

[注释]

[1]继自今：从今以后。　[2]淫：过度。观：特殊的观赏。　[3]皇：通"偟"。《尔雅·释言》："偟，暇也。"孔传："无敢自暇曰：'惟今日乐，后日止。'" [4]攸：所。训、若：都是顺从的意思。　[5]丕则：关联副词，于是。见《经传释词》。愆：过错。 [6]无：否定副词，在祈使句中表示命令、禁止以及告诫。此处语气较轻，可译作"不要"。受：商纣王名。　[7]酗：《广韵》

"醉怒也。"于:《经传释词》:"为也。"

周公曰:"呜呼!我闻曰:'古之人犹胥训告[1],胥保惠[2],胥教诲,民无或胥诪张为幻[3]。'此厥不听[4],人乃训之,乃变乱先王之正刑[5],至于小大[6]。民否则厥心违怨[7],否则厥口诅祝[8]。"

[注释]

[1]犹:关联副词,尚,还。《经传释词》:"犹,《礼记·檀弓》注曰:'犹,尚也。'常语也。"《词诠》:"凡已过之境有稽留,或余势未能即消时用之。"胥:互相。下文同。训告:劝导。　[2]胥:范围副词,互相。保:安。惠:爱。　[3]诪(zhōu)张:欺诈。诪,又作"侜""辀""舟"。《尔雅·释训》作"侜",云"侜张,诳也"。郭璞注曰:"《书》曰:无或侜张为幻。"诪、张上古均为端母字,二字双声,连语为词,复音见义。幻:互相诈惑。《说文》:"幻,相诈惑也。"　[4]此:这些。指代上述劝告的话。听:依从。　[5]正:政治。刑:法令。　[6]小大:这里指小法大法。　[7]否则:同"丕则",于是。违:恨。《诗经·邶风·谷风》:"中心有违。"《韩诗》:"违,很也。""很"即"恨"。见马瑞辰《毛诗传笺通释》。　[8]诅祝:诅咒。

周公曰:"呜呼!自殷王中宗及高宗及祖甲及我周文王,兹四人迪哲[1]。厥或告之曰[2]:'小人怨汝詈汝[3]。'则皇自敬德[4]。厥愆[5]，曰：'朕之愆允若时[6]。'不啻不敢含怒[7]。此厥不听，人乃或诪张为幻，曰小人怨汝詈汝，则信之，则若时[8]：不永念厥辟[9]，不宽绰厥心[10]，乱罚无罪[11]，杀无辜。怨有同[12]，是丛于厥身。"

［注释］

[1]迪：导。迪哲，意思是领导得明智。见《尚书易解》。　[2]或：有人。　[3]詈：骂。　[4]皇：程度副词，更加。《尚书今古文注疏》："皇自，《熹平石经》作'兄曰'。韦氏注《国语》云：'兄，益也。'皇曰敬德，即益曰敬德也。"　[5]厥愆：《尚书易解》："'厥或愆之'之省文，此愆用作动词，谓举其过失也。"　[6]允：情态副词，确实。时：这样。　[7]不啻：连词，不但。"不啻不敢含怒"下有省略。郑玄说："不但不敢含怒，乃欲屡闻之，以知己政得失之源也。"　[8]则：关联副词，表示假设的语义关联，可译为"就"。则若时：就像这样。　[9]辟：法度。　[10]绰：宽。　[11]乱：情态副词，随便。见《古汉语虚词类释》。　[12]有：《尚书易解》："盖借为'尤'，同声通用。怨有同，怨尤会同也。"

周公曰："呜呼！嗣王其监于兹[1]。"

［注释］

[1]嗣：继承。嗣王，指成王。监：用同"鉴"，鉴戒。兹：这些。

第三段，周公告诫成王要勤政爱民，严于责己，宽大为怀。

［**点评**］

无，通"毋"，不要。逸，逸乐。周公还政成王以后，害怕成王贪图享乐，荒废懈怠，经常告诫成王不要贪图逸乐。史官记录周公的诰词，名叫《无逸》。

《无逸》是对殷商统治经验的总结。宋人陈大猷说："'所其无逸'，'知小人之依'，此一篇之纲领；后章言三宗、文王及怨詈之事，皆反复推明乎此也。"这个分析符合事实，也十分中肯。

《无逸》开篇点题，"君子所，其无逸"（君子做官不可贪图安逸享乐），强调人君必须了解农事的艰难，了解民生疾苦，然后才能成为合格的统治者。为了证明这一点，周公引述正反两方面的事实：殷王中宗不敢荒废政事，在位长达75年；高宗和帝甲父子都曾经生活在民间，知道民众的痛苦，勤政爱民，高宗在位59年，帝甲在位33年；周文王中年即位为君，穿着平民的衣服，垦荒种地，不遑暇食，咸和万民，在位50年。而帝甲以后历代殷王，只知道追求逸乐，没有一个人长寿，在位有的十年，有的五六年，有的仅三四年。另外，在对待小人的怨詈上，周公认为，如果群臣相互劝诫、规正，小人就不会产生"怨詈"；如果相互欺诈，群臣就会变更法制，小人就会产生"怨詈"。在周公看来，小人的"怨詈"根源于群臣。三宗和文王听到"怨詈"时则"皇自敬德"，认为是"朕之愆"以至"不敢含怒"。相反态度的人便"乱罚无罪，杀无辜"。两种态度形成鲜明的对比，前一种是应当发扬的，后一种是应当引以为戒的。

《无逸》为历代政治家总结了宝贵的历史经验教训，

也为历代思想家提供了重要的理论武器。《无逸》为先秦诸子学说的建立奠定了思想基础。孟子主张："天将降大任于斯人也，必先苦其心志，劳其筋骨，饿其体肤，空乏其身"，告诫人们"生于忧患，死于安乐"。孟子的这些著名的格言以及"民本"思想，或许受到《无逸》的启发和影响。墨子的一系列政治主张或许就导源于《无逸》。清康熙帝深受《无逸》思想的熏陶。王士禛《居易录》记载康熙曾聆听过《无逸》篇经筵："丁巳二月十二日甲戌，上御经筵。""礼部尚书张玉书、刑部尚书图纳讲《尚书·无逸》篇毕，各官仍分东西趋出。"康熙又曾在《耕织图序》中表示："朕早夜勤毖，研求治理。""尝读《豳风》《无逸》诸篇。"由此想见，康熙的勤政爱民、重视农业生产，是受到了《无逸》篇的影响。

　　《无逸》中还蕴含着宝贵的教学观。周公主张君主要能够虚心纳谏。他指出："古之人犹胥训告，胥保惠，胥教诲，民无或胥诪张为幻。"这里的"人"与"民"是相对的概念，"人"主要指君主官吏，"民"则指平民。官吏相互师法的主张也见于《皋陶谟》篇："百僚师师。"孔传："师师，相师法。"孔疏："百官各师其师，转相教诲。"唐代韩愈作《师说》，称"古之圣人，其出人也远矣，犹且从师而问焉；今之众人，其下圣人也亦远矣，而耻学于师"，感慨当时"士大夫之族，曰师曰弟子云者，则群聚而笑之"。韩愈是有唐一代的硕师大儒，他感慨"师道之不存也久矣"，力图恢复师道，是因为他十分清楚求学问道的本旨在于纠正自己的偏失，从而兼济天下；师道不存，则天下将亡。韩愈在《进学解》中说："先生之于儒，可谓有劳矣。……周《诰》殷《盘》，佶屈聱牙。"正是他本人的夫子自道。可以说，《师说》正是将《尚书》等经典中的教学之道予以申说和弘扬。

《无逸》全文论述事理中心明确，层次清楚，语言流畅，不像《召诰》《洛诰》等篇晦涩难读，宋代就有学者疑其晚出，但是文献证据不足。

君奭

周公若曰：“君奭[1]！弗吊天降丧于殷[2]，殷既坠厥命，我有周既受。我不敢知曰：厥基永孚于休[3]。若天棐忱[4]，我亦不敢知曰[5]：其终出于不祥。

[注释]

[1]君：古时对人的尊称。奭：召公名。 [2]吊：善。 [3]厥：其，那（王业）。基：始。永：时间副词，长，长久、长期。孚：通“付”，给予。《周书·高宗肜日》：“天既孚命正厥德。”《汉石经》“孚”作“付”。休：美。 [4]若：顺从。棐：辅助。忱：诚信。 [5]亦：关联副词，《经传释词》：“亦，承上之词也。”此处表示事理性状的相似并列关系。下文“我受命无疆惟休，亦大惟艰”之“亦”同。

"呜呼！君已曰[1]：'时我[2]，我亦不敢宁于上帝命[3]，弗永远念天威越我民[4]；罔尤违[5]，惟人。在我后嗣子孙[6]，大弗克恭上下[7]，遏佚前人光在家[8]，不知天命不易，天难谌[9]，乃其坠命[10]，弗克经历[11]。嗣前人，恭明德，在今。'

[注释]

[1]君：指召公。已：时间副词，过去。 [2]时：通"恃"，依靠。我：我们，我辈。 [3]亦：关联副词，表示事理性状的相承关系。宁：安。这里是动词，安然享受的意思。 [4]弗：《词诠》："否定副词，不也。"越：连词，与、和。下文"予惟用闵于天越民"之"越"与此同。 [5]尤：过失。违：违失。 [6]在：考察。《尔雅·释诂》："在，察也。" [7]大：程度副词。《助字辨略》："大，盛也，甚也。"大弗克，否定副词在后，表示程度加强。上下：这里指上天和下民。 [8]遏：绝。佚：通"失"。光：指文王、武王圣德的光辉。 [9]难：情态副词，难以，难于。谌：信。《诗经·大雅·大明》："天难忱斯，不易维王。"《鲁诗》《齐诗》"忱"作"谌"。朱熹说："忱，信也。不易，难也。"可资佐证。 [10]乃：关联副词，表示假设关系，可译为"就"。其：将要。 [11]经历：长久。《尚书易解》："经，常。历，久也。"

"予小子旦非克有正[1]，迪惟前人光施于我冲子[2]。又曰[3]：'天不可信。'我道惟宁王德延[4]，天不庸释于文王受命[5]。"

[注释]

[1]旦：周公名。有正：《尚书易解》："有所改正。"非克有正，不能有什么改正，等于说赞成召公的看法。 [2]迪：句首语气助词。施：延。冲子：这里泛指后代子孙。上句否定副词"非"连接此句表肯定判断的"惟"，"非……惟……"意谓"不是……，只是……"。 [3]又曰：指召公又说。《墨子·非命中》引"天不可信"为召公语。 [4]道：《汉石经》作"迪"，句中语气助词。惟：范围副词，表示受事者的唯一性。宁王：文王。 [5]庸释：舍弃。王国维说："'庸释'连文，言舍去也。"

第一段，周公强调事在人为，赞同召公非命之说。

公曰："君奭！我闻在昔成汤既受命，时则有若伊尹[1]，格于皇天[2]。在太甲[3]，时则有若保衡[4]。在太戊[5]，时则有若伊陟、臣扈[6]，格于上帝；巫咸乂王家[7]。在祖乙[8]，时则有若巫贤[9]。在武丁，时则有若甘盘[10]。

[注释]

[1]时：当时。则：关联副词，就。若：其，那。王念孙说："若，犹'其'也。"见《经传释词》。伊尹：名挚，成汤的大臣，五朝元老。 [2]格：至，到达。引申指感通。《字汇》："格，感通也。"《说文解字注笺》："格，训为至，而感格之义生焉。"于：介词，介引动作行为的施动者，表被动。下文"格于上帝""闻于上帝"的"于"同。 [3]太甲：汤之孙。 [4]保衡：即伊尹。孔疏："保衡，伊尹一人也。异时而别号。" [5]太戊：太甲之孙。 [6]伊

陟、臣扈：都是太戊的贤臣。　[7]巫咸：人名，太戊的大臣。乂：治理。　[8]祖乙：太戊之孙。　[9]巫贤：祖乙的贤臣。　[10]甘盘：武丁的贤臣。《史记》作"甘般"。

"率惟兹有陈[1]，保乂有殷，故殷礼陟配天[2]，多历年所[3]。天惟纯佑命[4]，则商实百姓王人[5]，罔不秉德明恤[6]，小臣屏侯甸[7]，矧咸奔走[8]。惟兹惟德称[9]，用乂厥辟[10]，故一人有事于四方[11]，若卜筮罔不是孚[12]。"

实：《尚书易解》："'实'字，本当置于'罔'字之前，谓商百姓王人实罔不秉德明慎，为了强调，所以前置。"

[注释]

[1]率：句首语气助词。惟：以，凭借。陈：道。《尚书今古文注疏》："陈者，《汉书·哀帝纪》注：'李斐云："道也。"'"有陈，有道的贤臣。　[2]故：所以。殷礼陟配天：俞樾《尚书平议》："谓殷人之礼死则配天而称帝也。《竹书纪年》凡帝王之终皆曰陟，此经陟字，义与彼同。"　[3]所：语气助词，见《经传释词》。　[4]纯佑：金文多作"屯右"。纯，专一。佑，帮助。纯佑，这里作名词，辅国贤臣。命：告，教。　[5]则：连词，表承接关系。可译为"就""才"。下文"则有固命"之"则"与此同。百姓：这里指商的异姓官员。王人：这里指商的同姓官员。　[6]恤：谨慎。　[7]屏：并。魏《三体石经》古文作"并"。侯甸：指侯、甸诸侯国的官员。　[8]矧：关联副词，也。矧，《词诠》："副词，亦也。"咸：范围副词，都。下文"我咸成文王功于"之"咸"同。奔走：指效劳。　[9]兹：指上述群臣。称：举。　[10]用：目的连词，相当于"以"。下文"予惟用闵于天越民""往敬用治"之

"用"与此同。乂：用同"艾"，辅助。《尔雅·释诂》："艾，相也。"厥：其，他们的。辟：君王。　[11]一人：指国君。　[12]若：介词，就像、如同。孚：信。

公曰："君奭！天寿平格[1]，保乂有殷，有殷嗣[2]，天灭威[3]。今汝永念[4]，则有固命[5]，厥乱明我新造邦[6]。"

[注释]

[1]寿：使……寿。平格：指平康正直的官员。见《尚书易解》。　[2]有殷嗣：殷继承夏。　[3]天灭威：意谓上天不再降下惩罚。灭，绝，这里指停止。《尔雅·释诂》："灭，绝也。"　[4]永：程度副词，深长地。　[5]固命：定命。　[6]厥：句首语气助词。乱：治理。

第二段，周公引证史事，说明辅臣的重要作用。

公曰："君奭！在昔上帝割申劝宁王之德[1]，其集大命于厥躬[2]？惟文王尚克修和我有夏[3]；亦惟有若虢叔[4]，有若闳夭，有若散宜生，有若泰颠，有若南宫括。

[注释]

[1]割（hé）：通"害"，为什么。申：重，一再。劝：勉。　[2]其：关联副词，可译为"就""才"。集：下。见《淮南

子·说山》注。厥躬：其身，指文王的身上。　[3]惟：因为。《经传释词》："犹以也。"修：治理。和：和协。有夏：指中国。　[4]亦惟：因果复音连词。用于双重原因的因果复句，领起表示第二重原因的分句，可译为"也因为""也由于"。若：其，那。虢（guó）叔：与下文闳夭、散宜生、泰颠、南宫括，都是文王时的贤臣。

　　"又曰[1]：无能往来[2]，兹迪彝教[3]，文王蔑德降于国人[4]。亦惟纯佑秉德[5]，迪知天威，乃惟时昭文王迪见冒[6]，闻于上帝，惟时受有殷命哉。

[注释]

[1]又：通"有"。有曰，有人说。这里是引别人的话论证。　[2]往来：奔走效劳。　[3]兹：努力。《尚书正读》："读为孜，勉也。"彝：常。　[4]蔑：无、没有。　[5]惟：因为。纯佑：辅国贤臣。　[6]惟时：于是，因此。昭：通"诏"，帮助。迪见：即"诞"的分音，大的意思。《尚书易解》："迪见，盖即'诞'之合音（按："合音"当作"分音"）；迪与诞皆古定纽字，见与诞皆古寒部字。下文'昭武王惟冒'，与此'昭文王迪见冒'句例相同，故知'迪见'当为'诞'也。"冒：马融本作"勖"，勉力，努力。

　　"武王惟兹四人尚迪有禄[1]。后暨武王诞将天威[2]，咸刘厥敌[3]。惟兹四人昭武王惟冒[4]，丕单称德[5]。

[注释]

[1] 惟：范围副词，强调施事的唯一性。四人：郑玄说："武王时，虢叔等有死者，余四人也。"迪：通"犹"，还。尚迪，复音关联副词，还。《古书虚字集释》："犹，'尚'也；字又或作'迪'。"尚迪为同义复语。有禄：古代称死亡为无禄或不禄，称生为有禄。　[2] 暨：介词，与，和。下文"予往暨汝奭其济"之"暨"同。诞：程度副词，大，表示竭力做某事。将：奉行。　[3] 咸：都。刘：杀。　[4] 冒：通"勖"，勉，努力。　[5] 丕：程度副词，可译为"很""大大地"。单：殚，尽。朱骏声《说文通训定声》："假借为'殚'。"称：称赞。

"今在予小子旦，若游大川，予往暨汝奭其济[1]。小子同未在位[2]，诞无我责收[3]，罔勖不及[4]。

[注释]

[1] 其：或许。济：渡过。　[2] 小子：周公自称。同未：即"恫昧"，无知。　[3] 诞：句首语气助词。收：纠正。《尚书易解》："收，当读为纠，《周礼》'大司马以纠邦国'郑注：'纠，正也。'"　[4] 不及：力所不及的事。

"耇造德不降我则[1]，鸣鸟不闻[2]，矧曰其有能格[3]？"公曰："呜呼！君肆其监于兹[4]！我受命无疆惟休[5]，亦大惟艰。告君[6]，乃猷裕我^[7]，不以后人迷^[8]。"

［注释］

[1] 耇（gǒu）造德：老成德，指召公。耇，老。造，成。则：法。　[2] 鸣鸟：指凤凰。马融说："鸣鸟，谓凤皇也。"《国语·周语》："周之兴也，鷟鸑鸣于岐山。"韦昭注："三君云：鷟鸑，凤之别名也。《诗》云：'凤皇鸣矣，于彼高冈。'其在岐山之脊乎？"可知周人以鸣凤为国运兴盛之象。《白虎通·封禅》："凤皇者，禽之长也。上有明王，太平乃来，居广都之野。"　[3] 矧：连词，表递进关系，可译为"况""何况"。其：时间副词，表示将来时，可译为"将"。格：感通。　[4] 肆：时间副词，表示现在时间，现在。《尔雅·释诂》："肆，今也。"其：语气副词，表示祈使（劝告、希望或命令）语气。可译为"要""希望""应当""必须"。下文"其汝克敬以予监于殷丧大否""其汝克敬德"的"其"同。监：看。兹：这，代指下句。　[5] 休：吉庆，吉祥。《尔雅·释言》："休，庆也。"　[6] 告：请求。《尔雅·释言》："告，请也。"　[7] 猷裕：教导。《方言》："裕、猷，道也。"　[8] 以：使。见《战国策·秦策》高诱注。

第三段，周公说明自己和召公肩负着重大历史责任，勉励召公与自己同心同德，辅佐成王。

公曰："前人敷乃心^[1]，乃悉命汝^[2]，作汝民极^[3]。曰：'汝明勖偶王^[4]，在亶乘兹大命^[5]，惟文王德丕承^[6]，无疆之恤^[7]！'"

[注释]

[1] 前人：指武王。敷：宣布。乃：其，他的。　[2] 乃：关联副词，可译为“于是就”“于是才”。　[3] 极：标准，表率。　[4] 明：情态副词，努力地、勉力地。勖：勉。《尚书易解》：“明、勖，并勉也。”偶：通“耦”，辅佐。《广雅》：“耦，侑（yòu）也。”　[5] 亶（dǎn）：诚心地。乘：通“承”，受，接受。　[6] 惟：思。　[7] 恤：忧虑。

公曰：“君！告汝，朕允保奭[1]。其汝克敬以予监于殷丧大否[2]，肆念我天威[3]。予不允惟若兹诰[4]，予惟曰：‘襄我二人[5]，汝有合哉[6]？’言曰[7]：‘在时二人。’天休兹至[8]，惟时二人弗戡[9]。其汝克敬德，明我俊民[10]，在让后人于丕时[11]。

[注释]

[1] 允：信。保：太保，召公官名。又，于省吾认为“允”字乃“兄”字之讹：“《无逸》‘允若时’，魏《三体石经》作‘兄若时’，可证。其古文‘兄’作‘’，与‘允’相似。《白虎通·不臣》篇：‘召公，文王子也。’《论衡·气寿篇》以召公为周公之兄。……‘朕允保奭’即‘朕兄保奭’，言‘我之兄保奭’也。”存参。　[2] 敬：表敬副词，认真地、敬重地。下文“往敬用治”之“敬”同。以：与。大否（pǐ）：王先谦说：“《易》天地交为泰，天地不交而万物不通为否。殷之末世，天地闭塞，是大否也。”大否，等于说祸乱。　[3] 肆：时间副词，表示时间长久。《诗经·大雅·崧高》：

"其风肆好。"毛传："肆，长也。"威：罚。 [4]不允惟：不但。允：语气助词。惟，范围副词，置于动词谓语前，表示动作行为范围的唯一性。 [5]襄：《尔雅·释言》："除也。" [6]合：指意志相合。 [7]言曰：这里是周公代替召公作答。 [8]兹：程度副词，《白话尚书》："兹，通'滋'，益，更加。" [9]戡：通"堪"。《尔雅·释诂》："堪，胜也。" [10]明：动词，指提拔。 [11]在：《尔雅·释诂》："终也。"此处为语气副词，可译为"终归""终会"。让：通"襄"，完成。《尚书释义》："让，读为'襄'，成也。《核诂》说。丕，语词。时，善也。言在襄成后人使至于善也。"

"呜呼！笃棐时二人[1]，我式克至于今日休[2]？我咸成文王功于[3]！不怠丕冒，海隅出日[4]，罔不率俾[5]。"公曰："君！予不惠若兹多诰[6]，予惟用闵于天越民[7]。"

[注释]

[1]笃：情态副词，信。棐：否定副词，不是。时二人：这二人，周公称自己与召公。 [2]式：尚。 [3]我：我辈，我们。咸：共同。于：乎。《吕氏春秋·审应》："然则先生圣于。"高诱注："于，乎也。"《尚书易解》："我咸成文王功于，绝句。不怠丕冒，绝句。" [4]海隅出日：即"海边日出"，这里指荒远偏僻的地方。 [5]俾：顺从。 [6]惠：通"惟"，想。《酒诰》："予不惟若兹多诰。"《汉石经》"惟"作"惠"。 [7]用：以，目的连词。下文"祗若兹，往敬用治"同。闵：忧虑。越：与，和。

公曰："呜呼！君！惟乃知民德亦罔不能厥初^[1]，惟其终^[2]。祗若兹^[3]，往敬用治^[4]！"

[注释]

[1]德：行为。能：善。初：事情的开始。　[2]其：语气副词，表示肯定语气，可译为"应当""必定"之类。终：指善终。[3]若：善。见《尔雅·释诂》。兹：此，指文王功业。　[4]往：勤劳。《广雅·释诂》："往，劳也。"用：以。往敬用治即"劳敬以治"之意。"劳敬"表示"治"的状态。

第四段，勉励召公选贤举能，共同努力完成文王开创的功业。

[点评]

《君奭》记载周公对召公的答辞，但皆为周公一人之言，没有召公的对话。开篇召公的话作为周公的引语，为全文立论。有学者认为《君奭》或为周公写给召公的信。

《史记·燕召公世家》认为《君奭》作于周公摄政时，而《书序》则以为作于周公还政成王以后。清代王先谦《尚书孔传参正》从《史记》说，对此多有论证。体会文情，《史记》的说法比较可信。

《君奭》对于研究我国上古思想史有重要参考价值。

周公东征，平定了东方各国叛乱；营洛治洛，周王朝国势渐趋强大。据本书前面各篇分析，周人的"天命"观较殷商有所发展，周人谈论"天命"，更强调"德"的作用，注重"德"与"天命"互为因果。然而随着商周文化的深度融合，从前那种绝对的"天命"观念重新泛滥，周的王室子孙也受到影响。召公认为这种思想严重妨碍周王朝发展，甚至会危及国家命运。因此他明确提出："天不可信。"周公作为一个伟大的政治家，他也清楚地认识到"厥基永孚于休"（王业开始的时候会长期保持休美）是不可相信的。他赞同召公的意见，也主张事在人为。

二公都主张信天命不如尽人事，是人类认识史上的伟大进步，在天命思想泛滥的远古时代，实在难能可贵。我们今天提倡的"人定胜天"思想是"天不可信""惟人"思想的合理延伸。我们应该重视《君奭》在中国古代思想史上重要的学术价值和文献价值。

《君奭》对于研究我国上古政治史、文化史也有重要参考价值。

《君奭》的主要内容是论证辅臣的重要作用。周公认为殷商的圣王之所以成为圣王是因为得到贤臣辅佐。成汤太甲得到贤臣伊尹，太戊得到贤臣伊陟、臣扈和巫咸，祖乙得到贤臣巫贤，武丁得到贤臣甘盘。臣贤国兴，由于贤臣的教导，殷商同姓和异姓的官员们人人保持美德，勤劳国事。君王的下臣和诸侯的官员们也能奔走效劳王室，"故殷礼陟配天，多历年所"。周文王、周武王也有贤臣虢叔、闳夭、散宜生、泰颠和南宫适，这些贤臣能够"纯佑秉德，迪知天威"，辅助文王武王"咸刘厥敌"，"惟时受有殷命"。周公勉励召公和自己一起辅佐成王，"若游大川，予往暨汝奭其济"，同舟共济，方能横渡河川；同心同德，方能完成伟业。周公情真意切地表达了对召公的倚重，"耇造德不降我则，鸣鸟不闻，矧曰其有能格？"（您这年高德劭的人不指示治国的法则，连凤凰的鸣声都听不到，何况说将能感通上天呢？）

值得注意的是，伊尹、保衡、伊陟、臣扈、甘盘这些殷贤臣能够"格于皇天""格于上帝"，说明他们作为辅政大臣的同时，也担任神职工作。陈梦家《殷虚卜辞综述》指出："殷代的社会，王与巫史既操政治的大权，又兼为占卜的主持者。"比如巫咸，《说文解字·巫部》："古者巫咸初作巫。"司马贞《史记索隐》："巫咸是殷臣，以巫接神事，太戊使禳桑谷之灾，所以伊陟赞巫咸。"甲骨文中巫咸作"咸戊"或"咸"，具有"宾于帝"（接引上帝）的职能。《尧典》篇称尧能"格于上下"，意义与此处相仿，可为互证。除此之外，《仲虺之诰》篇中的仲虺，也可能是一位大巫。经过考证，晁福林在《商代的巫与巫术》一书中认为商代巫师所戴驱鬼的面具称为"终葵"，商代以驱鬼而著称的氏族则以"终葵"为名。仲虺应当就是终葵氏的酋长。"终葵"本指驱鬼面具，而其古音与"钟馗"相同，所以两者之间可能存在联系。由此看来，《君奭》"故一人有事于四方，若卜筮罔不是孚"，并不仅仅是寻常的比喻，而是透露出殷商政教与巫卜的真实关联。

周公和召公齐心协力，辅佐成王，巩固了西周王朝的统治。倚重老臣，兴国用贤，一直是历代明君圣主的治国要略。人才是实现中华民族伟大复兴的根本。我们今天强调尊重人才，重视人才，是对历史经验的正确总结。

《君奭》还是研究西周史的重要资料。

西周初年，统治阶级内部存在着尖锐复杂的矛盾。矛盾的焦点集于周公一人，既有与管叔、蔡叔、霍叔的矛盾，又有与成王的矛盾，还有与召公的矛盾。《史记·燕召公世家》和《书序》都说召公不悦周公。历代注家纷纷猜测，但都缺乏确凿的文献证据。1993年，湖北荆门郭店一号楚墓中发现了一批战国楚竹简，其中有篇名为《成之闻之》所引《君奭》与传世本差异较大，反映了周公、召公之间的不和。简文称："《君奭》曰'壤（襄）我二人，毋又（有）仑（合）才（在）音'，害（何）? 道不说（悦）之司（辞）也。"李学勤先生认为"襄"可读为"曩"，"毋"通作"无"，并指出传世本"汝"的古文作"女"，与"毋"形近（言下之意谓"毋"讹为"女"，后又作"汝"）；裘锡圭先生认为"才"读为"在"，"音"或是"言"的误字，并认为简本与传世本相差较大。"曩我二人，无有合在言"，李学勤先生认为是说周公、召公意见不一致。《书序》云："召公为保，周公为师，相成王，为左右。召公不悦，周公作《君奭》。"简文所引《君奭》文意与《书序》相符。

周公辅佐成王，忠于王室，殚精竭虑，任劳任怨，成为儒家讴歌的千年偶像，然而就其生命个体而言是孤独和艰难的。宋仁宗嘉祐二年（1057）苏轼进士及第，作《上梅直讲书》致翰林院直讲梅尧臣，表示自己对主考官欧阳修、参评官梅尧臣的感激之情，抒发了"士遇知己之乐"，也发出即使像周公这样的圣贤也会有困厄不遇的感叹："轼每读《诗》至《鸱鸮》，读《书》至《君奭》，常窃悲周公之不遇。""乃今知周公之富贵，有不如夫子之贫贱。夫以召公之贤，以管、蔡之亲，而不知其心，则周公谁与乐其富贵？"

在错综复杂的政治斗争中争取重要的政治盟友，是历代政治家经常运用的政治智慧。周公劝勉召公的语用技巧，也成为历代谏劝辩说文体的典则。

《墨子·非命中》说："于召公之非执命亦然，惟予二人而无造言，不自天降，自我得之。"《君奭》记载周公引召公的话说："在我后嗣子孙，大弗克恭上下，遏佚前人光在家，不知天命不易，天难谌，乃其坠命，弗克经历。"业师周秉钧先生认为联系上述两则引文来分析，可以推知召公所不悦的是周王子孙安于天命不求进展的执命思想，而不是不悦周公。

《君奭》是不可多得的西周史料，还有很大的研究空间。

蔡仲之命

惟周公位冢宰[1]，正百工[2]，群叔流言。乃致辟管叔于商[3]；囚蔡叔于郭邻[4]，以车七乘；降霍叔于庶人[5]，三年不齿[6]。蔡仲克庸祗德[7]，周公以为卿士。叔卒，乃命诸王邦之蔡[8]。

不齿：不录用。
三年不齿，孔传：
"三年之后乃齿录。"

[注释]

[1]位：位于，担任。冢宰：周代官名，也叫作大宰，是百官的首长。《周书·周官》："冢宰掌邦治，统百官，均四海。"孔疏说周公在周武王驾崩后，担任冢宰。 [2]正：统帅，掌管。见《诗经·曹风·鸤鸠》"正是四国""正是国人"毛传郑笺。工：官。 [3]乃：于是。致辟：杀，诛戮。蔡传："致辟云者，诛戮之也。" [4]郭邻：地名。其地不详。孔传认为是"中国之外地名"。 [5]庶人：平民百姓。降霍叔于庶人，孔疏："若今除名为民。" [6]齿：收录，录用。 [7]蔡仲：名胡，蔡叔的儿子。克：

能够。祗：敬。 [8]诸："之于"的合音词。邦：封。邦封古通用。

第一段，史官交代册命蔡仲为蔡国国君的背景。

王若曰："小子胡[1]，惟尔率德改行[2]，克慎厥猷[3]，肆予命尔侯于东土[4]。往即乃封，敬哉！

[注释]

[1]小子：年轻人。胡：蔡仲的名。 [2]惟尔率德改行：意谓蔡仲能够遵循祖先的美德，改正父亲的行为。率，遵循。 [3]猷：道理。《诗经·小雅·巧言》："秩秩大猷。"郑笺："猷，道也。" [4]侯：用如动词，做诸侯。东土：蔡国在周都镐京的东方，所以叫作东土。

"尔尚盖前人之愆[1]，惟忠惟孝；尔乃迈迹自身[2]，克勤无怠，以垂宪乃后[3]；率乃祖文王之彝训[4]，无若尔考之违王命。皇天无亲，惟德是辅[5]；民心无常[6]，惟惠之怀[7]。为善不同[8]，同归于治；为恶不同，同归于乱。尔其戒哉[9]！

[注释]

[1]盖：掩盖。吕祖谦说："子之新善著，则父之旧愆庶乎其掩矣。"前人：指蔡叔。愆：罪过。 [2]迈迹：迈步前进。自：从。身：自己。 [3]垂：流传。宪：法。乃后：你的子孙后代。 [4]彝训：指文王对后辈经常训导的话。《周书·酒诰》："聪听祖考之彝

训。"孔传："言子孙皆聪听祖父之常教。"彝，常。　[5]惟德是辅：就是惟辅德。是，结构助词。　[6]常：指常主。孔传："民心于上，无有常主，惟爱己者则归之。"　[7]惠：惠爱。之：结构助词。怀：归向。惟惠之怀，句式同"惟德是辅"。　[8]善：善事。　[9]其：要。副词，表示祈使语气。戒：戒惧。

第二段，周成王表彰蔡仲勤劳王事，勉励其就封后施行德政。

"慎厥初，惟厥终[1]，终以不困；不惟厥终，终以困穷[2]。懋乃攸绩[3]，睦乃四邻，以蕃王室，以和兄弟，康济小民[4]。率自中[5]，无作聪明乱旧章[6]。详乃视听[7]，罔以侧言改厥度[8]。则予一人汝嘉[9]。"

[注释]

[1]惟：思念。　[2]困穷：指境遇艰难窘迫。　[3]懋（mào）：勉。攸：所。　[4]康济小民：使小民安居乐业。孔传："汝为政当安小民之居，成小民之业。"　[5]率：依循，遵循。自：用。中：中道，不偏不倚的正道。　[6]无：通"毋"，不要。旧章：先王的成法。　[7]详：审察。视听：见闻。泛指对事物的感受、印象和看法。　[8]以：因为。侧言：邪巧之言。度：法度。　[9]予一人：成王自指。汝嘉：就是嘉汝。嘉，嘉惠。

王曰："呜呼！小子胡，汝往哉！无荒弃朕命[1]！"

［注释］

[1] 荒弃：荒怠废弃。这里是忘记的意思。

第三段，周成王告诫蔡仲必须慎始谋终，恪守中道。

［点评］

　　周公东征，囚蔡叔于郭邻，至死不赦。蔡叔卒，周成王命蔡叔的儿子蔡仲为蔡国之君，而用策书告诫他。史官记叙这件事，写成《蔡仲之命》。

　　《蔡仲之命》是阐释儒家伦理理性的滥觞。蔡叔是周公胞弟，周公东征，平定"三监之乱"后，义无反顾地"囚蔡叔于郭邻，以车七乘"，不与宽赦；而蔡叔的儿子"蔡仲克庸祗德"，蔡叔卒，周公又建议成王册封蔡仲为蔡国之君。周成王劝导蔡仲："尔尚盖前人之愆，惟忠惟孝。"希望蔡仲思忠思孝，勤劳王事，弥补其父蔡叔的罪过。理学家朱熹曾用"盖前人之愆"解释禹在父鲧被诛后继任治水。《朱子语类》："问：'鲧既被诛，禹又出而委质，不知如何？'曰：'盖前人之愆。'"提问者对禹在父亲鲧被诛后继续任职表示质疑（言下之意即认为此举不合父子之义。《朱子语类》又载："问：'鲧则殛死，禹乃嗣兴。'禹为鲧之子，当舜用禹时，何不逃走以全父子之义？"可证）。而朱熹则解释说禹这样做正是为了掩盖、弥补前人的过错。上述记载皆触及"大义灭亲"与"亲亲相隐"两个伦理命题，这两个命题皆为儒家所立，看似抵牾，实则互为补充。

　　表面看来，周公大义灭亲是摒弃个体私情，而"盖前人之愆"则是袒护个体私情。其实则不然。"亲亲相隐"与"大义灭亲"的适用范围有所不同。"亲亲相隐"强调的是私人领域内的充分自治，而"大义灭亲"则是强调公共领域内的依法而治。吕祖谦说："象欲杀舜，舜在侧微，其害止于一身。故舜得遂其友爱之心。周公之位则系于天下国家，虽欲遂友爱于三叔，不可得也。"正是将公共领域与私人领域予以区别。一旦二者之间产生矛盾冲突，则应当视具体情况做出取舍。如果亲人的过失对公共领域不构成较大威胁，则应予以教育；但如果本人是国家上层统治者，并且亲戚的过失对公共领域构成较大威胁，则必须以公义为重，大义灭亲。

《蔡仲之命》还指出："慎厥初，惟厥终，终以不困；不惟厥终，终以困穷。"《左传》襄公二十五年："君子之行，思其终也，思其复也。《书》曰：'慎始而敬终，终以不困。'""慎厥初，惟厥终"就是不仅要谨慎对待事物的开初，还要考虑它的终局。正因为事物的开端决定事物发展走向，所以凡事开头必须尤其谨慎，不容丝毫马虎。《礼记·经解》引《易》曰："君子慎始，差若豪氂，缪以千里。"而方向确定以后，坚持就尤为重要。《诗经·大雅·荡》告诫人们："靡不有初，鲜克有终。"当然，"惟厥终"不仅仅强调要有坚持不懈的精神，更是指考虑问题要有长远的眼光。《管子·版法》："举所美必观其所终，废所恶必计其所穷。"《论语·卫灵公》说："人无远虑，必有近忧。"《礼记·中庸》："凡事预则立，不预则废。"做任何事必须提前予以谋划，对各种可能性予以充分估计，只有这样才能够成竹在胸，立于不败之地。"慎

厥初，惟厥终”是古人留给我们的思想智慧，具有重要
的认识论和方法论价值。

　　本篇今文无，古文有。

多　方

惟五月丁亥[1]，王来自奄[2]，至于宗周。

[注释]

[1]五月：成王执政第二年五月。孔传："周公归政之明年，淮夷、奄又叛。鲁征淮夷，作《费誓》。王亲征奄，灭其国，五月还至镐京。"[2]自：介词，从。

周公曰："王若曰[1]：猷！告尔四国多方惟尔殷侯尹民[2]。我惟大降尔命[3]，尔罔不知。洪惟图天之命[4]，弗永寅念于祀[5]，惟帝降格于夏[6]。有夏诞厥逸[7]，不肯慼言于民[8]，乃大淫昏[9]，不克终日劝于帝之迪[10]，乃尔攸闻[11]。厥图帝之命[12]，不克开于民之丽[13]，乃大降罚[14]，崇乱有夏^[15]。因甲于内乱^[16]，不克灵承于旅^[17]。罔丕惟进之恭^[18]，洪舒于民^[19]。亦惟有夏之民叨懫日钦^[20]，劓割夏邑^[21]。天惟时求民主^[22]，乃大降显休命于成汤，刑殄有夏。

内乱：女治，指夏桀宠信妹喜。

舒：王应麟《困学纪闻》："古文作荼。"荼，苦。这里指毒害。

[注释]

[1] 王若曰：这里是周公代成王言。若，这样。　[2] 告：告导。四国：指管、蔡、商、奄四国。惟：并列连词，与，和。殷侯：众位诸侯。殷，众。《诗经·王风·溱洧》传："殷，众也。"尹民：指治民的官员。尹，治。　[3] 降：下达。命：教令。　[4] 洪惟：句首语气助词。图：《经传释词》："大也。"《尚书易解》："大天之命，谓其偏重天命；不永寅念于祀，谓其忽视民生。《尚书大传》曰：'桀云：天之有日，犹吾之有民，日有亡乎？日亡，吾亦亡矣。'此夏桀大天命之事实。"　[5] 永：时间副词，长，长久，长远。下文"尚永力畋尔田"之"永"同。寅：敬。　[6] 格：通"诏"。《玉篇》："诏，教令严也。"　[7] 诞：程度副词，肆意地、放肆地。　[8] 慼：忧。　[9] 乃：关联副词，表因果转折，可译为"但""却"。下文"乃胥惟虐于民""尔乃迪屡不静""尔乃不大宅天命"的"乃"同。淫昏：淫逸昏乱。　[10] 劝：勉，努力。迪：教导。　[11] 攸：所。　[12] 图帝之命：就是以上帝之命为大。图，大，意动用法。　[13] 开：明。民之丽：民之附丽，指民众归附君王的道理。丽，附。　[14] 乃：关联副词，可译为"于是就""于是才"。下文"乃大降显休命于成汤"的"乃"同。大降罚：大事杀戮。　[15] 崇：程度副词，大，充。熹平石经"崇"作"兴"。《诗经·小雅·天保》郑玄笺曰："兴，盛也。"　[16] 因：《词诠》："因，介词，表原因，与'以'同义。"甲：《尔雅·释言》："狎也。"狎，

习。乱：治。　[17]灵：善。旅：众。　[18]丕：通“不”，否定副词。《说文解字注》：“‘丕’与‘不’音同，故古多用‘不’为‘丕’。”迸：通“賮”。《仓颉篇》：“賮，财货也。”恭：通“供”。《广雅·释诂》：“供，进也。”　[19]洪：程度副词，大。　[20]亦惟：因果复音连词，也由于。叨：贪婪。懫（zhì）：忿戾。钦：通“廞”。《尔雅·释诂》：“廞，兴也。”　[21]劓割：这里指残害。劓，古代五刑之一，割鼻子的刑罚。　[22]惟时：于是。

　　“惟天不畀纯[1]，乃惟以尔多方之义民不克永于多享[2]；惟夏之恭多士大不克明保享于民[3]，乃胥惟虐于民[4]，至于百为，大不克开[5]。

[注释]

[1]畀：与。纯：通“醇”。孙星衍说：“纯、醇通，好也。言天不与以美报也。”周秉钧先生《九章臆解》认可孙星衍说，指出《楚辞·九章·哀郢》“皇天之不纯命”即“皇天之不命纯”，与此处“惟天不畀纯”意义相近。　[2]以：介词，因为。下文“乃惟成汤克以尔多方简”的“以”同。义民：这里指邦君。享：劝。　[3]恭：通“供”。这里是供职的意思。　[4]胥：范围副词，都。《尔雅·释诂》曰：“胥，皆也。”《词诠》：“胥，副词，皆也。”惟：为。　[5]开：开展。《说文》：“开，张也。”

　　“乃惟成汤克以尔多方简[1]，代夏作民主。慎厥丽[2]，乃劝[3]；厥民刑，用劝；以至于帝乙[4]，罔不明德慎罚，亦克用劝；要囚殄戮多罪[5]，亦克用劝；开释无辜，亦克用劝。

[注释]

[1]多方：指各国之邦君。简：选择。 [2]慎：情态副词，敬慎地，小心地。丽：施行。 [3]劝：勉励。 [4]以：连词，表因果关系，连接分句。至于：表动作行为所及的对象。上文"乃胥惟虐于民，至于百为"、下文"今至于尔辟"的"至于"同。 [5]要：通"幽"，监禁。

"今至于尔辟[1]，弗克以尔多方享天之命[2]，呜呼！"

[注释]

[1]今：时间副词，现在。尔辟：指纣王。辟，君。 [2]以：介词，与。

第一段，分析夏亡汤兴的原因，说明顺天保民的重要性。

王若曰："诰告尔多方，非天庸释有夏[1]，非天庸释有殷。乃惟尔辟以尔多方大淫[2]，图天之命屑有辞[3]。乃惟有夏图厥政，不集于享[4]，天降时丧，有邦间之[5]。乃惟尔商后王逸厥逸，图厥政不蠲烝[6]，天惟降时丧。

[注释]

[1]庸释：舍弃。　[2]尔辟：兼指夏、殷君王。以：并列连词，和。尔多方：兼指夏、殷的各国诸侯。　[3]屑：通"泆"，安逸。有：通"又"。辞：通"怠"，懈怠。　[4]集：止。　[5]间：代替。　[6]蠲：显示。《左传》襄公十四年："惠公蠲其大德。"杜预注："蠲，明也。"烝：美。

　　"惟圣罔念作狂[1]，惟狂克念作圣。天惟五年须暇之子孙[2]，诞作民主[3]，罔可念听。天惟求尔多方，大动以威[4]，开厥顾天[5]。惟尔多方罔堪顾之[6]。惟我周王灵承于旅[7]，克堪用德，惟典神天[8]。天惟式教我用休[9]，简畀殷命[10]，尹尔多方[11]。

[注释]

[1]惟：连词，与下"惟"字构成"惟……，惟……"式，表并列关系中的对等关系。圣：指明哲之人。念：思考。作：为。狂：与"圣"相对，指狂妄无知的人。　[2]五年：《尚书今古文注疏》："此云'五年'，当从文王七年数至武王十一年伐纣也。"《史记·周本纪》说文王"受命之年称王……后七年而崩。"《尚书大传》记载与《史记》同。孔传说"武王服丧三年，还师二年"，则孙星衍意谓：文王受命七年而崩，至九年武王服丧三年期满，还师二年则至十一年，"七年""十一年"都是从文王受命那年开始计算。须：等待。暇：宽暇。子孙：成汤的子孙，指纣王。　[3]诞：延续，延长。　[4]大动以威：郑玄注："言天下灾异之威，动天下之

心。"　[5]开：启发。厥：其，指上文多方。　[6]堪：能。　[7]惟：范围副词，置于施事主语前，强调施事的唯一性。灵：善。承：顺从。　[8]典：善于。　[9]式：用。用：介词，引进动作行为凭借的工具。　[10]简：明。畀：给予。　[11]尹：治理。

"今我曷敢多诰[1]。我惟大降尔四国民命[2]。尔曷不忱裕之于尔多方[3]？尔曷不夹介乂我周王享天之命[4]？今尔尚宅尔宅[5]，畋尔田[6]，尔曷不惠王熙天之命[7]？

[注释]

[1]曷敢：何敢。多：程度副词，多多地。下文"我不惟多诰"的"多"同。　[2]降尔四国民命：就是降命于尔四国民。　[3]忱裕：告导，劝导。　[4]夹介：程度副词，大。《尚书易解》："夹介，疑为'奔'字之合音（按："合音"当作"分音"），《说文》：'奔'，大也。读若盖。"乂：通"艾"。《尔雅·释诂》："艾，相也。"又，夹、介、乂均有"辅助"义。《一切经音义》卷十三引《仓颉篇》"夹，辅也。"《尔雅·释诂》："介，右也。"邢昺疏引孙炎曰："介者，辅助之义。"此处"夹""介""乂"可能是同义连文，表示"辅助"。如《微子》"今殷民乃攘窃神祇之牺牷牲用以容"，牺、牷、牲，均指祭祀用的牲口；《洪范》"人用侧颇僻，民用僭忒"，"侧""颇""僻"均有"邪僻"义。存参。　[5]尚：关联副词，还。宅尔宅：前一宅为动词，居住；后一宅作名词，住宅。　[6]畋（tián）：整治田地。《说文》："畋，平田也。"　[7]惠：顺从。熙：广。

　　"尔乃迪屡不静[1]，尔心未爱[2]。尔乃不大宅天命[3]，尔乃屑播天命[4]，尔乃自作不典[5]，图忱于正[6]。我惟时其教告之[7]，我惟时其战要囚之[8]，至于再[9]，至于三。乃有不用我降尔命[10]，我乃其大罚殛之[11]！非我有周秉德不康宁，乃惟尔自速辜[12]！"

　　[注释]

　　[1]乃：竟然。迪：教导。屡：屡次，多次。《词诠》："屡，表数副词。《广韵》云：数也。"　[2]未：《词诠》："否定副词，不也。"爱：顺从。见《尚书今古文注疏》。　[3]宅：度。　[4]屑：《尚书易解》："通'悉'。皆也。《说文》：'偰，读若屑'，可证。"播：放弃，抛弃。　[5]典：法。　[6]图：图谋。忱：通"煁"，《说文》："下击上也。"章太炎说。正：长。　[7]惟时：于是。惟，介词，介引动作行为所凭借的原因。《词诠》："介词，与'以'用法同。"其：关联副词，表因果承接关系，可译为"就""才"。　[8]战要（yāo）囚之：《尚书易解》："谓讨其叛乱而幽囚之。"要囚，幽囚。　[9]至于再：以下两句孔传："再，谓三监、淮夷叛时；三，谓成王即政又叛。"　[10]乃：连词，表假设关系。《经传释词》："乃，犹若也。"《词诠》："乃，假设连词，若也。"下文"尔乃自时洛邑""尔乃惟逸惟颇"之"乃"同。　[11]乃：关联副词，表示假设关系。与上句"乃"构成"乃……，乃……"式双联格式，连接表示假设关系的复句。殛：诛。　[12]乃惟：连词，表并列关系。"非……，乃惟……"，可译为"不是……，而是……"。速：召。辜：罪。

　　第二段，分析殷亡周兴的原因，谴责不安天命，多次叛乱的诸侯国君臣。

　　王曰："呜呼！猷告尔有方多士暨殷多士^[1]。今尔奔走臣我监五祀^[2]，越惟有胥伯小大多正^[3]，尔罔不克臬^[4]。

[注释]

[1]有：《经传释词》："语助也。"暨：《词诠》："暨，等立连词，与也，及也。"　[2]监：侯国。五祀：五年。从周公摄政三年灭奄起至成王元年，正好五年。　[3]胥：徭役。伯：赋税。《尚书正读》："'伯'当为'赋'，声之误也。"正：通"政"，指政事。　[4]臬：法度。

　　"自作不和，尔惟和哉！尔室不睦^[1]，尔惟和哉！尔邑克明^[2]，尔惟克勤乃事。尔尚不忌于凶德^[3]，亦则以穆穆在乃位^[4]，克阅于乃邑谋介^[5]。

[注释]

[1]室：家庭。　[2]明：指政治清明。　[3]忌：通"基（jī）"。《小尔雅》："基，教也。"于：介词，介引动作行为的施动者。　[4]亦：关联副词。表示事理性状的相因关系。下文"尔亦则惟不克享"之"亦"同。则：关联副词，表示顺承的语义关联。穆穆：恭敬。　[5]阅：容。见《礼记·表记》注。介：善。

"尔乃自时洛邑[1]，尚永力畋尔田[2]，天惟畀矜尔[3]，我有周惟其大介赉尔[4]，迪简在王庭[5]。尚尔事[6]，有服在大僚[7]。"

[注释]

[1]乃：如果。时：这。　[2]尚：语气副词，表示祈使语气。《词诠》："尚，命令副词。"可译为"要""希望"。　[3]畀：赐。矜：怜悯。　[4]其：语气副词，表示肯定语气，可译为"会""应当""必定"。大：程度副词，可译为"大大地""非常""很"。介：情态副词，《白话尚书》："介，善。"赉：赐。　[5]迪：进。简：选择。在：介词，介引动作行为的施动者。　[6]尚：意谓努力。见《公羊传》襄公二十九年注。　[7]服：事。僚：官。

王曰："呜呼！多士，尔不克劝忱我命[1]，尔亦则惟不克享[2]，凡民惟曰不享。尔乃惟逸惟颇[3]，大远王命，则惟尔多方探天之威[4]，我则致天之罚，离逖尔土[5]。"

[注释]

[1]劝：努力。忱：相信。　[2]享：享位。　[3]逸：放荡。颇：邪恶。　[4]则：连词，表承接关系。可译为"就""才"。探：试。《尔雅·释言》："试也。"威：罚。　[5]逖：远。

王曰："我不惟多诰[1]，我惟祗告尔命[2]。"

〔注释〕

[1] 不惟多诰：就是不想多说。惟，想。　[2] 祗：敬。命：指天命。

又曰："时惟尔初^[1]，不克敬于和^[2]，则无我怨^[3]。"

〔注释〕

[1] 时：情态副词，善。惟：谋划。　[2] 于：并列连词，与，和。《经传释词》："于，犹'越'也；与也；连及之词。"　[3] 则：连词，表因果关系，连接表示结果的分句。无：不要。《经传释词》："无，毋，勿也，常语。"

第三段，勉励诸侯国君臣遵从天命，服从周王朝教命。

〔点评〕

周公归政成王后的第二年，淮夷和奄国又发动叛乱。周成王亲自率师出征。召公为保，周公为师，讨伐淮夷，灭了奄国。五月，周成王自奄返回镐京，各国诸侯都来朝见，周公代替成王训话。《多方》就是周公代表成王告诫众诸侯国君臣的诰辞。蔡沈《书集传》认为："《多方》所诰，不止殷人，乃及四方之士，是纷纷焉不心服者，非独殷人也。"因此篇名叫《多方》。

《多方》诰命的对象主要是因为不服从周王朝统治的诸侯国君臣，周公严厉谴责他们不安天命，多次作乱。周公首先分析夏桀的灭亡是不敬天命和残害民众。"有夏诞厥逸，不肯感言于民，乃大淫昏，不克终日劝于帝之迪"，指出商汤由于能够"明德慎罚"，一方面从灾难中把民众解救出来，另一方面又敢于对犯罪的人实行惩罚，才能取代夏。"慎厥丽，乃劝；厥民刑，用劝；以至于帝乙，罔不明德慎罚，亦克用劝；要囚殄戮多罪，亦克用劝；开释无辜，亦克用劝"。申明夏、商的灭亡是天命，因为夏、商的末代君王行为放肆，纵情享受，致使政治十分黑暗，上天不得不把大祸降临在他们身上。周王朝的建立也是天命，周秉承上天的意旨，广布德教。强调天命不可违，周王朝的统治也是不可抗拒的。周公强烈谴责多方不安天命，自作不法。"尔乃迪屡不静，尔心未爱。尔乃不大宅天命，尔乃屑播天命，尔乃自作不典，图忱于正"。告诫多方只有服从周王朝的统治才是惟一出路。最后周公要求殷民要和睦相处，永远服从周的统治。

　　《多方》突出显示了周人天命观念在克商后的实用价值。《康诰》分析已经指出，周人天命观念在未克殷以前就已形成，当时是为了统摄西方诸部族的信仰，加固西方诸国的内在精神联系；而克殷后，天命观念可以用来摧毁殷人的反抗意识。颇有意味的是，《周书》中，大凡竭力宣扬"天命"的话，多是周公对殷人说的；所有怀疑"天命"的话，都是周公、召公悄悄给自己人讲的内心话。这确实反映出周人是将"天命"作为统治殷商遗民的工具。但同时也可以发现，周公告诫殷人时，其言辞中也往往隐含着"天命"和"敬德"之间的紧密联系，凡是周公所列举的能用天命的王公大臣，无不敬德保民、兢兢业业；而所谓"天不可信"，其实也就是《蔡仲之命》

中所说的"皇天无亲，惟德是辅"（此句《左传》有引，可知古本《尚书》已经有这一句话，不是后人作伪），意在强调"敬德"是"天命"的前提。《诗经·大雅·文王》一面说"假哉天命，有商孙子"，肯定天命的存在；一面又说"天命靡常"，指出天不专佑一家。综合看来，周人也讲天命，但已是用旧瓶装新酒，实际上是悄无声息地将天命引向了人间。"敬德"是周人特有的思想。殷墟甲骨文里没有"德"字，大盂鼎等周代铜器铭文里出现"德"字，《尚书》的《周书》各篇里充满"德"字。"敬德"就是要求统治者加强自身修养，缓和与被统治阶级的矛盾，是周人的核心思想；而之所以保留"天命"这一酒瓶，则一定程度上是为了统治的方便。

《多方》是研究中国古代政治史和思想史的重要文献，也是研究西周民族史的重要文献。西周初年，新生王朝危机重重。中央政权内部，有成王对周公的猜忌，有周公与群弟的不和；中央政权与地方邦国之间则不仅有"三监"与武庚的反叛，也有淮夷和奄国的两度叛乱。"三监"、武庚之乱与淮夷、奄国之乱，反映出当时东西方民族的尖锐矛盾。面对邦国叛乱，面对东西方民族矛盾，西周政权既进行武力镇压，展示出铁腕作风；又在武力镇压之后致力于推行文教，显示出保民之心。王朝决策者们如何向邦国申述德教，缓和东西方民族矛盾，《多方》提供了难得的研究史料。

立　政

有学者认为，开篇这三句都是史官记录周公讲话时特意附加的说明文字，"拜手稽首"说明周公讲话前的动作，"告嗣天子王矣"说明周公讲话的内容，"用咸戒于王"说明周公讲话的性质。存参。

周公若曰："拜手稽首，告嗣天子王矣。"用咸戒于王曰[1]："王左右常伯[2]、常任[3]、准人[4]、缀衣[5]、虎贲[6]。"

[注释]

[1]用：因果连词，因而。咸：通"箴"，劝告。　[2]左右：教导。《尔雅·释诂》："左右，导也。"常伯：治民官，就是下文的牧和牧人。　[3]常任：治事官，就是下文的事和任人。　[4]准人：执法官，就是下文的准。　[5]缀衣：掌管国王衣服的官。　[6]虎贲（bēn）：守卫王宫的武官。

周公曰："呜呼！休兹知恤[1]，鲜哉[2]！古之人迪惟有夏[3]，乃有室大竞[4]，吁俊尊上帝迪[5]，知忱恂于九德之行[6]。乃敢告教厥后曰[7]：'拜手稽首后矣！'曰：'宅乃事^[8]，宅乃牧^[9]，宅乃准^[10]，兹惟后矣^[11]。谋面^[12]，用丕训德^[13]，则乃宅人^[14]，兹乃三宅无义民^[15]。'

[注释]

[1]休：美。兹：就，才。㤲：通"溢"。《尔雅·释诂》："溢，慎也。" [2]鲜：少。 [3]迪：语气助词。 [4]乃：他们的。有室：指卿大夫。竞：强。 [5]吁：呼。俊：通"骏"。《尔雅·释诂》："骏，长也。"时间副词，长久地，久远地。迪：教导。此句谓（有夏）吁（有室）俊尊上帝迪。 [6]忱：诚。恂：信。九德：九种德行。即《皋陶谟》"宽而栗，柔而立，愿而恭，乱而敬，扰而毅，直而温，简而廉，刚而塞，强而义"。 [7]敢：表敬副词。后：这里指诸侯。《舜典》："群后四朝。" [8]宅：度量，考察。事：就是常任。 [9]牧：就是常伯。 [10]准：就是准人。 [11]兹：如此。 [12]谋面：以貌取人的意思。 [13]丕：通"不"。训：通"顺"，依循。 [14]则：连词，表假设关系。《词诠》："假设连词，若也，苟也。"宅人：《尚书易解》："任人唯亲也。"又，王念孙认为"宅"是使动用法，即"使……居（于官）"。 [15]三宅：就是宅事、宅牧、宅准。义：贤。

"桀德^[1]，惟乃弗作往任^[2]，是惟暴德^[3]，罔后^[4]。

[注释]

[1]德：《说文》："升也。"这里指即帝位。 [2]作：采用。往

任：指往日任用官员的法则。往，往日。　[3]是惟：《尚书故》："是以也。"是，于是。见《词诠》。下文"是罔显在厥世"的"是"同。暴德：暴行。　[4]罔后：绝后。

"亦越成汤陟[1]，丕釐上帝之耿命[2]，乃用三有宅[3]，克即宅[4]，曰三有俊[5]，克即俊。严惟丕式[6]，克用三宅三俊，其在商邑，用协于厥邑，其在四方，用丕式见德[7]。

[注释]

[1]越：及，到了。陟：升。指即帝位。　[2]丕：程度副词，大大地。釐（xī）：受福，引申为受。耿：明。　[3]乃：能够。三有宅：即上文"三宅"，指事、牧、准。有，词头。　[4]克即宅：蔡传："言汤所用三宅，实能就是位而不旷其职。"即，就。　[5]曰：通"越"，连词，和。三有俊：《尚书骈枝》："当即三宅之属官，盖三宅各有正长，有属吏，三宅之属吏皆用贤俊，故谓之三有俊。"[6]严：敬。惟：念。丕式：大法。　[7]见：显，显扬。

"呜呼！其在受德[1]，暋惟羞刑暴德之人[2]，同于厥邦；乃惟庶习逸德之人[3]，同于厥政。帝钦罚之[4]，乃伻我有夏[5]，式商受命[6]，奄甸万姓[7]。

[注释]

[1] 在:《词诠》:"介词,于也。"介引动作行为进行的时间。受德:纣王即位。受,纣王名。德,升。"德"义与上文"桀德"的"德"相同。　[2] 暋(mǐn):《尔雅·释诂》:"强也。"羞刑:就是为刑所辱,指刑徒。　[3] 乃:关联副词,表因果转折,可译为"却""竟然"等意。庶:众多。习:近习,指左右亲幸的人。例见《韩非子·五蠹》:"今世近习之请行。"逸德:失德。　[4] 钦:《尚书集注音疏》:"犹重也。"程度副词,重重地。　[5] 乃:关联副词,于是就,于是才。伻:使。有夏:周人自称。《康诰》篇:"用肇造我区夏。"　[6] 式:代替。《尚书正读》:"读为代。"　[7] 奄:毛传:"抚也。"甸:治。万姓:万民。

第一段,周公总结夏、商两代任官的得失,指出任官必须任用有德之人。

"亦越文王、武王,克知三有宅心[1],灼见三有俊心[2],以敬事上帝,立民长伯[3]。立政[4]:任人、准夫、牧作三事;虎贲、缀衣、趣马[5]、小尹[6]、左右携仆[7]、百司庶府[8];大都小伯[9]、艺人[10]、表臣百司[11];太史[12]、尹伯[13]、庶常吉士[14];司徒[15]、司马、司空、亚旅[16];夷[17]、微[18]、卢烝[19];三亳阪尹[20]。

[注释]

[1] 克知三有宅心:就是能够知道事、牧、准三宅的

心。　[2]灼：明。　[3]长伯：官长。　[4]立政：就是建立官长、
设官。　[5]趣马：负责养马的官。　[6]小尹：趣马的属官。　[7]左
右携仆：君王的近侍官员。江声认为就是《周礼》大仆、射人。携，
提携。《礼记·檀弓》："扶君，仆人师扶右，射人师扶左。"　[8]百
司庶府：负责财物、券契、府藏的官员。百、庶，言众多。司、
府，都是官名。《礼记·曲礼》以司土、司木、司水、司草、司
器、司货为天子六府。《周礼》有太府、王府、内府、外府、泉
府、天府等。　[9]大都小伯：大都小都的官长。《周礼·地官·载
师》注引《司马法》说："小都，卿之采地；大都，公之采地。"
《尚书正读》说："伯，长也。大都言都不言伯，小都言伯不言
都，互文见意也。"　[10]艺人：征收赋税的官。　[11]表臣百司：
指外臣百官。　[12]太史：史官之长。　[13]尹伯：泛指各官的
官长。　[14]庶常吉士：意谓上列各官都是祥善的人。常，祥。
吉，善。　[15]司徒：与下文司马、司空合为三卿。　[16]亚
旅：大夫。《尚书正读》："司徒、司马、司空、亚旅，此侯国官制
也。"　[17]夷：东方的国家。　[18]微：南方的国家。　[19]卢：
西方的国家。烝：君王。　[20]三亳：殷商故都。一在今河南商
丘东南，相传成汤曾经居住的地方，又名南亳。一在今河南商丘
北，相传拥戴成汤为盟主的地方，又名北亳。一在河南偃师西，
相传成汤攻克丰时居住的地方。这里的三亳是指殷商遗民居住的
地方。阪尹：夏故都的官名。参见王夫之《书经稗疏》卷四。

"文王惟克厥宅心[1]，乃克立兹常事司牧
人[2]，以克俊有德[3]。文王罔攸兼于庶言[4]；庶
狱庶慎[5]，惟有司之牧夫是训用违[6]；庶狱庶慎，
文王罔敢知于兹[7]。亦越武王，率惟敉功[8]，不

敢替厥义德[9]，率惟谋从容德[10]，以并受此丕
丕基[11]。

[注释]

[1]惟克厥宅心：就是惟克知厥宅心。"知"承上文省。惟，
连词，表示因果关系。与下句"乃"构成"惟……，乃……"双
联格式。"惟"，连接前一分句，表示原因；"乃"，连接后一分句，
表示结果。　[2]常事司牧人：指上列官员。　[3]以：并列连词。
《经传释词》："《广雅》曰：'以，与也。'"俊：大。　[4]兼：兼
包。庶言：教令。　[5]庶狱：指各种狱讼案件。庶慎：众敕戒之
事。慎，敕，见《广雅·释诂》。　[6]之：与，和，并列连词。
用违：用与不用，用否。　[7]罔敢知：就是"不过问"。敢，副词，
表示谦敬。兹：这，指代众狱的事。　[8]率惟：语气助词。敉：
终，完成。功：事。　[9]替：废弃。厥：其，这里指文王。义德：
善德。　[10]容德：宽容的德行。　[11]以：连词，表因果关系，
因此。并受：文王、武王同受。并，同，皆。丕丕：大而又大。基：
基业。

第二段，周公说明文王武王时的官制以及任用官员的原则。

"呜呼！孺子王矣[1]！继自今我其立政[2]。
立事[3]、准人、牧夫，我其克灼知厥若[4]，丕乃
俾乱[5]；相我受民[6]，和我庶狱庶慎[7]。时则勿
有间之[8]，自一话一言[9]。我则末惟成德之彦[10]，
以乂我受民。

[注释]

[1]孺子：指成王。　[2]继自今：从今以后。其：副词，表示肯定语气，可译为"应当""必定"。下文"我其克灼知厥若"之"其"同。　[3]事：就是上文"常任"。　[4]若：善。　[5]丕：语气助词。乃：关联副词，表示条件关系。下文"兹乃俾乂"的"乃"同。俾：使。乱：治理。　[6]相：协助，辅佑。受民：接受上天和祖先赐给的人。　[7]和：平治。　[8]时：是，这。指代上文"相我受民，和我庶狱庶慎"。间：代替。　[9]自：连词，表示让步关系，即使。《词诠》："自，推拓连词，与'虽'同。"[10]则：关联副词，表示转折的语义关联。末：时间副词，最终、最后、终于。成德之彦：具备九德的人。彦，美士。

　　"呜呼！予旦已受人之徽言咸告孺子王矣[1]。继自今文子文孙[2]，其勿误于庶狱庶慎[3]，惟正是乂之[4]。

[注释]

[1]旦：周公名。已受：《汉石经》作"以前"，当从。"已""以"古通用，"前"因形近讹为"受"。徽言：美言。　[2]文子文孙：意谓善子善孙，贤子贤孙。文，《礼记·乐记》注："善也。"　[3]误：指包办庶狱庶慎的错误。　[4]惟：只是。正：《尚书今古文注疏》："治狱之官。"

　　"自古商人亦越我周文王立政，立事、牧夫、准人，则克宅之，克由绎之[1]，兹乃俾乂[2]，国则罔有^[3]。立政用憸人^[4]，不训于德^[5]，是罔显
在厥世^[6]。继自今立政，其勿以憸人，其惟吉士，
用劢相我国家^[7]。

[注释]

[1]由绎:《尚书易解》:"疑即诱掖，同音通用，《诗·衡门》
序'诱掖其君'，笺云:'扶持也。'" [2]俾乂:使治理。 [3]罔
有:《尚书易解》:"有，盖读为尤，过也。'尤''有'同声，故得通。
《君奭》'罔尤违在人'，是'罔尤'连文之证。罔尤，卜辞作亡
尤，常语也。" [4]憸(xiān)人:奸佞的人。 [5]训:通"顺"，
依循。 [6]是:于是。见《经传释词》。在:终。见《尔雅·释
诂》。 [7]用:目的连词，相当于"以"。劢(mài):情态副词，
努力地。《说文》:"劢，勉力也。"相:治理。

"今文子文孙，孺子王矣! 其勿误于庶狱，
惟有司之牧夫。其克诘尔戎兵以陟禹之迹^[1]，方
行天下^[2]，至于海表^[3]，罔有不服。以觐文王之
耿光^[4]，以扬武王之大烈^[5]。呜呼! 继自今后王
立政，其惟克用常人^[6]。"

惟有司之牧
夫，即"惟有司和
牧夫是乂之"，语急
省略。之，和。

[注释]

[1]诘:治。见《左传》襄公二十一年杜预注。戎兵:这里指
军队。陟禹之迹:指循禹之迹。禹平水土，足迹遍于天下。循禹
之迹，意思就是统一天下。 [2]方行:遍行。 [3]海表:就是

海外。　[4]觐（jìn）：见。这里的意思是显扬。耿：明。　[5]扬：续。烈：业。　[6]常人：《书集传》："常德之人也。皋陶曰：章厥有常吉哉！常人与吉士，同实而异名者也。"

第三段，告诫成王设官和任用官员的具体准则。

周公若曰："太史！司寇苏公式敬尔由狱[1]，以长我王国。兹式有慎[2]，以列用中罚[3]。"

[注释]

[1]司寇：官名。掌管刑罚。苏公：就是苏忿生。《左传》成公十一年："苏忿生以温为司寇。"杜预注："苏忿生，周武王司寇苏公也。"式：法。作动词，规定，法定。尔：语气助词。由：用。　[2]兹：时间副词，现在。有：通"又"。　[3]列：《尚书易解》："今例字，以列用中罚，依据条例，用其中罚也。《周礼》：'刑平国用中典'，郑注：'平国，承平守成之国。用中典者，常行之法。'"

[点评]

《立政》是周公晚年告诫成王建立官制的诰词。王引之《经义述闻》卷三说："'政'与'正'同。正，长也。立政，谓建立长官也。篇内所言皆官人之道，故以立政名篇。"这是立政的正确解释。《立政》是研究周代官制的重要文献。

《立政》首先总结夏、商两代在用人和理政方面的经验教训，从正面总结夏、商初年贤王的成功经验在于任人以贤。夏代提出了"三宅"（宅事、宅牧、宅准）。商汤不但有"三宅"，还提出"三俊"。只有认真考察政绩，慎重遴选人才，官员才能名副其实，各称其职。相反，夏桀"惟乃弗作往任，是惟暴德，罔后"，殷纣"暋惟羞刑暴德之人，同于厥邦；乃惟庶习逸德之人，同于厥政"，任用暴虐无德的人，因而政治黑暗，最后身亡国灭。

《立政》列举文王、武王时所设官职："任人、准夫、牧作三事；虎贲、缀衣、趣马、小尹、左右携仆、百司庶府；大都小伯、艺人、表臣百司；太史、尹伯，庶常吉士；司徒、司马、司空、亚旅；夷、微、卢烝；三亳阪尹。"这样的排列次序不是随意为之。曾运乾说："按本文序官，先大臣而后小臣，先近臣而后远臣，先王朝而后侯国，先诸夏而后戎狄，其大较也。"有次序就有系统，这些反映了西周已经建立了系统的官员制度，已经对整个国家实行有效的行政管理，同时这些安排也显示了周代森严的等级制度和尊卑观念。

周公总结文王武王用人和理政的经验，指出他们"克知三有宅心，灼见三有俊心"，十分重视考核，十分重视了解官员心理。文王武王对臣属信而不疑，"文王罔攸兼于庶言；庶狱庶慎，惟有司之牧夫是训用违；庶狱庶慎，文王罔敢知于兹"。特别是对于司法方面，不去做不适当的干预。"君不行臣职"的道理在《益稷》篇也有提及："元首丛脞哉！股肱惰哉！万事堕哉！"蔡沈《书集传》解释说："言君行臣职，烦琐细碎，则臣下懈怠，不肯任事，而万事废坏。"可见这是《尚书》的一贯主张。与大胆放权、用人不疑形成鲜明对照的则是事必躬亲。事必躬亲的典型是诸葛亮。《三国志·蜀书·诸葛亮传》说：

"建兴元年，封亮武乡侯，开府治事。顷之，又领益州牧。政事无巨细，咸决于亮。"《三国志》裴松之注引《魏略》："亮亦以禅未闲于政，遂总内外。"可见诸葛亮行事是大包大揽。对此，诸葛亮的对手司马懿已有清醒的认识。《晋书·宣帝纪》："先是，亮使至，帝（指司马懿。司马炎称帝后，追尊司马懿为晋宣帝）问曰：'诸葛公起居何如？食可几米？'对曰：'三四升。'次问政事，曰：'二十罚已上皆自省览。'帝既而告人曰：'诸葛孔明其能久乎！'竟如其言。"诸葛亮病逝五丈原的时候，年仅五十四岁。由此可见，《尚书》"君不行臣职"的主张是华夏先民积累的宝贵政治经验，蕴含了丰富的政治智慧，对现实有很强的借鉴意义。

《立政》篇末周公对成王提出希望和要求，可归纳为四点：一、勿误于庶狱；二、诘戎兵；三、用常人；四、慎刑。武庚叛乱平定后，殷商遗民仍未完全归服于周，为避免与殷人矛盾的加剧，周公主张实行宽大政策，所以一再告诫成王不要错误地干涉司法，一再要求司法官员认真处理狱讼案件，依照常例，使用中刑。为了防止殷人再度叛乱，周公告诫成王把注意力集中到军队建设上。事实上，军事一直是国家最重要的事务之一。《左传》称："国之大事，在祀与戎。"《孙子兵法》称："兵者，国之大事也。死生之地，存亡之道，不可不察也。"周公或许正是认识到这一点，才要求成王亲自主持军事。从当时的历史情况看，周公软硬兼施、刚柔并济的主张对于稳定社会秩序具有重大意义。

值得注意的是，周公向成王提出的要求、期望中，有"诘尔戎兵以陟禹之迹"一句，揭示了周与夏某种特殊的关系。《吕刑》篇称"伯夷降典，折民惟刑；禹平水土，主名山川；稷降播种，农殖嘉谷"，将大禹与周始祖后稷并列。《逸周书·商誓解》："在昔后稷，惟上帝之言，克播百谷，登禹之绩。"《诗经·鲁颂·闷宫》："有稷有黍，有稻有秬。奄有下土，缵禹之绪。后稷之孙，实维大王。"则更是直接将周视为禹的继承者。此外，周人也自称"夏"，本篇"乃伻我有夏"，《康诰》篇"用肇造我区夏"，《君奭》"惟文王尚克修和我有夏"，"夏"都指周。《左传》昭公七年："王使詹桓伯辞于晋，曰：'我自夏以后稷，魏、骀、芮、岐、毕，吾西土也。'"杜注："在夏世以后稷功，受此五国为西土之长。"《国语·周语》："昔我先王世后稷，以服事虞、夏。及夏之衰也，弃稷弗务，我先王不窋用失其官，而自窜于戎、狄之间。"考古学上，有夏、周同出于晋南说，但此说尚待进一步考证。但结合上引传世文献，并联系《益稷》篇后稷佐禹治水的记载，周与夏之间存在联系，这一点应当可以确定。

周公和成王先后两次东征，天下日渐安定。周王朝的迫切任务就是健全官员制度，完善中央王朝和各个诸侯国的政治机构，以求长治久安。《史记·鲁周公世家》记载："成王在丰，天下已安。周之官政未次序，于是周公作《周官》，官别其宜。作《立政》，以便百姓，百姓说（悦）。"可见这篇诰词的作用很重大，促进了周王朝的安定和发展。

周 官

惟周王抚万邦^[1]，巡侯甸^[2]，四征弗庭^[3]，绥厥兆民^[4]。六服群辟^[5]，罔不承德^[6]。归于宗周^[7]，董正治官^[8]。

[注释]

[1]周王：指周成王。抚：占有。《礼记·文王世子》郑玄注："抚，犹有也。"万邦：众多国家。 [2]巡：巡狩。天子视察诸侯国。侯甸：本指侯服和甸服的诸侯国，这里泛指各诸侯国。 [3]弗庭：即"弗庭者"，不来朝见的人，指叛乱诸侯。庭，通"廷"，朝廷。 [4]绥：安定。厥：其。兆民：指普天下的民众。兆，孔传："十亿曰兆，言多。"[5]六服：周代把王都周围的土地按照距离远近分为侯服、甸服、男服、采服、卫服、蛮服，统称六服。辟：君主。这里指诸侯。 [6]罔：没有人。承：奉承。 [7]宗周：这里指丰。 [8]董正治官：蔡传："督正治事之官。外攘之功举。而益严内治之修也。"董，督。《尔雅·释诂》："董，督，正也。"

治官，指治事官员。

第一段，史官交代周成王发布官制诰令的背景。

王曰："若昔大猷[1]，制治于未乱[2]，保邦于未危。"

[注释]

[1]若昔：顺从过去。大猷：指下文所说的设官治政的大法。猷，道。　[2]制治：制订政教。孔疏："治谓政教，邦谓国家。治有失则乱，邦不安则危。"

曰："唐虞稽古[1]，建官惟百[2]。内有百揆四岳[3]，外有州牧侯伯[4]。庶政惟和[5]，万国咸宁[6]。夏商官倍[7]，亦克用乂。明王立政[8]，不惟其官，惟其人。

[注释]

[1]稽：考核，考察。　[2]建官：建立官职。百：表示约数。　[3]百揆：尧时官名，周改为冢宰。四岳：尧、舜时的四方部落首领。　[4]州牧：官名。古代州的军政长官。侯伯：几个或一方诸侯国的首领。蔡传："侯伯，次州牧而总诸侯者也。"孔疏："侯伯，五国之长，各监其所部之国。"　[5]庶政：各种各样的政事。和：和顺。　[6]咸：都。宁：安宁。　[7]官倍：官职数增加一倍。　[8]立政：设立官长。政，通"正"，长。

　　"今予小子，祗勤于德，夙夜不逮[1]。仰惟前代时若[2]，训迪厥官[3]。立太师[4]、太傅、太保，兹惟三公。论道经邦[5]，燮理阴阳[6]。官不必备，惟其人。少师、少傅、少保[7]，曰三孤[8]。贰公弘化[9]，寅亮天地[10]，弼予一人。冢宰掌邦治[11]，统百官[12]，均四海[13]。司徒掌邦教[14]，敷五典[15]，扰兆民[16]。宗伯掌邦礼[17]，治神人，和上下[18]。司马掌邦政[19]，统六师[20]，平邦国[21]。司寇掌邦禁[22]，诘奸慝[23]，刑暴乱。司空掌邦土[24]，居四民，时地利。六卿分职，各率其属，以倡九牧[25]，阜成兆民[26]。

[注释]

[1]逮(dài)：及。　[2]时：是。若：顺从。　[3]训：说。迪：设立。《尔雅·释诂》："迪，作也。"　[4]太师：官名。辅助天子的官，与下文的太傅、太保合称三公。孔传："师，天子所师法。傅，傅相天子。保，保安天子于德义者。"　[5]论：阐明。道：这里指治国的途径。经：治理。　[6]燮(xiè)：《尔雅·释诂》："和也。"阴阳：世间一切现象的正反两面，古代思想家叫作阴阳，现在叫作矛盾。　[7]少师、少傅、少保：官名，合称三孤，位于三公之下。　[8]三孤：孔传："孤，特也。言卑于公，尊于卿，特置此三者。"三孤也叫作三少。《大戴礼记·保傅》："于是为置三少，皆上大夫也：曰少保、少傅、少师。"　[9]贰(èr)：副职。这

里用作动词，作协助解。弘化：弘大道化。见孔传。 [10]寅：敬。亮：《尔雅·释诂》："信也。" [11]冢（zhǒng）宰：也叫作大宰，百官之长。 [12]统：统帅、掌管。 [13]均：平均。蔡传："四海异宜，调剂使得其平，是谓之均。" [14]司徒：官名，掌管国家的教育。 [15]敷：遍布。五典：也叫作五教。古代提倡的五种伦理道德准则，即：父义、母慈、兄友、弟恭、子孝。 [16]扰：郑玄说："扰亦安也。" [17]宗伯：官名。掌管宗庙祭祀礼仪。 [18]和：和谐。 [19]司马：官名，掌管军事。 [20]六师：又叫作六军。《周礼·夏官·司马》："凡制军，万有二千五百人为军。王六军，大国三军，次国二军，小国一军。" [21]平：平治。蔡传："平，谓强不得陵弱，众不得暴寡，而人皆得其平也。" [22]司寇：官名。掌管刑狱、纠察等事。 [23]诘：查究，究办。奸慝（tè）：指邪恶不正的人。 [24]司空：官名。 [25]倡：倡导。九牧：这里指九州的州牧侯伯。 [26]阜：富厚。成：定，安定。

"六年，五服一朝[1]。又六年，王乃时巡[2]。考制度于四岳[3]。诸侯各朝于方岳，大明黜陟[4]。"

[注释]

[1]五服：指侯服、甸服、男服、采服和卫服。朝：朝会。 [2]时巡：孔传："周制十二年一巡狩，春东，夏南，秋西，冬北，故曰时巡。"时，指四时。巡，巡狩。 [3]考：考正。四岳：这里指东岳泰山、南岳衡山、西岳华山、北岳恒山。《诗经·大雅·崧高》："崧高维岳。"毛传："岳，四岳也。东岳，岱（即泰）；南岳，衡；西岳，华；北岳，恒。" [4]黜陟（zhì）：诸侯百官的

进退升降。

第二段，成王阐述唐虞、夏商的官制，并公布新的官制和朝会制度。

这一节每一句话都是古今治政的准则。

王曰："呜呼！凡我有官君子[1]，钦乃攸司[2]，慎乃出令，令出惟行，弗惟反。以公灭私，民其允怀[3]。学古入官[4]，议事以制[5]，政乃不迷。其尔典常作之师[6]，无以利口乱厥官[7]。蓄疑败谋，怠忽荒政[8]，不学墙面[9]，莅事惟烦。

[**注释**]

[1]有官君子：指在位的大小官员。 [2]攸司：所主持的职事。攸，所。 [3]怀：归向。 [4]学古：学习古训。孔疏："将欲入政，先学古之训典，观古之成败，择善而从之，然后可以入官治政矣。" [5]议事：议论政事。制：这里指古代的典章制度。 [6]其：副词，表示命令语气。典常：旧典常法。孔传："其汝为政，当以旧典常故事为师法。" [7]利口：巧言，辩言。 [8]怠忽：懈怠疏忽。荒：荒废。 [9]不学墙面：孔疏："人而不学如面向墙无所睹见。"

这一节每一句话都是修身治政的要务。"功崇惟志，业广惟勤"则成为中国人奋发有为的座右铭。

"戒尔卿士[1]，功崇惟志，业广惟勤，惟克果断[2]，乃罔后艰。位不期骄[3]，禄不期侈。恭俭惟德，无载尔伪[4]。作德，心逸日休[5]；作伪，心劳日拙。居宠思危，罔不惟畏，弗畏入畏[6]。

推贤让能，庶官乃和，不和政庞。举能其官，惟尔之能。称匪其人^[7]，惟尔不任^[8]。"

[**注释**]

[1] 卿士：执政大臣。《左传》隐公三年："郑武公、庄公为平王卿士。"杜预注："卿士，王卿之执政者。"　[2] 克：能够。孔疏："惟能果敢决断，乃无有后日艰难。言多疑必将致后患矣。"蔡传："勤由志而生，志待勤而遂，虽有二者，当几而不能果断，则志与勤虚用，而终蹈后艰矣。"　[3] 位不期骄：以下两句是说位尊不当骄傲，禄厚不当奢侈。孔传："贵不与骄期而骄自至，富不与侈期而侈自来。"孙继有说："位高则气盈，气盈则必骄，禄厚则用广，用广则必侈。"　[4] 无：通"毋"，不。　[5] 日：一天天。休：美。　[6] 弗畏入畏：意谓如果不知道畏，就会进入可畏的困境。　[7] 称：蔡传："亦举也。"匪：不。　[8] 不任：就是不能胜任。

王曰："呜呼！三事暨大夫^[1]，敬尔有官，乱尔有政^[2]，以佑乃辟。永康兆民，万邦惟无斁^[3]。"

[**注释**]

[1] 三事：《立政》："立政：任人、准夫、牧作三事。"　[2] 乱：治理。　[3] 斁（yì）：厌弃。

第三段，明确各级官员的具体任务和要求，勉励他们谨慎戒惧，秉公勤政。

［点评］

周成王灭了淮夷，回到王都丰邑，向群臣说明周家设官分职用人的法则。史官记叙这件事，写成《周官》。

《周官》属于"晚书"，其中所叙述的官制，与《周礼》以及《周书·立政》诸篇所反映的官制稍有不同。即使如此，本篇对于考求周代官制的沿革和后代官制的变化仍有一定的参考价值。南宋朱熹认为，《周官》所反映的是成王时的新官制。

《周官》反映了三公、三孤、六卿的分职。太师、太傅、太保为三公，少师、少傅、少保为三孤，三孤辅佐三公，与三公都是直接对周王负责（"弼予一人"）。六卿是冢宰、司徒、宗伯、司马、司寇、司空六官组成。六官分别主管政治、教化、典礼、军事、刑法、土地。

就六官记载而言，《周官》篇记载六官的职能和次序与《周礼》是一致的。张亚初、刘雨《西周金文官制研究》一书指出："《周礼》六官的体系除司寇一官与其它五官并列（今按：著者指出司寇在西周中晚期为司空的属官）与西周金文不合外，其余五官大体与西周中晚期的官制相当。西周中晚期的毛公、番生等人之职位与《周礼》的冢宰十分相似，皆为统率百官，主司王家内外。……《周礼》的宗伯接近于西周中晚期金文中的大史寮。……《周礼》的司徒、司马、司空三行政官与西周中晚期金文的'三有司'（即司土［徒］、司马、司工）从名称到内容都是十分接近的。""可以说，《周礼》六官的体系与西周中晚期金文中的官制体系大体是相近的，二者虽有名称及层次的不同，但其内在的联系则是很鲜明的，《周

礼》的作者在编书时一定是借鉴或参考了西周中晚期的
职官系统。"

　　《周官》记载三公、三孤也有与金文记载相契合的。
比如金文中"太保"作"保"或"大保",享有显赫地位,
是周王的辅弼重臣,也是最高的执政官。西周早期保卣
铭文中的保就是召公奭。《周礼》中有保氏一职,但是隶
属于地官司徒,地位不高,而本篇记载则与金文相符。

　　本篇今文无,古文有。

君　陈

惟孝友于兄弟，克施有政：提出"孝""友"是从政的基本条件。

王若曰："君陈[1]，惟尔令德孝恭。惟孝友于兄弟[2]，克施有政。命汝尹兹东郊[3]，敬哉！昔周公师保万民[4]，民怀其德。往慎乃司，兹率厥常[5]，懋昭周公之训，惟民其乂[6]。

[注释]

[1]君陈：人名。《礼记·坊记》郑玄注："君陈，盖周公之子，伯禽弟也。" [2]孝：《尔雅·释训》："善父母为孝。"友：《尔雅·释训》："善兄弟为友。" [3]尹（yǐn）：治理。东郊：这里指周王都洛邑的东郊。郑玄说："天子之国五十里为近郊，今河南洛阳相去则然。东郊，周之近郊也。"成周邑在东郊。 [4]师保：教诲，安抚。蔡传："周公之在东郊，有师之尊，有保之亲。师教之，保安之，民怀其德。" [5]率：循行。常：常法。 [6]乂：安。

第一段，表彰君陈的美德，任命他接替周公治理东郊成周。

　　"我闻曰：至治馨香[1]，感于神明。黍稷非馨，明德惟馨。尔尚式时周公之猷训[2]，惟日孜孜[3]，无敢逸豫[4]。凡人未见圣[5]，若不克见；既见圣，亦不克由圣，尔其戒哉！尔惟风[6]，下民惟草。图厥政，莫或不艰[7]，有废有兴，出入自尔师虞[8]，庶言同则绎[9]。尔有嘉谋嘉猷，则入告尔后于内[10]，尔乃顺之于外，曰：'斯谋斯猷，惟我后之德。'呜呼！臣人咸若时[11]，惟良显哉[12]！"

尔惟风，下民惟草：强调政事惟艰，上行下效，不可不谨慎。

[注释]

[1]至治：最好的政治。馨（xīn）：散布很远的香气。《诗经·大雅·凫鹥》："尔殽既馨。"毛传："馨，香之远闻也。" [2]尚：副词，表示祈使语气。式：效法。《说文》："式，法也。"时：这。《尔雅·释诂》："时，是也。"猷：道。训：教。 [3]日：每天。孜孜：努力不怠。 [4]无：通"毋"，不。逸豫：安闲悦乐。 [5]人：指常人。圣：圣道。 [6]惟：是。《玉篇》："惟，为也。"下句"下民惟草"用法同。孔传："汝戒勿为凡人之行，民从上教而变，犹草应风而偃，不可不慎。" [7]莫：无指代词，没有事。艰：艰难。 [8]出入自尔师虞：意谓反复同你的众人商量。师，众。虞，商量、度量。《尔雅·释言》："虞，度也。" [9]庶言：众言，众人的意见。绎（yì）：寻究深思。蔡传："众论既同，则又绅绎而深思之而后行也。……孟子曰：国人皆曰贤，然后察之。国人皆曰可杀，然后察之。庶言同则绎之谓也。"又，郭店楚简《缁衣》："《君迪（陈）》员（云）：出内（入）自尔帀（师）

于庶言同。"上博简《缁衣》："《君迪（陈）》员（云）：出内（入）
自尔帀（师）雩（于）庶言同。""虞"或为"于"的假借字。《经
传释词》："于，犹越也。""越"有"与"意。有学者据此将本篇
这句话断句为："出入自尔师，虞庶言同，则绎"，意思是发布
政令要来自众人的考虑，与大家意见一致，然后推而广之。存
参。　[10]后：君王。　[11]臣人：就是人臣。咸：都。　[12]良
显：这里是指臣子良善，君王显耀。

　　第二段，告诫君陈治理成周必须遵循周公的治殷常法，修德
慎事，集思广益。

　　　王曰："君陈，尔惟弘周公丕训[1]，无依势
作威，无倚法以削[2]，宽而有制[3]，从容以和[4]。
殷民在辟[5]，予曰辟[6]，尔惟勿辟；予曰宥，尔
惟勿宥，惟厥中[7]。有弗若于汝政，弗化于汝
训，辟以止辟[8]，乃辟。狃于奸宄[9]，败常乱
俗[10]，三细不宥[11]。尔无忿疾于顽，无求备于
一夫。必有忍，其乃有济[12]。有容，德乃大。
简厥修[13]，亦简其或不修；进厥良[14]，以率其
或不良。惟民生厚[15]，因物有迁。违上所命，
从厥攸好。尔克敬典在德，时乃罔不变。允升于
大猷[16]，惟予一人膺受多福[17]，其尔之休，终
有辞于永世[18]。"

必有忍，其乃
有济。有容，德乃
大：提出"忍"和
"容"的行为准则。

[注释]

[1] 弘：弘扬，光大。丕：大。 [2] 无倚法以削：孔传："无倚法制以行刻削之政。"倚，凭借，倚恃。 [3] 宽：宽容。制：法制。 [4] 从容：举止行动。《楚辞·九章》："孰知余之从容。"王逸注："从容，举动也。"和：和协。 [5] 辟：《尔雅·释诂》："罪也。" [6] 辟（bì）：处罚。 [7] 中：适中，合理。 [8] 辟以止辟：意谓用刑罚来制止犯法。孔疏："刑罚一人可以止息后犯者。" [9] 狃（niǔ）：习以为常。奸宄（guǐ）：犯法作乱的人。这里作动词，犯法作乱。 [10] 常：五常，指君臣、父子、夫妇、兄弟、朋友之间关系的五种准则。俗：风俗。 [11] 三细：奸宄、败常、乱俗三者中的小罪。宥：赦免。 [12] 济：成功。 [13] 简：选择。这里的意思是鉴别。修：指修养德行的人。 [14] 进：任用。良：贤良的人。 [15] 生：性。厚：淳厚。 [16] 允：信。大猷：大道。 [17] 予一人：成王自称。膺（yīng）：受。 [18] 终有辞于永世：意谓终能被百世所称赞。辞，称颂。永，长。

第三段，具体说明教化殷民的方法，勉励君陈敬德慎罚。

[点评]

周公东征平定武庚叛乱后，把殷商遗民迁到成周，亲自监督教化。这一措施，对于稳定当时政局，巩固周王朝统治，发挥了积极作用。周公去世后，成王命令君陈代替周公治理成周，并用策书勉励君陈延续周公治殷方略，施行德政，彻底改造殷民。史官记录这一策书，名叫《君陈》。

《君陈》是研究周代德治的重要资料。

开篇成王就指出选择君陈接替周公的职位，主要是因为他"令德孝恭""孝友于兄弟"。"百善孝为先",孝是一切"德"的生长起点。《论语·为政》:"或谓孔子曰:'子奚不为政?'子曰:'《书》云:"孝乎惟孝,友于兄弟。施于有政",是亦为政,奚其为为政?'"《论语·学而》:"子曰:其为人也孝弟,而好犯上者,鲜矣;不好犯上,而好作乱者,未之有也。君子务本,本立而道生。孝弟也者,其为仁之本与?"可以说,孔子的观点与本篇中成王的观点是一致的。

德治很重要的一条原则就是上级对下级的垂范,而这种垂范之所以必要,是因为"凡人未见圣,若不克见;既见圣,亦不克由圣",只有君子才能够做到。君子与凡人的区别就在于对"圣"的领悟能力存在差异。所以,居官的君子要努力修身进德,从而教化民众。"尔惟风,下民惟草",这是强调统治者与民众的关系。《论语·颜渊》中孔子的表述更加完整:"君子之德风,小人之德草,草上之风必偃。"统治者能教化民众,使他们从善。

具体到行政上,成王要求君陈做到"宽而有制",判决罪犯要综合各方面因素,做出合理、合法的判决。成王还特别指出,对于那些冥顽不化的人,要做到"必有忍,其乃有济。有容,德乃大",强调为政者要有容忍之心,这是因为"惟民生厚,因物有迁。违上所命,从厥攸好"。老百姓本性是惇厚的,只是因为外物影响才有所改变;既然民众本性惇厚,那么通过施行德政复其本心,就可以使他们恢复惇厚的本性。这是德治的理论基础,儒家性善论的思路与此大致相仿。

本篇今文无,古文有。

顾　命

　　惟四月，哉生魄[1]，王不怿[2]。甲子，王乃洮颒水[3]。相被冕服[4]，凭玉几[5]。乃同，召太保奭[6]、芮伯、彤伯、毕公、卫侯、毛公、师氏[7]、虎臣[8]、百尹[9]、御事[10]。

同：周代众诸侯朝见天子。《周礼·春官·大宗伯》："时见曰会，殷见曰同。"郑玄注："时见者，言无常期。殷，犹众也。"

［注释］

　　[1]哉生魄：月亮开始发光。因为月亮在月初开始发光，所以古时常用"哉生魄"作阴历每月的二日或三日的代称。哉，始。见《尔雅·释诂》。　[2]不怿：即《金縢》篇"不豫"。这里意思是生病。怿，喜悦。　[3]王：周成王。洮（táo）：洗头发。颒（huì）：洗脸。　[4]相：君王的侍从官员。郑玄说就是负责天子衣服和座位的太仆。被：披。冕：王冠。服：指朝服。　[5]凭：靠着。玉几：用玉镶嵌的几案。　[6]太保奭（shì）：就是召公。召公名奭，官为太保。当时和芮伯、彤伯、毕公、卫侯、毛公为六

卿。召公、毕公、毛公以三公兼卿职。　[7]师氏:官名。负责军队的官员。　[8]虎臣:就是虎贲。守卫王宫的官员。　[9]百尹:百官的首长。　[10]御事:泛指一般办事人员。

王曰:"呜呼!疾大渐[1],惟几[2],病日臻。既弥留[3],恐不获誓言嗣[4],兹予审训命汝[5]。昔君文王、武王宣重光[6],奠丽陈教[7],则肄肄不违[8],用克达殷集大命[9]。

[注释]

[1]大:程度副词,很。渐:剧烈。　[2]几:危险。　[3]弥:时间副词,最终地。《尚书易解》:"弥,终也。"《白话尚书》:"弥留,最终留于人世。"　[4]誓:谨慎。嗣:后嗣。　[5]兹:时间副词,表现在。审:详细。汝:你们,指上文太保奭等。　[6]宣:显扬。重光:这里指文王、武王明上加明的光辉。　[7]奠:定。丽:通"罗",法律。《说文解字注》引《仪礼·士冠礼》郑注:"古文丽为离。""离"又通"罗"。《周易》"离卦"的"离"马王堆帛书本作"罗"。丽,上古音来母支部;罗,上古音来母歌部,例得通假。"罗"有"约束"义,《汉书·刑法志》:"今律令烦多而不约,自典文者不能分明,而欲罗元元之不逮,斯岂刑中之意哉!"这里是名词,法令。教:教令。　[8]肄肄:情态副词,努力地。肄,劳苦。《诗经·邶风·谷风》:"既诒我肄。"毛传:"劳也。"　[9]用:因果连词,因此。下文"用敷遗后人休""用昭明于天下""用端命于上帝"的"用"同。达:古"挞"字,挞伐,引申为"讨伐"。集大命:指建立周王朝。集,成就。

"在后之侗[1]，敬迓天威[2]，嗣守文、武大训，无敢昏逾[3]。今天降疾，殆弗兴弗悟[4]。尔尚明时朕言[5]，用敬保元子钊弘济于艰难[6]，柔远能迩[7]，安劝小大庶邦[8]。思夫人自乱于威仪[9]，尔无以钊冒贡于非几兹[10]！"

[注释]

[1]在后之侗：成王谦称。　[2]迓：迎接，这里指奉行。　[3]昏：昏乱。逾：于省吾以为当为渝，变更。　[4]殆：程度副词，可译为"几乎""差不多"。《经传释词》："殆者，近也；几也；将然之词也。"兴：起。悟：通"寤"。《仓颉篇》："觉而有言曰寤。"这里是说话的意思。　[5]尚：语气副词，表示祈使语气。《词诠》："尚，命令副词。"可译为"要""希望"。《康王之诰》"今予一二伯父尚胥暨顾"的"尚"同。明：勉，努力。时：承受。　[6]用：目的连词，相当于"以"。下文"用答扬文、武之光训"的"用"同。元：太子。钊：康王名。弘：程度副词，大。《说文·弓部》："弘，弓声也。"《说文解字注》："经传多假此篆为'宏'"，《尔雅》曰："宏，大也。"济：渡过。　[7]柔：安定。能：善。　[8]劝：教导。《广雅》："劝，教也。"　[9]夫人：《淮南子·本经》注："众人也。"于：介词，介引动作行为凭借的工具，包括抽象意义上的工具。威仪：礼容，容止的礼仪。仪，礼。　[10]以：使。冒：触犯，冒犯。贡：马、郑、王本作"赣"（gòng）。马融说："赣，陷也。"几：法度。兹：通"哉"。见《尚书正读》。

既受命，还[1]，出缀衣于庭[2]。越翼日乙丑[3]，

侗（tóng）：焦循说："《论语》'侗而不愿'，孔曰：侗，未成器之人，盖为'僮'字之假借。"

西周时期史墙盘铭文载："武王则令周公舍宇于周，卑处甬。"与其同窖出土的钟有铭文"微史烈祖来见武王，武王则令周公舍宇，以五十颂处"，簋也有铭文"显皇祖考司威仪，用辟先王"。裘锡圭先生综合上述，指出"甬""颂"即"容"，并认为"散氏家族的正式职务是辅助史官之长掌管'威仪'"（今按：其实也掌管乐舞，见《微子》篇），而"古代所谓威仪也就是礼容"。由此可知，周武王时已有掌管威仪的官职。

王崩。

[注释]

[1]还：指群臣接受成王遗命退回来。　[2]缀衣：就是上文所被的冕服。庭：指朝迁的王位。出缀衣于廷，《尚书正读》："王病不能视朝，则出衣于庭，为群臣瞻拜之资也。贾谊云：'植遗腹'朝委裘而天下不乱，孟康《汉书注》云：'委裘若容衣，天子未坐朝，事先帝裘衣也。'正是此义。"　[3]越：介词，介引动作行为发生的时间，到了。下文"越七日癸酉"之"越"同。翼日：明天，就是甲子后的乙丑日。

第一段，记叙群臣接受成王的顾命。

太保命仲桓、南宫毛俾爰齐侯吕伋[1]，以二干戈[2]、虎贲百人逆子钊于南门之外[3]。延入翼室[4]，恤宅宗[5]。丁卯，命作册度[6]。越七日癸酉，伯相命士须材[7]。

[注释]

[1]仲桓、南宫毛：都是人名。俾：《尔雅·释诂》："从也。"爰：于。齐侯吕伋：太公吕尚的儿子，就是丁公。　[2]以：介词，率领。二干戈：联系上文当为仲桓、南宫毛各执一干一戈。　[3]逆：迎。江声说："王既崩，世子就在外，世子盖以王未疾时奉使而出，比反而崩。忧危之际，故以兵迎之于南门外云。"[4]延：请。翼室：侧室。　[5]恤宅宗：指太子钊忧居侧室主持丧事。恤，忧。宅，居。宗，主。　[6]作册：官名，就是太史。

度：《说文》："法制也。"这里意思是说制定丧仪的法则。　[7]伯相：孙星衍认为指当时辅王室的二伯召公、毕公。须：《尚书集注音疏》："当为颁字之误。"材：指下文陈列的各种器物。

狄设黼扆、缀衣[1]。牖间南向[2]，敷重篾席[3]，黼纯[4]，华玉[5]，仍几[6]。西序东向[7]，敷重厎席[8]，缀纯[9]，文贝[10]，仍几。东序西向[11]，敷重丰席[12]，画纯[13]，雕玉[14]，仍几。西夹南向[15]，敷重笋席[16]，玄纷纯[17]，漆，仍几。

[注释]

[1]狄：狄人，主持祭礼的官员。黼（fǔ）扆：安放在王位后面饰有斧形花纹的屏风。黼，通"斧"。　[2]牖（yǒu）间：门窗之间。　[3]敷：布置。这里的意思是铺设。重：双层。篾席：竹席。　[4]黼纯（zhǔn）：用黑色和白色的丝织品镶饰的席边。黼，黑白相间。纯，席子的镶边。郑玄说："纯，缘也。"[5]华玉：五色玉。　[6]仍几：没有漆饰的几案。《周礼·春官·司几筵》："凡吉事，变几；凶事，仍几。"郑玄注："变更其质，谓有饰；仍，因也，因其质，谓无饰也。"[7]西序：堂西墙。序，堂上的东西墙。　[8]厎席：用细竹篾制成的席子。　[9]缀：饰。这里指画饰。　[10]文贝：有花纹的贝。　[11]东序：堂东墙。　[12]丰席：用莞（guān）草编的席子。　[13]画纯：席边画着云气。　[14]雕：刻镂。　[15]西夹：指堂西边的夹室。　[16]笋席：用青竹皮编织的席。　[17]玄纷纯：黑丝绳镶饰的席边。

"越玉五重"
与下文"陈宝"语
倒。

越玉五重[1]，陈宝[2]，赤刀[3]，大训[4]，弘璧，琬琰[5]，在西序。大玉[6]、夷玉[7]、天球[8]、河图[9]，在东序。胤之舞衣[10]、大贝[11]、鼖鼓[12]，在西房；兑之戈、和之弓、垂之竹矢，在东房。

[注释]

[1]越玉：越地献的玉。五重：五种。　[2]陈宝：陈列宝器。　[3]赤刀：郑玄说："武王伐纣时刀，赤为色，周正色也。"[4]大训：记载先王训诫的典籍。　[5]琬（wǎn）：圆顶圭。琰（yǎn）：尖顶圭。　[6]大玉：华山出产的玉。　[7]夷玉：东北出产的玉。　[8]天球：玉磬。　[9]河图：地图。　[10]胤：与下文兑、和、垂都是人名。从郑玄说。[11]大贝：大贝壳。[12]鼖（fén）：大鼓，古代的一种军鼓。

大辂在宾阶面[1]，缀辂在阼阶面[2]，先辂在左塾之前[3]，次辂在右塾之前[4]。

[注释]

[1]大辂（lù）：就是玉路，用玉装饰的车。辂，国君乘坐的车辆。一作"路"。《周礼》巾车掌王之五路：玉路、金路、象路、革路、木路。宾阶：宾客站立的台阶，就是西阶。　[2]缀辂：就是金路，用金属装饰的车。阼阶：主人站立的台阶，就是东阶。　[3]先辂：就是象路，用象骨装饰的车。塾：门侧堂屋。　[4]次辂：就是木路，木质无饰的车。

二人雀弁^[1]，执惠^[2]，立于毕门之内^[3]。四人綦弁^[4]，执戈上刃^[5]，夹两阶戺^[6]。一人冕^[7]，执刘^[8]，立于东堂。一人冕，执钺^[9]，立于西堂。一人冕，执戣^[10]，立于东垂^[11]。一人冕，执瞿，立于西垂。一人冕，执锐^[12]，立于侧阶^[13]。

[**注释**]

[1]雀弁：郑玄说："赤黑曰雀，言如雀头色也。雀弁制如冕，黑色，但无藻耳。"弁，古代的帽子称弁。 [2]惠：矛一类的兵器。 [3]毕门：祖庙门。 [4]綦（qí）：青黑色。 [5]上刃：蔡传："刃外向。" [6]戺（shì）：程瑶田说是夹阶的斜石。 [7]冕：比雀弁高级的礼帽。下文凡言冕者，都是指大夫。 [8]刘：斧一类的兵器。 [9]钺：大斧。 [10]戣（kuí）：与下句的"瞿"，都是三锋矛。从郑玄说。 [11]垂：堂的旁面，就是堂廉。 [12]锐：矛一类的武器。 [13]侧阶：北堂北下阶。

王麻冕黼裳^[1]，由宾阶隮^[2]。卿士邦君麻冕蚁裳^[3]，入即位^[4]。太保、太史、太宗皆麻冕彤裳^[5]。太保承介圭^[6]，上宗奉同瑁^[7]，由阼阶隮^[8]。太史秉书^[9]，由宾阶隮，御王册命^[10]。曰："皇后凭玉几^[11]，道扬末命^[12]，命汝嗣训^[13]，临君周邦^[14]，率循大卞^[15]，燮和天下^[16]，用答扬文、武之光训^[17]。"王再拜，兴^[18]，答曰："眇眇予末

同：2009 年 8 月在西安发现一件内史亳丰铸造的青铜器，上有铭文十四字："成王易（赐）内史亳丰祼，弗敢号（饕），卒（作）祼同。"由此可证"同"确为酒器，有学者认为就是觚。

小子^[19]，其能而乱四方以敬忌天威^[20]！"

[注释]

[1]王：指周康王。麻冕：麻制的礼帽。黼裳：绣着虎形花纹的礼服。　[2]阼（jī）：升上，登。王由宾阶升，因为康王当时还没有受册命即位，太保召公代成王居主位，所以康王为宾，从宾阶升。　[3]蚁裳：色黑如蚁的礼服。　[4]位：中庭左右叫位。即位，意思是各就各位，卿士向西面立，诸侯向北面立。"入即位"为连动结构。　[5]太宗：就是大宗伯。彤裳：红色的礼服。　[6]承：捧着。介圭：大圭。　[7]上宗：就是上文太宗。同：酒杯。瑁：一种玉器。《周礼·冬官考工记·玉人》："天子执瑁四寸以朝诸侯。"介圭和瑁是天子的吉祥信物，所以应当献给康王。"同瑁"的使用方式可能是将玉瑁置于酒器同中以行祼礼，下文"以异同秉璋以酢"，则是用另一个酒器同盛放玉璋以行酢祭。存参。　[8]阼阶：东阶，与上文宾阶相对，是主阶。太保当时是代主，大宗伯是太保的助手。所以从主阶升。　[9]书：写著成王遗命的策书。　[10]御王册命：迎着康王宣读册书。御，迎接。　[11]皇后：大王，指周成王。皇，大。　[12]道扬：这里是讲述、宣布的意思。扬，道。末命：临终遗命。　[13]训：指文王、武王的大训。　[14]临：这里指治理。　[15]卞：法。　[16]燮：《尔雅·释诂》："和也。"　[17]答：对。《广雅·释诂》：对，扬。光训：明训。　[18]兴：起。　[19]眇眇：微小。末：微末。　[20]其：语气副词，表示反诘语气。《词诠》："其，反诘副词，岂也。'其''岂'音近，古文二字互通。"可译为"难道""究竟""怎么"。而：通"腼"，和。见《尚书易解》。乱：治理。

乃受同瑁[1]，王三宿[2]，三祭[3]，三咤[4]。上宗曰："飨[5]！"太保受同[6]，降，盥[7]，以异同秉璋以酢[8]。授宗人同[9]，拜[10]。王答拜。太保受同，祭，哜[11]，宅[12]，授宗人同，拜。王答拜。太保降[13]，收[14]。诸侯出庙门俟[15]。

[注释]

[1]乃受同瑁：蒙下文省略主语康王。　[2]宿：进。　[3]祭：祭酒，把酒洒在地上。　[4]咤（zhà）：奠爵酒。　[5]飨：饮。指上宗劝王饮酒。　[6]太保受同：指太保接过王喝酒的同。　[7]盥：洗手。　[8]以：介词，用。异同：另一种酒杯。璋：大臣所用的酒器，就是上文"异同"。以：连词，表承接关系。酢：报答。《仓颉篇》："客报主人曰酢。"古代礼节，主人献酒，宾当酌酒回敬主人。只有主人给尊者献酒，不敢受尊者回敬，就酌酒自酢，这里是说太保自酌自酢，册命以后，康王即位，太保复用臣礼。　[9]授宗人同：指太保把酒杯给宗人。宗人，大宗伯的助手。[10]拜：指太保拜王。[11]哜（jì）：尝。[12]宅：同"咤"，奠酒。　[13]太保降：王国维说："此云太保降，知太保自酢在堂上也，不言王与太宗太史降者，略也。"[14]收：撤去，指撤去各种陈设。　[15]诸侯：泛指诸侯卿士等。俟：等待。

第二段，记述太子姬钊接受册命的仪式。

[点评]

顾命，即嘱咐大臣眷顾嗣主的命令。清代黄生《义府》卷二说："书以'顾命'名，顾，眷顾也。命大臣辅嗣主，郑重而眷顾之也。"顾命，就相当于今天所说的"遗嘱"。

　　本篇主要记载了成王临终前命令召公、毕公辅佐嗣王的情况以及成王逝世后康王在先王之庙接受册命的情况。

　　《顾命》与下篇《康王之诰》集中反映了周代礼制。《周书》的其他篇章也直接或间接地反映了周代的各种礼制，如分封制、嫡长子制、策命制、崇德报功制、朝会制、祭祀制，但不及这两篇集中和丰富。《顾命》记叙周成王的丧礼，《康王之诰》记叙周康王的即位礼，以及诸侯的朝觐礼。王国维《周书顾命考》说："古礼经既佚，后世得考周室一代之古典者，惟此篇（指今文《尚书·顾命》，含《康王之诰》内容）而已。"《顾命》和《康王之诰》对于研究中国礼治史有重要参考价值。

　　礼是我国古代社会的典章制度和行为规范。礼最早源于祭祀。"礼"的繁体作"禮"。《说文》："禮，履也，所以事神致福也。从示，从豊。"清代徐灏《说文解字注笺》认为："礼之言履，谓履而行之也。礼之名起于事神，引申为凡礼仪之称。"进入阶级社会以后，原始宗教仪式的礼就演变为维护阶级社会政治秩序和社会秩序的礼制。《荀子·礼论篇》说："人生而有欲，欲而不得，则不能无求；求而无度量分界，则不能不争；争则乱，乱则穷。先王恶其乱也，故制礼义以分之，以养人之欲，给人之求，使欲不必穷乎物，物必不屈于欲，两者相持而长，是礼之所起也。"礼在中国古代文化意识中具有至高无上的地位。相传周公"治礼作乐"，对于巩固西周王朝的

统治以及加强统治阶级内部的团结发挥了重要作用。周
代的礼乐制度对于后世各王朝也产生过深远的影响。儒
家特别重视礼，孔子强调礼为政事和立身之本。《大戴礼
记·哀公问于孔子》记载孔子说："为政先礼。礼者，政
之本与！"《论语·尧曰》："不知礼，无以立也。"春秋
时期，礼崩乐坏，孔子孜孜一生就是为了"克己复礼"，
而孔子要恢复的"礼"主要就是"周礼"。

　　成王在遗嘱中要求诸位大臣"思夫人自乱于威仪，
尔无以钊冒贡于非几兹"，体现了"威仪"在中国古代的
重要地位。"威仪"指礼容，即人的容止之礼。《左传》
襄公三十一年称："有威而可畏谓之威，有仪而可象谓之
仪。""故君子在位可畏，施舍可爱，进退可度，周旋可则，
容止可观，作事可法，德行可象，声气可乐，动作有文，
言语有章，以临其下，谓之有威仪也。"据西周金文记载，
武王时期已有治威仪之官。威仪是周代君子礼仪的重要
组成部分。《周礼·地官》载保氏养国子之道，需教之六
仪："一曰祭祀之容，二曰宾客之容，三曰朝廷之容，四
曰丧纪之容，五曰军旅之容，六曰车马之容。"《大戴礼
记·保傅》也载，"（天子）不闲于威仪之数"，是"太师
之任也"；而"天子处位不端，受业不敬，言语不序，声
音不中律，进退节度无礼，升降揖让无容，周旋俯仰视
瞻无仪，安顾咳唾，趋行不得，色不比顺，隐琴瑟，凡
此其属，太保之任也"。由此可知，成王在弥留之际强调
礼容，是依照礼制。而更重要的是，威仪对于周的统治
具有非凡意义。《诗经·大雅·抑》说："敬慎威仪，维
民之则。"孔颖达解释说："当敬慎其举动威仪，维与下

民之为法则也。”周代奉行德治，核心就在于统治者用自身高尚的德行对臣下作出表率、示范，只有统治者自身威仪整饬，才能使臣民遵守礼制。“天子威仪”关乎德治兴废，关乎周朝存亡，因此被高度重视。《酒诰》篇周公指出商纣王“用燕丧威仪”，并认为这是导致他灭亡的重要原因，正是从反面印证了威仪的重要性。

周成王在遗嘱中强调：“敬迓天威，嗣守文、武大训，无敢昏逾。”“柔远能迩，安劝小大庶邦。”可以视为周初统治经验的概括，集中反映了“成康之治”的理念和政策。

《顾命》内容丰富，叙写详尽。《顾命》叙述成王的丧礼时祖庙的警卫情况，不仅写明卫士站立的不同方位、冠冕和兵器，而且连兵器锋刃的朝向都做了具体说明。

传世本《尚书》中，《顾命》《康王之诰》是两篇。但古本《尚书》既有分为两篇的，也有合为一篇统称《顾命》的。欧阳、大小夏侯所传今文本《顾命》包括《康王之诰》；马融、郑玄、王肃各家的本子和孔传古文《尚书》都分为两篇，而且具体分法也不同。常见的《正义》本和蔡传本依据孔传古文《尚书》。从两篇内容看，《顾命》先记载成王临终，召见群臣，命令召公、毕公辅佐太子，然后铺叙成王丧礼和周康王钊接受册命即位的典礼仪式；《康王之诰》先记叙周康王即位时，诸侯朝见周康王的礼仪，后叙写召公、芮公的献词和康王勉励诸侯保卫王家的答词。诚如南宋吕祖谦所说：“《顾命》，成王所以正其终；《康王之诰》，康王所以正其始。”两篇叙述紧密衔接。

康王之诰

王出^[1]，在应门之内^[2]，太保率西方诸侯入应门左^[3]，毕公率东方诸侯入应门右^[4]。皆布乘黄朱^[5]。宾称奉圭兼币^[6]，曰："一二臣卫敢执壤奠^[7]。"皆再拜稽首^[8]。王义嗣^[9]，德答拜^[10]。

[注释]

[1] 出：谓出祖庙。 [2] 应门：周制，天子五门，从外至内依次为皋门、库门、雉门、应门、路门。宗庙在应门之内、路门之外。《尚书故》："诸侯出庙，在应门外，王出庙，在应门内。" [3] 太保：指召公，当时为西伯，是西方诸侯之长。 [4] 毕公：当时为东伯，是东方诸侯之长。 [5] 布乘：《白虎通》作"黼黻（fú）"，诸侯的礼服。黄朱：黄朱色的芾（fú），诸侯礼服上的蔽膝。《诗经·小雅·斯干》郑笺："芾者，天子纯朱，诸侯黄朱。"布乘黄朱，《尚书易解》："黼黻者衣之文，黄朱者芾之色，

康王之诰

王出[1]，在应门之内[2]，太保率西方诸侯入应门左[3]，毕公率东方诸侯入应门右[4]。皆布乘黄朱[5]。宾称奉圭兼币[6]，曰："一二臣卫敢执壤奠[7]。"皆再拜稽首[8]。王义嗣[9]，德答拜[10]。

[注释]

[1] 出：谓出祖庙。 [2] 应门：周制，天子五门，从外至内依次为皋门、库门、雉门、应门、路门。宗庙在应门之内、路门之外。《尚书故》："诸侯出庙，在应门外，王出庙，在应门内。" [3] 太保：指召公，当时为西伯，是西方诸侯之长。 [4] 毕公：当时为东伯，是东方诸侯之长。 [5] 布乘：《白虎通》作"黼黻（fú）"，诸侯的礼服。黄朱：黄朱色的芾（fú），诸侯礼服上的蔽膝。《诗经·小雅·斯干》郑笺："芾者，天子纯朱，诸侯黄朱。"布乘黄朱，《尚书易解》："黼黻者衣之文，黄朱者芾之色，

此文黼黻指衣，黄朱指芾，古史修辞之法也。"　[6]宾：通"摈"，接待诸侯，导行仪节的官员。《周礼·秋官·小行人》："凡四方之使者，大客则摈。"郑玄注："摈者，摈而见之王，使得亲言也。"圭：命圭。《周礼·冬官考工记·玉人》注："命圭者，王所命之圭也，朝觐执焉。"兼：连词，和，与。币：贡物。　[7]臣卫：蕃卫的臣仆，诸侯自称的谦词。敢执壤奠：拿出土产献给王。敢，表敬副词，表示恭敬，可不译。壤：指土壤所产，等于今天说土产。奠，献。　[8]再拜稽首：指诸侯再拜叩头。　[9]义嗣：就是礼辞。以礼辞谢，不坚决拒绝。黄式三《尚书启蒙》："义嗣，礼辞也。经传言礼辞者，以礼辞之，不坚辞也。辞、词古通用。转写作嗣。"　[10]德答拜：指王既已礼辞，升位答拜。德，升。见《说文》。

第一段，记叙周康王即位礼和诸侯的朝觐礼。

太保暨芮伯咸进[1]，相揖。皆再拜稽首曰："敢敬告天子，皇天改大邦殷之命，惟周文武诞受羑若[2]，克恤西土[3]。惟新陟王毕协赏罚[4]，戡定厥功[5]，用敷遗后人休[6]。今王敬之哉！张皇六师[7]，无坏我高祖寡命[8]！"

陟：《竹书纪年》记帝王辞世都说"陟"。新陟王，新终王，指成王。

[　注释　]

[1]暨：介词，杨树达说："暨，介词，及也。"咸：共同。　[2]诞：大。羑（yǒu）若：等于说福祥。羑，《说文》："进善也。"引申为善。若，善。　[3]恤：安。见《汉书·韦玄成传》注。　[4]毕：皆，尽。协赏罚：谓赏罚合宜。协，和。见《尔雅·释

诰》。　[5]戡：克，能够。　[6]敷：范围副词，普遍地。　[7]张皇：张大，扩大。六师：就是六军。这里泛指军队。　[8]坏：败坏。《说文》："坏，败也。"高祖：指周文王。寡：大。见《康诰》"乃寡兄勖"注释。

第二段，记叙太保和芮伯劝勉康王继承先王遗志，光大先王未竟的事业。

王若曰："庶邦侯甸男卫[1]！惟予一人钊报诰[2]。昔君文武丕平[3]，富不务咎[4]，厎至齐信[5]，用昭明于天下[6]。则亦有熊罴之士，不二心之臣，保乂王家[7]，用端命于上帝[8]。

[注释]

[1]侯甸男卫：四种诸侯爵称。　[2]报：答复。　[3]昔君文武丕平：《尚书易解》："当句绝，《墨子·兼爱下》'古有文武，为政均分，赏贤伐暴，勿有亲戚弟兄之所阿'，此丕平之事也。"丕，程度副词，很，大大地。　[4]富：《说文》："厚也。"指仁厚。咎：过失，这里指刑罚。　[5]厎：致。至：等于说行，施行。齐：《尔雅·释言》："中也。"　[6]用：因而。　[7]保乂：安治。　[8]端：才，表动作行为在某条件下发生。于：介词，介引动作行为的施动者。表被动。

"皇天用训厥道[1]，付畀四方[2]。乃命建侯树屏[3]，在我后之人[4]。今予一二伯父尚胥暨顾[5]，绥尔先公之臣服于先王[6]。虽尔身在外[7]，乃心罔不在王室，用奉恤厥若[8]，无遗鞠子羞[9]！”

[注释]

[1]训：顺。　[2]付、畀：都作“给予”解。　[3]建侯：分封诸侯。树屏：树立藩屏。树，立。屏，蔽。见《尔雅·释言》。　[4]在：《尔雅·释诂》：“察也。”这里的意思是眷顾。　[5]伯父：天子称同姓诸侯叫作伯父。尚：还。胥：相。暨：与。顾：顾念。　[6]绥：通“绥”，继承。　[7]外：指朝廷外。　[8]用奉恤厥若：即（尔）用奉（我）恤厥若。奉，助。见《淮南子·说林》注。恤，忧念。若，顺，理顺。　[9]鞠（jū）子：稚子。康王自谦之词。

群公既皆听命[1]，相揖，趋出。王释冕[2]，反[3]，丧服[4]。

[注释]

[1]群公：指王的三公以及诸侯群臣。　[2]释冕：指康王脱去接受册命大典时穿的吉服。释，解去，脱出。　[3]反：通“返”。指康王又返回守丧的侧室。　[4]丧服：作动词，穿上丧服。

第三段，记叙周康王勉励诸侯继承先祖职责，继续效忠周王朝。

[点评]

《康王之诰》主要记载周康王即位时对群臣和诸侯的诰命。

　　《康王之诰》记载了周康王的即位礼和诸侯的朝觐礼。首先记叙周康王即位时，诸侯朝见周康王的礼仪，而后记录召公、芮公的献词和康王勉励诸侯保卫王家的答词。

　　今文《尚书》的《顾命》篇包括《康王之诰》。这两篇文意衔接紧密，应当视为一篇。本书单列为一篇，分篇起止依《正义》本孔传古文《尚书》，马融本、郑玄本孔传古文《尚书》的《康王之诰》仅为周康王的诰辞。

　　《康王之诰》反映周代的分封制。

　　康王指出："皇天用训厥道，付畀四方。乃命建侯树屏，在我后之人。"周室分封同姓诸侯和异姓功臣为诸侯充当王室的护卫屏障，对于王室的稳定和兴衰都发挥了至关重要的作用。分封是上天的旨意。先王分封，是代行天命。周王室的王是天子，地位尊贵。天子有权与上天直接沟通，而诸侯没有，诸侯接受天命必须经过周王的中介。

　　康王所称侯、甸、男、卫四种诸侯爵位，结合甲骨文材料可知，其雏形在商代就已出现，有些已经臻于成熟。这表明周初政治制度多承于商制。孔子说："周因于殷礼，所损益，可知也。"于此可见一斑。

　　"侯"在甲骨文中已可作为爵称。《说文》："侯，春飨所射侯也。从人，从厂，象张布，矢在其下。"徐中舒主编《甲骨文字典》释为："从矢从厂，厂象射侯之形，矢集其下，则厂为射侯自显。"射侯就是箭靶，可见侯最初与武事相关。《周礼·夏官·职方氏》："其外方五百里曰侯服。"郑玄注："言侯者，侯之。言侯为王斥候。"郑玄是运用声训法将"侯"与"候"相联系，按照郑玄的说法，侯本来可能是为王成边的军事情报人员，后来成为分封诸侯的爵位。

"甸"甲骨文作"田"。《礼记·王制》："千里之内曰甸。"郑玄注："服治田，出谷税。"裘锡圭先生认为，商代初期，田（甸）是"被商王派驻在商都以外某地从事农垦的职官"，后来演变为诸侯爵称。徐中舒《甲骨文字典》则指出"田"更早意义是"田猎战阵"之形，并认为"封疆之起在田猎之世"。如此看来，"甸"最初可能承担成边的职责，后来到农业时代又具有了拓边的职能。

"男"作为爵称，其来源存在争议。一种意见认为"男"与"田"相关。《说文》："男，丈夫也。从田，从力。言男用力于田也。"董作宾认为"男为力田之会意字，力即犁，犁田者，从事农田耕作之义。……（武丁）对于自己的许多子、孙，却赏赐他们每人都有田地。有田地必须耕作，耕作就是力田，所以他们的爵位也就叫作男。"一种意见是"男"是"任"的借字。《酒诰》篇"侯甸男卫邦伯"，《白虎通·爵》引作："侯甸任卫作国伯。"这是二字通用的例证。《逸周书·职方解》："又其外方五百里曰男服。"孔晁注："男，任也。任王事。"裘锡圭先生说："也许任本是侯、伯等所委派的，率领人专门为王朝服役的一种职官。……后来他们之中大概也有一部分人演变成为诸侯，所以'任'（男）也变成了一种诸侯的称号。"

"卫"甲骨文义即为保卫、守卫，裘锡圭先生认为卫本是商王派驻在都城外某地拱卫王室的武官，后来演变成一种诸侯的名称。

除此之外，本篇叙写诸侯的朝觐礼，十分细致。朝见的地点、诸侯的服饰贡物、站立的位置、朝见的程序都交代得一清二楚。本篇与《顾命》都是研究中国礼制史的最早文献材料。

毕　命

惟十有二年[1]，六月庚午朏[2]。越三日壬申，王朝步自宗周[3]，至于丰[4]。以成周之众，命毕公保釐东郊[5]。

[注释]

[1]十有二年：指周康王即位的第十二年。　[2]庚午：庚午日。朏（fěi）：新月开始放出光明。　[3]宗周：镐京。　[4]丰：文王时的王都，有文王庙。陈大猷说："古者封诸侯，命德赏功，必于祖庙，示不敢专，重其事也。"　[5]保：安抚。釐（lí）：治理。

第一段，交代康王册命毕公的时间、地点。

王若曰："呜呼！父师[1]，惟文王、武王敷大德于天下，用克受殷命。惟周公左右先王[2]，绥定厥家，毖殷顽民[3]，迁于洛邑，密迩王室，式

化厥训 [4]。既历三纪 [5]，世变风移，四方无虞 [6]，予一人以宁。道有升降 [7]，政由俗革，不臧厥臧 [8]，民罔攸劝 [9]。惟公懋德，克勤小物 [10]，弼亮四世 [11]，正色率下 [12]，罔不祇师言 [13]。嘉绩多于先王 [14]，予小子垂拱仰成 [15]。”

[注释]

[1] 父师：指毕公。蔡传：“毕公代周公为太师也。”胡士行说：“父者，同姓之尊者也。”　[2] 左右：辅佐。　[3] 毖（bì）：告诫。　[4] 式：用。化：感化。　[5] 历：经过。纪：记年单位。古代以十二年为一纪。孔传：“十二年曰纪。”孔疏：“周公以摄政七年营成周，成王元年迁殷顽民，成王在位之年，虽未知其实，当在三十左右，至今应三十六年，是殷民迁周，已历三纪。”　[6] 虞：忧虑。　[7] 道：世道。升降：等于说好坏。蔡传：“有升有降，犹言有隆有污也。周公当世道方降之时，至君陈、毕公之世，则将升于大猷矣。”　[8] 臧（zāng）：善。前一臧作动词，褒奖。后一臧作名词，善人善事。　[9] 攸：所。劝：勉励。这句是说：民无所劝勉，意即无法劝勉民众。　[10] 小物：小事。孔疏：“能勤小事则大事必能勤矣。故举‘能勤小事’以为毕公之善。”　[11] 弼亮：辅佐。弼亮四世，孔传：毕公“辅佐文、武、成、康四世为公卿”。　[12] 正色：指态度庄重。　[13] 祇：敬。师言：指毕公的教导。毕公为父师，所以叫师言。　[14] 多：重视。这句是被动句，可译为“嘉绩被先王重视”。　[15] 垂拱：垂衣拱手。仰成：仰仗成功。

第二段，康王赞美毕公效法周公，尽心辅佐王室。

王曰："呜呼！父师，今予祗命公以周公之事，往哉！旌别淑慝[1]，表厥宅里[2]，彰善瘅恶[3]，树之风声。弗率训典，殊厥井疆[4]，俾克畏慕[5]。申画郊圻[6]，慎固封守，以康四海。政贵有恒，辞尚体要[7]，不惟好异[8]。商俗靡靡[9]，利口惟贤，余风未殄[10]，公其念哉！

[注释]

[1] 旌（jīng）别：识别。淑：善。慝（tè）：恶。　[2] 表厥宅里：如同后世的旌表，对所谓忠孝节义的人，用立牌坊、赐匾额的方法加以表扬。表，标记。　[3] 瘅（dàn）：憎恨、斥责。　[4] 殊厥井疆：孔疏："不循道教之常者，其人不可亲近，与善民杂居，或染善为恶，故殊其井田居界，令民不与往来，犹今下民有大罪过，不肯服者则摈出族党之外，吉凶不与交通，此之义也。"殊，异。此义为分别、区别。井，古制八家为井，引申为乡里家宅。疆，界。　[5] 俾：使。畏慕：害怕行恶之祸，敬慕行善之福。　[6] 申：申明。画：划分。郊圻：封邑内外的界域。郊，邑外叫作郊。圻（qí），同"畿"。　[7] 尚：崇尚。体要：体现精要。　[8] 好（hào）：喜欢、爱好。异：奇异。　[9] 靡（mǐ）靡：柔弱、浮躁奢华。　[10] 殄（tiǎn）：断绝、灭绝。

"我闻曰：'世禄之家[1]，鲜克由礼[2]。以荡陵德[3]，实悖天道。敝化奢丽[4]，万世同流。'兹殷庶士，席宠惟旧[5]，怙侈灭义[6]，服美于人。

骄淫矜侉^[7]，将由恶终。虽收放心^[8]，闲之惟艰^[9]。资富能训^[10]，惟以永年。惟德惟义，时乃大训^[11]。不由古训，于何其训。”

[注释]

[1]世禄：世代享受俸禄。　[2]鲜（xiǎn）：少、不多。由：顺从。　[3]荡：放荡。陵：欺侮。　[4]敝化：败坏的风俗。丽：靡丽。《汉书·司马相如传下》集注引张揖说：“丽，靡也。”　[5]席宠惟旧：意谓殷士凭借先人的宠荣，已经很久了。席宠，凭借先人的宠荣。《汉书·刘向传》颜师古注：“席，犹因也；言若人之坐于席也。”　[6]怙（hù）：仗恃，依靠。侉：大，指自己强大。　[7]骄淫：骄横，放荡。矜（jīn）侉：就是矜夸，夸耀自己的长处。　[8]放心：放纵恣肆的心。　[9]闲：《说文》：“阑也。”引申为防制、约束。　[10]资：资财。训：通“顺”。下文“于何其训”的“训”同。　[11]时：这。大训：重要教导。

第三段，康王阐述教化殷民的具体策略和方法。

王曰：“呜呼！父师，邦之安危，惟兹殷士。不刚不柔，厥德允修。惟周公克慎厥始^[1]，惟君陈克和厥中，惟公克成厥终。三后协心，同底于道^[2]，道洽政治，泽润生民，四夷左衽^[3]，罔不咸赖，予小子永膺多福^[4]。公其惟时成周^[5]，建无穷之基，亦有无穷之闻^[6]。子孙训其成式^[7]，惟乂^[8]。呜呼！罔曰弗克，惟既厥心^[9]；罔曰民寡，惟慎厥事。钦若先王成烈[10]，以休于前政[11]。”

［注释］

[1]始：与下文“中”“终”，指教化治理殷民的不同阶段。　[2]厎：达到、归于。《诗经·小雅·祈父》：“靡所厎止。”毛传：“厎，至也。”道：通“导”，教导。　[3]四夷：东夷、西戎、南蛮、北狄的总称，古代指华夏民族以外的各少数民族。左衽：这里指少数民族的民众。衽，衣襟。我国古代少数民族的服装，有些是前襟向左掩的，与中原民众前襟向右掩（右衽）不同，所以称“左衽”。　[4]永：长。膺：受。　[5]其：副词，表示劝勉语气。时：善，治好。　[6]闻：令闻，好名声。　[7]训：通“顺”。成式：成法。式，法。　[8]乂：安。　[9]既：尽。孔传：“人之为政，无曰不能，惟在尽其心而已。”　[10]钦：敬。成烈：盛大的功业。烈，功。见《国语·晋语》“君骄泰而有烈”韦昭注。　[11]休：美好。前政：指周公、君陈的政绩。

第四段，康王劝勉毕公教化殷民，发扬光大先代功业。

［点评］

殷民移居成周，经过周公和君陈的相继治理，多数已经服从周王朝统治。但尽管如此，“商俗靡靡，利口惟贤，余风未殄”，治理好殷民仍然是周王朝的重要任务。君陈去世后，周康王册命四朝元老毕公继续治理成周。

《毕命》主要强调社会风气对于政教的重要性。康王意识到“政由俗革”的道理，要求毕公对殷商遗民“旌别淑慝，表厥宅里，彰善瘅恶，树之风声”。只有树立良好的社会风尚，伸张正义，才能使政治清明，国家太平。同时，西周统治者十分重视观察社会风气知晓政治好坏。《礼记·王制》说："（天子）命大师陈诗以观民风。"《汉书·艺文志》说："古有采诗之官，王者所以观风俗，知得失，自考正也。"

本篇"辞尚体要"四字对中国古代文论产生了深远的影响。

康王针对"商俗靡靡，利口惟贤，余风未殄"的社会现实，指明"政贵有恒，辞尚体要，不惟好异"，告诫毕公不可受商俗影响，要坚持前人既定的政策，通过有恒之政、体要之辞来移风易俗，使商地民风归于纯朴。

齐梁时期，文风恰恰趋于浮靡。在这种情况下，刘勰从经典中寻找依据，将"辞尚体要"四字作为对文章体制的要求，力图扭转不良文风。《文心雕龙·徵圣》说："《易》称'辩物正言，断辞则备'，《书》云'辞尚体要，弗惟好异'；故知正言所以立辩，体要所以成辞，辞成无好异之尤，辩立有断辞之美。"《风骨》说："《周书》云：'辞尚体要，弗惟好异。'盖防文滥也。然文术多门，各适所好。明者弗授，学者弗师。于是习华随侈，流遁忘反。"

辞令简要反映的是政治风气的简朴，而政治风气的简朴也能促使文风删繁就简，二者息息相关。孔门四科德行、言语、政事、文学，言语和政事赫然在目。《论语·先进》："子曰：'从我于陈、蔡者，皆不及门也。德行：颜渊、闵子骞、冉伯牛、仲弓。言语：宰我、子贡。政事：冉有、季路。文学：子游、子夏。'"宋代邢昺说：

"此章（按：邢氏以"德行"以下别为一章。）因前章言弟子失所，不及仕进，遂举弟子之中才德尤高可仕进之人。"又《论语·子路》："名不正，则言不顺；言不顺，则事不成；事不成，则礼乐不兴；礼乐不兴，则刑罚不中；刑罚不中，则民无所措手足。故君子名之必可言也，言之必可行也。君子于其言，无所苟而已矣。"可见"言语""文学"均与进仕从政紧密相关。所以，纠正文风其实也就是纠正世风。刘勰论文，归根结底还是论世。《文心雕龙·序志》说："唯文章之用，实经典枝条，五礼资之以成，六典因之致用。君臣所以炳焕，军国所以昭明，详其本源，莫非经典。而去圣久远，文体解散，辞人爱奇，言贵浮诡，饰羽尚画，文绣鞶帨，离本弥甚，将遂讹滥。盖《周书》论辞，贵乎体要；尼父陈训，恶乎异端。辞训之异，宜体于要。于是搦笔和墨，乃始论文。"在刘勰看来，好的文风能使君臣炳焕，军国昭明；反言之，则不良文风会使君臣失序，军国废弛。由此可见，刘勰认为文章的根本价值仍在于政治实用性，而这与《尚书》诰命的性质几乎完全一致。匡正文风的最终目的仍在于匡正世风。

　　本篇今文无，古文有。

君　牙

　　王若曰："呜呼！君牙[1]，惟乃祖乃父，世笃忠贞[2]，服劳王家[3]，厥有成绩，纪于太常[4]。惟予小子嗣守文、武、成、康遗绪[5]，亦惟先正之臣[6]，克左右乱四方[7]。心之忧危，若蹈虎尾[8]，涉于春冰[9]。

居安思危。承平之世当存忧患意识。

[注释]

[1]君牙：人名。《礼记·缁衣》引作"君雅"，周穆王时任大司徒。　[2]笃（dǔ）：惇厚。忠：忠实。贞：指志行坚定。　[3]服劳：服事，效劳。　[4]纪于太常：记载在太常旗上。《周礼·夏官·司勋》："凡有功者，铭书于王之太常，祭于大烝，司勋诏之。"郑玄注："铭之言名也。生则书于王旌以识其人与其功也。"太常，周代王家的旌旗名。孔传："王之旌旗画日月曰太常。"　[5]嗣：继。遗绪：前人遗留下来的功业。　[6]惟：思。正：阮元说：

"此正字当属王字之讹。" [7]左右：辅佐。乱：治理。 [8]蹈：踩。 [9]涉：《说文》："涉，徒行厉水也。"引申为行走。蔡传："若蹈虎尾，畏其噬；若涉春冰，畏其陷。言忧危之至，以见求助之切也。"

第一段，穆王赞扬君牙先辈的贡献，表明渴望忠臣辅佐的心愿。

"今命尔予翼[1]，作股肱心膂[2]，缵乃旧服[3]。无忝祖考[4]，弘敷五典，式和民则[5]。尔身克正，罔敢弗正；民心罔中[6]，惟尔之中[7]。夏暑雨[8]，小民惟曰怨咨；冬祁寒，小民亦惟曰怨咨。厥惟艰哉！思其艰以图其易，民乃宁。

[注释]

[1]予翼：就是翼予，辅佐我。 [2]股：大腿。肱（gōng）：手臂从肘到肩的部分。膂（lǚ）：脊骨。股肱心膂，比喻君王左右得力的大臣。 [3]缵乃旧服：承袭你祖先的旧职。孔传："继汝先祖故所服。"缵（zuǎn），继承。《诗经·豳风·七月》："载缵武功。"毛传："缵，继。"旧服，这里指祖先的旧职。 [4]忝（tiǎn）：辱。 [5]式：《尔雅·释言》："用也。"则：法。 [6]中：公平中正。蔡传："中以心言，欲其所存无邪思也。" [7]惟：表希望，副词。之：表现，《说文》："之，出也。" [8]夏暑雨：以下四句是说夏天大热大雨，民众只是怨恨嗟叹；冬天大寒，民众也只是怨恨嗟叹。咨，叹息。祁，蔡传："大也。"祁寒，大寒大雪。孔疏："上言'暑雨'此不言'寒雪'者，于上言'雨'以见之，互相备也。"

第二段，勉励君牙端正德行，为民表率，注意民生疾苦。

　　"呜呼！丕显哉，文王谟[1]！丕承哉，武王烈[2]！启佑我后人，咸以正罔缺[3]。尔惟敬明乃训[4]，用奉若于先王[5]，对扬文、武之光命[6]，追配于前人[7]。"

[注释]

[1]谟：谋。　[2]烈：业。孔疏："文王未克殷，始谋造周，故美其谋。武王以杀纣功成业就，故美其业。谋则明白可遵，业则功成可奉，故谋言显，烈言承。"　[3]咸：都。正：正道。罔：无。　[4]乃训：指司徒掌管的"五典"的教化。　[5]若：顺。　[6]对扬：答谢，颂扬。光命：光显的福命，这里或指文王的谋略，武王的功业。　[7]追配于前人：王充耘说："前王成、康用尔祖父为司徒，故能对扬文、武光命，而不坠其治民之法。今汝能不失成、康之意，则与祖父无异矣。"配，配匹。前人，指君牙的祖辈和父辈。

　　王若曰："君牙，乃惟由先正旧典时式[1]，民之治乱在兹[2]。率乃祖考之攸行，昭乃辟之有乂[3]。"

[注释]

[1]由：施行。先正：同上文"前人"，指君牙的祖辈和父辈。

时式：善法。 [2]兹：这，指旧典善法。大司徒主管国家的教化。教化行，天下大治；教化不行，天下大乱。所以，民众的治乱都在这里。 [3]昭：通"诏"，指导。辟：君王。乂：治。

第三段，勉励君牙遵奉先王先祖常法治理民众。

[点评]

本篇是周穆王命君牙任大司徒的册书，穆王论述了敷典、正身、思艰、安民的治国大法，对于西周政治制度和古代思想史的研究有参考价值。

宋代吕祖谦认为本篇作于周穆王初年。

本篇反映了周代以来的世袭观念。穆王首先追述君牙祖辈父辈世代为周忠臣，建立了功勋，接着讲到他自己继承先王的事业，也希望有良臣辅佐，随后提出希望君牙能像祖辈父辈一样为王室服务。穆王说"缵乃旧服"，是强调君牙是世袭祖上旧职，履行好这一职务正是君牙的本分，只有这样才能"无忝祖考"。祖宗观念与世袭制度相辅相成，成为周代政治的重要内容。地位和职务是世袭的，来自于祖宗；而华夏先民们对祖宗无比尊重与崇拜，这样一来，社会秩序就能够得到稳定。

穆王对君牙的告诫主要还是在于敬德保民。其中，"尔身克正，罔敢弗正；民心罔中，惟尔之中"。与《论语》"子帅以正，孰敢不正"的论述十分相近，都是强调统治者自身要做臣属的表率。其实，这一层意思在篇首也有铺垫。穆王说"惟予小子嗣守文、武、成、康遗绪，……心之忧危，若蹈虎尾，涉于春冰"，在表达自己求贤若渴的心情同时，也表明自己忧心政务，努力行德，足以作为君牙的表率。事实上，周代德治正是在一系列垂范中完成的：王对诸侯的垂范，王对大臣的垂范，诸侯、大臣对民众的垂范，先祖对后人的垂范，等等。这种层层垂范的政治模式，成为儒家思想的重要理论来源。

《礼记·缁衣》："《君雅》曰：夏日暑雨，小民惟曰怨；资冬祁寒，小民亦惟曰怨。"郭店楚简《缁衣》："《君舀（牙）》员（云）：日昏（暑）雨，少（小）民佳（惟）日悁（怨）。晋冬旨（耆）沧（寒），少（小）民亦佳（惟）日悁（怨）。"上博简《缁衣》："《君舀（牙）》员（云）：日昦（暑）雨，少（小）民佳（惟）日宛（怨）。晋冬耆寒，少（小）民亦佳（惟）日宛（怨）。"简文的意思是，暑热阴雨，民众抱怨天上的太阳。到了冬天异常寒冷，民众还是抱怨天上的太阳。有学者指出，《缁衣》上下文主要阐述民与君的相对关系，犹如身与心，必须兼修之，才能宁国成邑。这里当是用日比喻君主，讽喻君主要注意民生疾苦。传世本"日"讹作"曰"，无法表达这一层意思。研究传世文献必须注重地下出土文献的研究。

本篇今文无，古文有。

冏　命

王若曰："伯冏[1]，惟予弗克于德，嗣先人宅丕后[2]，怵惕惟厉[3]，中夜以兴[4]，思免厥愆[5]。

[注释]

[1]伯冏：人名，周穆王时大臣。　[2]先人：先王。宅：居。丕后：大君。　[3]怵（chù）惕：戒惧。厉：危险，祸患。　[4]中夜：半夜。兴：起。　[5]愆：过失。

"昔在文、武，聪明齐圣[1]，小大之臣，咸怀忠良。其侍御仆从，罔匪正人[2]，以旦夕承弼厥辟[3]，出入起居，罔有不钦，发号施令，罔有不臧[4]，下民祇若[5]，万邦咸休。

[注释]

[1] 聪明齐圣：博闻、广识、通达、圣哲。孔传：“聪明，视听远。齐通，无滞碍。” [2] 匪：通“非”，不是。正人：忠诚正直的人。 [3] 弼：辅佐、匡正。辟：君。 [4] 臧（zāng）：善。 [5] 祗若：恭敬顺服。

第一段，穆王指出文王、武王注重选用臣仆侍御官员。

“惟予一人无良，实赖左右前后有位之士，匡其不及，绳愆纠缪[1]，格其非心[2]，俾克绍先烈[3]。今予命汝作大正[4]，正于群仆侍御之臣[5]，懋乃后德[6]，交修不逮[7]；慎简乃僚[8]，无以巧言令色[9]，便辟侧媚[10]，其惟吉士[11]。仆臣正，厥后克正；仆臣谀，厥后自圣[12]。后德惟臣，不德惟臣。尔无昵于憸人[13]，充耳目之官[14]，迪上以非先王之典[15]。非人其吉[16]，惟货其吉。若时[17]，瘝厥官[18]，惟尔大弗克祗厥辟[19]，惟予汝辜[20]。”

本节反复论述君王与近臣的关系与影响，发人深省。

[注释]

[1] 绳：纠正。孔疏：“木不正者，以绳正之。绳谓弹正。” [2] 格：正。 [3] 俾：使。绍：继承。先烈：祖先的功业。 [4] 大正：就是太仆正，仆官之长。 [5] 正：领导。群仆：孔疏：“《周礼》：太御，中大夫，掌驭玉辂；戎仆，中大夫，掌

驭戎车；齐仆，下大夫，掌驭金辂；道仆，上士，掌驭象辂；田仆，上士，掌驭田辂。群仆谓此也。" [6]懋：勉。 [7]交：共同。《书·禹贡》："庶土交正。"孔传："交，俱也，众土俱得其正。"修：勉励，《淮南子·修务》注："修，勉。" [8]简：选择。僚：同类官员。这里是群仆。 [9]巧言令色：花言巧语，假装和善。 [10]便辟侧媚：阿谀奉承的人。蔡传："便者，顺人之所欲。辟者，避人之所恶。侧者奸邪，媚者谀说，小人也。" [11]吉士：品德高尚的人。 [12]自圣：自以为圣。 [13]无：通"毋"，不要。昵（nì）：亲近。恮（xiān）人：能说会道的人。 [14]充：充任。耳目之官：指群仆近侍官员。 [15]迪：引导。 [16]非人其吉：以下两句是说不是人是良善，而只是财货是良善。《释词》："其，犹乃也。" [17]若时：像这样。指上文"非人其吉，惟货其吉"。 [18]瘝（guān）：败坏。 [19]祗：敬。厥辟：你的国君，穆王自指。厥，其。 [20]汝辜：惩罚你。辜，罪，这里是动词，惩罚。

王曰："呜呼，钦哉[1]！永弼乃后于彝宪[2]。"

[注释]

[1]钦：敬。 [2]弼：辅佐。彝（yí）：常。宪：法。

第二段。穆王指出仆臣对于君王树德具有重要作用，告诫伯冏选择贤人，不用小人。

[点评]

《冏命》是周穆王任命伯冏担任太仆正的册书，是研究西周吏治思想的重要材料。穆王认识到侍从仆役对国君影响很大，特别告诫伯冏注重选择吉士，辅君修德。这些认识是正确的，在今天特别具有重要的现实意义。

古代君王的近臣因为日常陪伴君王，对于君王的影响很大。早在西周穆王时代，开明的君王已经注意到近臣与君王的交互作用，穆王指出："仆臣正，厥后克正；仆臣谀，厥后自圣。后德惟臣，不德惟臣。"近臣正，他们的君主才会正；近臣谄媚，他们的君主就会自以为圣哲。君主有德在于臣下，君主失德也在于臣下。穆王强调："尔无昵于憸人，充耳目之官。""慎简乃僚，无以巧言令色，便辟侧媚。"君主不能亲近能说会道的小人，让他们充任近臣；不能选用阿谀奉承的小人，要谨慎选择品德高尚的君子。因为近臣是君子才会对君主"匡其不及，绳愆纠缪，格其非心"，"旦夕承弼厥辟"，从而获得"下民祗若，万邦咸休"的可喜局面。《冏命》与《君牙》正好形成互补。《君牙》强调上级对下级的垂范作用，《冏命》则强调下级对上级的辅弼职能。这是西周德治的两个方面。只有上下一齐努力行德，德政才能够实现。

《冏命》也反映了下谏上的规定实际是民主议政风气在阶级社会里的遗存。《尧典》中尧和群臣都俞吁咈，《益稷》载舜帝说"予违，汝弼"，都显示了下谏上的优良传统。《周礼·地官·保氏》："保氏掌谏王恶。"明确规定保氏要针对君王的过错进行规劝。事实上，周代从公卿大臣到普通民众，都可以对政治提出意见。《国语·周语上》记载："天子听政，使公卿至于列士献诗，瞽献曲，史献书，师箴，瞍赋，矇诵，百工谏，庶人传语，近臣尽规，亲戚补察，瞽、史教诲，耆、艾修之，而后王斟酌焉，是以事行而不悖。"而这种情形一旦被破坏，周朝就面临被颠覆的危险。周厉王禁止平民谤议时事，国人"道路以目"，召公劝谏而厉王不听，终于，公元前841年，西周国人大规模暴动，厉王被迫出逃，史称"国人暴动"。西周王朝遭受沉重打击，王室日趋衰微，逐渐出现分崩离析的局面。

君王与近臣、领导干部与身边的工作人员发挥怎样的交互作用，是一个古老而又现实的政治命题。《冏命》与《君牙》对于现在领导干部如何选择身边的工作人员以及领导干部如何以身作则、自律自重，都有重要的历史借鉴价值。

本篇今文无，古文有。

吕　刑

惟吕命，王享国百年 [1]，耄 [2]，荒度作刑 [3]，以诘四方 [4]。

[**注释**]

[1]享国：享有国家，指在位。百年：指时间久。百，虚数。　[2]耄（mào）：《礼记·曲礼》："八十、九十曰耄。"这里指年事已高。 [3]荒：大。度：谋。 [4]诘：禁戒。《周礼·天官·太宰》："五曰刑典，以诘邦国，以刑百官，以纠万民。"郑玄注："诘，禁也。"

王曰："若古有训 [1]，蚩尤惟始作乱 [2]，延及于平民 [3]，罔不寇贼 [4]，鸱义奸宄 [5]，夺攘矫虔 [6]。苗民弗用灵 [7]，制以刑 [8]，惟作五虐之刑曰法。杀戮无辜，爰始淫为劓刵椓黥 [9]。越兹丽

刑并制 [10]，罔差有辞 [11]。

［注释］

[1]若：句首语气助词。　[2]蚩尤：相传为东方九黎族的首领，与黄帝战于涿鹿，失败被杀。　[3]延及：波及，影响到。　[4]寇：侵犯。贼：杀害。　[5]鸱义：轻率不正。王引之说："鸱者，冒没轻儇；义者，倾邪反侧。"奸宄：外内作乱。　[6]攘：窃取。矫虔：诈骗抢夺。韦昭说："称诈为矫，强取为虔。"一说"矫虔"指"挠扰"。见《周礼·司刑》疏引郑玄说。　[7]苗民：郑玄说："苗民谓九黎之君也。"灵：通"令"，政令。《礼记·缁衣》引《甫刑》作"苗民匪用命"，注："命谓政令也。"　[8]制：制御。以：用。　[9]爰：句首语气助词。淫：过分。劓（yì）：割鼻的刑罚。刵（èr）：割耳的刑罚。《尚书易解》："五刑本有劓无刵，此'刵'当作'劓'。"《说文》引作"劓"。刖（yuè），砍去双脚。椓（zhuó）：宫刑，割去生殖器。黥：黥刑，用刀刺刻面额，染以黑色，作为惩罚的标记。商周多称"墨刑"，秦汉称"黥刑"。　[10]越兹：《尚书易解》："越兹，于是也。"丽：施行。并：废弃。《庄子·天运》："至贵国爵并焉。"注："并者，除弃之谓也。"制：制度法令。　[11]罔：不能。差：选择。有辞：有申诉辩解的话。指无罪。

从"皇帝哀矜庶戮之不辜"到"罔有降格"均言颛顼事。

"民兴胥渐 [1]，泯泯棼棼 [2]，罔中于信 [3]，以覆诅盟 [4]。虐威庶戮 [5]，方告无辜于上 [6]。上帝监民，罔有馨香德 [7]，刑发闻惟腥 [8]。皇帝哀矜庶戮之不辜 [9]，报虐以威 [10]，遏绝苗民 [11]，无世在下 [12]。乃命重、黎 [13]，绝地天通 [14]，罔有降格^[15]。群后之逮在下^[16]，明明棐常^[17]，鳏寡
无盖^[18]。

[注释]

[1]民：指三苗的民众。胥：互相。下文"明启刑书胥占"的
"胥"同。渐：欺诈。王引之说。见《经义述闻》卷三。　[2]泯
泯棼（fén）棼：纷乱的样子。　[3]于：并列连词，与。《经传释
词》："于，犹越也；与也；连及之词。"[4]以：因果连词，以致。
覆：反，背。诅盟：誓约。　[5]虐威：受刑罚的。庶戮：一些受
侮辱的人。　[6]方：通"旁"，范围副词，普遍。　[7]馨香：芬芳，
指散布很远的香气。　[8]发闻：流传而著名。《中论·虚道》："是
以辜罪昭著，腥德发闻。""发闻"与"昭著"互文见义。　[9]皇
帝：指颛顼（zhuān xū），传说上古部落的首领，号高阳氏。不辜：
无罪。　[10]报：审判。《说文》："报，当罪人也。"虐：滥用酷
刑杀戮的人。威：惩罚。　[11]遏：制止。绝：杀尽。　[12]无
世在下：谓没有后代。无，使……无。世，嗣。见《国语·晋语》
注。　[13]乃：连词，又，表递进关系。重（chóng）、黎：都是
人名，相传颛顼时，重主持天神，黎主持臣民。　[14]绝地天通：
意谓断绝地民与天神相通。《国语·楚语下》："颛顼受之，乃命南
正重司天以属神，命火正黎司地以属民，使复旧常，无相侵渎，
是为绝地天通。"[15]格：通"假"，《尔雅·释诂》："假，升
也。"[16]群后：指高辛和尧、舜。逮：及，相继的意思。[17]明
明：显用有明德的人。棐：辅助，扶持。常：指常道。　[18]盖：
壅蔽。

"皇帝清问下民鳏寡有辞于苗^[1]。德威惟

畏^[2]，德明惟明。乃命三后^[3]，恤功于民^[4]。伯夷降典^[5]，折民惟刑^[6]；禹平水土，主名山川^[7]；稷降播种^[8]，农殖嘉谷^[9]。三后成功，惟殷于民^[10]。士制百姓于刑之中^[11]，以教祗德^[12]。

[注释]

[1]清问：清楚地听到。问，通"闻"。辞：怨言。按：郑玄以为"皇帝清问下民"以下言尧事。　[2]德威惟畏：以下两句《尚书易解》："《表记》引《甫刑》云：'德威惟威，德明惟明，非虞帝其孰能如此乎。'注：'德所威，则人皆畏之，言服罪也；德所明，则人皆尊之，言得人也。'按此二句泛说尧德，下文乃具体言之。"　[3]乃：关联副词，于是。下文"乃绝厥世"的"乃"同。三后：指下文的伯夷、禹、稷。　[4]恤：通"卹"，慎重。功：事。这里是动词，治事。　[5]伯夷：人名，为舜制定礼法，见《舜典》。降：颁布。典：法典。　[6]折民：判断民事案件，泛指审理案件。　[7]主名山川：意谓主掌名山大川。　[8]稷：后稷。尧舜时的农官。　[9]农：情态副词，勉，努力。《广雅·释诂》："农，勉也。"殖：种植。　[10]殷：多，引申有厚义。一说"殷"为"正"义。　[11]士：士师。制：制御。百姓：百官。于：介词，以，用。介引动作行为凭借的工具。下文"正于五刑""正于五过"的"于"同。中：公平，公正。　[12]教祗德：教（民众）祗德，省略兼语"百姓"。

"穆穆在上^[1]，明明在下^[2]，灼于四方^[3]，罔不惟德之勤^[4]，故乃明于刑之中，率乂于民棐

彝^[5]。典狱非讫于威^[6]，惟讫于富^[7]。敬忌，罔有择言在身^[8]。惟克天德^[9]，自作元命^[10]，配享在下。”

[注释]

[1]穆穆：恭敬的样子。　[2]明明：努力的样子。明，勉。下文“故乃明于刑之中”的“明”同。　[3]灼：光。这里作动词，光照。　[4]罔不惟德之勤：宾语前置句，即“罔不惟勤德”。　[5]率：用。《经传释词》：“《吕刑》曰：‘故乃明于刑之中，率乂于民棐彝。’率，用也。言能明于刑之中正，用治于民，辅成常教也。”[6]典：主管。讫：止。　[7]惟：连词。连接分句，表示并列关系中的对等关系。与“非”构成“非……，惟……”式，译为“不是……，而是……”。下文类似的复句有：“非佞折狱，惟良折狱，罔非在中。”“狱货非宝，惟府辜功。”“永畏惟罚，非天不中，惟人在命。”富：仁厚。《说文》：“富，厚也。” [8]择言：败言，坏话。择，通“斁（dù）”，败。见《经义述闻》。　[9]克：肩任，肩负。天德：上天仁爱的美德。　[10]元：善。

王曰：“嗟！四方司政典狱^[1]，非尔惟作天牧^[2]？今尔何监^[3]？非时伯夷播刑之迪^[4]？其今尔何惩？惟时苗民匪察于狱之丽^[5]，罔择吉人^[6]，观于五刑之中^[7]；惟时庶威夺货^[8]，断制五刑，以乱无辜^[9]，上帝不蠲^[10]，降咎于苗^[11]，苗民无辞于罚^[12]，乃绝厥世。”

[注释]

[1]司政典狱：掌管政教、刑狱的人，这里指诸侯。　[2]惟：为。牧：治民。《左传》襄公十四年："天生民而立之君，使司牧之。"　[3]监：视，这里意思是效法。　[4]时：这。播：施行。迪：道理。　[5]匪：否定副词，不。《经传释词》："匪，不也。"黄侃笺识："'匪'亦'否'之借。"丽：施行。　[6]吉人：善人。　[7]中：适中、公正。　[8]庶威：盛为威势。庶，《尔雅·释言》："侈也。"　[9]以：连词，表承接关系，《经传释词》："以，犹'而'也。"乱：《尚书正读》："乱，乱罚，犹《君奭》言'乱罚无辜'也。"　[10]蠲：通"捐"，这里的意思是赦免。　[11]咎：灾祸。　[12]无辞于罚：对于惩罚无话可说。

王曰："呜呼！念之哉！伯父、伯兄、仲叔、季弟、幼子、童孙，皆听朕言，庶有格命[1]。今尔罔不由慰曰勤[2]，尔罔或戒不勤。天齐于民[3]，俾我一日[4]，非终惟终[5]，在人。尔尚敬逆天命[6]，以奉我一人[7]！虽畏勿畏，虽休勿休。惟敬五刑，以成三德。一人有庆[8]，兆民赖之，其宁惟永[9]。"

三德：指敬顺、正直、勤劳。《尚书易解》："三德，孔传解为刚柔正直之三德，孔广森解为三后之德。今按本文'敬逆天命以奉我一人'，言敬也；'虽畏勿畏'，言正也；'虽休勿休'，言勤也。三德盖即指此三者。"

[注释]

[1]庶：大概，或许。语气副词。格命：大命。见《经义述闻》。格，通"假"。《尔雅》："假，大也。"　[2]由：用。慰：自慰。　[3]齐：整顿。　[4]俾：使掌职。《尔释·释言》："俾，职也。"　[5]惟：连词，与。《经传释词》："'惟'犹'与'也，及也。"黄侃笺识："'与'之借。"终：成。　[6]尚：副词，表示祈使语气，

可译为"希望"。下文"尚明听之哉"的"尚"同。逆：迎，接受。　[7]奉：助。见《淮南子·说林》注。　[8]庆：善。　[9]宁：安宁。惟：关联副词，就。《经传释词》："惟，犹'乃'也。"

　　第一段，总结历史的经验教训，说明慎刑的重要性。

　　王曰："吁[1]！来，有邦有土[2]，告尔祥刑[3]。在今尔安百姓，何择，非人[4]？何敬，非刑？何度[5]，非及[6]？

[注释]

　　[1]吁：叹词。　[2]有邦：指诸侯。有土：指王畿内有采地的大臣。　[3]祥刑：善刑。郑玄本作"详"，释为"审察"。　[4]人：指道德高尚的人。　[5]度：考虑，谋划。　[6]及：《史记》作"宜"。《说文·日部》"疉"字注："扬雄谓古理官决罪，三日得其宜，乃行之。"这是度刑贵宜的例证。见《尚书易解》。

　　"两造具备[1]，师听五辞[2]；五辞简孚[3]，正于五刑[4]。五刑不简[5]，正于五罚[6]；五罚不服，正于五过[7]。五过之疵[8]：惟官[9]，惟反[10]，惟内[11]，惟货[12]，惟来[13]。其罪惟均[14]，其审克之[15]！

[注释]

　　[1]两造：《史记·周本纪》引"两造具备"，徐广注："造，

一作‘遭’。”即“曹”。《说文·曰部》：“曹，狱之两曹也。”段玉裁说：“两曹，今俗所谓原告被告也。”具：都。　[2]师：士师，就是法官。听：治理。这里意思是审理。五辞：指五刑的法律条文。　[3]简：核实。孚：诚信，这里作动词，验证。　[4]正：治，处置。五刑：就是指墨、劓、剕、宫、大辟五种刑罚。　[5]不简：不能核实。　[6]五罚：五等处以罚金的惩罚。　[7]五过：五种可以获得赦免的处罚。孔传：“不服，不应罚也；正于五过，从赦免。”孔疏：“下文惟有‘五刑’‘五罚’而无‘五过’，亦称‘五’者，缘五罚为过，故谓之‘五过’。”[8]疵：弊病。　[9]官：畏官势。　[10]反：报恩怨。　[11]内：指女谒。这里指接受说情。　[12]货：索贿受贿。　[13]来：马融本作“求”。意思就是受人请求，徇私枉法。　[14]其罪惟均：意谓（法官）与犯人同罪。其，指法官。均，等。马融说：“以此五过出入人罪，与犯法者等。”[15]其：副词，表示祈使语气。《经传释词》：“‘其’，犹‘尚’也，‘庶几’也。”这里可译为“必须”。审：副词，详尽地，仔细地。克：通“核”，核查。《汉书·刑法志》引作“核”。

　　“五刑之疑有赦[1]，五罚之疑有赦，其审克之！简孚有众[2]，惟貌有稽[3]。无简不听，具严天威。

[注释]
[1]之：如果。《经传释词》：“之，犹‘若’也。”　[2]简孚有众：《尚书正读》：“核验于大众也。《周官·小司寇》：‘以三刺断庶民狱讼之中，一曰讯群臣，二曰讯群吏，三曰讯万民。’《王制》所谓‘疑狱，泛与众共之’也。”　[3]惟貌有稽：是说审理案件必须

有共同办案的人。貌，治。见《广雅》。稽，同。见《尧典》郑注。

　　"墨辟疑赦[1]，其罚百锾[2]，阅实其罪[3]。劓辟疑赦，其罚惟倍[4]，阅实其罪。剕辟疑赦[5]，其罚倍差[6]，阅实其罪。宫辟疑赦[7]，其罚六百锾，阅实其罪。大辟疑赦[8]，其罚千锾，阅实其罪。墨罚之属千[9]，劓罚之属千，剕罚之属五百，宫罚之属三百，大辟之罚其属二百。五刑之属三千。

[注释]

[1]墨：五刑之一，就是上文的"黥"。辟：罪。　[2]锾（huán）：古代重量单位。郑玄说："锾，六两也。"　[3]阅实：孔疏："检阅核实其所犯之罪，使与罚名相当，然后收取其赎。"　[4]倍：百锾的一倍，二百锾。　[5]剕（fèi）：砍去膝骨。《史记·周本纪》引作"膑"。　[6]倍差：《尚书易解》："倍之又半，为五百锾。"　[7]宫：宫刑就是上文"椓"刑。　[8]大辟：死刑。　[9]属：这里指刑罚的条目。《尚书今古文注疏》："罪之条目必有定数者，恐后世妄加之。"

　　"上下比罪[1]，无僭乱辞[2]，勿用不行[3]，惟察惟法，其审克之！上刑适轻[4]，下服[5]；下刑适重，上服[6]。轻重诸罚有权[7]。刑罚世轻世重[8]，惟齐非齐[9]，有伦有要[10]。

[注释]

[1] 比：比照。蔡传："罪无正律，则以上下刑而比附其罪也。" [2] 无：《经传释词》："无，毋，勿也，常语。"在祈使句中表示命令、禁止以及告诫。可译作"不要"。下文"无或私家于狱之两辞"之"无"同。僭：差错。 [3] 勿用不行：意谓不用已废除的法律。不行，《尚书今古文注疏》："谓蠲除之法。" [4] 适：宜。 [5] 下服：服减等的轻刑。服，指服刑。 [6] 上服：服加等的重刑。 [7] 权：变，这里的意思是灵活性。蔡传："权者，进退推移，以求其轻重之宜也。" [8] 刑罚世轻世重：意谓刑罚要根据社会情况决定轻重。孔传："刑罚随世轻重也。刑新国用轻典刑乱国用重典，刑平国用中典。" [9] 齐：同。 [10] 伦：道理。要：要求。

"罚惩非死，人极于病[1]。非佞折狱[2]，惟良折狱，罔非在中。察辞于差[3]，非从惟从。哀敬折狱[4]，明启刑书胥占[5]，咸庶中正[6]。其刑其罚[7]，其审克之！狱成而孚，输而孚[8]。其刑上备[9]，有并两刑[10]。"

[注释]

[1] 极：痛苦。于：介词，比。 [2] 佞：善于巧辩的人。折狱：断狱，审案。 [3] 差：指供词矛盾的地方。 [4] 敬：通"矜"，怜悯。《尚书大传》引作"矜"。 [5] 启：打开。胥：相。占：揣度。 [6] 咸：皆。下文"咸中有庆"的"咸"同。庶：章太炎说："庶，度也。《说文》度从庶省声，古往往以庶为度。" [7] 其：副

词，表示肯定语气，可译为"应当""必定"。　　[8]输：变更。王引之说："《广雅》：'输，更也。'狱词或有不实，又察其曲直而变更之，后世所谓平反也。狱辞定而人信之，其有变更而人亦信之，所谓民自以为不冤也。"而：连词，表承接关系。　　[9]上备：以慎重为上。备，《说文》："慎也。"　　[10]有并两刑：意谓合并两种刑罚为一种刑罚执行。

　　第二段，叙述刑法的种类、条目，详细规定审理案件的程序、要求和方法。

　　王曰："呜呼！敬之哉！官伯族姓[1]，朕言多惧。朕敬于刑，有德惟刑。今天相民[2]，作配在下。明清于单辞[3]，民之乱[4]，罔不中听狱之两辞[5]，无或私家于狱之两辞[6]！狱货非宝[7]，惟府辜功[8]，报以庶尤[9]。永畏惟罚，非天不中[10]，惟人在命[11]。天罚不极，庶民罔有令政在于天下[12]。"

[注释]

[1]官伯：指诸侯，就是上文"四方司政典狱"。族姓：同姓大臣。就是上文"伯父、伯兄、仲叔、季弟、幼子、童孙"。　　[2]相：扶助。　　[3]明清：明察。单辞：一面之词。　　[4]乱：治理。　　[5]中听：以公正的态度审理案件。两辞：即两造之辞，原、被告双方的诉辞。　　[6]私家：谓谋利。私，《说文》引韩非曰："自营为私。"家，孙星衍认为读如《檀弓》"君子不家于丧"之"家"，"言不

以为利"。 [7]狱货：审理案件时接受的贿赂。 [8]府：《广雅·释诂》："取也。"辜：罪。功：事。 [9]报：判决。尤：《说文》引作"訧"，罪。 [10]中：公平。 [11]在：终止。命：指天命。 [12]令政：善政。《尔雅·释诂》："令，善也。"

王曰："呜呼！嗣孙，今往何监[1]，非德？于民之中[2]，尚明听之哉！哲人惟刑[3]，无疆之辞[4]，属于五极[5]，咸中有庆[6]。受王嘉师[7]，监于兹祥刑[8]。"

[注释]

[1]今往：从今以后。 [2]中：狱讼之成，就是狱讼的案情。见《周礼·秋官·小司寇》。 [3]哲：通"折"，制，治理。王引之说："哲，当读为折，折之言制也。言制民人者惟刑也。" [4]无疆：没有穷尽。辞：讼辞。 [5]属：合，符合。五极：就是上文的"五刑"。 [6]中：公正适当。《尚书正读》："'中'字为全篇主旨。……凡八用中字。得此中道，守而弗失，庶几其祥刑矣。"庆：指祥刑。 [7]嘉：善。师：众。 [8]监：重视。

第三段，说明审理案件的正确态度，强调司法公正的重要意义。

[点评]

《吕刑》是《尚书》的重要篇目，是我国历史上现存最早制定法典的官方档案。《吕刑》记载的西周刑律也是人类文明史上较早的刑律。《吕刑》虽是穆王的诰词，但刑律是吕侯主持制定的，体现了吕侯的刑法思想和法律主张，史官用"吕刑"作为篇名。吕侯做过甫侯，所以《史记·周本纪》又叫《甫刑》。

《吕刑》开篇先回顾九黎部族首领制作酷刑残虐民众而受到颛顼、尧等的讨伐惩治的历史，要求各方诸侯引以为戒。随后辨析"德"与"刑"的关系，指出"德"是根本，"刑"只是辅助德政的实施。"士制百姓于刑之中，以教祗德"。施用刑罚只是为了辅助德教。

《吕刑》的核心思想是"中刑"，就是指用刑要适度，刑罚要公平。为此，《吕刑》制定了一系列具体原则。诸如：断案要认真调查研究，根据事实判罪。"明清于单辞"，"罔不中听狱之两辞"。如果事实不清，则应当从轻处罚。"墨辟疑赦，其罚百锾，阅实其罪。劓辟疑赦，其罚惟倍，阅实其罪。剕辟疑赦，其罚倍差，阅实其罪。宫辟疑赦，其罚六百锾，阅实其罪。大辟疑赦，其罚千锾，阅实其罪"。治狱要无私无偏，审案要公正廉明。"无或私家于狱之两辞！狱货非宝，惟府辜功，报以庶尤"。反对滥施刑罚，主张严格按照法律条文判罪。"明启刑书胥占"，"惟察惟法"。

采用中刑是周公一贯的刑法主张。《康诰》中周公提出"义刑义杀"，认为对罪犯不要急于判罪，避免感情用事，用刑必须根据客观实际。《立政》中周公提出"兹式有慎，以列用中罚"。《吕刑》强调施用中刑的目的是达到以德治天下，"罔不惟德之勤，故乃明于刑之中"。刑罚重在教育，教育的目的在引导民众敬德。

《吕刑》将刑罚分为三个等级，从重到轻依次是五刑、五罚、五过。五刑是墨、劓、剕、宫、大辟，有三千项具体条款。墨刑就是在脸上刺字后涂上墨，作为惩罚的标志；劓刑就是把人的鼻子割下来；剕刑就是砍掉人的膝盖骨；宫刑是割去人的生殖器；大辟就是杀头。根据五刑定罪有怀疑的可以从轻处治，犯罪的人可以交纳罚金免刑。按五刑从轻到重，分别交纳一百锾（古代的重量单位，合六两）、二百锾、五百锾、六百锾、一千锾罚金。《舜典》篇也有"金作赎刑"的制度，乍看与此处相似，但其实存在不同。蔡沈《书集传》说："盖《舜典》所谓赎者，官府学校之刑尔，若五刑则固未尝赎也。五刑之宽，惟处以流。鞭扑之宽，方许其赎。今穆王赎法，虽大辟亦与其赎免矣。""穆王巡游无度，财匮民劳。至其末年，无以为计，乃为此一切权宜之术，以敛民财。"指出在这种赎刑制度下，"富者得生，贫者独死，恐开利路以伤治化"。蔡沈的批评一针见血，指出滥施赎刑是为王室敛财，同时使富人得以逃避刑法的制裁，妨害社会公平，侵蚀世道人心。

尽管如此，在当时的历史条件下，主张审理案件必须实事求是依法量刑，主张案情不明一律从轻处罚，主张执法者要知法守法，不准以权谋私、贪污受贿，否则与罪犯同罪，都还是十分可贵的。这些主张在今天仍然有现实意义。

此外，《吕刑》还提及"绝地天通"。"绝地天通"在中国宗教史、思想史上具有重大意义。"（皇帝）乃命重、黎，绝地天通，罔有降格"。《国语·楚语下》："（颛顼）乃命南正重司天以属神，命火正黎司地以属民，使复旧常，无相侵渎，是为绝地天通。"原始社会中，财产为氏族集体所有，人际关系平等，氏族集体有专门的神职人员，个人不需要自己祈神降福。后来，随着贫富分化，出现私有财产，每个家庭和个人都产生了祈福的需要，于是就进入了"民神杂糅""家为巫史"的阶段。但是，特权贵族不能容许这种情况的蔓延，他们要求垄断与神祇沟通的权利以巩固自己的特权地位，于是就有了"绝地天通"。"绝地天通"的实质是统治者剥夺被统治者与神沟通的权利，标志着中国原始宗教结束了"民神杂糅"的阶段。

《吕刑》在先秦文献和出土文献中有一些引文，文字相同相似，也有一些引文文字相异。例如，《吕刑》"苗民弗用灵，制以刑"在郭店楚简《缁衣》、上海博物馆先秦简本《缁衣》以及传世的《礼记·缁衣》《墨子·尚同中》引文中文字不尽相同，反映了《尚书》在先秦可能有不同的版本，在传播过程中，受到当时主流思想的影响文本有改动。《吕刑》也成为研究先秦思想史的重要史料。

504

文侯之命

《史记·周本纪》载："申侯怒，与缯、西夷犬戎攻幽王。幽王举烽火征兵，兵莫至。遂杀幽王骊山下，虏褒姒，尽取周赂而去。于是诸侯乃即申侯而共立故幽王太子宜臼，是为平王，以奉周祀。"

王若曰[1]："父义和[2]！丕显文、武[3]，克慎明德[4]，昭升于上[5]，敷闻在下[6]，惟时上帝集厥命于文王[7]。亦惟先正克左右昭事厥辟[8]，越小大谋猷罔不率从[9]，肆先祖怀在位[10]。

[注释]

[1]王：周平王。 [2]父：周天子对同姓诸侯中尊长的称呼。周、晋均为姬姓，所以平王称晋文侯为父。义和：孔传："义和，字也。称父者非一人，故以字别之。" [3]丕：大。显：光明。 [4]克：能够。明：勉，努力。 [5]昭：明。上：上天。 [6]敷：布。闻：名声。下：下土。 [7]惟时：于是。集：下。文王：《尚书易解》："《晋世家》作'文武'，当从之。上言文武，此不当单言文王也。" [8]先正：郑玄说："先臣，谓公卿大夫也。"左右：同"佐佑"，辅佐。昭：通"诏"，指导。《尔雅·释

诂》："诏，导也。"厥：其。辟：君。　[9]越：介词，介引动作行为有关的对象，相当于"于"。猷：谋。见《尔雅·释诂》。率从：遵从。　[10]肆：连词，表因果关系，因此，所以。《尔雅·释诂》："肆，故也。"怀：安。

"呜呼！闵予小子嗣[1]，造天丕愆[2]。殄资泽于下民[3]，侵戎我国家纯[4]。即我御事[5]，罔或耆寿俊在厥服[6]，予则罔克[7]。曰惟祖惟父[8]，其伊恤朕躬[9]！呜呼！有绩予一人永绥在位[10]。

[注释]
[1]闵：矜悯，哀怜，此处可译为"可怜"。《诗经·周颂·闵予小子》"闵予小子。"毛传："闵，病。"郑笺："闵，悼伤之言也。""可悼伤乎，我小子耳。"嗣：继承，这里指继承王位。　[2]造：遭受。丕：大。愆：《尔雅·释言》："过也。"这里指惩罚。　[3]殄：绝。资：财。泽：《孟子》赵岐注："禄也。"也指财产。　[4]侵戎我国家纯：指众多国家侵犯我国。《竹书纪年》："幽王十一年，申人、鄫人及犬戎入宗周，弑王及郑桓公。犬戎杀王子伯服，执褒姒以归。"《后汉书·东夷传》："及幽王淫乱，四夷交侵。"均可证明。侵戎，就是侵伐。戎，作动词，伐。纯，大，引申为多。　[5]即：时间副词，现在，如今。《经传释词》："即，犹今人言'即今'也。"御事：治事大臣。　[6]罔或：没有。表示对存在可能性的否定。耆寿：指年高德劭的人。俊：通"骏"，时间副词，长久地、久远地。孙诒让《尚书骈枝》："俊，当读为'骏'，《尔雅·释诂》云：'骏，长也。'"服：职位。　[7]则：关

联副词，表示假设的语义关联，可译为"就"，"那么"。克：胜任。　[8]曰：通"聿"，句首语气助词。惟祖惟父：指祖辈和父辈的诸侯。　[9]其：副词，表示祈使语气。可译为"要""必须"之类。下文"其归视尔师"的"其"同。伊：句中语气助词。恤：忧虑。　[10]绩：《尔雅·释诂》："成也。"永：长，长久。

"父义和！汝克绍乃显祖[1]，汝肇刑文、武[2]，用会绍乃辟[3]，追孝于前文人[4]。汝多修[5]，扞我于艰[6]，若汝，予嘉。"

[注释]

[1]绍：继承。下句"绍"义同。显祖：指唐叔。晋国始封的君主。　[2]肇：情态副词，勉力，努力。《尔雅·释诂》："肇，敏也。"《礼记·中庸》："人道敏政。"郑玄注："敏，犹勉也。"刑：制御。《荀子·臣道篇》："刑下如影"注："刑，制也。"文、武：指文武百官。　[3]会绍乃辟：《竹书纪年》记载："元年辛未，王东徙洛邑，锡文侯命，晋侯会卫侯、郑伯、秦伯以师从王入于成周。"会，会合诸侯。　[4]孝：好。见《释名》。文王已死，今助子孙，所以叫追行孝道。前文人：指祖先。文人，有文德的人。　[5]多：程度副词，很。修：长，引申为休美。　[6]扞我于艰：指驱逐犬戎，拯救周室。扞，保卫。

第一段，周平王褒奖晋文侯的功绩。

王曰："父义和！其归视尔师[1]，宁尔邦[2]。用赍尔秬鬯一卣[3]；彤弓一[4]，彤矢百；卢弓一[5]，卢矢百；马四匹。

[注释]

[1] 视：治理。《左传》襄公二十五年：“崔子称疾不视事。”不视事即不治事。师：众，指臣民。 [2] 宁：安定。 [3] 用：承接连词，无词汇意义。赉：赏赐。卣（yǒu）：古代盛酒的一种青铜酒器。 [4] 彤：红色。 [5] 卢：黑色。根据《礼记·王制》，天子把弓矢赐给有大功的诸侯，使他们专主征伐。

“父往哉！柔远能迩[1]，惠康小民[2]，无荒宁[3]。简恤尔都[4]，用成尔显德[5]。”

[注释]

[1] 柔：安抚。能：亲善。迩：近处。 [2] 惠：爱。康：动词，安定。 [3] 无：不要。荒宁：荒废政事，贪图安逸。 [4] 简：专心致志。《逸周书·谥法解》：“壹德不解（懈）曰简。”恤：安定。见《汉书·韦玄成传》注。尔都：这里代指晋国。都，郑玄说：“国都也。” [5] 用：目的连词，相当于“以”。显德：显明的美德。

第二段，记叙周平王赏赐和勉励晋文侯。

[点评]

文侯，指晋文侯，姓姬，名仇，字义和。《文侯之命》是周平王表彰晋文侯功绩并且赏赐晋文侯的册命。

《文侯之命》是研究周史的重要参考资料，反映了西周灭亡、周室东迁等一系列重大事件。

西周自昭王、穆王以后，国势逐渐衰颓，内政不稳，外患迭起。东方的淮夷、西方的戎族经常进犯周境，南方的荆楚、北方的猃狁也都虎视眈眈。周幽王即位时，又连续遭到大旱灾和大地震，西周王朝已风雨飘摇，濒临崩溃。但幽王仍然纵欲享受，荒淫无道。他为了博得宠妃褒姒一笑，竟然不惜"烽火戏诸侯"。褒姒生了个儿子名叫伯服，周幽王就决定废掉申后和太子宜臼，正式册立褒姒为皇后，伯服为太子。申后的父亲申侯十分恼火，联合缯国和犬戎攻周，周幽王举烽火而诸侯不应，犬戎攻入周都镐京，追杀幽王于骊山之下。西周自周武王灭商以来二百多年积累的财富全部为犬戎所掠夺。诸侯拥立宜臼为王，就是周平王。晋文侯、郑武公等辅佐周平王平定戎乱，东迁洛邑，建立了东周。在这些重大事件中，晋文侯辅佐周平王发挥了重要作用，因而得到了周平王的表彰和赏赐。

尽管周平王在诸侯的帮助下建立了东周王朝，但此时王室已十分衰弱，只相当于当时一个中等的诸侯国，加之西戎的侵夺等原因，土地和民众还在不断减少。史书记载，周王室由于贫弱，甚至不得不放弃天子的尊严，向诸侯伸手"求赙""求车""求金"。本篇中，周平王首先追述文王、武王依赖公卿大夫的辅佐，国家安宁，衬托了周平王渴望得到贤臣辅佐、诸侯拥戴的迫切心情。随后正面概述了当时的困境：外部，"侵戎我国家纯"；内部，"即我御事，罔或耆寿俊在厥服"。在这内外交困的情况下，周平王不得不大声呼吁："祖辈和父辈的诸侯国君，要替我分忧啊！"与《周书》先前各篇相比，周王的口吻已由强硬的命令转变为恳切的请求，形象地反映了东周王室势衰力微，王室不仅不能像西周时期那样对各个诸侯国发号施令，而且在政治和经济上还必须依附于大的诸侯国。

《文侯之命》也反映了诸侯争霸的真实情况。东周弱小，虽然名义上仍是天下宗主，但再也不能控制诸侯了，大诸侯国还经常利用它作为政治工具，兼并弱小，争当霸主。齐国和晋国阻止楚国的北进，就经常打出"尊王攘夷"的旗号。周平王赏赐晋文侯弓矢，就是赏赐晋文侯征伐其他诸侯的权力。汉代学者孔安国说："诸侯有大功，赐弓矢，然后专征伐。"晋国后来成为"春秋五霸"之一，就是打着"尊王"的旗号取得的。公元前635年，周王室发生了王子带之乱，晋文公通过"兴师勤王"扩大了势力范围和政治影响。公元前632年，城濮之战，晋国打败了当时号称强大的楚国，和齐、宋、郑、卫等国在今河南原阳订盟，得到周王的册命，一跃成了中原的霸主。同年冬天，晋又在河南温县大会诸侯，周王也被召赴会，历史上美其名为"天子巡狩"，实际上是"挟天子以令诸侯"，以"霸"代"王"。

《文侯之命》还从侧面反映了王国政治中"废后"和"立储"的问题，事关国家安危，历代十分重视。

《文侯之命》虽然文字简约，却囊括册命的全部内容，既有历史总结，又有形势分析；既有表扬，又有赏赐，还有勉励。环环紧扣，层次井然，语言朴实，感情真挚。

510

费　誓

公曰："嗟！人无哗^[1]，听命。徂兹淮夷、徐戎并兴^[2]。善敹乃甲胄^[3]，敿乃干^[4]，无敢不吊^[5]！备乃弓矢，锻乃戈矛，砺乃锋刃，无敢不善！

干：盾牌。《方言》："盾自关而东，或谓之干。"

[注释]

[1] 人：郑玄说："人谓军之士众及费之民。"无：通"毋"，否定副词，表示禁止，可译为"不准""不许"。下文"无敢伤牿"的"无"同。哗：喧哗。　[2] 徂：通"且"，时间副词，表示现在时间。《经传释词》："'徂'读为'且'。且，今也。言今兹淮夷、徐戎并兴也。"兹：这些。并：范围副词，皆。　[3] 善：好好地。敹（liáo）：缝缀。郑玄说："敹，谓穿彻之。"甲：铠甲。胄：头盔。　[4] 敿（jiǎo）：系结。《说文》："敿，系连也。"　[5] 吊：善。

第一段，指出淮夷、徐戎叛乱，战争来临；告诫出征将士整治武器装备。

"今惟淫舍牿牛马[1]，杜乃擭[2]，敜乃阱[3]，无敢伤牿[4]。牿之伤，汝则有常刑[5]！

[**注释**]

[1]淫舍牿（gù）牛马：《尚书今古文注疏》："军行以牛载辎重，马驾兵车，常驾不舍，力不能任，故放置之。"淫，程度副词，大大地。《尔雅》："淫，大也。"舍，放。牿，《说文》："牛马牢也。" [2]杜：《经典释文》："本又作厱。"《说文》："厱，闭也。"擭（huò）：置于陷阱中的捕兽装置。《周礼·秋官·雍氏》郑玄注："擭，柞鄂也。坚地阱浅，则设柞鄂于其中。"贾公彦疏："柞鄂者，或以为竖柞于中，向上鄂鄂然，所以载禽兽，使足不至地，不得跃而出，谓之柞鄂也。" [3]敜（niè）：填塞。《说文》："敜，塞也。"阱：陷阱。 [4]牿：指牛马。《尚书易解》："伤牿，伤牛马也，承上文'牿牛马'之文，文义自明。" [5]有：获，得，《广雅·释诂》："有，取也。"这里指遭受。

第二段，告诫军民敬守牧政，撤除捕兽设施，防止伤害牛马。

"马牛其风[1]，臣妾逋逃[2]，勿敢越逐[3]，祗复之[4]，我商赉汝[5]。乃越逐不复[6]，汝则有常刑！无敢寇攘[7]！踰垣墙，窃马牛，诱臣妾，汝则有常刑！

[注释]

[1]风：走失。郑玄说："风，走逸也。"见《史记集解》。　[2]臣妾：奴仆。古代男仆叫作臣，女仆叫作妾。逋：逃跑。　[3]勿：否定副词，不。《说文解字注》："假借'勿'为'毋'字"。《广雅疏证》："'匪''勿''非'一声之转。"越逐：离开队伍去追赶。　[4]祗：敬。复：还。指还给原主。　[5]商：赏。于省吾说："金文'赏'每作'商'。"赉：赐。　[6]乃：连词，表假设关系，如果。与下句"则"构成"乃……，则……"的双联格式。　[7]寇：抢劫。攘：偷盗。郑玄说："寇，劫取也。因其亡失曰攘。"《淮南子·氾论训》："直躬其父攘羊而子证之。"高诱注："凡六畜自来而取之曰攘也。"此处寇攘连言，泛指抢掠偷盗。

　　第三段，宣布军事纪律。不许擅自离开军队，不许肆意抢夺掠取。

　　"甲戌，我惟征徐戎。峙乃糗粮[1]，无敢不逮[2]；汝则有大刑[3]！鲁人三郊三遂[4]，峙乃桢干[5]。甲戌，我惟筑[6]，无敢不供；汝则有无余刑，非杀[7]。鲁人三郊三遂，峙乃刍茭[8]，无敢不多[9]；汝则有大刑[10]！"

[注释]

[1]峙（zhì）：具备，准备。《尚书今古文注疏》："峙从止，俗误从山。《释诂》云：'峙，具也。'"糗（qiǔ）粮：就是干粮。糗，炒熟的米、麦等谷物。　[2]不逮：意思是不够。逮，及。　[3]大刑：死刑。马融说。《尚书易解》："'汝则有大刑'上，省去'不逮'

二字，古人有避复而省之例也。"　[4] 三郊三遂：成公元年《左传》疏："诸侯出兵，先尽三乡三遂，乡遂不足，然后总征境内之兵。"郊，指城市的近郊。《尔雅·释地》："邑外谓之郊。"遂，指城市的远郊。《礼记·王制》郑玄注："远郊之外曰遂。"　[5] 桢干：筑墙的木板，桢用在墙的两端，干用在墙的两旁。　[6] 筑：这里指修筑营垒。　[7] 汝则有无余刑，非杀：是说你们将终身受到终身监禁的惩罚，只是不杀头。余（繁体字作"餘"），孙诒让《尚书骈枝》："《说文》餘从余声，舍亦从余省声，古餘字亦或省作余，见《周礼·委人》。故余、舍二字得相通借。"舍，释放。　[8] 刍：生草。《说文》："刍，刈草也。"茭：干草。　[9] 多：《史记·鲁周公世家》作"及"，当从之。"不及"与上文"不逮"义同。　[10] 汝则有大刑：孙星衍说："刍茭不至，牛马不得食，不可以战，故有大刑。"

第四段，宣布作战日期和作战对象，摊派贡赋徭役。

[**点评**]

费，地名，在今山东费县西北。孙诒让《周礼正义》说："凡册命有诰戒之词亦得谓之誓。"誓也是诰诫之辞。《费誓》是周公的儿子伯禽率领军队征伐徐戎、淮夷，出征前在费地对将士们发布的诰词。

《史记·鲁周公世家》以为《费誓》写作于管、蔡之乱时；孔传以为作于周公归政的第二年。曾运乾《尚书正读》说："考《序》云伯禽宅曲阜，《经》云鲁人三郊三遂。若在管、蔡时，伯禽方就国，其郊遂区画，恐尚未臻完善也。当以成王初元说为当。"曾先生的意见，合于事理。

周人灭商以后，继续向黄河下游扩张势力，与淮夷、徐戎等东方部落进行长期战争。《大诰》篇小序指出"武王崩，三监及淮夷叛"，可见淮夷在"三监之乱"时就已与周王朝进行战争，而周穆王、周夷王、周厉王、周宣王时的青铜器铭文则都有西周与淮夷作战的记载。淮夷对西周威胁很大，在周夷王时期一度向西北扩张，甚至侵入西周王朝的核心地区，西周王朝直到灭亡，也没能彻底征服淮夷。鲁国是西周与淮夷、徐戎作战的前线诸侯国，鲁国民众饱受战争蹂躏，《费誓》反映了这一历史事实。

出征之前誓师，这是古今相同的军制。但古代的誓内涵更为广泛，夏商周三代誓师的场合不同，内容也不同。今文《尚书》的五誓主要是约束军队。《说文》："誓，约束也。"本篇不同于《尚书》中的其他几篇战争誓词，没有详细说明出师原因，没有鼓动性的政治动员，通篇都是具体部署各项战备工作，结构整齐有序。宋代学者吕祖谦称本篇"甚整暇有序，先治戎备，次之以除道路，又次之以严部伍，又次之以立期会，先后之序皆不可紊"（见《书经传说汇纂》）。《费誓》文字简短，内容充实。语言精练有力，叙述层次清楚。

本篇篇首说"徂兹淮夷、徐戎"，而篇尾只说"甲戌，我惟征徐戎"，没有提及淮夷。对此，徐中舒《蒲姑、徐奄、淮夷、群舒考》认为徐戎、淮夷是异名同指："《世本》淮夷嬴姓，徐与淮夷同为嬴姓，同居于淮，明非异国也。《左传·昭元年》'周有徐奄'，服虔、杜预均谓徐即淮夷。""观《费誓》下文云'甲戌，我惟征徐戎'仅云征徐戎而不及淮夷，知徐即淮夷也。"

《费誓》对于我们了解周及周各诸侯国的军事制度、战前军备和军事纪律都有重要的参考价值。比如文中提到"三郊三遂"，反映了西周以降的乡遂制度。乡遂制度是一种以地缘为基础的行政区域的划分，按照与国都距离由近到远，依次是乡、郊、遂。郊是连接乡、遂的地域，段玉裁《四与顾千里论学制备忘之记》说："郊之为言交也，谓乡与遂相交接之处也。故《说文》曰：'距国百里为郊。'"杨宽指出，乡和遂的居民身份不同，遂民称为氓或野民，乡民则称为国人。遂民是农业生产的主要担当者，乡民虽然也有分配耕地的制度，但其主要担负兵役、军赋。就本篇来看，鲁人三郊三遂在战时的主要职责是负责筑城材料和草料的供给，主要承担后勤补给的工作，与杨先生论断基本相符。

秦　誓

公曰^[1]："嗟！我士^[2]，听无哗^[3]！予誓告汝群言之首^[4]。

[注释]

[1]公：秦穆公。　[2]士：指群臣。　[3]无：通"毋"，不要。　[4]群言之首：指最重要的话。蔡传："首之为言，第一义也。"

"古人有言曰：'民讫自若^[1]，是多盘^[2]。'责人斯无难^[3]，惟受责俾如流^[4]，是惟艰哉！我心之忧，日月逾迈^[5]，若弗云来^[6]。

［注释］

[1]讫：都。自若：顺从自己，这里指自纵，随心所欲。若，顺从。　[2]盘：俞樾说："盘与般通，《说文》：'般，辟也。''多般'，犹云'多辟'。《诗·板》篇'民之多辟'笺曰：'民之行多为邪辟。'是其义也。'民讫自若，是多般'，言民尽自顺其意，故多辟也。"　[3]斯：关联副词，《经传释词》："斯，犹'乃'也。"　[4]俾：依从。《尔雅·释诂》："俾，从也。"　[5]日月逾迈：时间一天天过去了。逾，过。迈，行。　[6]若：关联副词，可译为"就""才"。《小尔雅》："若，乃也。"云：《汉书·韦贤传》注引作"员"。员，旋，这里是"返回"的意思。

"惟古之谋人[1]，则曰未就予忌[2]；惟今之谋人[3]，姑将以为亲[4]。虽则云然[5]，尚猷询兹黄发[6]，则罔所愆[7]。

尚猷：复音关联副词。《古代汉语虚词通释》："尚猷、尚犹、犹尚连用意同。"

［注释］

[1]古之谋人：蔡传："古之谋人，老成之士也。"指蹇叔等。孙星衍说。　[2]未就予忌：没有顺从我的意志。就，接受，顺从。忌，《说文》引作"惎"。《广雅》："惎，意志也。"　[3]今之谋人：蔡传："今之谋人，新进之士也。"指杞子。孙星衍说。　[4]姑：暂且。　[5]虽则：复音连词，表转折，可译为"虽然"。然：这样。指代上文"惟今之谋人，姑将以为亲"。　[6]猷：通"犹"，还。询：征求意见。黄发：指老人。老人发白复黄，此处"黄发"与下文"番番"都指老人。具体而言，是指像蹇叔和百里奚那样有丰富经验的忠实老臣。蹇叔、百里奚均是暮年被起用，二人都曾劝阻秦穆公伐郑，事迹见《史记·秦本纪》。　[7]愆：过失。

第一段，秦穆公深悔不听老臣谏言的过失，认识到决定军国大事必须倚重老臣。

"番番良士[1]，旅力既愆[2]，我尚有之[3]。仡仡勇夫[4]，射御不违[5]，我尚不欲[6]。惟截截善谝言[7]，俾君子易辞[8]，我皇多有之[9]！

[注释]

[1] 番：通"皤（pó）"。皤皤，白发苍苍的样子。《说文》："皤，老人白也。" [2] 旅：通"膂"。《广雅·释诂》："膂，力也。"愆：通"骞"，亏损。《诗经·小雅·天保》："不骞不崩。"毛传："骞，亏也。" [3] 尚：关联副词，还，还是，仍然。"我尚不欲"的"尚"同。有之：亲之，亲近他们。见《经义述闻》。 [4] 仡（yì）仡：壮健勇武的样子。 [5] 射：射箭。御：驾车。违：失误。 [6] 欲：喜欢。 [7] 截截："截"通"诐（jiàn）"，浅薄貌。《公羊传》引作"诐诐"。何休注："诐诐，浅薄之貌。"谝（piǎn）言：巧言。《说文》："谝，便巧言也。" [8] 易辞：《公羊传》作"易怠"。王引之说："怠，疑惑也，言使君子易为其所惑也。"见《经义述闻》。 [9] 皇：程度副词，表示程度之深，可译为"太"。《尚书易解》："皇，大也。《公羊传》'皇'作'况'，况，益也。'大'与'益'，义亦相近。"

"昧昧我思之[1]，如有一介臣[2]，断断猗无他技[3]，其心休休焉[4]，其如有容[5]。人之有技[6]，若己有之。人之彦圣[7]，其心好之[8]，不啻若自其口出[9]。是能容之[10]，以保我子孙黎民[11]，亦职有利哉[12]！

[注释]

[1]昧昧：情态副词，暗暗地。　[2]如：连词，表示假设关系，可译为"假如"。见《词诠》。介：同"个"。《尚书易解》："个乃介之别体。"　[3]断断：情态副词，诚实专一。《广雅·释训》："断断，诚也。"《公羊传》文公十二年何休注："断断，犹专一也。"猗：语气助词。　[4]休休：宽容。郑玄说。　[5]其如有容：《公羊传》作"能有容"。何休注："能含容贤者逆耳之言。"孙星衍说："能、而字通，而即如也。"其，关联副词，表因果承接关系，可译为"就""才"。《经传释词》："其，犹'乃'也。"　[6]技：技能。　[7]彦：美士。这里指贤良。　[8]好（hào）：爱，喜欢。　[9]不啻若自其口出：孔疏："爱彼美圣，口必称扬而荐达之，其心爱之，又甚于口，言其爱之至也。"不啻，连词，不但，不仅。　[10]是：这样。　[11]以：连词，表因果关系。　[12]亦职有利哉：孔传释"亦"为"主"。《礼记·大学》引此句作"尚亦有利哉"。王念孙说："尚亦，当为'亦尚'。高诱注《淮南·览冥》篇曰：'尚，主也。'今《书》作'亦职有利哉'。（《传》曰：亦主有利）职亦主也。'亦尚'与'亦职'同，写者误倒其文耳。"（《经义述闻·礼记下》）

"人之有技，冒疾以恶之[1]。人之彦圣，而违之俾不达[2]。是不能容，以不能保我子孙黎民，亦曰殆哉[3]！

［注释］

[1]冒疾：媢嫉，妒忌之意。　[2]而：连词，表轻微转折，可译为"却"。违：郑玄说："犹戾也。"这里意思是违拗、阻挠。达：通。　[3]曰：句中语气助词。殆：危险。

"邦之杌陧^[1]，曰由一人^[2]；邦之荣怀^[3]，亦尚一人之庆^[4]。"

［注释］

[1]之：如果。《经传释词》："之，犹若也。"杌陧（wù niè）：不安。　[2]曰：通"聿"，句首语气助词。由：介词，由于。　[3]怀：安宁。　[4]尚：王引之说："高诱注《淮南·览冥训》篇曰：'尚，主也。''尚'与'由'相对。言主一人之庆也。《传》以'尚'为'庶几'，文义未协。""尚"可译为"取决于"。庆：善。

第二段，记叙穆公深悔自己误信巧言的过失，认识到护国保民必须亲贤远佞。

［点评］

鲁僖公三十三年（前627），戍守郑国的秦国大夫杞子建议秦穆公派兵袭击郑国。秦穆公就派遣大将孟明视、西乞术、白乙丙率领军队前往。老臣蹇叔和百里奚竭力谏阻，穆公不听。军行途中，秦军获知郑国有了防备，只好顺手牵羊，消灭滑国后回师。谁知螳螂捕蝉，黄雀在后，秦军行至晋国的要塞殽山（今河南洛宁西北），遭到晋军的伏击，竟至全军覆灭，三个将帅被俘。当时晋国的国君是晋襄公，晋襄公的母亲是秦穆公的女儿文嬴，她向儿子说情释放了秦国将帅。当秦军将帅回国时，秦穆公对他们和秦国的群臣叙说了这篇自我责备的诰辞，史官记录了诰词，名为《秦誓》。

《秦誓》主要赞扬了秦穆公勇于悔过、改过的精神。《荀子·大略篇》说：“《春秋》贤穆公，以为能变也。”杨倞注：“谓不用蹇叔、百里之言，败于殽、函而自变悔，作《秦誓》，询兹黄发是也。”誓词深悔随心所欲、利令智昏的过失，认识到军国大事的决策必须要认真听取贤能老臣的意见。态度诚恳，言辞真挚感人。

《秦誓》通篇采取对比手法，显示了秦穆公的好憎取舍，表现了穆公亲贤远佞的鲜明态度和坚定意志。

穆公首先举出两种人：一种是直言敢谏的“古之谋人”，也就是下文的“黄发”；另一种是“今之谋人”。前者是正面人物，后者是反面人物。穆公检查了此前对这两类人的错误态度：对第一类人讨厌，对第二类人亲近。由于这种错误态度，给国家带来了重大的牺牲和损失。穆公慨叹“询兹黄发，则罔所愆”，认为向老臣求教可以避免决策失误，表现了对老臣的眷念与倚重。接着，穆公又列举了三种人：“番番良士”“仡仡勇夫”“截截善谝言”。穆公认为：对“番番良士”应当予以亲近（“我尚有之”）；对“仡仡勇夫”应保持距离，不予偏爱（“我尚不欲”）；对“截截善谝言”则应疏远。值得注意的是，穆公虽然说“仡仡勇夫，射御不违，我尚不欲”，但从长期来看，他对武臣也是倚重支持的。《左传》载殽之战后穆公又派孟明前往伐晋：“（鲁僖公）二年，春，秦孟明视帅师伐晋，以报殽之役。二月，晋侯御之。……甲子，及秦师战于彭衙，秦师败绩"，而"秦伯犹用孟明"；三年，"秦伯伐晋，济河焚舟，取王官及郊。晋人不出。遂自茅津济，封殽尸而还。遂霸西戎，用孟明也。"《史记·秦本纪》也载："（秦穆公）三十六年，缪（穆）公复益厚孟明等，使将兵伐晋，渡河焚船，大败晋人。"秦穆公作《秦誓》时可能只是为了强调、突出对老臣无比的倚重，并非对武臣予以排斥。《左传》尤其突出了穆公对孟明的倚重，并对穆公这种用人不疑的态度予以夸赞。随后，穆公还列举对待贤才的两种相反态度。正确的态度是"人之有技，若己有之。人之彦圣，其心好之，不啻若自其口出"，只有这样才能"保我子孙黎民"；错误的态度是"人之有技，冒疾以恶之。人之彦圣，而违之俾不达"，一旦这样就"不能保我子孙黎民"，不能巩固自身统治。

　　《秦誓》从思想内容和写作方法上来看无疑是《左传》的先河，可看作是先秦散文发展史上的一个标志。

　　《秦誓》还总结治国用人的经验教训和政治格言，对后代政治家有很大启发。诸如："询兹黄发，则罔所愆。"强调重用老臣。"责人斯无难，惟受责俾如流，是惟艰哉！"指明人君纳谏的不易和重要。"邦之杌陧，曰由一人；邦之荣怀，亦尚一人之庆。"说明人君识贤用贤关系国家安危。

　　秦穆公是春秋时期著名的政治家，作为一国之君，在神权和王权至高无上的封建社会，能公开悔过，虚己待贤，这一点难能可贵。他重用蹇叔和百里奚这些来自别国的大臣，是秦国任用客卿制度的开始。秦穆公最早开启了秦国的霸业，为秦后来取代东周，横扫六合奠定了基础。秦的强大是从秦穆公时代开始的。后来的秦国名臣李斯在《谏逐客书》中指出："昔缪（穆）公求士，西取由余于戎，东得百里奚于宛，迎蹇叔于宋，来丕豹、公孙支于晋。此五子者，不产于秦，而缪公用之，并国二十，遂霸西戎。"接着叙述秦孝公、秦惠王、秦昭王等历代秦国君主广泛求贤，不论国别的事迹，说明秦穆公的人才战略是秦强大的重要源泉。

关于本篇篇旨，除了历来占据主流地位的"悔过"说外，还有其他一些意见。清代学者牟庭认为《秦誓》是秦穆公"用人之书"，实无"兵败悔过"之意。傅斯年也认为《秦誓》没有罪己悔过的意思，"只在渴思有才有量之贤士"。当代学者王晖撰《从〈秦誓〉所见秦穆公人才思想看秦国兴盛之因——兼论〈书·秦誓〉的成文年代及主旨》，指出秦穆公打破西周春秋时期宗法制度下的用人制度，大力选贤任能，积极引进外来人才，百里奚、蹇叔等贤臣均来自异国；而秦军将帅孟明视是百里奚之子，西乞术、白乙丙是蹇叔之子。文章认为，《秦誓》的写作背景是秦军将士在殽之战惨败后喧哗滋事，意图借秦三帅失败之机制造反对外来将帅及卿大夫的事件，而《秦誓》则是秦穆公申述其人才战略的讲话。文章多有新说，考辨甚详，有借鉴价值。

传世《尚书》文本的编排次序始自《尧典》，终于《秦誓》。《尧典》记叙华夏文明初始阶段尧、舜的历史传说，尧、舜是中国原始社会父系氏族公社时期的著名部落联盟领袖，生活的时代约在公元前 22 世纪。《秦誓》记载的史实大约在公元前 6 世纪末。《尚书》的记载上自原始社会末期，终自封建社会初期，千百年间该有多少历史传说、历史人物和历史事件，但传世本《尚书》仅有58篇。《尚书》全书几乎皆记帝王或王室之事，《费誓》亦记周王朝同姓诸侯之事，惟《秦誓》一篇独记异姓诸侯之事。考虑到虞继唐，夏继虞，商代夏，周代商，秦昭王灭东周，秦始皇统一天下的历史进程，《尚书》的这种编排次序对于研究传世《尚书》文本确切的成书年代应当具有参考价值。

主要参考文献

一、《尚书》类

尚书后案 （清）王鸣盛著 清乾隆四十五年（1780）东吴王氏原刊本

尚书集注音疏 （清）江声著 清道光九年（1829）广东学海堂刊皇清经解本

古文尚书撰异 （清）段玉裁撰 清道光九年（1829）广东学海堂刊皇清经解本

书经稗疏 （清）王夫之著 清同治四年（1865）湘乡曾国荃刊船山遗书本

增修东莱书说 （宋）吕祖谦撰 清同治十二年（1873）粤东书局刊通志堂经解本

尚书表注 （宋）金履祥表注 清同治十二年（1873）粤东书局刊通志堂经解本

尚书启蒙　（清）黄式三撰　清光绪十四年（1888）定海黄氏家塾刊本

尚书平议　（清）俞樾撰　清光绪二十五年（1899）春在堂全书本

尚书故　（清）吴汝纶著　清光绪三十年（1904）王恩绂等刊桐城吴先生全书本

尚书孔传参正　（清）王先谦撰　清光绪三十年（1904）虚受堂刊本

尚书骈枝　（清）孙诒让撰　1933年北平燕京大学排印本

双剑誃尚书新证　于省吾著　1934年北平虎坊桥大业印刷局排印本

古文尚书拾遗　章太炎撰　1943年成都薛氏崇礼堂章氏丛书续编本

尚书核诂　杨筠如著　陕西人民出版社1959年版

尚书正读　曾运乾著　中华书局1964年版

尚书正义　（唐）孔颖达正义　中华书局1980年影印世界书局阮刻十三经注疏本

尚书释义　屈万里著　台北中国文化大学出版部1984年版

尚书易解　周秉钧著　岳麓书社1984年版

尚书今古文注疏　（清）孙星衍撰　中华书局十三经清人注疏点校本1986年版

禹贡锥指　（清）胡渭著　上海书店影印广东学海堂皇清经解续编本1988年版

尚书综述　蒋善国著　上海古籍出版社1988年版

尚书古文疏证　（清）阎若璩撰　上海书店影印广东学海堂皇清经解续编本1988年版

今文尚书考证　（清）皮锡瑞撰　中华书局师伏堂丛书点校本1989年版

尚书学史　刘起釪著　中华书局1989年版

今古文尚书全译　江灏、钱宗武译注　周秉钧审校　贵州人民出版社1990年版

白话尚书　周秉钧译注　岳麓书社 1990 年版

尚书文字合编　顾颉刚、顾廷龙辑　上海古籍出版社 1996 年版

今文尚书语言研究　钱宗武著　岳麓书社 1996 年版

《尚书·虞夏书》新解　金景芳、吕绍纲著　辽宁古籍出版社 1996 年版

尚书源流及传本考　刘起釪著　辽宁大学出版社 1997 年版

尚书文字校诂　臧克和著　上海教育出版社 1999 年版

尚书思想研究　游唤民著　湖南教育出版社 2001 年版

尚书新笺与上古文明　钱宗武、杜纯梓著　北京大学出版社 2004 年版

今文尚书语法研究　钱宗武著　商务印书馆 2004 年版

尚书校释译论　顾颉刚、刘起釪著　中华书局 2005 年版

书集传　（宋）蔡沈撰　钱宗武、钱忠弼整理　凤凰出版社 2010 年版

今文《尚书》句法研究　钱宗武著　河南大学出版社 2011 年版

今文《尚书》词汇研究　钱宗武著　河南大学出版社 2012 年版

《尚书》诠释研究　钱宗武著　社会科学文献出版社 2017 年版

《尚书》传承研究　钱宗武著　湖南人民出版社 2017 年版

二、经解类

毛诗传疏　（清）陈奂撰　清光绪十四年（1888）南菁书院编皇清经解续编本

经义述闻　（清）王引之撰　清光绪二十六年（1900）浙江书局校刊本

经学通论　（清）皮锡瑞著　中华书局 1954 年版

春秋左传注　杨伯峻编著　中华书局 1981 年版

四书章句集注　（宋）朱熹撰　中华书局新编诸子集成初编本 1983 年版

十三经注疏　（清）阮元校刻　中华书局影印清嘉庆刊本 2009 年版

三、语言文字类

匡谬正俗　（唐）颜师古撰　上海商务印书馆丛书集成初编本 1936 年版

殷虚甲骨刻辞的语法研究　管燮初著　中国科学院 1953 年版

古书虚字集释　裴学海著　中华书局 1954 年版

词诠　杨树达著　中华书局 1954 年版

说文解字　（汉）许慎撰　中华书局影印清同治十二年（1873）番禺陈昌治刻本 1963 年版

金文通释　［日本］白川静著　白鹤美术馆日本昭和三十九年至五十五年（1964—1980）版

甲骨文字集释　李孝定编述　台湾"中研院"历史语言研究所 1965年版

金文诂林　周法高著　香港中文大学出版社 1977 年版

两周金文语法研究　管燮初著　商务印书馆 1981 年版

说文解字注　（清）段玉裁注　上海古籍出版社经韵楼藏版影印本 1981 年版

古汉语纲要　周秉钧著　湖南教育出版社 1981 年版

经籍纂诂　（清）阮元等著　成都古籍书店影印本 1982 年版

尔雅义疏　（清）郝懿行撰　中国书店影印清咸丰六年（1856）刻本 1982 年版

增订积微居小学金石论丛　杨树达著　中华书局 1983 年版

经典释文　（唐）陆德明撰　中华书局影印清徐乾学通志堂经解本 1983 年版

文字学概要　裘锡圭著　商务印书馆 1988 年版

卜辞通纂　郭沫若著　科学出版社 1983 年版

马氏文通　马建忠著　商务印书馆 1983 年版

文字声韵训诂笔记　黄侃述　黄焯编　上海古籍出版社 1983 年版

广雅疏证　（清）王念孙撰　江苏古籍出版社 1984 年影印清嘉庆王氏家刻本

字诂义府合按　（清）黄生撰　（清）黄承吉合按　中华书局 1984 年版

经传释词　（清）王引之著　黄侃、杨树达眉批　李维琦校点　岳麓书社 1985 年版

古代汉语虚词通释　何乐士、敖镜浩、王克仲、麦梅翘、王海棻编　北京出版社 1985 年版

先秦语法　易孟醇著　湖南教育出版社 1989 年版

甲骨文字典　徐中舒主编　四川辞书出版社 1989 年版

古汉语特殊语法　廖振佑著　内蒙古人民出版社 1992 年版

简明汉语史　向熹编著　高等教育出版社 1993 年版

两周金文虚词集释　崔永东著　中华书局 1994 年版

殷虚卜辞综述　陈梦家著　中华书局 2004 年版

扬雄方言校释汇证　华学诚汇证　中华书局 2006 年版

说文通训定声　（清）朱骏声撰　武汉古籍书店影印临啸阁本

四、历史、地理类

汉书　（汉）班固撰　中华书局 1962 年版

后汉书　（南朝宋）范晔撰　中华书局 1965 年版

史记　（汉）司马迁撰　中华书局 1975 年版

中国历史纪年表　万国鼎编　中华书局 1978 年版

国语　（春秋）左丘明撰　上海古籍出版社 1978 年版

括地志辑校　（唐）李泰撰　贺次君辑校　中华书局 1980 年版

水经注　（北魏）郦道元撰　巴蜀书社 1985 年版

中国历史地名辞典　复旦大学历史地理研究所中国历史地名辞典编委会编　江西教育出版社 1986 年版

西周金文官制研究　张亚初、刘雨撰　中华书局 1986 年版

古本竹书纪年辑校今本竹书纪年疏证　王国维撰　辽宁教育出版社
1997 年版

三国志　（晋）陈寿撰　（南朝宋）裴松之注　中华书局 2011 年版

五、诸子类

淮南鸿烈集解　刘文典撰　中华书局 1997 年版

韩非子集解　（清）王先慎撰　中华书局 1998 年版

吕氏春秋集释　许维遹撰　中华书局 2009 年版

六、学术文集类

十驾斋养新录　（清）钱大昕著　清嘉庆九年至十一年（1804—1806）
刊本

日知录　（清）顾炎武撰　清道光十四年（1834）嘉定黄氏集释本

札迻　（清）孙诒让著　清光绪二十年（1894）刊本

章氏丛书　章太炎著　1924 年上海古书流通处影印浙江图书馆刊本

观堂集林　王国维著　1940 年商务印书馆线装石印海宁王静安先
生遗书本

顾颉刚古史论文集　顾颉刚著　中华书局 1988 年版

古文献丛论　李学勤著　上海远东出版社 1997 年版

积微居读书记　杨树达著　上海古籍出版社 2006 年版

七、考古与出土文献类

郭店楚墓竹简　荆门市博物馆编　文物出版社 1998 年版

洛阳北窑西周墓　洛阳市文物工作队著　文物出版社 1999 年版

清华大学藏战国竹简（壹）　李学勤主编　中西书局 2010 年版

清华大学藏战国竹简（叁）　李学勤主编　中西书局 2012 年版

八、学术论文类

商代龟卜之推测　董作宾　安阳发掘报告第一期　历史语言研究所
1929 年

史墙盘铭解释　裘锡圭　《文物》1978 年第 3 期

新出熹平石经《尚书》残石考略　许景元　《考古学报》1981 年第 2 期

妇好墓上"母辛宗"建筑复原　杨鸿勋　《文物》1988 年第 6 期

《尚书》成语简析　钱宗武　《川东学刊》（高教研究专号）1995 年第
4 期

商代的巫与巫术　晁福林　《学术月刊》1996 年第 10 期

论燹公盨及其重要意义　李学勤　《中国历史文物》2002 年第 6 期

从《秦誓》所见秦穆公人才思想看秦国兴盛之因——兼论《书·秦誓》
的成文年代及主旨　王晖　《山西师范大学学报》（社会科学版）2007 年第
1 期

内史亳丰同的初步研究　吴镇烽　《考古与文物》2010 年第 2 期

清华简九篇综述　李学勤　《文物》2010 年第 5 期

改革开放以来中国关于周公摄政称王问题研究述评　吕庙军　《高校社
科动态》2011 年第 6 期

宇宙灾难与拯救：羿射九日与胤侯讨羲和的神话底本——商人创世神
话研究之四　张开焱　《中国文学研究》2013 年第 3 期

从"西土"到"中国"——周初天下观的形成和实践　钟春晖　《紫禁
城》2014 年第 10 期

易代之际的殷商礼乐传承——以箕子、微子为中心　李振峰　《文艺评
论》2014 年第 12 期

《中华传统文化百部经典》已出版图书

书　　名	解读人	出版时间
周易	余敦康	2017 年 9 月
尚书	钱宗武	2017 年 9 月
诗经（节选）	李　山	2017 年 9 月
论语	钱　逊	2017 年 9 月
孟子	梁　涛	2017 年 9 月
老子	王中江	2017 年 9 月
庄子	陈鼓应	2017 年 9 月
管子（节选）	孙中原	2017 年 9 月
孙子兵法	黄朴民	2017 年 9 月
史记（节选）	张大可	2017 年 9 月
传习录	吴　震	2018 年 11 月
墨子（节选）	姜宝昌	2018 年 12 月
韩非子（节选）	张　觉	2018 年 12 月
左传（节选）	郭　丹	2018 年 12 月
吕氏春秋（节选）	张双棣	2018 年 12 月
荀子（节选）	廖名春	2019 年 6 月
楚辞	赵逵夫	2019 年 6 月
论衡（节选）	邵毅平	2019 年 6 月
史通（节选）	王嘉川	2019 年 6 月
贞观政要	谢保成	2019 年 6 月
战国策（节选）	何　晋	2019 年 12 月
黄帝内经（节选）	柳长华	2019 年 12 月
春秋繁露（节选）	周桂钿	2019 年 12 月
九章算术	郭书春	2019 年 12 月
齐民要术（节选）	惠富平	2019 年 12 月
杜甫集（节选）	张忠纲	2019 年 12 月
韩愈集（节选）	孙昌武	2019 年 12 月
王安石集（节选）	刘成国	2019 年 12 月
西厢记	张燕瑾	2019 年 12 月

书 名	解读人	出版时间
聊斋志异（节选）	马瑞芳	2019 年 12 月
礼记（节选）	郭齐勇	2020 年 12 月
国语（节选）	沈长云	2020 年 12 月
抱朴子（节选）	张松辉	2020 年 12 月
陶渊明集	袁行霈	2020 年 12 月
坛经	洪修平	2020 年 12 月
李白集（节选）	郁贤皓	2020 年 12 月
柳宗元集（节选）	尹占华	2020 年 12 月
辛弃疾集（节选）	王兆鹏	2020 年 12 月
本草纲目（节选）	张瑞贤	2020 年 12 月
曲律	叶长海	2020 年 12 月
孝经	汪受宽	2021 年 6 月
淮南子（节选）	陈 静	2021 年 6 月
太平经（节选）	罗 炽	2021 年 6 月
曹操集	刘运好	2021 年 6 月
世说新语（节选）	王能宪	2021 年 6 月
欧阳修集（节选）	洪本健	2021 年 6 月
梦溪笔谈（节选）	张富祥	2021 年 6 月
牡丹亭	周育德	2021 年 6 月
日知录（节选）	黄 珅	2021 年 6 月
儒林外史（节选）	李汉秋	2021 年 6 月
商君书	蒋重跃	2022 年 6 月
新书	方向东	2022 年 6 月
伤寒论	刘力红	2022 年 6 月
水经注（节选）	李晓杰	2022 年 6 月
王维集（节选）	陈铁民	2022 年 6 月
元好问集（节选）	狄宝心	2022 年 6 月
赵氏孤儿	董上德	2022 年 6 月
王祯农书（节选）	孙显斌	2022 年 6 月
三国演义（节选）	关四平	2022 年 6 月
文史通义（节选）	陈其泰	2022 年 6 月

书　　名	解读人	出版时间
汉书（节选）	许殿才	2022 年 12 月
周易略例	王锦民	2022 年 12 月
后汉书（节选）	王承略	2022 年 12 月
通典（节选）	杜文玉	2022 年 12 月
资治通鉴（节选）	张国刚	2022 年 12 月
张载集（节选）	林乐昌	2022 年 12 月
苏轼集（节选）	周裕锴	2022 年 12 月
陆游集（节选）	欧明俊	2022 年 12 月
徐霞客游记（节选）	赵伯陶	2022 年 12 月
桃花扇	谢雍君	2022 年 12 月
法言	韩敬、梁涛	2023 年 12 月
颜氏家训	杨世文	2023 年 12 月
大唐西域记（节选）	王邦维	2023 年 12 月
法书要录（节选） 历代名画记	祝　帅	2023 年 12 月
耶律楚材集（节选）	刘　晓	2023 年 12 月
水浒传（节选）	黄　霖	2023 年 12 月
西游记（节选）	刘勇强	2023 年 12 月
乐律全书（节选）	李　玫	2023 年 12 月
读通鉴论（节选）	向燕南	2023 年 12 月
孟子字义疏证	徐道彬	2023 年 12 月
嵇康集	崔富章	2024 年 12 月
白居易集（节选）	陈才智	2024 年 12 月
李清照集（节选）	诸葛忆兵	2024 年 12 月
近思录	查洪德	2024 年 12 月
林则徐集	杨国桢	2024 年 12 月